新时代高校

“三全育人”的行与思

中国石油大学（北京）思政工作实效提升案例

主编｜韩尚峰　　执行主编｜庄玉琳

中国经济出版社
CHINA ECONOMIC PUBLISHING HOUSE
·北京·

图书在版编目（CIP）数据

新时代高校“三全育人”的行与思：中国石油大学（北京）思政工作实效提升案例 / 韩尚峰主编；庄玉琳执行主编．--北京：中国经济出版社，2024.7.

ISBN 978-7-5136-7829-2

Ⅰ. G641

中国国家版本馆 CIP 数据核字第 20247NE137 号

责任编辑　李玄璇
责任印制　马小宾
封面设计　任燕飞

出版发行　中国经济出版社
印 刷 者　北京艾普海德印刷有限公司
经 销 者　各地新华书店
开　　本　710mm×1000mm　1/16
印　　张　28.25
字　　数　420 千字
版　　次　2024 年 7 月第 1 版
印　　次　2024 年 7 月第 1 次
定　　价　69.00 元
广告经营许可证　京西工商广字第 8179 号

中国经济出版社　**网址** http://epc.sinopec.com/epc/　**社址** 北京市东城区安定门外大街 58 号　**邮编** 100011
本版图书如存在印装质量问题，请与本社销售中心联系调换（联系电话：010-57512564）

编委会

前言
Preface

思想政治工作必须围绕学生、关照学生、服务学生，是一切工作的生命线。近年来，中国石油大学（北京）以习近平总书记两次回信学校青年学生指引思想政治工作，立足能源行业和高等教育的“双领域”特色优势，坚持以“立德树人”为根本，牢记“为党育人、为国育才”初心使命，以“学生需求”为导向，推动“三全育人”综合改革，实施思想政治工作质量提升工程，高质量构建思想政治工作体系，加快构建落实立德树人根本任务新格局，启动实施“时代新人铸魂工程”，聚焦学生“存在感”、“方向感”和“获得感”，着力培养造就志存高远、脚踏实地的拔尖创新人才。

本书按照一体推进、多头联动的思路，着力强化机制、强化共识、强化支撑，聚焦用“供给侧结构性改革”思维，密切关注学生成长过程中的实际需求和个性化问题，基于思政队伍工作实践，形成了若干思政工作理论研究和工作案例，着力提升学生分层分类指导实效，助力学生全面发展和成长成才，加大对学生个性化培养和指导力度，促进学生个性化发展，力争实现人人都能成才、人人皆可出彩，加快构建三全育人“生态圈”，提升新时代大学生思想政治教育工作的针对性和实效性，同时促进思政工作提档升级、提质增效。

编委会

2024 年 6 月

目录
Contents

第一章　立德树人：思想理论教育和价值引领

- 人才培养视域下学生党建工作的探索与实践
  韩尚峰 …… 2
- 传承创新行业文化　提升行业特色大学核心竞争力
  韩尚峰　海　凤 …… 7
- 用党的科学理论武装青年
  张明明 …… 14
- 人工智能推动大学生思想政治教育生态变革：逻辑、取向与路径
  杨东杰　李奕璇 …… 16
- 重塑与建构：马克思主义主体间性视域下的高校深度辅导工作
  闫亮亮 …… 32
- 学科文化融入大学生爱国主义教育的实践探索
  费葳葳　王子安　杨晟颢　周学智 …… 38
- 大教育体系视域下三维协同育人模式研究
  刘春阳　王　媛　李　明 …… 44
- 聚焦“三全”，聚合“三力”，落实立德树人根本任务
  ——以中国石油大学（北京）地球科学学院为例
  王　茹 …… 48

- 行业特色高校“数智党建”工作模式研究
  李晓夏　赵丹丹 …… 56
- 从双创角度看校企合作下的高校第一、第二课堂协同育人
  付　强 …… 64
- “一站式”学生社区党建引领机制探究
  吴　双 …… 72
- 理工科大学外语校园文化建设的探索与思考
  刘思航　黄星晖　邓　昕 …… 80
- 高校思想政治教育运用大数据的三重逻辑
  ——基于工具理性和价值理性的辩证思考
  李奕璇　王洛忠 …… 87
- 新时代优化中华优秀传统文化融入大学生思想政治教育路径探究
  杨晟颢　尚春江　郑雅茜 …… 95

第二章　“三业”育人：学业、职业、就业指导

- 以职业需求为导向的专业学位研究生培养实践探索
  ——以中国石油大学（北京）全日制工程硕士培养为例
  文永红　吴小林　齐昌政　石卫林 …… 102
- “双一流”建设背景下行业特色型高校就业增质路径探索
  韩尚峰　黄　磊 …… 111
- 基于教练技术的辅导员就业咨询工作坊设计研究
  邓　昕　刘思航 …… 119
- 高校专创融合教育体系及实践平台建设研究
  李　明 …… 125
- 基于“创新创业工作室”的实践育人模式探究
  ——以中国石油大学（北京）为例
  刘东东　史　凯　贾万良 …… 130

- 虚拟现实（VR）场景提升学生兴趣度的研究
  王　天　邵　凡　杨东杰 …… 136
- 行业特色高校生涯规划教育提质增效的三重逻辑
  肖亚楠　李　杰　刘衡升 …… 144
- 离校未就业的毕业生就业状况追踪工作研究
  周凌希　丁旭光 …… 152
- 新时期推进石油院校毕业生就业工作的思考
  刘俊鑫　费葳葳 …… 157
- 试论离校未就业本科毕业生的就业状况追踪工作方法
  谭程巍　董秋雨　车　阳 …… 168
- 遮蔽与解蔽：数字化参与文化视域下能源领域就业引导的价值意蕴与实践路向探析
  史　凯　刘东东 …… 173
- 石油院校非主干专业就业工作开展新思路
  罗雨晨　谷子骞　赵健崎 …… 182

第三章　网络育人：思政教育新空间

- 精准思维下网络思想政治教育的概念模型及实践探索
  杨东杰　胡　锐 …… 188
- 新媒体时代的“碎片化”现象对高校育人工作的影响及对策
  周学智　姚梦竹　王子安 …… 200
- 系统思维视域下大数据与思想政治教育有效融合研究
  李姿雨　方凤玲 …… 209
- “技术赋能时代”行业特色高校智慧智能思政实践研究
  李晓夏 …… 220
- 大数据视域下高校网络引导力培育的理路分析
  王子安　王　天　周学智 …… 226

- 大学生在新型社交媒体上的行为习惯及引导策略研究
——以微博、微信、QQ 等网络即时社交平台为例
李兴华　马　超 ······ 232
- 大数据时代下网络自控困难学生教育引导建议
孙　桐 ······ 237
- 大数据应用于高校思想政治工作的创新途径研究
常小飞　王　天　王子安 ······ 242

第四章　组织育人：党团班一体化建设

- 新时代高校基层党组织学习教育制度化的价值意蕴和实践路径
庄玉琳　庞昌伟　李奕璇 ······ 248
- 红色文化融入高校基层党组织和党员队伍建设路径探析
代莉莎　刘　华 ······ 256
- 基于学科方向的研究生活力党支部建设路径
高思航　华盈鑫　刘一琳 ······ 263
- 先锋党支部建设的实践与探索
——以中国石油大学（北京）地球科学学院为例
刘一琳　高思航　郭　铮 ······ 270

第五章　安全育人：学生突发事件应急处置

- “三全育人”视域下高校学生突发事件防控体系构建路径研究
韩尚峰 ······ 276
- “全过程贯通”“全方位协同”提升学生突发事件防控工作效度
庄玉琳 ······ 282

- “筑基、筑业、筑魂、筑梦”：依托“沐光成长计划”助力学生成长成才
  刘春阳 …… 286
- “内卷”化现象下高校心理健康类突发事件的预防与处理
  王　天 …… 289
- 健全高校心理育人体系的价值意蕴和实践进路
  庄玉琳　张　乐　邓　听 …… 296
- 中国石油大学（北京）依托“e诉通”平台为师生办实事、解难题
  庄玉琳 …… 306
- 高校思想政治辅导员应对突发事件策略探究及保障体系构建
  姚梦竹 …… 309
- 略论高校辅导员如何有效防范学生管理工作中的“黑天鹅”与“灰犀牛”
  王　伟 …… 325
- “三全育人”视域下辅导员应对危机事件能力提升
  杨冀宁　余一欣　王子安 …… 331
- “五阶段模型”视域下新时期学生突发事件应急处置路径研究
  贾万良　谭程巍　张久达 …… 337
- 学生心理健康防线机制的建立
  ——从高校突发事件中的“泛维特效应”角度分析
  马子儒 …… 345
- “三全育人”视域下应对高校学生突发事件应急处置的“四种机制”和“五类角色”
  周小龙 …… 351
- 基于4R模型建立“四力并举，三点控制”高校学生突发事件应急处置体系研究
  谭程巍 …… 358
- 预防、行动、跟踪：构建公共危机管理视域下的高校学生突发事件处置机制研究
  时艺宁 …… 366
- 新媒体时代下，基于奥古斯丁模型的学生突发事件应急管理研究
  张久达 …… 375

- 启航、领航、护航、远航
  ——高校网络诈骗调查及防范策略研究
  陈彦迪 …… 384
- 新媒体环境下高校辅导员在学生突发事件中的应对机制探究
  ——以中国石油大学（北京）为例
  孟泓辰 …… 395
- 大安全观下建立“三域协同”学生突发事件“防范—处置”体系的理论内涵和实践路径探析
  史　凯 …… 401
- 浅谈“三全育人”视域下高校学生突发事件的“2+3+3”应急处置模式
  穆　野 …… 407
- 以“00后”大学生群体特点为背景突发事件的“正催化”应急处置机制研究
  焦晓宇 …… 413
- 高校突发事件从预防到处置“化功”大法
  王心贺 …… 419
- 基于新媒体大环境下的高校学生突发事件处理路径探究
  何圣煊 …… 425
- “三W”视域下高校学生突发事件应急管理机制的探究
  王荣亮 …… 432

第一章

立德树人：思想理论教育和价值引领

人才培养视域下学生党建工作的探索与实践

韩尚峰

摘　要　高校承担着培养中国特色社会主义建设者和接班人、培养担当民族复兴大任的时代新人的根本任务。立德树人是对高校人才培养工作的根本要求。学生党建工作是高校落实立德树人根本任务的重要方面，是组织育人质量提升体系的重要内容。高校应从学生党建工作理念、加强学生党支部建设、实践锻炼提升党性修养、学生党建促进学风建设等方面，不断探索新时代学生党建与高校人才培养相互促进的新机制。

关键词　人才培养；立德树人；学生党建

党的十九大提出了培养担当民族复兴大任的时代新人的战略任务，对肩负着立德树人根本任务的高校提出了新的更高目标和要求。我们的高校是党领导下的高校，是中国特色社会主义高校。人才培养应当服务于中国特色社会主义建设的伟大事业，为中华民族伟大复兴的中国梦的最终实现提供人才保障。学生党建工作是人才培养体系的重要组成部分，高校要围绕新时代人才培养的目标来进一步加强和改进学生党建工作。

一、新时代提出新要求：新的人才培养目标要求高校进一步加强学生党建工作

学生党建工作是高校落实立德树人根本任务的重要方面，是组织育人质量提升体系的重要内容。加强学生党建工作，是对标中央培养时代新人要求、落实立德树人根本任务、加强学生党组织的引领力组织力动员力、更好服务学生成长成才的必然要求。高校学生党组织作为党的基层组织，在组织教育管理党员、宣传引导凝聚和团结服务大学生群体等方面发挥着主体作用。但

是，我们也应注意到当前高校基层学生党组织建设仍然存在与新时代的全面从严治党新要求不匹配、与人才培养中心任务不匹配、与学生成长成才需求不匹配等问题，学生党建工作需要进一步加强和改进。

二、新目标决定新任务：把提高人才培养质量作为学生党建的重要任务

党的十九大报告指出："党的基层组织是确保党的路线方针政策和决策部署贯彻落实的基础。要以提升组织力为重点，突出政治功能，把企业基层党组织建设成为宣传党的主张、贯彻党的决定、领导基层治理、团结动员群众、推动改革发展的坚强战斗堡垒。"围绕这一要求，高校应把服务人才培养、提高人才培养质量作为学生党建工作的重要任务，主动适应新时代人才培养的新要求、高等教育教学改革带来的新变化，结合学校事业发展实际情况，不断探索基层学生党组织建设的新路径新模式，增强基层党组织的育人功能，真正把基层学生党组织建设成为坚强的战斗堡垒。

三、新形势要有新举措：优化高校学生党建工作的路径

在新时代新形势下，围绕上述任务，坚持以立德树人为引领，加强高校基层学生党建工作，要着重做好以下几个方面的工作。

（一）明晰工作理念，坚持发挥学生党建在新时代人才培养中的引领作用

推进中国特色社会主义现代化建设的伟大事业，需要培养造就德智体美全面发展的高素质专门人才。高校学生党建工作应围绕提升人才培养质量展开。一要致力于人心凝聚，把基层学生党组织建设成为学生自我学习、自我教育、自我管理的有效载体，提升学生的认同感、归属感、责任感和使命感。二要加强价值引领，把社会主义核心价值观教育纳入人才培养体系，融入党员教育培养全过程，通过开展主题鲜明、形式丰富的学习实践活动，使学生党员坚定理想信念，增强"四个意识"，坚定"四个自信"。三要把组织建设与教育引领相结合，加强学生党组织的育人职责，推动学生党建工作与学生

成长成才紧密结合，充分发挥学生主体作用，以党建工作引领正确的价值观，以党建工作指导校园文化建设，以党建工作规范日常管理，确立基层学生党建在德育工作中的主导地位[1]。

近年来，北京高校普遍开展的“党员先锋工程”，已成为高校学生党建引领人才培养的重要平台，其中“成才表率、服务先锋、成长记录”等活动，将党员教育、支部建设与人才培养相结合，形成了很多好的经验、好的做法。中国石油大学（北京）积极推进学生基层党建“七个一质量工程”，通过“一场特色活动、一期训练营、一幅成长蓝图、一组易班课群、一名帮扶对象、一次年终述职、一个竞赛平台”，全面提升基层学生党组织建设的质量和党员培养质量，在推动学生党建与人才培养协同互动发展上进行了积极探索和实践，提供了有益的思路和借鉴。

（二）优化支部设置，主动适应高等教育教学改革带来的新变化

高等教育教学改革，对高校学生管理和党建工作提出了新要求。学分制、转专业、联合培养、专业学位研究生等新的培养模式的出现，要求学生党建工作跳出固有模式，结合学生教育管理特点，利用和整合各种资源，不断优化学生党支部设置。一要采取横向或纵向等多种方式，推进学生党建进公寓、进学生社团、进社会实践团队、进科研团队、进实验室、进项目组。二要注重在外出参加工程实践、联合培养、生产实习、志愿服务团队的学生，以及在假期留校等学生群体中设置临时党支部，做到学生党支部的全覆盖。[2] 支部设置应当遵循利于密切联系群众的原则，有效实现党员教育、管理、监督和服务，充分发挥战斗堡垒作用。

当前很多高校面临着驻外学生管理的问题。伴随着专业学位研究生教育改革的深化，以及“一带一路”背景下高校国际化战略的推进，高校积极与企业合作建设企业工作站、工程师学院，广泛开展国内外联合培养项目，派到校外学习实践交流的学生逐年增加，这批学生流动性强、生活学习空间分散，不易组织管理。我校把基层学生党建作为驻外学生教育管理的切入点和着力点，有针对性地加强驻外学生党支部建设工作，先后在新疆油田、中原油田等企业，在俄罗斯、阿联酋等国高校建立驻外学生党支部 10 余个，保证学生党员无论身处校内校外、学校企业、国内国外，都能纳入组织管理。这

项举措为培养和造就用人单位“用得好、留得住”的优秀工程实践人才提供了保障，收到良好效果。

（三）强化实践锻炼，在奉献中提高党性修养和综合素质

党性修养是党员的内在品质，需要党员在工作生活中不断学习、锻炼、改造、提高。坚持教育与生产劳动和社会实践相结合是党的教育方针的重要内容。作为新时期大学生党员，更要深入了解党情国情，关注社会；不仅要学习理论知识，同时也要增强运用知识的能力，在实践锻炼中接受教育、增长才干、奉献社会。只有既在书本上学习理论，又在实践中践行理论，才能进一步坚定理想信念，熔铸党性情怀。目前，高校大学生党员参与实践锻炼的两大重要途径是校内实践和校外实践。校内实践主要有班级、学生社团、勤工俭学、假期实践等活动，学生党员通过校内实践能够进一步树立为他人服务的思想意识，提高动手能力，养成良好行为习惯，把认知和行动逐步统一起来；校外实践主要有志愿服务、社会实践、生产实习等活动，通过校外实践能够加深对党情、国情的认识，通过服务社会增强社会责任感和历史使命感。

中国石油大学（北京）高度重视学生党员在实践中锻炼成长，制定了《学生党员志愿服务活动管理办法》，要求学生党员和入党积极分子每学年至少完成12小时的志愿服务工作量。学校挖掘行业资源，每年组织200余支学生实践团深入石油石化企业，深入基层、走进一线，与石油工人一起生活，共同劳动，接受石油精神的熏陶，为企业提供技术支持。学校主动服务“京津冀一体化”战略，每年组织40余个学生党支部，深入京冀两地农村、社区、企事业单位等开展红色“1+1”共建活动，充分发挥学生党员专业优势和报国热情，服务地方经济社会发展。学校要求基层学生党组织做到理论学习和实践锻炼相结合，每年开展优秀党支部主题实践活动评比，打造出一批示范性党支部，通过评先进、树榜样、促交流，充分发挥了基层党组织在提升学生党性修养和综合素质中的作用。

（四）注重示范引领，以基层学生党建带动和促进学风建设

就提高教育教学质量、提升人才培养水平而言，学生党建工作和学风建

设两者的根本目标是一致的。学风是党风的“晴雨表”，党风决定学风，学风反映党风，党风正学风才会更正。要以党风引领学风，以学风促进党风。作为大学生群体中的先进分子，学生党员应当承担起学风建设排头兵的角色。在党员、入党积极分子的培养教育过程中，除了要求过硬的思想政治素质，也应当把学习成绩纳入评价体系，严格标准、保证质量，真正把思想觉悟高、业务素质优的学生吸收到党组织中来。要在学风建设中突出党员的主体地位，发挥他们的优势和才能，使之起到引领示范作用。党员或党支部应积极介入学生日常教育和管理，通过组织开展各类思想教育和校园文化活动，搭建学习交流平台，帮扶困难学生，促进学生学习和全面发展，实现共同成长成才。

打铁必须自身硬。基层党建引领学风建设，对党员素质和支部凝聚力提出了更高的要求。要严把党员发展入口关，设置学习成绩和综合测评红线，确保学生党员思想素质高、专业能力强。在基层党团支部、班级考评体系构建中，提高课堂出勤率、必修课优良率、学业警告率等学风建设指标权重。要划分党员责任区，人人定岗、以岗定责，引导学生党员和入党积极分子参与到学业辅导工作中来，组建“学生讲师团”，通过“一帮一”“一帮多”“助学零距离”等活动学习互助，主动关心学习困难学生，发挥朋辈育人作用，实现教育和自我教育的结合。要按照中央关于着重加强研究生党支部建设的要求，根据研究生的生活学习规律和研究生党支部的特点，召开以“维护学术规范，严守科学道德”为主题的党支部组织生活（扩大）会，引领研究生科学道德与学风建设。

参考文献

[1]黄莺,李国芳．高校学生党建在人才培养中建立引领模式的探索[J]．中国校外教育:上旬,2014(S3):1.

[2]刘建．扎实推进学生党建工作　为高校立德树人提供坚强保证[J]．北京教育(高教),2013(9):4.

作者简介：韩尚峰，中国矿业大学（北京）党委书记。

本文载于《书记校长论坛》。

传承创新行业文化　提升行业特色大学核心竞争力

韩尚峰　海　凤

摘　要　行业特色大学与行业文化血脉相连，行业文化为行业特色大学的发展注入了不竭动力，行业特色大学在文化建设中始终注重把行业文化融入、渗透到人才培养、科学研究、社会服务中，引领推动行业特色大学的发展。行业特色大学要更好地发挥在建设社会主义文化强国中的作用，在文化建设中要正确处理好文化的传承性与创新性、普遍性与特殊性、科学性与人文性、民族性与世界性的关系。

关键词　行业文化；行业特色大学；文化传承创新

"国民之魂，文以化之；国家之神，文以铸之。"文化是民族的血脉，是人民的精神家园，而教育承担着"以文化人"的历史使命。党的十八大提出要加强社会主义核心价值体系建设，树立高度的文化自觉和文化自信，向着建设社会主义文化强国宏伟目标阔步前进；党的十八届三中全会提出要坚持社会主义先进文化前进方向，深化文化体制改革。在我国由高等教育大国向高等教育强国、文化大国到文化强国迈进的过程中，行业特色大学作为高等教育的一支重要力量，作为人才第一资源和科技第一生产力结合点的重要载体，必须大力推进行业文化的传承创新，成为传播行业文化、培养行业优秀人才、引领行业科技进步的重要阵地。

一、行业特色大学与行业文化血脉相连，行业文化为行业特色大学的发展注入了不竭动力

行业特色大学与我国各行业共同成长、共同发展。优秀的行业文化，其形态的内核相对稳定，而外在的形式则富有弹性与张力。始终保有与时代同

行的敏感和热情。因此传承创新行业文化，对于行业特色大学引领社会主义核心价值体系、创建“世界一流大学”和“有特色高水平大学”来说至关重要。例如，中国石油大学（北京）自建立之初就将石油行业的“大庆精神、铁人精神”融入学校文化建设中，积淀形成“实事求是、艰苦奋斗、爱国奉献、开拓创新”的石大精神，成为几代石大人独具特色的宝贵精神财富。又如地质行业“以献身地质事业为荣、以找矿立功为荣、以艰苦奋斗为荣”的“三光荣”精神促使中国地质大学逐步形成了“艰苦朴素、求真务实”的校训，并且进入21世纪时又从多层面深入开展“以投身西部为荣，以服务基层为荣，以创业成才为荣”的“新三光荣”教育。可以说，行业文化与行业特色大学具有密不可分的关系：一是行业特色大学是在国家工业大发展过程中孕育形成的，校园文化的形成深受行业文化的影响；二是行业文化如同“强力黏合剂”一样，使行业特色大学的师生拥有共同的精神理念和共同的价值观；三是行业特色大学将行业文化融入自己的精神与血脉之中，提炼培育出与行业文化一脉相承的特色鲜明的大学文化，让行业文化薪火相传，同时行业文化也内化融入行业特色大学文化中，成为行业特色大学的内驱力，丰厚滋养着学校的发展。

二、行业特色大学在文化建设中注重把行业文化融入、渗透到人才培养、科学研究、社会服务中，推动大学发展

如果说行业文化对企业的作用是直接影响其生产力要素，直接产生效益，那么行业文化对行业特色大学的作用就是对生产力要素中的后备军产生影响，间接产生效益。因此，行业特色大学应始终注重把行业文化融入、渗透到人才培养、科学研究、社会服务等方面，贯穿于学校发展的全过程，内化为师生的思想气质，外显于推进学校改革和发展的自觉行动，不断发挥行业文化对行业特色大学文化的引领推动和渗透凝聚作用，培育和创新富有特色的大学文化，提高自身的核心竞争力。

（一）发挥文化育人作用，为行业培养急需的高素质专门人才

如果说“产学研”合作是实现学生“技术的零距离”，那么导入行业文化的行业特色大学所培养出的学生就是实现“文化的零距离”，行业企业已

经成为连接行业特色大学与行业文化的重要媒介。一名了解行业文化并具有行业精神的毕业生，一定是企业“留得住、用得好”的员工。为此，行业特色大学注重将文化的物质内涵、制度内涵、行为内涵、精神内涵有机结合起来，为行业培养了大量高素质专门人才。比如，中国石油大学（北京）与石油企业开展“订单式”、研究生企业工作站等人才培养模式，让石油企业全过程参与石油人才培养，并在石油企业建立了66个社会实践基地和100多个实习基地，每年暑假都会组织100多个社会实践团队奔赴各大油田，让石油学子与石油工人一起下井队、上钻台，将以“大庆的精神、铁人精神”为核心价值的石油精神传播给石油学子，同时在生产实践中让他们深刻体会石油文化中严谨的安全制度内涵和油田工人在生产一线紧张作业的行为内涵，鼓励他们到石油一线建功立业，让他们真切体会到石油文化的强大力量。学校还在校内积极探索石油精神教育的新途径，如从2009年开始，在中国石油、中国石化、中国海油的大力支持下，打造了以弘扬石油精神为主题的“中国石油文化论坛”等丰富多彩的活动，营造了全方位、立体式的石油文化育人氛围，使广大石油学子对石油文化具有了强烈认同感。近年来，学校就业率持续保持在97%以上，每年都有毕业生奔赴石油石化生产一线，近20%的毕业生投身祖国西部，石油主干学科的毕业生80%以上选择到石油石化一线就业。

除了将文化的精神内涵、制度内涵、行为内涵有机结合外，行业特色大学还注重营造文化的物质内涵。例如，北京航空航天大学打造了艺术馆、科技创新馆、校史馆、航空航天博物馆、音乐厅“四馆一厅”的文化阵地，注重大学精神内核的外化，形成了“文化景观”的响亮品牌；又如，中国石油大学（北京）通过制作学校形象标识系统、建立石油企业育才厅、石油地质博物馆、蓝海4D影院、石油文化长廊等，积极打造富有石油特色的人文景观，形成了独具特色的校园形象文化。在科学精神浓郁的以工为主的行业特色大学里，受行业文化对校园文化潜移默化的影响，学生既具有浓郁的人文情怀，又具有精湛的专业技能。

（二）注重培育创新文化，解决行业企业的重大技术难题，承担重大科研任务

行业特色大学是行业科技进步的重要技术支撑，学校师生也都有着深厚

的行业情怀，他们的科研内容更贴近科技前沿，也更熟悉行业生产实际，研发重点主要围绕行业发展需要，理所当然地要担当起行业技术创新和产业技术升级的重要任务。因此，在行业文化的影响下，行业特色大学应不断完善学科体系，解决行业企业的重大技术难题，加强创新文化的培育，积极营造独立思考、勇于创新的科研环境。就目前校企科技合作的现状来看，石油院校 80% 以上的科研项目都来自石油行业，科研合作的频繁也加快了创新文化的生长。例如，中国石油大学（北京）参与了所有与油气有关的“973 计划”项目，并围绕行业和产业发展的重大技术难题开展科学研究，一些富有创新性的科研成果，如叠合盆地演化历史及海相大油气田成藏机理研究等已在企业生产中推广应用，产生了巨大的经济效益和社会效益。由学校发起并承办的首届全国石油工程设计大赛，2013 年吸引了来自全国 23 所高校和国外 13 所高校的 5000 余名学生参赛，在实践中提高了学生创新能力，搭建了崭新的创新平台。

2011 年 10 月，北京邮电大学、中国石油大学（北京）、北京科技大学等 11 所大学联合成立了北京高水平行业特色大学战略合作联盟，对于探索面向重大科学前沿、行业产业发展和文化传承创新的协同创新模式是有益的尝试。以此为契机，2011 年 12 月，中国石油大学（北京）发起并承办了以“行业特色高校在文化传承创新中的责任与使命”为主题的“北京高科大学联盟文化论坛”，11 所联盟成员高校的领导及有关石油、电力、通信等行业主管部门或重点企业的代表以及知名专家学者，共同交流行业特色高校在文化传承创新方面的新思路、新做法、新经验，探索高校之间、高校与行业企业之间文化协同创新的新理念、新模式、新途径。

（三）投身国民经济主战场，不断满足社会文化发展进步的需要，发挥社会服务职能

行业特色大学在不同的历史时期，为社会服务的功能是不尽相同的。行业特色大学与社会的良性互动，客观上要求其在行业文化这条纽带的维系下，主动融入社会，以自己优秀的人才、丰硕的科技成果等投身国民经济主战场，在服务社会的过程中引领社会文化的前进。例如，中国石油大学（北京）主动服务于国家能源战略重大需求，于 2009 年启动了教育部委托学校作为项目

责任单位的“复杂油气田地质与提高采收率技术”项目，联合11所高校的180多名正、副教授一同攻关，探索创新，最终自主研发出多套新产品、先进实验装置、储层保护新材料、驱油剂和调剖剂等，为国家的油气发展解决了重要难题。

因此，行业文化时时处处以显在和隐在的方式，为行业特色大学的变革与发展注入无穷动力，深深地熔铸在行业特色大学的凝聚力、创造力和生命力中。也正是在行业文化的影响下，行业特色大学的力量被激发出来，迸发出无限活力，为行业发展注入了源源不断的动力。

三、行业特色大学在文化传承创新过程中应该注意的问题

面对如今价值观多元化、多样化的局面，行业特色大学如何更好地传承、创新、引领行业文化，如何更好地发挥在建设高等教育强国和社会主义文化强国中的作用，就要正确处理好文化的传承性与创新性、科学性与人文性、民族性与世界性、普遍性与特殊性这四组关系，进一步推进大学校园文化建设。

（一）要处理好传承性与创新性的关系，发挥大学文化的引领作用

从唯物辩证法的角度来看，文化的传承与创新其实是“矛”与“盾”。两者共同面对的是传统文化，但传承是创新的前提和基础，而创新是传承的目标和动力。

行业文化的核心和灵魂是相对稳定的，行业特色大学应自觉维护，并随着时代的变迁，丰富其新内涵、扩展其新内容、创造其新形式，保证传统与现代的对接、连贯。而行业特色大学的文化引领要坚持社会主义核心价值体系，提炼时代精神、弘扬时代理想，以自己拥有的新思想、新文化站在时代前列，培养大批具有人文精神、科学素养和创新能力的优秀人才，创造领先时代的文化成果和文化产品，并将其转化为社会文化，从而推动文化的传承与创新，在社会的大众文化氛围中树一种理想，建一方净土。

（二）要处理好普遍性与特殊性的关系，在时代变迁中坚守大学精神

在改革开放和多元文化背景下，行业特色大学在办学历程中都积淀了很

多优良的校风、学风、教风，在办学中都遵循高等教育的普遍规律，即普遍性；但是每所行业特色大学也都有自己富有特色的大学精神，明显区别于其他大学的文化，具有特殊性，这就是所谓的特色。随着行业特色大学向多学科转变并逐渐发展成综合性大学，它就面临着如何继续保持鲜明行业特色的课题。在新的历史时期，行业特色大学保持特色的核心就是在行业文化的影响下坚守自己的“大学精神”，保持自身独立的文化追求，让文化无形的力量渗透于大学的各项管理之中，给全校师生提供正确的价值导向和高尚的精神追求，增强学生的文化自信、文化自塑，提升行业特色大学的感召力。

（三）要处理好科学性与人文性的关系，促进学生全面发展

行业特色大学以工见长，但在文化传承创新的同时，应正确处理好科学精神与人文精神的关系。科学精神所对应的要义是重视科学技术，树立崇尚科学、追求真理、勇于创新的信念。人文精神所对应的基本内涵是实现人的全面发展。两者虽相互区别，却又相互渗透、相互补充、相互促进，因此要做到两者的和谐统一。

行业特色大学可以根据经济社会和行业发展的需求，开展多学科交叉的研究、教学工作，强化文理渗透，优化学科布局和学术环境，引领文科特色发展，培养文理兼容的复合型人才，催生具有工程背景的文科专业。最终，使“理科生”增加更多的人文情怀，使“文科生”增加更多的理性和逻辑，使行业特色大学人文气息更加浓郁，在普及科学知识的同时，促进大学生的全面发展。

（四）要处理好民族性与世界性的关系，实现民族文化和世界文化的融合

文化具有民族性，行业特色大学坚持文化传承和创新，必然要经历“面向世界，博采众长”的过程，既要植根于历史传统，也要立足于当代；既要从中国文化中汲取精华，也要从世界文化中寻觅灵感。这就要求，行业特色大学文化传承创新必须立足于中华民族的文化土壤，保持文化的原生力和本土性；同时，还要以宽阔的胸襟、开放的视野来包容、消化别国文化。

因此，行业特色大学应当加速国际化办学进程，进一步扩大开放办学，

积极与国内外政府、企业、高校开展广泛的文化交流与合作，学习、借鉴人类社会积淀和创造的优秀文明成果，推动大学知识体系不断创新，为行业、社会培养更多的国际化人才，使学校成为整合多样化社会思潮的重要阵地，成为传播和构建社会主义先进文化的重要阵地。

参考文献

[1] 徐金燕．行业文化是石油校企合作可持续发展的灵魂[J]．石油教育,2005(3):4.

[2] 李家珉．高等教育要肩负起文化传承创新的历史重任[J]．思想理论教育,2011(11):6.

[3] 赵欣．论现阶段我国高校的文化功能[D]．长春:吉林大学,2009.

[4] 刘小燕．中共第一代领导集体发展中国地质事业的思想研究[D]．北京:中国地质大学(北京),2010.

第一作者简介：韩尚峰，中国矿业大学（北京）党委书记。

本文为2013年首都大学生思想政治教育项目“行业文化传承创新在促进行业特色大学发展中的功能研究”成果。

本文载于《立德树人与大学文化建设征文》。

用党的科学理论武装青年

张明明

青年兴则国家兴，青年强则国家强。习近平总书记在党的二十大报告中强调，“全党要把青年工作作为战略性工作来抓，用党的科学理论武装青年”。新时代新征程，加强青年理论武装要立足于青年成长成才规律、着眼于党和国家事业发展全局、致力于中华民族伟大复兴，不断提高针对性实效性，引导广大青年在广阔时代舞台上拼搏有为、绽放光彩。

青年处于人生道路的起步阶段，是心智逐渐健全、理想信念确定、世界观人生观价值观形成的关键时期，同时在理想和现实、利己和利他、小我和大我、民族和世界等话题的理解认知上难免会存在困惑。为青年解疑释惑、廓清迷雾，呼唤科学理论武装。引导鼓励青年把科学理论转化为认识世界、改造世界的强大力量，有助于广大青年更好坚定理想信念、坚守价值追求。广大青年通过掌握马克思主义的基本立场、观点和方法，领会马克思主义的精髓要义，能够提高分析问题和解决问题的能力；通过学习科学理论、掌握科学思维方法，也能够更好养成历史思维、辩证思维、系统思维、创新思维等思维方式。

中国特色社会主义新时代，是青年大有可为，也必将大有作为的大时代。广大青年是党和国家事业取得历史性成就、发生历史性变革的积极参与者、见证者、贡献者。一系列生动事例、客观数字、亲身体验，让青年深切感受到“中国速度”“中国奇迹”“中国之治”，增进了历史自信和理论自信，鼓舞起决心和干劲。从脱贫攻坚到乡村振兴，从抗击新冠疫情到抗击重大自然灾害，从大国制造一线到科技攻关前沿……广大青年以科学理论为坐标，在平凡岗位上奋斗奉献，在国家和民族的历史进程中留下非凡英姿。新征程上，广大青年积极主动学习党的二十大精神，全面贯彻习近平新时代中国特色社会主义思想，只有不断提升思想素养、身体素质、精神品格、综合能力，才能在习近平新时代中国特色社会主义的火热实践中找准定位，在党和人民最需要的地方发挥才能。

习近平总书记指出，“新时代的中国青年要以实现中华民族伟大复兴为己任”。中国青年始终是实现中华民族伟大复兴的先锋力量，百年来用青春的力量、青春的涌动、青春的创造，推动中华民族勇毅前行、屹立于世界民族之林。面向未来，以中国式现代化全面推进中华民族伟大复兴，需要一批又一批掌握科学理论、拥有科学思维的青年人才作支撑。只有全面理解、学习领会党的二十大精神，深入理解中国式现代化的一系列重大理论和实际问题，深刻把握中国式现代化的中国特色、本质要求和必须牢牢把握重大原则，挺膺担当、踔厉奋发、勇毅前进，青年才能成长为堪当民族复兴重任的时代新人。

明天的中国，希望寄予青年。广大青年厚植家国情怀、涵养进取品格、提升建功立业本领，都需要从党的科学理论中汲取思想营养，努力实现学思用贯通、知信行统一。对高校工作者而言，不断提高青年理论武装工作的针对性实效性，确保党的科学理论在青年身上内化于心、外化于行，必能助力新时代青年以奋斗姿态激扬青春风采，创造出不辜负党的期望、人民期待、民族重托的历史佳绩。

作者简介：张明明，中国石油大学（北京）马克思主义学院院长、教授。

本文载于《人民日报》2023年4月7日第5版。

人工智能推动大学生思想政治教育生态变革：逻辑、取向与路径

杨东杰　李奕璇

摘　要　利用人工智能优化大学生思想政治教育生态既是思想政治教育生态思维和理念与人工智能特征逻辑互嵌的应然结果，也是复杂社会现象挑战下维持大学生思想政治教育生态稳定的必然需要。在这个过程中，思想政治工作者要充分借助人工智能全面、精准、即时的技术优势，以“工具理性”优化大学生思想政治教育生态；更要紧紧围绕思想政治教育政治性、思想性、教育性的本质，实现“工具理性”的同时，确保“价值理性”。在实践应用上，人工智能对变革教育主体、客体、介体和环境起到重要作用，助力大学生思想政治教育更好地发挥先进性和引领性，维持大学生思想政治教育生态动态平衡，服务于实现人的自由全面发展的最终目标。

关键词　大学生思想政治教育生态；人工智能；变革

近年来，在脑科学、大数据、云计算、机器学习等高新技术的支撑下，人工智能技术在一定程度上改变了人们的生活习惯、思维模式、行为方式、认知图式，也对高校的思想政治工作产生深远影响。在这一背景下，如何有效运用人工智能思维和技术优化大学生思想政治教育生态，成为高校在新时代落实立德树人根本任务中亟待研究的重要课题。

一、理论应然与实践必然：人工智能推动大学生思想政治教育生态变革的逻辑起点

纵观人类技术发展史，每一次重大技术的发明都会带来知识传播的革新，引发社会权力结构的变化[1]，在此过程中，人类社会活动的内容和方式不断

被重塑，主体间的关系在持续博弈中走向新的平衡点。人工智能的应用符合整个社会生态发展的需要，而大学生思想政治教育生态作为社会生态的重要组成部分，在人工智能影响下发生变革是应然也是必然。

（一）理论应然：人工智能与大学生思想政治教育生态的逻辑互嵌

人工智能推动大学生思想政治教育生态变革，是基于“生态”概念，大学生思想政治教育在思维和理念上与人工智能特征逻辑互嵌、深度适配的应然结果。以人工智能推动大学生思想政治教育生态变革，符合当今时代对高校思想政治工作的要求，理论上可行。

1. 大学生思想政治教育生态的理念内涵

思想政治教育生态，是思想政治教育在现代生态学启发下诞生的概念，为思想政治教育的理论和实践赋予了新的内涵。“生态”本是近代生物学中的概念，指生物的生存状态，以及生物之间、生物与环境之间的交互关系。在一定空间范围内，各式各样的生物与环境基于相互作用构成的统一整体，被称为“生态系统”。在“生态”“生态系统”中，存在的个体、所处的环境和相互的关系是概念的核心要义。由于该概念内涵所包含的哲学意义，其意义、功能、方法从自然科学领域拓展开来，衍生出社会生态、政治生态、教育生态等概念。生态思维、生态方法成为社会科学领域审视世界的重要视角。[2]

马克思曾指出，“人是最名副其实的政治动物，不仅是一种合群的动物，而且是只有在社会中才能独立的动物”。[3]这说明人与社会有不可割裂的作用关系，与生物与自然环境的关系有相似性。思想政治教育，作为着眼于人与社会关系的一个理论学科或一种实践活动，由主体、客体、介体、环境构成，可以视作社会生态系统中的子系统，同样具有生态性。

在生态思维下，对大学生思想政治教育内涵的把握被置于人与自然、人与社会、人与自身的结构关系这一更加开阔的视野之中，摆脱了传统单个要素分析、主客体二元对立的思维方式[4]，大学生思想政治教育的整体性、开放性、共生性、动态性、协调性[5]进一步凸显。

2. 人工智能的技术特征

"人工智能"是美国达特茅斯学院约翰·麦卡锡在1956年提出的，60多年来，人工智能学科致力于理解人类智能、智能行为及其规律，建立智能信息处理理论，进而设计可以展现某些近似于人类智能行为的计算系统，即实现"人工智能"。[6]人工智能目的在于通过技术的集成创新，对人的思维方式和行为方式进行模拟，提高人类开展重复性工作的效率。这离不开大数据、深度学习、算法三大技术的支持。

大数据是人工智能的基石。与一般的数据不同，大数据具有数量大、种类多、速度快等特点。通过大数据技术，我们获取的是"全部而非随机"的相对完备的数据，数据呈现"混杂而非精确"的状态，最终得到"相关而非因果"的关系分析结果。依托海量数据，大数据技术不仅改变了以往数据利用的方式，多维度、全方位的分析也成为可能。

深度学习是人工智能的引擎。依靠深度学习，人们可以从大数据中找到事物的特征，挖掘发展的规律，从而对趋势作出预测和判断；此外，深度学习还具备接收反馈的能力，能够通过与人类的互动，不断优化决策和行动，提升智能化水平。[7]

算法是人工智能的内核。从大数据到深度学习，算法是核心，是人工智能的"大脑"，负责对接收到的大数据进行加工运算，得到结论。强大的算法是人工智能的保障，只有通过强算法才能实现对大数据的高效分析、对趋势的精确预测，帮助人们提高决策的信度和效度。

3. 人工智能推动大学生思想政治教育生态变革的可行性

人工智能与大学生思想政治教育在根本目的、任务导向、性质特征上具备一定的契合度，使得人工智能推动大学生思想政治教育生态变革具有了理论上的可行性。

从根本目的上看，马克思主义指导下的思想政治教育是"教育者与受教育者根据社会和自身发展的需要，以正确的思想、政治、道德理论为指导，在适应与促进社会发展的过程中，不断提高思想、政治、道德素质和促进全面发展的过程"[8]，其本质是人的全面发展；人工智能作为一项前沿技术，对人类社会发展已产生也即将产生更大的推动力，通过其功能促进进一步实现人的自由和解放，从而实现人的全面发展。

从任务导向上看，思想政治教育要研究人的思想、行为规律，以服务于教育实践活动；而人工智能要尽可能模拟和仿真人类，就必须先完成对人思想动态和行为规律的揭示、分析、预测。由此可见，人工智能与思想政治教育面临同样的需要解决的问题。

从性质特征上看，当大学生思想政治教育被视作一个“生态系统”时，其特征表现为整体性、动态性、开放性，我们既要关心各个要素本身，又要关心各要素之间和要素与外部环境之间的交互关系；既要关心生态某一时刻的状态，又要关心其一段时间内持续的变化过程；既要关心内部平衡，又要关心其在整个社会生态系统中的平衡。我们必须用全面的、即时的、反馈的观点看待大学生思想政治教育，而人工智能全方位的数据、高效算法、可互动的深度学习可为此提供有力支撑。

（二）实践必然：人工智能推动大学生思想政治教育生态变革的客观现实

当今社会面临深度转型，社会现象的复杂性特征凸显，不断挑战着大学生思想政治教育生态的原有平衡；而人工智能已融入人们生活的方方面面，给大学生思想政治教育生态变革提供了条件。

1. 传统大学生思想政治教育生态平衡受到考验

进入信息化社会以来，大学生思想政治教育生态的内部形态和外部环境都发生了极大的变化，面临着诸多新形势和新挑战。

一是对象发生改变。“95 后”“00 后”成为高校大学生群体的主要组成部分，其成长伴随着国家的改革、互联网的兴起、社会的深度转型，其认知能力、思维方式、生活习惯、人生阅历不同于老一代，如何准确把握其对思想政治教育的态度和需求，是维持大学生思想政治教育生态稳定的重要课题。

二是方式的实效性下降。随着信息时代的到来，大学生接收信息的渠道越来越多，不断解构着他们的注意力，思想政治教育的传统课堂、传统媒体、传统话语逐渐丧失在大学生信息获取途径中的优势地位，“大水漫灌式”思想政治教育方式的实效性迅速下滑。

三是环境的复杂化凸显。在我国，意识形态领域的斗争始终存在，在互联网和移动终端的普及过程中各类意识形态和社会思潮迅速涌入，通过匿名的主体、吸引眼球的形式、隐蔽的价值观取向，给传统思想政治教育带来极大冲击。大学生思想政治教育生态被“倒逼”浸入虚拟空间，环境的复杂性考验着其平衡。

2. 人工智能的发展及应用为变革提供新思路

从理论研究上看，1968 年，Edward Feigenbaum（爱德华·费根鲍姆）的团队成功研究出第一个专家系统 DENDRAL，此后 20 年里，专家系统（expert system）显示出强大的生命力。Feigenbaum 进一步提出知识工程（knowledge engineering）的概念，自此知识表示、知识利用和知识获取成为学界普遍认同的人工智能系统的 3 个基本问题。而近年来，机器学习、计算智能、人工神经网络和行为主义的研究形成高潮，进一步推动人工智能深入发展，人工智能技术的突破被普遍应用于人机交互的变革、场景应对与决策自动化、利用大数据解决系统优化问题等方面。

从实际应用上看，尽管人工智能尚未成熟到在各领域全面铺开的程度，但其大数据这一核心技术已经渗透到社会的方方面面。移动互联网和自媒体的普及，使得普通用户成为信息生产的主体，在网络上进行的所有操作都能留下数据痕迹。历史学家尤瓦尔·赫拉利指出：“今天许多人已经放弃了自己的隐私和个性，把许多生命点滴全放到网络上，每个行动都被记录下来……”[9]。

此外，人工智能在教育领域的应用对思想政治教育生态变革也具有启发意义和参考价值。在我国，在政策支持下，运用于教育的人工智能方案也不断涌现，智能测评系统、教育机器人、虚拟现实教学场景等方面取得了实质性进展和应用。[10]

3. 人工智能推动大学生思想政治教育生态变革的必然性

人工智能时代的特征已经渗透到大学生思想政治教育生态的内外部各个要素中，对要素本身及其之间交互关系的变革，既是大势所趋，也是发展所需。

一方面，人工智能推动大学生思想政治教育生态变革是大势所趋。大学生思想治教育生态中的主体、客体、介体以及所处的社会环境，无时无刻不在生产着信息，而这些信息背后隐藏着个体或群体的思想动态和行为轨迹，经人工智能的数据挖掘和分析后会迅速呈现出其价值，如果我们不站在一定高度上进行研究、加以引导，而被其他国家利用，对我国意识形态安全的负面影响将难以预估。[11]因此，既然人工智能对人们生活的渗透已经成为必然，我们应当把握机会，主动利用人工智能手段助推大学生思想政治教育生态的变革。

另一方面，人工智能推动大学生思想政治教育生态变革是发展所需。我们已经看到，传统的思想政治教育的思路、方法、举措已经不再完全符合当前的教育对象的需求，“供给侧结构性改革”不仅适用于经济领域，也适用于大学生思想政治教育。思想政治教育是面向人的政治实践活动，要进行“供给侧结构性改革”，提升其有效性，就必须把握大学生群体、个体的思想状况和行为方式，精细化分析“需求侧”，从而采取“精准滴灌”式教育宣传手段，这离不开人工智能的技术支持。因此，为提升大学生思想政治教育实效性，有效利用人工智能符合意识形态工作的客观要求。

二、工具理性与价值理性：人工智能推动大学生思想政治教育生态变革的基本取向

以人工智能推动大学生思想政治教育生态变革，是技术工具与价值引领活动的结合，在其中，我们需要明确两者的基本理念、本质特征，找到契合点，为思想政治教育活动合理且有效利用人工智能提供正确的方向。

（一）基于人工智能技术特征的工具取向

信息时代对大学生思想政治教育生态的影响已经不可逆转，因此要避其短、扬其长，充分借助人工智能的技术优势，以“工具理性”优化思想政治教育生态。

1. 依托人工智能更全面地了解学生

大数据之“大”，为全面了解大学生的所思所想提供了可能。人工智能之所以能够助推大学生思想政治教育生态变革，正是在于人工智能完全改变了信息获取方式和分析方法，摆脱了“以部分代表整体”的“抽样”思路，

全面掌握了学生在客观载体上无意识间留下的行为轨迹，这些痕迹比起调查所得的数据更全面、更真实。行为与思想之间存在的密切的相关关系，分析行为轨迹的基本特点、变化趋势，研判个体或群体思想的现状，进一步推测未来的行为表现，可为我们开展大学生思想政治教育提供参考。

目前来看，人工智能的大数据分析技术已经逐渐在思想行为外在规律的探索中凸显作用，能够较为准确地判断“在想什么”；今后，人工智能也将在人的思想意识活动内在规律的认知上进一步发挥价值。人工智能所依托的认知科学领域，近年来专注于以科学化的手段深入探寻人大脑活动的规律，致力于解决“怎么想”的问题，为我们以全新的视角来认识思想政治教育规律提供了借鉴。

2. 依托人工智能更精准地开展教育

在广泛、大量占有思政信息的基础上，人工智能可以用数据刻画某一个体或某个群体的思想行为，精准定位教育对象、精准识别教育需求、精准灌输教育资源。

第一，精准定位教育对象。人工智能技术为大学生思想政治教育“因材施教”创造了可能。通过数据的横向和纵向分析，发现异常值和异常变化，识别出需要特别关注的个体或群体，从而做到在思想政治教育中有的放矢。

第二，精准识别教育需求。信息的多样化大大增强了大学生选择信息的自主性，思想政治教育亟待从“单向给定式”向“满足需求式”转变。这意味着思政教育要准确把握受教育者的思想诉求，将需求作为实施教育的出发点。以人工智能技术为依托，我们能从大数据中挖掘出受教育者的思想倾向、心理偏好、行为趋势，进而回答思政教育要以何种方式开展哪些教育的实践问题。

第三，精准灌输教育资源。对教育对象和教育需求精准把握后，个性化教育活动就有了基础，“一对一”“一对多”的教育资源推送将变成现实。人工智能的算法和深度学习，为这项费时费力工作提供了解决方案。深度学习技术能够根据对象的特质设计出多套教育方案，再经遗传算法的处理，进一步优选教育内容和教育方式，在恰当的时间节点向相应的教育对象提供教育资源，以期提升思想政治教育的实效性。[12]

3. 依托人工智能更及时地反馈调节

在一个生态系统中，反馈调节机制是确保生态平衡的基础。传统的大学生思想政治教育生态中，囿于工具，教育主体难以及时察觉教育过程中出现的问题，可能导致思想政治教育生态的不稳定乃至失衡。而人工智能技术的发展，使得反馈调节更加“及时”“即时”。

一方面，人工智能可以实现对思想政治教育活动的即时分析。依托大数据、云计算产生的思政教育数据能立刻得以汇总和整合，进行即时分析，思政活动信息的收集、存储、处理实现了全时段的瞬时完成。对于分析结果，可视化技术使其可读性更强，帮助教育主体在最短时间内掌握思想政治教育活动带来的即时性变化。

另一方面，人工智能可以实现对思想政治教育活动的即时调整。教育资源投放、教育活动开展的策略是否需要改变取决于教育成效的反馈，在人工智能的支持下，两者可双向互动。尤其是在非复杂性的场景中，设计好算法模型之后，人工智能可依据思想政治教育数据进行即时分析，自动选择最优应对策略，进行校准、纠偏、完善，将优化的思政教育资源即时推送出去，以此为循环，持续优化，保证大学生思想政治教育生态的稳定平衡。

（二）基于思想政治教育本质的价值取向

有学者提出，“思想政治教育是在思想领域以教育形式展开的政治实践活动”[13]，揭示了思想政治教育的三个关键点，即政治性、思想性和教育性。无论思想政治教育生态如何变革，都必须紧紧围绕思想政治教育的本质，利用人工智能实现“工具理性”的同时，确保“价值理性”。

1. 立足于政治性

政治性是思想政治教育的根本属性，体现为阶级性、灌输性、政治动员性和社会控制性。[14]在我国，要坚持思想政治教育的政治属性，就是要强化马克思列宁主义、毛泽东思想及中国特色社会主义理论体系在意识形态领域的指导地位，这是大学生思想政治教育生态不可改变的特性。因此，在以人工智能推动思想政治教育生态走向变革的过程中，要警惕对“政治性”的解构。

一方面，思政教育要警惕在基本理念上偏离政治本质。人工智能，归根到底是通过人的努力实现自动化和智能化，离不开对人与人、人与机器之间关系的探讨，其中的逻辑、算法都蕴含着人的主观意向，渗透着意识形态的色彩。[15] 如果设计者在创造人工智能时，或是缺乏对意识形态的考量，或是灌输了错误的价值观念，都会造成严重后果。另一方面，要警惕在应用方式上削弱政治优势。马克思主义指导下的思想政治教育，是围绕人、关照人、服务人的活动，最终目的在于促进人的自由全面发展，这是社会主义制度与其他制度相较下思想政治教育的优势所在。因此，我们在应用人工智能时，要从“以人为本”出发，采集和分析大数据时要紧紧把握法律底线和伦理红线，以辩证、发展的眼光看待分析结果，避免“预防性惩罚”，避免极端政治的可能性。

2. 着眼于思想性

除了政治性，思想政治教育与其他学科教育的不同之处还在于，教育的效果不能仅仅停留于知识记忆的层面，更要将知识内化为思想，形成相应的世界观、人生观、价值观，进而指导所期望的外在行为生成，最终实现“知行合一”，因此，“思想”是思政教育的着眼点。人工智能在对思想的反映和回应上有其优势，但也要看到其局限性，在变革思想政治教育生态时要厘清人工智能的适用范围和使用限度。

其一，不能全盘接受人工智能的分析结果。尽管依托人工智能可以深入挖掘、即时分析人们的思想动态，但学界目前仍对人的思想意识能否完全以算法的形式转化为数据还存在讨论和争议；况且，大学生思想政治教育生态是社会生态的一个子系统，大学生的思想活动与社会整体系统的大背景息息相关，也与系统内部具体的情境和场景不可割裂，因此，对话语、行为的解读要辩证分析、慎重对待。[15]

其二，不能完全依靠人工智能的反馈回应。当前人工智能中智能的输出依赖于人工的输入，加工过程只是对已有内容的整合或重组，无法实现思想的升华、理论的创造，因此也就无法在分析之后给予教育对象饱含“思想性”的回应。因此，在人工智能协助解决大部分重复性问题之后，我们仍然需要通过传统的方式研判有深度的问题，在与各类思潮的较量中凝聚智慧，不断推动社会主义思想政治教育理论的创新。

3. 落脚于教育性

从范畴上来说，思想政治教育是一项教育活动。教育的目标之一在于“认知”，即对外部世界的表征、本质和联系等进行了解、认识和记忆。据此思想政治教育的落脚点之一就是向大学生传递思想政治的相关理论，引导受教育者将模糊的感受转化为清晰的概念，最终形成系统的知识体系。因此，人工智能在一些学科教育教学上的应用为思想政治教育的知识灌输提供了参考。但思想政治教育的“教育”属性也决定了其不可能像其他有一定模式可循的社会活动一样，被人工智能全面取代，“教育”的目的除了知识水平的提升，更有道德规范的养成、价值观念的成熟，在这个过程中，需要以人来影响人、感染人，用教育者的丰富情感和生动示范来激发教育对象的内心共鸣，因此，在人工智能推动思想政治教育生态变革的过程中，可能教育者的工作范畴和角色定位将发生转变，但教育者本身不会，也不能被人工智能取而代之。

三、人工智能推动大学生思想政治教育生态变革的实践路径

现如今，大学生思想政治教育生态的原有秩序正在被消解，如果不掌握“主动权”，就难以在稳定中建立新的平衡。从新媒体到大数据，再到人工智能，大学生思想政治教育既要在技术创新的倒逼中谋发展，更要利用创新技术求突破，顺应时代趋势，革新关键要素。

（一）变革教育主体

在大学生思想政治教育生态中，教育者是主体，在教育过程中占据主导性地位。将人工智能应用于思想政治教育中，教育者的工作模式很可能从“人人协作”转向“人机协作”，在人工智能的助推下提升工作效能、提高专业化水平、实现全面自由发展。

1. 高效化

思想政治教育是一门包罗万象的实践活动，所涉及的社会活动领域众多，繁杂的工作事务和庞大的工作对象对思想政治教育者提出了挑战。人工智能

虽然不能完全替代教育者，但它可以让教育者在一定程度上从重复性、机械性的工作中解放出来，提升工作的效率和效果。比如在进行宣传工作的过程中，人工智能可以通过分析大学生的数据痕迹，推测其习惯和偏好，有针对性地推送宣传信息，帮助教育者建立更精准的思想政治教育宣传体系。

2. 专业化

思想政治工作的复杂性意味着思想政治教育者能力的全面性和专业性。在人工智能时代，教育者一部分耗时耗力的工作任务可以由人工智能分担，如此教育者就能分配出更充足的时间和精力来增加知识储备、优化能力结构，在人工智能无法深度参与的事务中潜心钻研，着眼于结果反思、价值判断、思想引领、理论创新，最大限度发挥“人机协作”工作模式的优越性。

3. 自由化

传统思想政治教育模式下，对工作的投入意味着对正常生活空间和自由时间的挤压，教育者自身的全面自由发展必定受到一定影响，教育者的自由被限制。[16]而教育者之于受教育者，不仅是有明确载体的知识传授和思想灌输，更需要潜移默化的影响。如马克思所说，“每个人的自由发展是一切人的自由发展的条件”。[17]当教育者的自由被钳制，受教育者的发展也会受到阻碍。而人工智能通过高效的协同，增加了教育者的自由时间，教育者得以专注内心需求实现自我价值，从时间自由走向发展自由、精神自由，以更好的面貌投入到大学生思想政治教育中。

（二）变革教育客体

大学生群体数量庞大，传统思想政治教育多在“面”上展开，“点对点”的教育模式较少。人工智能的介入，以数据的形式重新审视大学生这一思政教育客体，在最大限度上满足了教育客体的个性化需求。

1. 数据化

在人工智能的视域下，人的一切静态特征、动态行为都可以用数据来表示，从中了解其知识结构、情绪表达、思想站位等，形成“数据画像”。一方面，可以收集与大学生某一个体或群体有关的所有数据对个体或群体进行全面、细致的分析，形成多维度、立体化的“画像”，有助于教育者对其开展有针对性的教育工作；另一方面，可以收集思想政治教育客体在我们所关注的一个社会现象或一个教育活动中的语言、行为等数据，对事项变化引发的教育客体思想动态进行追踪，有助于教育者评估社会现象对教育对象思想产生的影响，或检验思想政治教育活动的有效性。

2. 个性化

人人生而不同，对于传统场景下的教育者来说，个性化教育是一项艰巨的任务，少有实践案例，人工智能可以将人的行为数据化，这些数据里就包含着受教育者个体的个性特征，隐含着个性需求；从个体的客观需要和主观需求出发，人工智能又可以依据其技术逻辑为其提供有针对性的解决方案，选择合适的教育资源、教育方法。在这一过程中，人工智能的技术与人的个性特征在不断交互反馈中彼此强化，个性化教育方案持续改进，最终实现个体的个性化发展。

（三）变革教育介体

思想政治教育介体既包括实施思政教育所采取的方式、手段、途径，也包括思政教育内容和教育资源。借助人工智能，思想政治教育的方式方法愈加多元，混合式教育逐渐成为主流；教育内容和教育资源因载体的丰富而更加生动，顺应了思想政治教育客体的偏好和需求。

1. 混合化

多元社会思潮在互联网、新媒体中的涌动要求思想政治教育阵地向线上延伸，思想政治教育需要在巩固线下原有阵地的基础上，在线上继续发挥重要作用，而人工智能为这种线上、线下教育的混合提供了更优化的技术支持。在大学生思想政治教育中，基于传统课堂与网上教学的融合，教学资源、教学策略、评价方法、学习载体等以不同的形态展现，构成了“混合式教学”模式。依托人工智能，一方面可以进一步丰富教学要素的样态，如智能答疑、智能导学等，增加了混合式教育教学的手段；另一方面，根据人工智能的数据反馈，教育者可以不断优化混合式教学的内容资源配比、教学策略选择、时间安排，提升混合式教学模式的科学性和有效性，从“一般混合”进一步推向“深度整合”。

2. 富媒体化

随着信息化时代的到来，在信息传播中，文字的单一性使其逐渐让位于观感更优的图片、音频、视频等，在思想政治教育中亦是如此。为增强思政教育的吸引力和亲和力，教育者越来越倾向于选择主题鲜明、简洁明快、生动形象的教育资源，富媒体要素的应用是大势所趋。在这一情况下，人工智能大有可为。

一是人工智能可协助改进已有教育资源中富媒体要素的结构内容。多媒体学习认知理论认为，多种媒体要素在同一教学资源中的组织、编排、使用会影响人们的认知学习效果，并提出了若干设计原则。为了达到理想的教育成效，人工智能可以判断已有教育资源的组织结构是否合理，并给出改进方案；在教育资源投入使用后通过持续跟踪受教育者的反馈，进一步优化教育资源，形成良性循环。

二是人工智能可以创设新的富媒体要素及新的教育资源。在虚拟现实技术、增强现实技术的加持下，更具可视性、生动感和感染力的教育资源已经出现，如虚拟现实红色旅游景点、沉浸式体验游戏等，“VR/AR＋思想政治教育”给思政教育生态带来了新的活力。智能机器人融合了语言、图文、视频等多种要素，可以增强思政教育资源要素的丰富性，同时还具备其他载体所没有的互动性优势。

（四）变革教育环境

比起主体、客体、介体，思想政治教育环境作为影响思想政治教育各种外在因素的总和，涉及的范围更广，触及人类社会生活的方方面面。面对复杂的环境特征，将人工智能应用于思想政治教育，其浸润化情境和智慧化场域可以实现对教育环境的净化和引导，重构思想政治教育生态。

1. 浸润化

“人创造环境，同样，环境也创造人。”[18]环境给人带来的是隐性的、潜移默化的影响，因此思想政治教育也要牢牢把握环境影响人的本质特征，在宏观环境中打造浸润式的思想政治教育情境，将思政教育融入大学生日常的学习、工作、生活。为了达到“春风化雨”的效果，一方面，思想政治工作者要利用人工智能的大数据抓取功能，分析人们在日常社会活动中的关注点、习惯、喜好，发现环境中思想政治教育的关键点、薄弱点，找到灌输思想政治教育的切入口和路径，创设思想政治教育情境；另一方面，利用人工智能了解大学生对隐性思想政治教育的识别度、接受度和认同度，检验思想政治教育情境的成效。

2. 智慧化

在人工智能时代，人们的学习、工作、生活场所越来越“以人为中心”，符合人的生理规律和心理需求，为思想政治教育工作的开展提供了良好的外在环境。在虚拟空间里，智慧化场域实际上也已经形成，每一个进入虚拟空间的人本身就是智慧化场域的一部分，创造着场域的数据基础，在与场域的交互过程中不断强化个体特征，以此为依据，人工智能为虚拟空间中的个体提供智慧化的服务，其中也包括智慧化的思想政治教育。

目前的人工智能技术还有待进一步发展和成熟，人工智能与思想政治教育的结合也非一日之功，但只有让思想走在技术的前面，围绕思想使用技术，思想政治教育才能充分发挥其先进性和引领性，大学生思想政治教育生态才能始终保持稳定和平衡，更好地服务于实现人自由全面发展的最终目标。

参考文献

[1] 杨芳芳. 浅论媒介技术与社会发展[J]. 理论月刊,2006(6):85.

[2] 杨增崇. 生态学方法:思想政治教育研究的一种视野[J]. 理论与改革,2010(5):106－109.

[3] 中共中央马克思恩格斯列宁斯大林著作编译局. 马克思恩格斯选集:第2卷[M]. 北京:人民出版社,1995:2.

[4] 张洪春. 论思想政治教育生态思维的价值向度[J]. 社会科学家,2009(4):45－47.

[5] 杨增崇. 近年来思想政治教育生态相关问题研究述评[J]. 教学与研究,2012(10):82－88.

[6] 蔡自兴,刘丽钰,蔡竞峰,等. 人工智能及其应用[M]. 5版. 北京:清华大学出版社,2016:5－9.

[7] 武东生,郝博炜. 思想政治教育有效利用人工智能的分析[J]. 马克思主义理论学科研究,2019(5):103 - 112.

[8] 教育部思想政治工作司. 大学生思想政治教育理论与实践[M]. 北京:高等教育出版社,2009:2.

[9] 尤瓦尔·赫拉利. 未来简史[M]. 林俊宏,译. 北京:中信出版社,2017:310.

[10] 周良发. 智能思政 : 人工智能时代的思想政治教育变革[J]. 重庆邮电大学学报（社会科学版）,2019 (31):69 - 75.

[11] 常宴会. 人工智能在思想政治教育中的应用前景和价值前提探析[J]. 思想理论教育,2019 (8):79 - 83.

[12] 吴满意,景星维. 精准思政: 内涵生成与结构演化[J]. 学术论坛,2019 (42):133 - 139.

[13] 罗茂璇. 现代思想政治教育学科前沿理论探析:评《现代思想政治教育学前沿》[J]. 教育发展研究,2015(35):2.

[14] 马福运. 正确认识思想政治教育的政治属性[J]. 高校理论战线,2006(12):40 - 43.

[15]林峰. 人工智能时代思想政治教育的价值定位与发展[J]. 思想理论教育,2020 (1):79 - 83.

[16] 陈坤,李旖旎. 人工智能语境下思想政治教育者的角色定位[J]. 思想教育研究,2018(9):31 - 34.

[17] 中共中央马克思恩格斯列宁斯大林著作编译局. 马克思恩格斯选集:第1卷[M]. 北京:人民出版社,1995:294.

[18] 中共中央马克思恩格斯列宁斯大林著作编译局. 马克思恩格斯选集:第1卷[M]. 北京:人民出版社,1995:92.

第一作者简介：杨东杰，中国石油大学（北京）理学院党委书记。

本文为2017年度教育部人文社会科学研究专项任务（中国特色社会主义理论体系研究）项目“微域网络思政教育探索与实践” （项目批准号：17JD710097）、北京市社会科学基金项目暨2018年度首都大学生思想政治教育重点课题“辅导员全程全方位育人平台建设及实效性研究——基于移动学习分析技术视角”（项目批准号：17KDB034、BJSZ2018ZD07）的阶段性成果。

本文载于《中国政法大学学报》2022 年第 4 期（总第 90 期）。

重塑与建构：马克思主义主体间性视域下的高校深度辅导工作

闫亮亮

摘　要　主体间性是马克思主义交往理论的核心概念。从马克思主体间性视域来看，高校深度辅导工作的理论和实践根源于主体间交往活动的本质需求，同时，在辅导员对学生进行深度辅导的过程中衍生出主体间性。从主体间性视域下解读高校深度辅导工作，对于重塑深度辅导的双主体地位，建构深度辅导的双向沟通理念，进一步深化对高校深度辅导工作的研究和认识，具有一定的理论和现实意义。

关键词　深度辅导；主体间性；重塑；建构

主体间性是近年来哲学研究的热点，是马克思主义交往理论的核心概念。国内大部分学者在研究马克思的交往理论时，都有选择地使用这一概念。他们的观点主要包括三个方面：一是主体间性并不仅限定于意识或意向性关系，而且它还包含人们在生存实践和认知活动中所具有的同一性关系，即人们在改造主客观世界的过程中因互相交往而形成的社会联系，具体体现为改造主客观世界的活动中的关联性和协调性；二是从某种意义上来说，马克思关于人的社会和社会的人的论述就是主体间性；三是两个主体间的交往活动和改造客观对象世界的活动在人的存在和发展中具有同等重要的地位。[1]将主体间性理论引入高校深度辅导工作的研究和应用领域，有助于更加明确和突出辅导员和学生之间的关联性、同一性和协调性，改变传统的单向关系模式，赋予主体双方更加全面健康的关系。在辅导员和学生平等的双向沟通联系中，通过对话和理解生成超越双方单个个体有限的视角，最终达成同一性共识。深度辅导的过程不再是辅导员单向输入和学生被动接受的简单叠加，而是主体双方通过交往融合成为一个思想共同体的过程，为深度辅导工作提供了一个全新的视角，同时也可以此为支点，建立辅导员开展思想政治教育工作的理论体系。

一、当前高校深度辅导工作中存在的问题

高校深度辅导工作能否取得实效，关键在于能否正确认识和厘清双方的地位和作用，将深度辅导的内容和价值统一起来。在目前的深度辅导实践中，大部分辅导员受主客体二分观念的影响，过分突出自己在深度辅导过程中的主体地位和主导作用、过分夸大自我价值和影响，忽视甚至否定学生的主体性和主动性，造成了双方地位的不平等，辅导员以居高临下的态度对学生进行教育和引导，很容易引起学生的逆反心理。此外，辅导员将深度辅导简单等同于一般知识传递，将深度辅导的内容和价值割裂开，脱离了深度辅导的灵魂和真正内涵。

（一）过分突出辅导员的主导地位，忽视甚至否定学生的主动性

深度辅导活动不同于一般的认识和实践活动，作为“吸收”对象的学生在整个活动中具有十分重要的作用，其主观能动性的发挥直接影响着整个活动的成效与质量。虽然辅导员在整个过程中处于主导地位，但是这种地位只是相对的，辅导员的作用更重要的是引导和启发，而不是简单粗暴的压制和单项教育。学生对教育方法是否适应，对教育内容是否接受，能否和辅导员开展良好的互动，以及给予辅导员怎样的反馈等，在更大程度上决定了深度辅导是否能够达到预期目标。然而，在目前的深度辅导中，辅导员往往利用自己相对权威的地位，过多关注自己想要表达的内容和预期达到的目标，而忽略对学生主观能动性的激发和主动参与意识的培养，忽视深度辅导绩效的实现，直接改变了深度辅导主体和对象之间关系的发展方向，深度辅导效果自然不能令人满意。

（二）将深度辅导简单等同于知识传授和能力培养，忽视思想引领和价值引导

深度辅导虽然包含知识传授和能力培养，但绝不能将两者简单地等同，深度辅导不同于一般的知识教育，更重要的是思想引领和价值引导，思想政

治教育是贯穿其中的重要内容。目前的深度辅导把知识传授和能力培养作为唯一的目标和内容，过多关注知识、方法、技巧等机械或单向的传授，在教育过程中没有撒好思想教育的“盐”，缺少价值交流和人文关怀，深度辅导主客体关系出现物质化和异化倾向，辅导员和学生成为简单的知识传递和接收者的关系，辅导员由引导者变为主导者，学生由参与者变为旁观者，背离了深度辅导的初衷和使命。

（三）固守教育者和被教育者的等级关系，忽视网络时代对人与人关系的影响

网络时代的到来颠覆了信息传播的方式方法，教育者对信息的垄断也被打破，教育者已经不能左右信息的来源和输出，人与人在信息上的地位越来越平等，教育者和被教育者已然处于信息的共享和交流的地位。而目前的深度辅导仍然处在中心化、等级化的教育模式中，辅导员在辅导过程中仍然以信息占有者和地位权威者自居，这显然不能适应网络时代的新要求，这就使得辅导员和学生之间有必要改造传统的“教育者—灌输—受教育者”的关系模型。

二、重塑深度辅导的主体关系，由单一主体转向双重主体

教育的一个黄金法则就是教育主客体关系，没有良好的教育主客体关系，真正的教育是不可能实现的。[2] 从主体间性考察深度辅导，最重要的就是重塑辅导员和学生的主体地位，辅导员与学生都应是深度辅导活动的主体，是一种主体之间的关系，其表现出来的主体间性，是对个体主体性的升华，是辅导员与学生双主体在深度辅导中的同一性和协调性。它改变了旧有的、绝对的以辅导员为本的教育观，一方面，承认并尊重辅导员和学生在深度辅导过程中都具有主体地位，以促进个体主体性的超越和升华；另一方面，又强调对个体主体性的提高，引导主体由单个主体向双主体提升。

（一）辅导员和学生在深度辅导过程中是思想共同体的关系

深度辅导工作源于学生在思想教育、职业生涯辅导、学业辅导、心理辅导等多方面的个人需求，要满足这些需求，离不开人与人之间的平等互动。

从主体间性理论的角度来看，辅导员和学生之间是一种平行关系，辅导员不再是教育过程的单一主体而学生也不再是被动接受者。辅导员和学生成为整个教育过程的思想共同体和共享者。学生不再是被动地接受教育者的教育和灌输，而是主动参与到教育和引导的过程中，双方结成思想共同体的关系。这对于深化辅导员和学生对深度辅导的认识，特别是激发学生参与深度辅导的主动性和积极性，进一步提升学生的主体性和能动性具有十分重要的意义。这既是克服当前深度辅导工作现实困境与主客体关系困境的关键，也是提高深度辅导针对性和实效性的重要选择。

（二）辅导员和学生深度辅导是共同提升和自我提升的过程

深度辅导过程中虽然辅导员占有主导地位，控制着整个深度辅导的进程和发展，但是主导地位不简单等同于主导作用，深度辅导的实效性是受双方相互作用影响的。学生在受教育过程中也并不是单纯地被动接受，他也在影响着整个过程的实效性和质量，除了接收信息外，也在进行着独立的理解、选择和判断，而且不同个体之间还存在着差异性。在主体间性理论的视域下，深度辅导的过程是双方共同提升和自我提升的过程，是辅导员与学生共同施加影响，作用相互叠加的结果。这就要求辅导员既要重视自身的主体作用，又要充分调动学生的主动性和主体性；既要重视主动引导和教育，又要重视双方自我提升的过程；既要重视辅导的目标和价值导向，又要重视学生的思维结构和理解接受能力，把他授与自授有机地结合起来，这样才能真正提升深度辅导的实效性。

（三）辅导员和学生深度辅导是交互影响融通的过程

从主体间性视域来看，深度辅导本质上是一种建立在辅导员和学生交互影响融通基础上的实践活动。辅导员和学生开展深度辅导的过程，也必然在进行着有关意义、情感、价值观的分享与交换。而且在辅导的过程中，双方会根据自己的理解能力和接受习惯，作出自己的价值判断和选择。因此，深度辅导中主客体关系的价值超越了简单的知识和能力传授范畴，是知识能力传授与价值交流判断的叠加和放大。所以，深度辅导的过程，是基于知识和能力传授的互动过程，更是基于情感体验和价值传播的融合过程，是建立在辅导员鼓励、引导和建议基础上的学生个体得到尊重和理解，得到成长和发展的过程。同时，辅导员在双方互动过程中不断自我反省、自我完善，从中获得成就感体验。所以，辅导员开展深度辅导只有建立在双方平等交往基础上的理解、沟通与对话，才能真正成为学生的知心者和引路人，帮助学生获得精神成长和能力发展。

三、建构深度辅导的话语体系，由单向输入转为双向沟通

苏霍姆林斯基认为“以教育上的失败而告终的教育冲突，其根源在于教育者不善于和受教育者交往”。[3] 主体间性视域下的深度辅导是将双方置于一种相互联系的思维模式，它超越了主体、客体分离的对立性思维模式，倡导双主体间的同一性，使深度辅导重新回归到人与人在同一语境中的平等互动交往的关系中，深度辅导要通过提升学生的话语权重，弥合双方的话语差异，形成主体间和谐共融的话语氛围。

（一）提升学生的话语权重

在目前的深度辅导中，普遍存在辅导员的话语权重过大，学生的话语权重过小的问题，辅导员往往控制着学生话语的表达，双方存在话语表达机会的不平等，学生的话语表达空间受到较大挤压，“辅导员讲、学生听”成为深度辅导的常态，客观上形成了辅导员的话语霸权，压制了学生参与深度辅导的积极性，深度辅导的成效自然很难保障。在主体间性的视域下，必须对双方的话语权进行再分配、再平衡，在充分保障辅导员话语引领作用的同时，分流话语表达权，给予学生话语表达权充分的尊重和支持。同时，也要避免陷入非此即彼的陷阱，从而形成双方良性互动的生动局面。

（二）弥合双方的话语差异

由于辅导员希望引导和传递的内容和学生需求之间存在差异，再加上双方在知识结构、人生阅历和价值取向等方面存在一定的差异性，这就导致了辅导员和学生之间不可避免地存在话语差异。但是，正因为存在差异，双方的有效沟通就显得尤为重要。要弥合双方的差异，辅导员的话语体系必须回归生活、关注热点、加入网络时代的新元素；要剥离工具性，体现人本性，

在实现教育的目标时，多引导、少主导，回应学生的实际需求；多运用生活化的语言，注重深度辅导过程中的情感体验和人文关怀。

（三）重新诠释灌输性话语

重新诠释灌输性话语是建构深入辅导话语体系的核心内容。随着时代的发展和社会转型，灌输性话语必须体现时代特征和多样性，实现从显性到隐性，从单向到交互的话语转变。要积极借鉴国外相关领域的成功经验，特别是体现人类社会普遍适用的话语体系，重点关注爱国教育、道德教育和公民教育等内容，促进灌输性话语与人类社会进步的普遍性话语之间的无缝衔接，丰富深度辅导的话语内容。

参考文献

[1] 张宇．现代哲学中的主体间性理论[J]．世纪桥,2011(13):31－32.

[2] 李树英．教育现象学:一门新型的教育学——访教育现象学国际大师马克斯·范梅南教授[J]．开放教育研究,2005(3):6.

[3] 苏霍姆林斯基．苏霍姆林斯基论教育[M]．北京:教育科学出版社,1999:99.

作者简介：闫亮亮，中国石油大学（北京）机械与储运工程学院党委书记。

本文载于《北京教育·高教》2019 年 1 月。

学科文化融入大学生爱国主义教育的实践探索

费葳葳　王子安　杨晟颢　周学智

摘　要　学科文化是大学文化的重要组成部分，是大学生思想政治教育的重要资源。从学科文化发展的历史维度和学科文化弘扬的现实维度看，学科文化融入大学生爱国主义教育非常必要。近年来，中国石油大学（北京）地球科学学院充分挖掘学科文化育人资源，与课堂相结合，以青年为主体，以榜样为激励，以实践为拓展，大力开展青年学生爱国主义教育，取得了较好效果。

关键词　文化育人；学科文化；爱国主义教育

2020 年 7 月 7 日，习近平总书记给中国石油大学（北京）克拉玛依校区 118 名即将奔赴新疆基层就业的毕业生回信，肯定他们到边疆基层工作的选择，期望广大毕业生不畏艰难险阻，勇担时代使命，把个人的理想追求融入党和国家事业之中，为党、为祖国、为人民多作贡献。中国石油大学（北京）克拉玛依校区首届毕业生有近三分之一留在新疆，选择基层，这与学校始终坚持的精神铸魂、文化育人密不可分。学科文化作为大学文化的重要支撑，具有鲜明的行业特色，更容易为学生所认知认同。将学科发展中蕴含的科学精神、文化精神和价值追求融入学生的教育教学全过程，对于行业特色高校学生爱国主义教育具有重要意义。

一、学科文化融入大学生爱国主义教育的必要性

（一）学科文化是开展大学生爱国主义教育的历史之托

学科文化是在学科历史发展的进程中逐渐形成的，既有时代发展的普遍性也有学科自身的独特性[1]，是学科的精神灵魂和生命力源泉[2]，对于学科

人才的价值取向引导、理想人格塑造、行为方式导向与思维方式养成等方面具有重要影响。[3]中国的石油地质学科七十年来的发展历程就是一部厚重的爱国主义教材。1949 年，新中国刚刚成立，百废待兴，中国石油工业发展急需专业人才，西北大学急国家之所急，开始筹办石油地质学科；新中国成立之初，全国原油年产量仅有 12 万吨，“为国争光，为民族争气”的爱国情怀激励着老一辈石油地质人艰苦奋斗、攻坚克难，将“贫油的帽子甩进太平洋”；改革开放之后，中国石油率先“走出去”进行海外合作，新一辈的石油地质人“舍小家为大家”，成为海外找油的生力军。可以说，石油地质学科的发展与祖国同频共振，其学科文化中蕴含的深厚爱国情感是石油地质人的精神血脉，将学科文化融入大学生爱国主义教育是历史的选择。

（二）学科文化是新时代开展大学生爱国主义教育的现实之需

高校的文化育人必须考虑国家需求和社会发展需要，将国家发展战略需要与人才培养环节紧密结合。近年来，受石油价格下跌及工作条件艰苦等多重因素影响，石油地质相关专业报考人数不断下降，学生的专业认同感、归属感不断下降，学生在石油、地质行业就业比例不断下降，给石油地质学科爱国主义教育开展带来新的挑战。从客观上讲，行业形势的变化动摇了学生“为国找油”的信心和决心。2014 年，国际油价发生断崖式下跌，并保持长期低位运行状态，石油行业进入了“寒冬期”。石油勘探上游领域对石油地质专业的毕业生需求骤减，学生的就业受到较大影响。学生的专业信心不足，几十年积淀形成的“为国找油”决心不断动摇。从主观上讲，受多元文化影响，“90 后”青年对“个人价值实现”还缺乏正确的认知。虽然现在信息化进程加速，解决了石油行业过去“人拉肩扛、跋山涉水”的难题，但开展石油勘探，少不了野外考察和现场探测。与大城市相比，石油生产一线没有五彩斑斓；与其他行业相比，勘探工作也没有光鲜亮丽。因此，一些学生选择了“钱多活少离家近”的所谓舒适生活，而放弃了“到祖国最需要的地方去”的价值追求。

二、学科文化融入大学生爱国主义教育的价值意蕴

（一）坚定青年学生强国报国的信念

中国地质事业的先驱李四光曾三易其志，因为国家需要最终选择地质，提出“陆相生油理论”，发现大庆油田，带领中国脱掉了“贫油国”的帽子。[4]新中国石油工业短短六十余年的发展历程，和世界石油工业史相差近百年，却创造了诸多令世界瞩目的奇迹，这其中有一批又一批胸怀强国、报国信念的青年学子投身奉献。当前，我国石油的对外依存度持续升高，油气增储上产难度不断加大。因此，要充分发挥学科文化中积淀的榜样引领作用，引导青年学子立志为实现中华民族伟大复兴而努力奋斗，将强国报国作为坚定信念，将“矢志找油”作为价值追求，将个人梦想融入国家梦想，争做新时代的奋斗者、追梦人。

（二）锤炼青年学生艰苦奋斗的品格

1961 年，北京石油学院石油地质专业毕业的王启民来到大庆参加会战，住地窨子、吃窝窝头，风吹日晒、爬冰卧雪，会战条件十分艰苦，但秉持着“一辈子只做一件事，为党和人民多找油、多拿油”的信念，他攻克了一个又一个技术难关，将艰苦奋斗、干事创业的决心践行得淋漓尽致。时至今日，石油产业的物质生活条件已经发生了翻天覆地的变化，但无论历史如何演进、形势如何变化，艰苦奋斗的优秀品质始终需要新时代的青年学生去传承。学科文化的传承和弘扬，就是要让广大学子在抚今追昔中继承传统，在学思践悟中汲取力量，在艰苦奋斗中成就事业。

（三）培养青年学生创新创造的精神

中国的石油工业是在国家工业基础薄弱、“中国贫油论”的条件下艰难起步的。科技创新和挑战，在石油行业的发展过程中从未间断。当前，油气行业转型升级加速、技术创新活跃，对创新型、高端型石油地质工作者的需求比以往任何时候都更加迫切。因此，要发挥优良学科文化的育人合力，培养拔尖创新人才，引导广大青年学子以敢为人先的锐气，在立足专业的创新创造中积累经验，力争走在油气勘探的最前沿，为国家的能源安全贡献自己

的智慧和力量。

（四）砥砺青年学生扎根奉献的情怀

奉献是中华民族的优秀品质，“到祖国最需要的地方去”是石油人扎根奉献的真实写照。学校校友秦文贵，1982 年从学校毕业后就毫不犹豫地选择了我国海拔最高、环境最艰苦的青海油田，在那片戈壁荒漠里一干就是二十年。1992 年，他到加拿大卡尔加里大学学习进修，完成学业后，他谢绝了国外石油公司的高薪聘请，毅然回到青海油田。他以对祖国石油事业的热爱和忠诚，走出了一条当代青年知识分子扎根基层，在苦干、实干中锻炼成长之路。培养青年学子的奉献情怀，要深入挖掘内化于学科文化中的价值取向和职业追求，引导广大青年把个人视线投向国家发展的航程，到祖国最需要的地方建功立业，帮助他们扣好职业生涯的“第一粒扣子”。

三、学科文化融入大学生爱国主义教育的实践探索

（一）与课堂相结合，在知识传授中滋养爱国主义情怀

课堂是爱国主义教育的主渠道，也是学科文化的重要输出端。结合地质学实践性强的学科特点，中国石油大学（北京）地球科学学院（以下简称学院）连通室内和野外两个课堂教学环节，在理论学习与实习实践中滋养学生的爱国主义情怀。理论学习层面，教师在专业知识讲授的过程中，潜移默化地融入国情、社情教育，引导学生正确认识世界和中国能源发展大势，正确认识中国石油行业发展特色和国际比较；实习实践层面，学院依托国家级校外人才培养基地和国家精品课程示范基地等优势平台，使课程思政与专业实践有机融合，通过成立野外和现场临时党支部，将主题教育搬出校园，走到广阔的天地间，将红色基因融入血脉，力求脚踏实地，使学生练就过硬本领，将青春梦融入中国梦。

（二）以青年为主体，在特色活动中浸润爱国主义情怀

考虑到青年的思想特点和兴趣需求，学院以地学精神和专业内涵为切入点，通过特色符号和人文情怀增强认同感，形成了一套讲原创（Genesis）、谈传承（Generation）、重引领（Guidance）、有情怀（Glory）、固堡垒（Garrison）的地学“5G文化”育人体系。以“地学蓝”为色彩基调、以地质学英文字母“GEOSCI”和地球形象为核心图形，原创了院服、明信片、文化衫、钥匙扣、雨伞等一系列地学文化周边产品。创新青年思想引领方法，将专业特色融入主题教育，通过组织“把地学人的青春唱给你听”青年节主题活动、“信仰之声”青年晚会等活动，师生共同奏响了文化传承的“协奏曲”。打造了以专业特色、学科动态、院系经纬为核心内容的官方微信公众平台和以时事热点、校园生活、琐事精讲为主要方向的网络微视频和直播栏目，抓住时代特征，将网络引领作为重要的表达方式。构建了“普通地质大赛—大地构造知识竞赛—地质技能大赛—全国油气地质大赛”本博一体化的立体竞赛生态，增强专业认同，塑造地学情怀。依托地球科学博物馆建立共青团主题实体空间——青年之家，将“地学蓝＋团学红”视觉系统与爱国主义教育元素有机结合，打造沉浸式、互动式、服务型融媒体共青团主题家园，拓展了文化育人阵地。

（三）以榜样为激励，在示范引领中内化爱国主义情怀

在我国石油勘探事业的发展历程中，涌现了一批英模人物，也形成了大庆精神、铁人精神等富有教育价值和时代内涵的育人元素。学院通过挖掘学生身边的榜样，构筑爱国主义教育先锋阵地。一是学习优秀党员的报国志。学院充分发挥北京市先进基层党组织的组织优势，重点挖掘身边优秀党员立足本职工作、报效祖国的先进事迹，发现身边优秀党员的闪光点，组织编写优秀党员先进事例集，让先进的事迹活起来。二是学习优秀教师的石油情。学院在为每个班级配备两名导师基础上，大力开展“教师开放日”“科研零距离”等活动，为拔尖创新人才配备专业指导教师，让更多学生走进实验室、项目课题组，了解学科前沿知识，接触油田生产项目，培养工程实践人才。三是学习优秀青年赤子心。学院通过从各石油企业选拔年富力强的岗位能手、科技新星兼任本科生校外辅导员，用青年榜样呼唤青春力量。

（四）以实践为拓展，在躬身实践中厚植爱国主义情怀

实践活动是爱国主义的深厚土壤，也是实现文化与人互动融合的“催化剂”。学院紧紧围绕专业特色，挖掘专业的时代价值和精神内涵，以“青年

服务国家”理念为核心，以时代要求和社会需求为外环分类开展各类实践，使其成为爱国主义教育落地的鲜活路径。学院以“大地之光”为主题，以“初心、溯源、圆梦”三个系列为品牌，每年组织多支社会实践团队分赴祖国各地，让青年学子在躬身实践中体察国情民情社情，在融入社会进程中感受其肩负的历史使命和时代责任。

参考文献

［1］李轩复．高校学科文化育人的实践探索：以中国农业大学园艺学院为例［J］．北京教育(德育)，2018(10)：34－37.

［2］陈何芳．论大学的学科文化及其功能［J］．教育研究与实验，2009(4)：16－21.

［3］梁叔全，蔡圳阳，陈志永，等．学科文化弘扬与创新教育思考及实践探索：以中南大学材料学院为例［J］．创新与创业教育，2019，9(2)：1－5.

［4］李四光．中国有了共产党，中国就有了希望［EB/OL］．(2006－08－31)［2021－01－15］．http://www.dzwww.com/xinwen/xinwenzhuanti/xjxjy/my/200501/t20050110_936182.htm? pc.

第一作者简介：费葳葳，中国石油大学（北京）克拉玛依校区合作发展部副主任。

本文为2020年国家自然科学基金应急管理项目“需求视角下典型行业创新型人才培养模式与路径研究”、2020年中国石油大学（北京）创新创业品牌项目“创建一流学科竞赛体系，培养卓越地学人才”、中国石油大学（北京）教改项目“创新创业教育与专业教育互动融合的教育模式研究”的阶段性研究成果。

本文栽于《北京教育·高教》2021年2月。

大教育体系视域下三维协同育人模式研究

刘春阳　王　媛　李　明

摘　要　高校承担立德树人根本任务，人才培养需要举家庭、学校、社会之力，形成“三全育人”格局。在德智体美劳全面发展的大教育体系视域下，如何协同推进“辅导员—班主任—学业导师”三维协同育人力量，是新时代人才培养亟待解决的重要课题。

关键词　大教育体系；三维协同育人

2020年10月13日，中共中央、国务院印发《深化新时代教育评价改革总体方案》，指出“完善学校党政管理干部选拔任用机制，原则上应有思政课教师、辅导员或班主任等学生工作经历。高校青年教师参与职称晋升，须有一年及以上担任辅导员或班主任等学生工作经历”。以上政策不仅对高校教师提出教书育人的要求，而且也对参与学生管理工作提出了明确要求，即壮大学生工作队伍，激发高校教师参与学生工作的积极性，最大限度发挥育人作用，实现协同合力育人势在必行。

一、“辅导员—班主任—学业导师”三维协同育人模式构建必要性

新时代，教育环境和教育对象发生深刻变化，学生工作更加复杂。单纯依靠辅导员队伍管理学生并不能有效解决深层次的学生培养问题。德智体美劳全面发展的教育体系的构建，要求人才培养必须发展出一种以学生为中心，协调发展学生的素质、能力、知识的教育管理模式。思想政治育人实效性受到全员育人“碎片化”、全过程育人“断点”、全方位育人“盲区”制约，需要完善制度体系、协同育人资源、打通育人壁垒。厘清“辅导员—班主

任—学业导师”三大群体育人工作职责，发挥不同角色互补作用，构建协同育人机制，探索闭环管理考评体系，促进学生健康成长。

二、“辅导员—班主任—学业导师”三维协同育人构建路径

长期以来，辅导员、班主任和学业导师是高校学生教育管理的主体，共同参与学生思想政治教育、日常管理和学业引导，但三类育人群体存在着分工不明、工作重叠、多重管理、缺少激励考核政策保障等问题，尚未形成有效机制，育人合力难以形成，育人实效辐射力不强。

（一）强化系统观念，形成三维协同育人队伍优势互补

“辅导员—班主任—学业导师”三维协同育人管理模式构建需要充分发挥辅导员、班主任和学业导师自身特点，优势互补。辅导员年龄与学生相近，容易走入学生内心，更易成为学生的朋友。年龄是优势也是劣势，刚上岗的辅导员特别是学生身份兼职辅导员，自身经验和阅历还稍显不足。班主任和学业导师更像是父母一辈的长者，人生阅历丰富，亲其师、信其道，在专业课程讲授中更容易获得学生信任，作为“过来人”经历过求学、求职，对学生指导更为深入，其社会资源和力量更加丰富与强大。但类似父母的角色也容易与学生产生年龄上的“代沟”。

（二）破解责权困境，厘清角色定位

因为工作主体和内容交叉，工作职责并没有足够明确，易出现工作区别不明显、相互扯皮的现象，易出现多方管理或工作协调性差的情况，严重影响三支队伍有效发挥合力。通过梳理责权，辅导员强化思想引领，充分发挥政治功能；班主任协助日常管理，开展深度辅导；学业导师全程学业助航，引领学生学业发展。辅导员主要从事思政教育和价值引领、党团和班级建设、学风建设、学生日常事务管理、心理健康教育与咨询、网络思想政治教育、校园危机事件应对、职业规划与就业创业指导、理论和实践研究等方面工作。班主任全面掌握班级学生基本情况，为班级学生顺利完成学业及未来职业发展规划提供切实指导，配合辅导员及时妥善处理学生突发事件和特殊情况，以及与学生学习和班级有关的其他工作。学业导师应当以学生学业发展指导

为重点，关心学生思想进步，关注学生学习过程，引导学生明确学习目的，使学生养成良好的学习习惯并掌握一定的学习方法，了解所指导学生的思想状况和学习情况。

（三）加强实践培训，提升专业化水平和能力

学校已建立不同程度的“辅导员—班主任—学业导师”培训机制，但培训仍普遍存在着规范性不足、系统性不强、实效性较弱等问题，大部分人员较少或根本没有教育学、管理学、心理学等相关学科知识作为履职基础能力支撑。迫切需要建立健全岗前培训制度，建立分层次、多形式的培训体系，有计划、有组织开展业务培训，不断提高思想政治素质和业务素质。构建立体化交流学习空间。召开工作经验交流会，积极搭建大学生思想政治教育工作经验交流平台。

三、“辅导员—班主任—学业导师”三维协同育人模式保障机制建设

（一）建立三维学生管理模式的协调机制

由中国石油大学（北京）（以下简称学校）教务处牵头，学生工作部（处）形成工作联动，统筹三支队伍管理育人力量，督察和指导学院的班主任、学业导师的配置、履职及考核工作，将相关工作纳入对学院的考核评价体系。搭建沟通平台，形成三支队伍有效联动、信息互通。学院负责班主任、学业导师日常工作的管理与指导，为班主任、学业导师工作提供必要的条件保障。

（二）建立三维学生管理模式的考核机制

学校教务处和学生工作部（处）以及学院根据岗位职责，分别制定考核文件，学院对班主任、学业导师履行职责情况进行考核；学生工作部（处）依据辅导员考核办法对辅导员进行考核，强化过程管理、强化工作依规，明确工作职责，完善考核要素，实施动态考核。

（三）建立三维学生管理模式的激励机制

学校每年按不超过班主任、学业导师总数 10% 的优秀比例，对优秀班主

任、学业导师进行表彰，评选“优秀本科生班主任”“优秀本科生学业导师”，在职务晋升、岗位评聘等同等条件下优先考虑。学院修订完善绩效考核办法，根据考核结果对工作表现突出的辅导员、班主任和学业导师进行专项奖励，充分发挥激励指挥棒作用，形成该项工作“热情参与—投入付出—收获回报”良性循环。

（四）建立三维学生管理模式的退出机制

根据学生反馈评价和现实工作表现，参考考核结果，形成有进有退动态队伍管理机制，对于考核成绩不佳、学生反馈不良且不适合该项工作的人员及时进行调整。

参考文献

［1］马建华，王德连，欧渊博．高校班主任队伍建设现状与对策探析：以陕西省为例[J]. 思想教育研究,2010(12):58－62.

［2］徐刚，王树齐，朱海霞，等．高等教育改革发展过程中班主任、辅导员和学业导师之间工作职责区别[J]. 科教文汇(中旬刊), 2018(20):136－137.

［3］甘黎明．高校“辅导员—班主任—学业导师”学生管理模式创新探索[J]. 金陵科技学院学报（社会科学版),2017,31(1):79－82.

［4］常亮亮，金振国，徐珊,等.“一流学院”建设视域下辅导员—班主任—学业导师协同育人机制的构建［J]. 广东化工,2020,47(4):238－239.

第一作者简介：刘春阳，中国石油大学（北京）外国语学院党委副书记。

本文载于《北京教育·高教》2023 年 11 月。

聚焦“三全”，聚合“三力”，落实立德树人根本任务

——以中国石油大学（北京）地球科学学院为例

王 茹

摘 要 为党育人、为国育才是高校坚持和发展中国特色社会主义教育事业的根本任务，坚持立德树人更是新时期高校党建思想政治工作高质量发展的根本要求。近年来，高校紧紧围绕“培养什么人、怎样培养人、为谁培养人”这一根本问题，对标新时期育人工作新形势新要求，积极探索思政育人新方法新路径，牢牢守住高校思想政治工作这条生命线。作为第二批“全国党建工作标杆院系”建设单位和“三全育人”综合改革试点院系，中国石油大学（北京）地球科学学院始终坚持以习近平新时代中国特色社会主义思想为指导，以党的十九大以及十九届历次全会精神为指引，认真学习贯彻党的二十大精神，以高质量党建引领学院创新发展，提高人才培养质量，凝心聚力效果明显，政治核心作用突出，学院事业健康快速发展。尤其在落实立德树人根本任务方面，学院切实做到为党育人、为国育才，聚焦“三全”，聚合“三力”，构建多维联动、内生驱动的课内外一体化育人机制，形成全员全程全方位的育人格局。

关键词 立德树人；思政教育；人才培养

一、新时代高校“三全育人”工作的重要意义

党的十八大以来，以习近平同志为核心的党中央高度重视青年发展，关心青年工作，围绕青年发展和青年工作提出了一系列重大部署决策和重要理论阐释，深刻回答了新时代青年运动从哪里来，到哪里去，我们党培养什么青年，怎样培养青年等重大理论和实际问题，形成了习近平总书记关于青年

工作的重要理论体系[1]。这一理论体系着眼于第二个百年奋斗目标的战略安排和全球治理体系的变革建设，始终坚持马克思主义指导地位，不断丰富和发展马克思主义青年观，延续和发展党的青年工作思想，为做好新时代青年工作提供重要的理论支撑和实践指导，为新时代青年发展勾画出生动具体的蓝图，更是全党上下培养德智体美劳全面发展的社会主义建设者和接班人育人目标的行动指南。

党和国家站在新的历史方位，着眼于实现民族复兴大任的历史使命，高度重视青年培养和发展问题。高校作为高水平高质量人才培养的关键环节，必须明确回答好“培养什么人、怎样培养人、为谁培养人”这一根本性问题[2]，要从党和国家事业发展全局的高度，坚守为党育人、为国育才，把立德树人作为人才培养的根本目标和检验育人工作的根本标准。2016 年，习近平总书记在全国高校思想政治工作会议上强调，“把思想政治工作贯穿教育教学全过程，实现全程育人、全方位育人，努力开创我国高等教育事业发展新局面”[3]。这标志着“三全育人”教育理念的正式提出。“三全育人”思政育人理念是在马克思主义关于人的全面发展理论和系统过程论等相关理论的指导下，根据新时期社会发展需求和人才培养规律形成的教育理念，是党在长期的思想政治教育工作探索与实践中慢慢成形成熟的，是遵循青年成长成才规律以及新形势下培养社会主义建设者和接班人的现实需求，更是根植于习近平关于青年工作论述的思想沃土。

二、聚合“三力”，构建“三全育人”大思政工作格局

中国石油大学（北京）地球科学学院坚持发挥党建思想政治引领的核心作用，强化党建引领力，绘就思政工作“一张图”；融合专业课、思政课和校外基地，汇聚平台融合力，下好内外联动育人“一盘棋”；规范制度建设，完善运行机制，激发师生创造力，打通四方协同“最后一公里”，着力培养有高度、有广度、有温度的时代新人，走出一条可复制、可迁移、可持续的党建育人之路。

（一）加强党的领导，强化党建思想政治工作的引领力

坚持把党的政治建设摆在首位，确保学院各项工作在党的正确领导下开

展。严格落实意识形态工作责任制，切实加强意识形态阵地和平台的建设管理。坚持党委的领导核心地位不动摇，健全民主集中制和“三重一大”决策制度，认真执行“集体领导、民主集中、个别酝酿、会议决定”的原则。发挥党建政治引领力和基层党支部战斗堡垒作用，加强学院对“三全育人”试点改革的领导，成立了由学院党委书记和院长担任组长的“三全育人”综合改革领导小组，各系（中心）党支部书记担任“三全育人”导师团团长和教师党员任小组组长的三级构架，学院整体布局，全面统筹，极大地促进了有限资源向育人环节聚集、政策支持向育人环节倾斜、教师精力向育人环节汇聚[4]；定期召开“三全育人”改革协调推进会，使“教学分离”向“教学相长”逐步改变，把力量汇集聚焦在学生成长、成才需要的地方。

（二）加强顶层设计，汇聚课内外一体化育人平台的融合力

坚持育人导向、问题导向、实践导向，打破课堂局限，整合多方资源，实现课内与课外、理论与实践、专业与素养、学校与企业、学校与社会、学校与家庭的有效对接协同。

1. 党建引领，统筹布局，开创“思政 +”工作新格局

学院发挥党建的政治引领作用，推动形成育人功能侧重不同的“课堂教学、学术科研、社会实践、校园文化、网络媒体、心理疏导”六大主体相互联动的“大思政”格局。建设课程思政体系，以实习基地为依托打造四大课程思政基地，协同专业教学和思政教育同向同行。根据学科特点打造高水平学科竞赛群，延伸课堂理论学习到课外实践动手，激发培养学生科研创新实践能力，形成“教、学、赛、研、用”育人平台。培育“大地之光”实践育人品牌，完善实践育人运行机制，打造以蒲公英青协为代表的全国优秀志愿服务组织并配套标准化志愿服务认证和表彰制度，突破实践育人“最后一公里”瓶颈。凝练地学“5G 文化”和地学育人四大工程“罗盘工程、地质锤工程、放大镜工程、草帽工程”等富有学科文化特色的育人品牌。守好网络宣传主阵地，成立“热点工作室”，依托“地心引力”微信公众号平台，以“坚持地学道路、光大地学品格、弘扬地学精神、坚定地学自信”为指导思想[5]，引领主流价值观，开拓网络育人新局面。以教学科研、实践活动、咨询服务、预防干预、平台保障“五位一体”的心理健康教育预防干预体系为基础，建立健全心理健康预警防

控体系。

2. 协同联动，互补融通，擘画思政育人主体“同心圆”

学院坚持以育人为中心，坚持办学以教师为本、教学以学生为本，把“为党育人、为国育才”的初心使命和思政工作主线贯穿师德师风建设和教育教学全过程。聚焦领导干部、学科带头人、专业负责人、辅导员和班导师等群体[6]，找到不同主体的育人出发点，形成同心圆的核心点，通过平台搭建和体系构建等纵横交错的方式，建立起一个“协同联动，互补融通”的大思政体系，充分发挥不同群体的协同效力，着力提升思政工作的“深度”。聚焦“组织协同、资助协同、队伍协同、服务协同”四个关键环节，用好“人、财、物、度”四个关键抓手，将“第一课堂”切实打通，着力提升思政工作的“效度”和“广度”。

3. 问题导向，精准施策，构建改革创新发展的“共同体”

学院以“十四五”规划为契机，认真梳理人才培养、学科建设、队伍建设等领域的难点和薄弱环节，着力开展“强基铸魂、五育并举、制度创新、师德引领、平台建设、质量提升”六大工程，充分发掘各项工作中所蕴含的育人元素，并将其融入整体制度设计和具体操作环节，[7]形成新时期的“一体化推进、项目化推行、协同化推动、制度化推深、精品化推广”建设思路，彻底解决“全程育人不能有效衔接贯通和全方位育人缺乏协同联动”的问题，有效联结汇聚各领域、各环节、各方面的育人资源和力量，实现人人育人、时时育人、处处育人。[8]

（三）加强制度建设和体系构建，激发思政育人过程中师生的创造力

“内驱”通过岗位设置和考核评比明确各环节各领域育人职责，制定《中国石油大学（北京）地球科学学院“三全育人”导师团实施办法》《中国石油大学（北京）地球科学学院班导师队伍管理规定》《中国石油大学（北京）地球科学学院年度考核办法与考核标准》《中国石油大学（北京）地球科学学院聘期岗位考核实施细则》《地球科学学院师德考核细则（试行）》等相关文件，进一步加强教师队伍建设与管理，系统梳理归纳各群体、

各岗位的育人元素，凝聚共识，明确责任，使各主体自觉发挥育人效应。“外推”通过制度规范和政策引导，在深刻领悟教育部“三全育人”改革设计思路的前提下，按照学校《思想政治工作质量提升工程实施方案》总体部署，结合学校历史和学科特点，制定《地学院“三全育人”综合改革试点实施方案》，确定了六大课堂联动机制，明确实施路线图和完成时间表，寻求制度集成创新的上下联动、一体推进和跨领域关联、诸要素协同，形成螺旋式上升、层次性递进的学校思想政治工作体系，促进各主体的育人行动，激发思政育人过程中师生的创造力。

三、党建引领下的“立德树人”工作实效

地球科学学院通过“内驱外推”持续激发各育人主体内生动力，强化党建政治引领和制度集成创新，“三全育人”综合改革取得显著成效，打通了“三全育人最后一公里”，真正把各项工作的重心和目标落在育人效果上，[9]有效地联结育人资源、激活育人主体、抓好育人对象、统筹育人环境。[10]

（一）“大思政”工作格局基本形成

通过联动课堂教学、学术科研、创新实践、校园文化、网络媒体、心理疏导六大课堂载体，形成四年不间断的理想信念教育和培根铸魂工程，将专业学习、社团活动、公益活动、生活服务、社会实践及其他健康志趣活动贯穿于大学生思想政治教育的全过程，构建起以目标协同、内容协同、渠道协同和队伍协同为主要内容的内驱体系，联动专业课教师、思政辅导员以及企业导师多元育人力量，推进“大思政”协同育人力量和联动机制形成。学院入选教育部“三全育人”综合改革试点院系、全国党建工作标杆院系和样板支部。学生组织获中国青年志愿服务组织奖、北京市红色“1+1”、北京市优秀班集体、全国大中专学生“三下乡”优秀团队、全国大学生“千校千项”社会实践优秀团队等一系列奖励和荣誉。涌现出全国高校辅导员百门精品培训课程等全国思想政治工作精品，基本形成“大思政”的工作格局。

（二）思政工作队伍专业化水平不断提升

按照教育部要求和学校整体部署，学院通过吸纳教师身份兼职辅导员、学

生身份辅导员助理、“三全育人”本科生导师以及心理咨询师等，进一步充实思政工作队伍力量。资深教授担任兼职辅导员以及“三全育人”本科生导师的配备弥补了学生辅导员占主体的队伍结构的弱点。学院辅导员队伍注重总结提炼日常工作经验，积极参与专业化培训和课题研究，近三年完成省部级以上课题10余项、校级课题20余项，发表核心文章30余篇。思想政治工作队伍先后获得首都劳动奖章及北京市先进工作者、北京市优秀党务工作者、最美环保生态志愿者、科技创新项目优秀指导教师等荣誉称号。

（三）人才培养质量显著提升

教师在立德树人工作中的作用充分发挥，育人质量不断提高。近五年，学院升学率连续稳定在60%以上，就业率保持全校前三，30%以上的毕业生在西部戈壁沙漠及海上平台等艰苦地区的石油勘探一线基层就业。在校生中有3个团支部获北京市五四红旗团支部荣誉称号，6个班级获北京市“先锋杯”优秀团支部荣誉称号，4个班级获北京市优秀班集体荣誉称号，2人获北京市大学生暑期社会实践先进个人荣誉称号，9人获全国地质类学生最高奖——李四光优秀学生奖，7人荣获王涛英才奖学金，41人次获美国石油地质学家学会（AAPG）助研金（亚太地区排名第一）。在全国油气地质大赛中斩获特等奖4次，一等奖23次；在全国地质技能大赛中斩获特等奖1次，一等奖9次；共有150余人次在各类国家级创新创业和学科竞赛中获奖。

（四）工作示范成果不断涌现

围绕“三全育人”综合改革和思想政治工作改革创新，形成《联动六大课堂，构建四个协同，“大思政”育人体系培养新时代铁人新时代》经验总结报告和《新时代“三全育人”综合改革实践案例集》，在期刊《北京教育（高教）》的专栏上宣传推广做法，出版《筑基铸魂　示范引领》先进集体及优秀个人事迹集。学院两个思政工作教改项目获评国家级教学成果二等奖，三个文化育人项目入选学校校园文化优秀项目，一项获评学校文化建设精品项目。先后获得教育部教工委2019年“读懂中国”活动最佳微视频奖、2022年“读懂中国”最佳征文奖和最佳微视频奖，并在中国教育电视台播出。2022年，学院“党建引领育新人，我为祖国献石油”党建纪录片在央视发现之旅频道播出。相关做法被人民日报、共产党员网、中青校园等官方媒体报道10余次。近年来，地球科学学院按照既要“造形”，又要“铸魂”的要求，通过抓政治建设、强化理论武装、规范党支部组织生活以及发挥党员作用等方面工作，不断强化基层党组织的政治功能和组织功能，切实发挥党建在学院事业发展和人才培养中的政治引领性。学院高度重视“三全育人”工作，将思想政治教育融入人才培养的全过程，调集全员参与，构建覆盖学科、教学、教材、管理等全方位、立体化的“大思政”教育体系，这是时代之选，人民所盼，青年所需，更是一项培根铸魂、启智润心的重大工程。

参考文献

[1] 申雯．习近平青年责任观研究［D］. 天津：河北工业大学，2018.

[2] 赵锋，孔军，陈广宇，等．立德树人为什么：深入学习习近平总书记关于教育的重要论述［J］. 北京教育（高教），2021（3）：4－19.

[3] 习近平在全国高校思想政治工作会议上强调 把思想政治工作贯穿教育教学全过程 开创我国高等教育事业发展新局面［EB/OL］.（2016－12－08）［2023－01－01］. https//news. 12371. cn/2016/12/08/ARTI1481194922295483. shtml? eqid = f6246b3300078b2800000000364979437.

[4] 谭春玲．“大思政”：高职思想政治主题教育永不落幕的关键支撑［J］. 北京工业职业技术学院学报，2020，19（2）：66－69.

[5] 费葳葳，黄磊．学科文化融入职业价值观教育 引导毕业生投身能源领域就业：以中国石油大学（北京）为例［J］. 教育现代化，2022，9（19）：97－100.

[6] 海南大学积极推进“三全育人”综合改革经验推广［J］. 中学政治教学参考，2021（36）：2，109.

[7] 武耀廷，林琛，温小平．构建一体化高校“三全育人”工作体系［J］. 中国高等教育，2021（8）：31－33.

[8] 张文强．新时代构建高校思想政治教育协同机制研究［J］. 国家教育行政学院学报，2019（12）：75－80，89.

[9] 彭红，张晓新，慈妍妮．使命在肩 奋斗有我 深入推进“三全育人”综合改革［J］. 北京教育（高教），2020（7）：85－88.

［10］于天奇．立德树人视阈下高校“三全育人”的创新路径研究［D］．石家庄：河北科技大学，2019.

作者简介：王茹，中国石油大学（北京）地球科学学院党委副书记。

本文基金项目：2022 年北京高等教育学会面上课题“‘五育并举’视阈下实践育人共同体探索研究”（MS2022051）；2021 年教育部产学研合作协同育人项目“产教融合背景下地学创新人才实践教育基地建设”（202102527002）；教育部第二批“三全育人”综合改革试点院系——中国石油大学（北京）地球科学学院；北京市高等教育学会 2021 年重点课题“协同育人视阈下行业类高校创新教育生态体系构建”（ZD202133）。

本文载于《中国地质教育（教育与管理）》2023 年第 3 期。

行业特色高校"数智党建"工作模式研究

李晓夏　赵丹丹

摘　要　随着数字化技术的不断深入和应用，"数智党建"工作模式已渗透到日常党建工作中。数字化技术不仅仅是人机交互，更是对各领域工作模式的一次革新。行业特色高校作为高端人才的培养和集中地，其党建工作对于加快行业特色高校发展、维护行业特色高校稳定具有重要意义。通过系统分析"数智技术"对行业特色高校党建工作的新机遇，探索行业特色高校"数智党建"工作模式，并提出从突出"革新意识"、突出"意识形态"、聚焦"队伍建设"、体现"行业特色"的行业特色高校"数智党建"工作创新路径，为行业特色高校"数智党建"工作的顺利开展提供参考。

关键词　数智党建；党建工作模式；行业特色高校

党的二十大报告指出，我们要全面推进党的建设新的伟大工程，同时加快建设数字中国。行业特色高校的党建工作一直都是党意识形态领域的重点内容，行业特色高校承担着培育优质社会主义接班人的使命。做好党建工作，对于加快行业特色高校发展、维护行业特色高校稳定具有重要意义。随着网络新媒体不断发展，学生的思想观念深受影响，也为行业特色高校的党建工作带来了新的机遇和挑战。相对于传统党建模式的封闭性强、与群众严重脱节、内容乏味单一、信息传播滞后等缺点，行业特色高校网络党建具有系统开放性、广泛参与性、内容丰富性、传播时效性、使用便捷性等诸多优势。

一、"数智技术"为行业特色高校党建工作带来的新机遇

（一）促进知识传递和分享

"数智技术"包括云计算、大数据、人工智能等，可以帮助高校党建工

作平台实现多种形式的信息传递和知识分享，将知识快速传递给学习者，方便了学习者之间的交流和分享，使得知识的传播更加广泛和深入，从而提高党员的政治素质和业务素养。一方面，数智技术可以通过丰富的数字化信息资源，支持高校党员的自我学习。比如可以将党建工作的数字化内容进行扩充，增加更多的案例、分析、理论等学习资源，以及提供更多的在线学习平台，如在线视频、直播课堂等，从而促进党员们掌握更多的政治理论和思想观念。另一方面，“数智技术”也可以通过社交平台的建立，促进党员之间的知识和经验的分享，支持自主学习和交流。基于互联网和社交平台的智能化、交互式信息推送，可以根据党员的兴趣爱好和学习需求，进行个性化推荐，从而达到更好的学习效果和知识传递效果。“数智技术”的发展为高校党建工作提供了一个很好的数字化、信息化的平台，为党员提供了更多的学习和交流的机会。在今后的行业特色高校党建工作中，应该充分利用“数智技术”，加强数字化工作的建设，促进党员的自主学习和交流，为培育更多的优秀社会主义接班人奠定坚实的基础。

（二）提高学习效率和质量

“数智技术”可以通过智能化、个性化的学习评估和反馈方式，帮助党员准确了解自己的学习进度和掌握程度，从而更好地巩固、强化和拓展学习内容，提高学习效率。例如，通过云计算和大数据技术分析各个党员在学习过程中的数据信息，进行学习评估和提醒，帮助党员更加有针对性地进行学习规划和调整。另外，“数智技术”可以帮助党员更好地获取、消化和吸收学习内容，提高学习质量。人工智能技术可以根据党员的学习习惯和兴趣爱好进行学习内容推荐，使党员感兴趣的内容得到更好的吸收和理解。“数智技术”还可以实现在线学习和手机学习，打破时间和空间上的限制，可以使学习者随时随地进行学习和交流，更好地掌握和消化知识，进而提高学习效率和质量。

（三）节约时间和成本

“数智技术”冲破时间和地域的限制，可以为行业特色高校党建工作带来更高效的时间利用和降低成本的好处。首先，使用“数智技术”可以降低党建工作的时间成本。可以通过在线直播、视频会议等方式实现线上开展党建工作的会议和培训，减少组织的时间成本和出差成本。其次，使用“数智技术”可以降低党建工作的人力成本。可以通过云计算和大数据技术来辅助制定行业特色高校党建工作的发展规划和策略，减少人力成本和提高决策的准确性。再次，使用“数智技术”可以对党员学习情况进行自动化记录和监管，避免了传统方式中需要耗费人力时间和成本的手工记录与统计工作。最后，在提高党建工作的执行效率上，“数智技术”也有优势：在线学习等数字化形式的党建活动，不需要过多的人陪同和照顾，可以节省时间和人力资源。通过“数智技术”释放出更多的时间和资源用于更有效地展开党建工作，为行业特色高校党建工作的全方位发展提供保障。

二、行业特色高校“数智党建”工作模式探析

（一）具有行业特色的“微信平台”互通模式

具有行业特色的“微信平台”互通模式，该模式主要应用微信平台，组建具有行业特色的公共沟通平台，可以实现党员之间的无缝沟通，打破了传统党建培训中的时间和地域限制。管理员可以随时随地发布学习内容和要求，建立对于党员的个性化、小程序化、内容化的服务，让党员随时随地可以了解行业特色高校党建工作的相关内容，轻松获取自己所需要的信息和参与到党建工作中去。该模式促进了各项党建工作的顺利开展，方便通信和信息共享，更好地发挥了数字化平台的优势，进一步优化体制机制和服务方式，提升了行业特色高校的党建工作水平。一方面，该模式充分利用微信平台优势。充分利用微信平台信息量大、人群广的特点，实现了党建内容更加立体化、全面化、个性化。通过公众号、小程序等平台让党员可以进行学习和交流，同时通过微信及时了解和传播党建工作信息，对于推进党建工作具有促进作用。另一方面，该模式完善互通机制，为党员提供个性化服务。建立微信互通机制，行业特色高校之间可以互相方便地沟通与交流，及时共享各自的管理经验和工作成果，促进学校之间、党工委之间的交流合作，充分发挥行业特色高校的党建工作的综合优势。再通过微信服务号，行业特色高校可以给党员提供个性化服务，例如定期推送党建知识、开展在线活动、发布党务公

告、收集党员意见建议等内容。党员可以根据自己的需求和时间情况自由选择参与或者询问解答，更好地发挥数字化平台的优势。

（二）聚焦行业发展的“手机党报”学习模式

在行业特色高校党建工作培训中，借助“手机党报”可以增强党建工作效果。通过创新性地整合党校学习、党员自学和网络教学等多种形式，让党员可以通过手机随时随地获取党建学习的最新内容、党建活动信息和党建知识。聚焦行业发展，可以提高党员的学习积极性和学习效果。通过手机党报，党员可以随时随地进行学习，不受时间和地点的限制，提高学习的主动性和针对性。聚焦行业发展的“手机党报”学习模式，采用手持移动设备随时随地进行学习的方式，有效地解决了传统纸质党报阅读时间不便、信息传播速度偏慢等问题，大大提高了党员的学习积极性和效果，同时也更好地适应了现代人的生活和学习方式。党员可以自由选择学习内容、学习时间和学习方式，更好地增加和提高了党员自主学习的机会和兴趣。同时，由于学习材料的进一步丰富和多样化，党员对于党建知识的掌握更加全面深入。

（三）对标行业标准的“网络课堂”参与模式

依托行业标准开展的在线党建学习平台，借助先进的网络技术以及先进的在线学习环境及教学资源，提供丰富的党建在线学习课程。建立面向部门或行业的在线学习平台，让每一个党员定期进行在线学习，同时提供线上答疑和讨论，让党员进一步了解和掌握行业标准，更好地参与到实践中去。网络课堂培训可以通过推出一些富有创意的课程，对标行业标准，如行业党员模范、创意思维、创新创业等，帮助党员培养创新思维和创业意识，有助于推动行业特色高校党建工作的创新与发展。该模式依托行业标准的先进理念、先进技术和优秀教学资源，以更加丰富的形式和内容提供线上学习课程，让党员深入了解行业标准的内涵和思想，从而更好地指导实践工作，并不断提高工作水平和素质。学员的学习不再局限于知识获取，而是逐渐转化为理论与实际相结合的学习方式，同时也提升学习效果和交流互动性，更好地激发了党员的学习积极性和热情。

（四）融合行业资源的“网上图书馆”充电模式

建设融合行业资源的“网上图书馆”，以数字化的网络技术为基础，将行业学习资源进行深度整合和共享，提供图书、期刊、论文、视频等多种形式的学习资料，让党员学习更加丰富全面，提高党员信息素养。该模式通过数字化平台，与各行各业的专家学者对接，提供针对性更强、内容更丰富、形式更多样的学习资源，为党员提供更加个性化的学习服务。同时，该模式还为党员提供在线学习课程、有针对性的党建培训等丰富的学习内容，为党员提供了充分的学习选择。在“网上图书馆”充电模式运行中建立在线交互机制，促进各行各业的专家和学者与党员之间的深入交流，提供在线学习答疑服务，让党员在学习之余可以及时解决自己学习中遇到的问题，更好地理解和掌握学习内容。

（五）再现行业场景“虚拟仿真”沉浸模式

运用虚拟现实、人工智能等技术，再现行业场景，打造集交互性、沉浸性、时代性和趣味性于一体的虚拟仿真培训平台，为党员打造沉浸式学习体验、扩展未来党建工作培训模式仿真场景，让党员更加身临其境地感受、理解和掌握行业技术和党建知识。通过数字化技术，将实际场景呈现为虚拟场景，让党员在虚拟场景中进行学习，并提供有针对性的培训，不仅能够使党员更加直观地了解实际工作场景，而且能够更加深入地了解行业技术和知识，提升党员的技能和水平，实现现实场景数字化。虚拟仿真技术能够再现各种场景，让党员身临其境地了解各项工作的操作和流程，从而更好地理解理论知识和行业技术。有针对性的培训和深度的沉浸式学习，让党员能够更快地掌握所学知识和技术，大大提高了学习效率和质量，同时帮助党员更合理地使用工具和设备，用最少的时间和资源实现最优质的效果。另外，在虚拟场景中，党员可以逐渐理解自己在整个团队中的位置和作用，明确团队目标和任务，并与团队成员密切合作，为团队目标的实现做出积极贡献，提升党员的团队合作能力。

三、行业特色高校“数智党建”工作创新路径分析

（一）突出“革新意识”，促进行业特色高校党建对接“数智技术”

积极拓展培训形式的广度、探索培训内容的深度、加大推动培训的力度，促进行业特色高校党建培训过程中对于“数智技术”的充分运用，全面提升培训质效。首先，明确目标和方向。在推进“数智党建”工作的过程中，行业特色高校需要明确自己的目标和方向，并制订明确的工作计划。目标和方向的明确可以帮助行业特色高校更好地进行资源整合和布局安排，确保“数字化＋党建”的工作创新顺利展开。其次，加强“数智技术”知识的学习和研究。掌握和了解行业领域内数字化技术的最新发展和应用趋势。同时，还需要培养一批具有“数智技术”专业背景的专业人才，以应对数字时代带来的技术挑战和应用需求。再次，加强资源整合和信息共享。特色高校需要加强与行业内领先企业和机构的合作，共同开发和建立数字化平台、智慧图书馆、情理化库等数字化学习平台，促进党员学习和实践工作的深度融合。最后，积极推广数字化学习模式，包括在线课程、虚拟仿真、行业标准网课等多种数字化学习方式，在数字化学习环境下实现对党员学习的全方位、立体式支持，为行业特色高校的“数智党建”提供丰富的线上资源。

（二）突出“意识形态”，把准行业特色高校“数智党建”思想方向

行业特色高校党建工作要始终坚持以习近平新时代中国特色社会主义思想为指导，不论线上线下，把握正确导向，抓好领导权、话语权和管理权，把准行业特色高校“数智党建”思想方向。对于行业特色高校来说，要想在“数智党建”的工作模式中取得成功，必须明确强调意识形态导向。特别是在数字时代，网络上的舆论传播复杂多变，行业特色高校需要加强对党员的舆论引导和管理，始终得到准确的贯彻落实，坚决抵制不良思想和行为的侵蚀。从党员思想政治教育抓起，建立各种形式的学习场地，加强党员的思想教育、价值观教育和政治认识教育，提升党员的党性修养和思想觉悟。同时，加强信息传播和态势分析，加强对舆情线索的收集和态势分析，及时掌握社会上

的热点、事件等信息，采取措施解决相关问题，同时加强信息传播的管控，避免不实信息、不良信息等在网络上的传播，维护好党建舆论领地。整合和利用数字化技术，建立完善的数字化管理和监督体系，加强对党员学习、工作和思想动态的监督和管理，保证“数智党建”工作的顺利推进。

（三）聚焦“队伍建设”，提升行业特色高校党务干部“数智”能力

加强党务干部的“数智”技能培养，通过开展专业的技能培训和知识普及活动，提高党务干部的数字化技术素养，增强党员对数字化工具的理解和运用能力，使他们积极研究实用工具和技巧，更加深入地掌握“数智党建”工作的实际应用。加强基础业务培训，强化年轻党务干部的技术理论知识、专业知识培训，为行业高校党建工作队伍培育一批既懂党建又懂业务的综合型人才。加强案例学习，推动数字化平台建设，使党务干部能够充分利用数字化技术实现对党员队伍管理的全程覆盖，更好地推动“数智党建”工作的深入。推进党务干部的选人用人工作，加强思想引领和激励机制建设。加强对党务干部的思想引领，推动党建工作与时俱进，让党务干部更好地意识到“数智党建”的必要性和创新潜力。同时，建立完善的激励机制，将“数智党建”成果纳入晋升和评优标准，激励党务干部积极推动“数智党建”工作的开展。

（四）突出“行业特色”，助推行业特色精神谱系力量对接“数智党建”

行业特色高校在为国家专业领域输送高素质人才过程中发挥着重要作用，行业特色高校要夯实思想共识，确保思想整合统一，搭建数字化平台，并利用数字化平台将校内的行业特色精神深入下传。需要深挖行业特色精神，推动行业文化建设的发展。要广泛开展行业特色精神的学习宣传，通过数字化技术将传统的行业知识和技能互联互通，为党员学习提供更加便捷和高效的途径。同时，增加数字化技术的运用，探求数字化教育模式，开展多样化的数字化教育活动，拓宽数字化教育与行业特色精神的融合空间。还要积极挖掘自身蕴含的党建资源，紧抓行业特色精神谱系力量，实现行业特色高校党

建工作目标与“数智”建设共同发展。加强与行业内相关企事业单位和机构的交流合作，共同开展数字化创新实践，探究“数智党建”的实战应用，打造数字化校企合作的新业态，将先进数字化管理模式快速落地推广。

参考文献

[1]刘佳．高校数智化党建的价值图景、实践限度及优化路径[J]．思想理论教育,2022(11):80－85.

[2]陈雷．基于“数字孪生＋人工智能”的高校智慧党建系统研究[J]．现代教育技术,2022(4):99－105.

[3]白春乐,袁武振．互联网时代高校智慧党建面临的困境及其出路[J]．学校党建与思想教育, 2022(4):42－44.

[4]徐娜．高校团属新媒体赋能党史学习教育论略[J]．学校党建与思想教育, 2023(6):64－66.

[5]苗凤．应用型本科高校党支部党建工作品牌建设探究与实践[J]．数据,2023(3):97－98.

[6]靳盼．新时代高校党建工作与大学生思想政治教育有机融合探究[J]．办公室业务, 2023(5):62－64.

[7]刘光林．关于煤炭行业特色高校“双一流”建设的思考[J]．大学教育,2018(11):73－75.

[8]田犇．高校“智慧党建”系统设计与实现路径研究[J]．网络安全和信息化,2023(2):95－98.

第一作者简介：李晓夏，中国石油大学（北京）马克思主义学院讲师，中国石油大学（北京）博士后流动站研究人员。

本文为北京市学校思想政治工作研究课题“‘技术赋能时代’行业特色高校智慧思政模式研究”（XXSZ2022YB30）、中国石油大学（北京）马克思主义学院党建研究项目“新时代高校智慧智能学生党支部建设模式研究”（MY－22022002）阶段性成果。

本文载于《现代商贸工业》。

从双创角度看校企合作下的高校第一、第二课堂协同育人

付　强

摘　要　创新创业教育的落实情况和目标达成度已经成为国内各高校的关注重点，关系着对高校人才培养质量的评价。但在实际开展具体工作的过程中，却出现了主体不明确、落实不到位和效果不显著等多种不足，主要原因包括教育过程中的形式单一、阵地脱节、资源分散等。针对这些不足及原因，高校在开展创新创业教育时可以探索将第一课堂和第二课堂高度融合、协同育人引入校企合作资源、有机衔接，形成“三全育人”的良好局面，将创新创业教育做细做实。

关键词　校企合作；创新创业；三全育人；第二课堂

《关于深化高等学校创新创业教育改革的实施意见》要求高校在开展创新创业教育的过程中积极探索校企合作等多种协同育人机制、有机融合专业教育与创新创业教育等教育资源、配齐配强创新创业指导和服务队伍[1]。《关于加强和改进新形势下高校思想政治工作的意见》指出高校要坚持全员全过程全方位育人，建立健全人才培养机制。《关于深化产教融合的若干意见》提出高校和企业之间要建立长效合作，创新人才培养和促进供需对接，深化校企联动。《关于在高校实施共青团“第二课堂成绩单”制度的意见》进一步明确了要加强和重视第二课堂建设，依托校内外资源实现第二课堂与第一课堂高度融合，切实将第二课堂融入人才培养大局。

关于创新创业、“三全育人”、校企合作和第二课堂的四个意见相继出台，一是为高校进一步指明了开展相关工作的重点和方向；二是为有效推进这几项工作在各高校落地生根提供了顶层设计和制度保障；三是在实际工作的具体落实中为实现这几项工作的共通共融、互促互进带来了新思路和新

方法。

高校创新创业教育的改革，增加了“三全育人”的抓手，拓宽了校企合作的渠道，激发了第二课堂的活力。“三全育人”的提出，开拓了创新创业的资源，优化了校企合作的配置，健全了第二课堂的保障。校企合作的深化，提升了创新创业的质量，充实了“三全育人”的力量，丰富了第二课堂平台。第二课堂成绩单的实施，规范了创新创业的管理，扩充了“三全育人”的内涵，丰富了校企合作的形式。高校第二课堂因其独有的灵活性、趣味性、多样性，备受欢迎，在落实实践育人、文化育人等方面有着不可或缺的作用，在促进课程育人、科研育人等方面同样发挥着至关重要的作用。创新创业作为第二课堂的重要组成部分，又具有很强的科学性和专业性，是实现第一课堂和第二课堂高度融合的有效连接。[2]高校创新创业效果的实现和提升同样也离不开第一课堂和第二课堂的协同育人。但是要想在创新创业上收到显著而理想的成效，仅仅依靠高校自身的力量显然是不够的。校企合作带来的技术、人力、平台、资金等资源，可以在很大程度上缓解高校仅凭一己之力开展创新创业教育存在的弊端。在校企合作以及第一课堂和第二课堂协同育人的双重加持下，创新能力提升平台逐步建立健全，高校创新创业教育能充分调动各方力量、扎实推进各项流程、极大丰富各类成果，在创新创业教育中形成全员参与、全程跟踪、全方位收获的三全育人生动局面。

一、双方变四方，全员双创育人

大学生创新创业训练计划是国内绝大多数高校早期开展创新创业教育最为重要的载体，参与主体主要是专任教师和学生。专任教师在第一课堂集中讲授项目相关知识，学生课后自行开展相关研究、实践或者实验，针对疑难点再找专任教师进行针对性的指导。后续随着第二课堂的规范管理和“三全育人”的深入推进，第一课堂和第二课堂的协调联动更为紧密，全员参与创新创业教育及相关工作的格局逐渐形成，高校创新创业教育的参与主体由以往的师生双方扩充到了四方。高校内参与创新创业教育的除了专任教师和学生之外，服务保障力量也在不断健全。在校企合作推动下，高校创新创业教育也走出了校园，增强了与企业的联系，使得高校的创新创业教育在校外获得了强有力的社会企业支持。

（一）第一课堂和第二课堂高度融合，服务保障不断健全

1. 制度保障

首先是针对创新创业指导教师，一是鼓励教师将科研项目与创新创业教育相结合，提升学生创新创业项目的实用性与前沿性；二是倡导青年教师积极指导学生开展创新创业训练，提升学生创新创业训练的专业性与科学性；三是引进校外创业导师进行创新创业培训，提升学生创新创业思维和技能。其次是针对参与创新创业的学生，一是厘清了学生参加创新创业训练前的各项环节和流程，减少了学生参训前的懵懂迷茫；二是建立了指导教师和参训学生之间的联系监督机制，避免了学生参训过程中的应付了事；三是明确了参训学生的激励保障措施和成绩认定办法，解决了学生参训的后顾之忧。

2. 硬件保障

以往的创新创业训练，实验环节难以落到实处，实验结果的获取往往通过观摩相关实验、用已有的实验数据和结果代替或者通过专用软件进行值模拟。参训学生无法深入或者亲自参与实验，实验结果可能也无法很好地契合项目的需求。有了第一课堂和第二课堂协同育人的保障，只要是参训学生出于创新创业项目的需要，提出实验申请得到批复后就可以在实验员的现场指导下展开相关实验。此外，高校还设立了创业空间、创业商圈、创业园等多种场地，为有需要的学生创新创业团队提供了专门的优惠政策、办公场地和配套设施。

3. 经费保障

除创新创业训练计划专项经费以外，很多高校会统筹安排针对创新创业类大赛的参赛经费甚至是办赛经费。越来越多的创新创业指导教师也会在相关项目的科研经费中规划出用于指导和支持学生参加创新创业训练的设备费、材料费、咨询费等。

（二）校企深度合作，支持强劲有力

1. 人员支持

企业选派领导、项目经理、现场工程师等人员到学校，通过讲座、一对

一咨询、项目指导等方式，为参加创新创业项目的学生团队在技术理论、管理运营和应用推广等方面提供支持。

2. 项目支持

企业结合专业技术的理论知识，将现场生产中的问题和需求转化为创新创业训练项目或者相关赛事的赛题，供参训学生选题或者参赛。例如“挑战杯”的揭榜挂帅专项赛、“互联网 +”的产业命题赛道。

3. 场地支持

校企合作为参加创新创业训练的学生提供实验场地，开展一些在校内实验室无法完成的实验，甚至是提供生产现场以满足参训学生对项目成果进行现场试验的要求。

4. 就业支持

部分企业已经在校园招聘过程中为参加过高质量创新创业训练或者是在高水平创新创业竞赛中获得佳绩的学生开辟绿色通道或者列出专属指标。

5. 经费支持

一是企业配套经费支持选题来源于该企业的创新创业项目。二是企业作为赞助单位支持高校承办各类创新创业竞赛，例如中国石油工程设计大赛、中国海洋工程设计大赛等能源学科竞赛群。在第一课堂和第二课堂的协同育人以及校企合作的良性互动之下，高校的创新创业教育由以往的只有“教师—学生”双方参与，发展到了现在的校内有“教师—学生—服务”三方参与、校外有企业支持，高校创新创业教育的参与主体由双方变成了四方，实现了全员双创育人。

二、两步变四步，全程双创育人

当高校的创新创业教育只停留在第一课堂时，一般主要停留在技术传授和思维训练两个阶段。同样是伴随第二课堂的规范管理和“三全育人”的深入推进，第一课堂和第二课堂互促互进，高校创新创业教育的各项流程逐渐清晰、各阶段育人目标不断明确，由最初的两步扩展到四步。由于校企合作的加入，各阶段能够获取的资源也更为丰富。

（一）创新技术传授，第一课堂带动第二课堂

创新技术传授是第一课堂的根本任务，教师通过课堂授课将行业现状、前沿技术、专业理论和技术应用等知识讲述给学生，让学生在第一课堂上能够充分了解行业内的新技术、新进展，掌握基础的专业知识，为在第二课堂开展创新创业训练奠定基础。由于校企合作的深入，教师在第一课堂讲授的过程中可以结合更多的现场案例，甚至是邀请企业技术人员直接授课，让学生在第一课堂上就能够了解生产流程，发现当前行业技术攻关的重点、痛点和难点，为在第二课堂开展创新创业训练提供方向。

（二）创新思维训练，第一课堂引导第二课堂

在第一课堂中，创新思维的训练与创新技术的传授是同时存在、同时发生的。尤其是在大力推动课程思政的背景之下，高校教师的授课过程已然不局限于"授业解惑"，还结合课程内容融入了"传道"环节，开展学术人生和科学素养的分享，让学生在第二课堂进行创新创业训练时有较为完善的思路框架。

通过校企合作的方式，在第一课堂中引入行业领军、示范人物和项目的介绍，培养学生第二课堂所需的创新意识，激励学生将国之所需当作吾志所向。

（三）创新能力培养，第二课堂反哺第一课堂

创新创业教育只停留在技术传授和思维训练上是远远不够的，还需要有足够的创新能力将这些技术和思维落到实处，检验创新创业教育的成效。大学生创新创业训练计划以及挑战杯、"互联网 +"等创新创业竞赛都是第二课堂能够为学生提供的进行创新创业训练和实践的平台[3]，可以有效地培养学生的创新能力。在校企合作的支持下，参加创新创业的学生可以获得到企业现场实习实践、实验试验、路演展示等各种机会，进一步增强创新能力。这些学生通过第二课堂所培养的创新能力，既对第一课堂创新创业教育的成效给出了直接的反馈，又增加了学生的可迁移技能，帮助其在第一课堂上更好地学习。

（四）创新成果转化，第二课堂补充第一课堂

第二课堂的创新创业训练和实践的平台，不仅可以培养学生的创新能力，还能促进学生创新成果的转化，帮助学生把在第一课堂的所学所想转化成自己的认知、方案和成果，斩获高水平荣誉和奖励，弥补第一课堂难以将理论知识与应用实践相结合的不足。在这个过程中，校企合作可以让合作企业在指导成果转化、助力成果转化、实现成果转化等方面发挥锦上添花的作用。在第一课堂和第二课堂的互促互进以及校企合作带来的资源配置帮助之下，高校的创新创业教育由以往的只停留在“技术传授—思维训练”两步走，发展到了现在的“技术传授—思维训练—能力培养—成果转化”四步走，而且每一步都更为扎实，高校创新创业教育的阶段流程由两步变成了四步，实现了全程双创育人。

三、二维变四维，全方位双创育人

如果单纯地依靠高校的第一课堂进行创新创业教育，其效果就容易局限在科研育人和文化育人两个维度，创新创业教育的育人作用并不能得到完全的发挥。但在第二课堂的规范管理和“三全育人”深入推进的教育环境下，第一课堂和第二课堂高度融合，高校创新创业教育的育人作用被充分挖掘，得到了有效的延伸，增加了实践育人和服务育人两个维度。而且得益于校企合作的深化，每个维度上的育人效果都得到了进一步强化。

（一）科研育人强化专业能力

学生在第一课堂掌握创新技术，在第二课堂参与创新创业训练又全程参与项目从申请立项到落地的各项流程，学生参与的这些项目并不乏重大科研攻关项目和企业实际生产项目，由此就能将这些参与创新创业训练的学生培养成既懂技术又懂管理的复合型人才。[4]部分源于校企合作科研项目的创新创业选题，在企业管理中被视为子课题进行管理，要求参训学生到企业与正式员工一样参加现场科研和生产，提前锻炼学生解决生产实际问题的能力。

（二）文化育人提升工程素养

创新创业教育的育人效果除了体现在相关项目的主体上之外，还具备文

化育人的功能。学生在参与创新创业训练的过程中除了需要全面掌握项目本身的管理运行之外，还需要对当前的国内外形势、社会发展、行业现状、技术沿革等有充分了解，并进行自我判断，锻炼自我洞悉、适应、服务外部大环境的工程素养。参训学生因为在项目的具体推进过程中，需要进行较为系统的科研训练和实战，发表与项目相关的科研成果，所以往往都能够具备较为良好的学术规范和科学道德。对于在参训过程中需要到企业现场实习实践或者直接参与企业生产经营的学生，他们的工程素养会有较大的提升。

（三）实践育人提升综合素质

创新创业训练是一个系统而完整的实践过程，学生将第一课堂的理论知识结合自身理解应用到实际项目之中，做到了活学活用，提升了其知识应用能力，对提高第一课堂的课程成绩也起到了一定作用。项目产出的一系列学术成果或者商业成果转化会带来更多的荣誉和奖励，进一步丰富第二课堂的成绩单。项目推进过程中的科研和企业实践经历，也将增加参训学生的竞争力。无论是能力的提升、成绩的提高、荣誉和奖励的获得，还是经历的丰富，都是对参训学生个人综合素质的提升。

（四）服务育人加强感恩意识

创新创业项目有的来源于科研或者生产项目，能有效推动其原始项目的进展，丰富原始项目的成果。原始项目和创新创业项目相互支持、共同推进，为行业和企业发展贡献智慧力量。在创新创业训练过程中能够涌现出一批学生先进典型，通过事迹推广和榜样分享会，可以在高校内营造浓厚的创新创业氛围，带动更多的学生了解和参与创新创业[5]。部分学生在积累了一定的创新创业经验之后，会从参赛学生转变为办赛学生，参与发起或者筹办更多的创新创业类竞赛，为创新创业教育和第二课堂搭建更为广阔的舞台。在第一课堂和第二课堂的高度融合以及校企合作的持续深化之下，高校创新创业教育的育人效果由仅仅体现在“科研育人—文化育人”两个维度，延伸到了目前的“科研育人—文化育人—实践育人—服务育人”四个维度，而且每一个维度上的具体效果都更为深入和显著，高校创新创业教育的育人效果由二维扩展到了四维，实现了全方位双创育人。

四、结语

从高校创新创业教育的角度分析可以发现，校企合作提供的支持、搭建的平台、引入的资源，在第一课堂和第二课堂的协同育人、互促互进、高度融合的进程中，以润物无声的方式起到了不可忽略的连接和润滑作用，让创新创业教育的参与力量不断增强、阶段流程逐渐规范、育人效果有效延伸，形成了“三全育人”的良好局面，进一步将高校创新创业教育做细做实。

参考文献

[1]古明宇．应用型本科院校市场营销专业双创人才培养体系构建[J]．现代企业,2021(2):142－143.

[2]章棋,雷玲,张兆同．高校创新创业教育的两大课堂协同育人机制研究:以南京农业大学“三创”空间为例[J]．黑龙江畜牧兽医,2021(4):145－149.

[3]赵泽洪．关于“双创”教育的若干问题[J]．普洱学院学报,2018,34(3):114－116.

[4]王素兰,张瑜清．第二课堂创新创业教育模式研究与实践:以西京学院创业书院为例[J]．智库时代,2019(39):132－133.

[5]胡吉良,陈慧群,刘丁慧．基于创客空间背景下的高职院校大学生创新创业能力提升路径[J]．新校园(上旬),2018(2):165.

作者简介：付强，中国石油大学（北京）地球物理学院团委书记。

荐稿人：孙为，中国石油大学（北京）安全与海洋工程学院党委书记、教授。

本文基金项目：2021年中共中国石油大学（北京）委员会第二批“党建优秀成果培育计划”项目“党建引领下校企合作实践育人新模式探索”。

本文载于《大学》2023年第1期（总第583期）。

“一站式”学生社区党建引领机制探究

吴 双

摘 要 “一站式”学生社区建设是当前各高校为落实立德树人根本任务的重要探索研究方向，以学生公寓为核心，综合性功能场所能够有效改进当前学生思想引领和管理服务的“碎片化”问题，拓展学生党建活动场所和组织体系，从而形成协同育人合力，增强思想政治教育有效性。当前各高校实践过程中依然存在顶层设计缺乏、协同机制不完善以及学生参与渠道不畅通等问题，制约着“一站式”学生社区党建引领作用的发挥，影响“一站式”学生社区建设实效性。本文通过引入整体性治理理论的指导理念和分析逻辑，对“一站式”学生社区党建引领机制存在的问题进行剖析，并针对问题提出改进建议。

关键词 整体性治理理论；“一站式”学生社区；党建引领

一、引言

社区是一个有机整体，具有自我组织性和自我管理性，是社会关系和社会关系网络的结构。高校学生社区指的是高校或者学生自治组织管理的、以高校学生为主体的社区，是学生在校学习生活的基本载体，同样是高校内社会关系的载体。“一站式”学生社区是教育系统根据政府“放管服”改革思路，参照政府“一站式”行政服务大厅建设理念，整合思想引领、学业指导、心理咨询、就业指导、社会服务、文化和社交活动等多种功能为一体的综合服务设施，体现了“以人为本”的工作理念，同样也是政府职能“由管理到服务”渐进性转变态势在高等教育领域的集中表达。

整合各高校和全社会育人资源，探索“一站式”学生社区建设路径，是新形势下各高校依据思想政治教育工作规律和学生成长发展需要，守正创新地做好事业改革发展的重要途径之一。教育部及各行政部门和各省市、高校都十分重视该项工作，2019 年教育部发布《关于深化本科教育教学改革全面提高人才培养质量的意见》，其中要求积极开展“一站式”学生社区综合管理模式建设试点工作，选择了十所高校作为试点推进建设，并计划扩大工作范围。2020 年，教育部等八部门联合发布了《关于加快构建高校思想政治工作体系的意见》，其中明确指出：“要将‘一站式’学生社区打造成为集学生思想教育、师生交流、文化活动、生活服务于一体的教育生活园地。”除了学生自我发展和社会融入功能，高校学生“一站式”学生社区的思想价值引领、党建功能延伸、文化交流等功能得到丰富和拓展。

整体性治理理论起源于西方，是基于新公共管理理论的批判回应而建立起来的治理模式，特别是对新公共管理理论中“碎片化”困境提出了解决途径[1]，其主要思想是将多个领域和层面的问题统一地进行规划、协调和管理，以实现系统整体的稳定和可持续发展。本文所依据的理论视角主要基于该理论代表学者佩里·希克斯（Perri Hicks）的相关研究成果，将需求作为最重要的治理导向，以信息技术为治理手段，将整合、协调、责任作为核心内容，对治理层级、治理功能、公私部门关系进行重新整合与有效协调。[2]高校传统科层式行政体制固化，传统班级建制存在弊端，“重管理，轻治理”理念落后等问题依然造成了“三全育人”机制的“碎片化”，需要整合高校育人力量，提升整体管理服务工作质量，将整体性治理理论视角应用于高校学生社区建设工作有很好的契合性。

本文以整体性治理理论为基本理念要求和分析框架，对高校“一站式”学生社区在党建引领作用发挥方面的价值进行阐述，以相关案例为基础，对当前“一站式”学生社区建设中出现的问题进行分析，结合整体性治理理念的相关要求，提出合理化建议，以期丰富相关理论研究成果，突出实践应用“一站式”学生社区党建引领机制探究。

二、高校“一站式”学生社区党建引领价值分析

（一）拓展党建功能场所空间

学生物理空间范围聚集是学生社区的形成条件，也是“一站式”学生社

区建设工作的现实载体，“一站式”学生社区建设的首要任务是对宿舍、实验室等物理聚集空间进行整合改造，从而实现场所资源的整合使用和功能再造。高校按照学生实际需求，对聚集场所空间进行重新设计改造，使得空间形态符合大学生的审美观念与日常生活风格，提升物理空间利用效率，赋予学生社区生活和社交双重属性，将学习共享、心理辅导、生活互助、健身娱乐等多种功能内嵌于社区形成生活共同体，提升学生党建工作的亲和性。

成熟的信息技术为线上虚拟社区空间提供了技术支撑，学生利用学校官网、社交软件甚至网络游戏形成了多样的线上学生社区，极大地提高了信息交流效率，为社区党建引领功能提供了新的阵地，可以用高质量党建文化产品占领网络舆论高地，实现党建资源互联互通，突出虚拟化的“一站式”学生社区的政治性和人民性。

（二）充实党建组织体系

党建工作说到底是做人的工作，具有强大生命力的党组织是落实新时代党的组织路线、提升高校党组织育人水平的关键。“一站式”学生社区将党组织推向了最为聚集最有活力的地方，为学生党建工作提供了充实的组织体系。

一方面，“一站式”学生社区扩大了高校学生党组织的覆盖面，教育部《普通高等学校学生党建工作标准》中明确指出：“探索学生党建工作向最活跃、最具创新能力的组织拓展，扩大党的覆盖面，做到哪里有学生党员哪里就有学生党组织。”[3]学生社区是学生学习生活和价值观念形成的重要载体，依托学生社区形成的党组织可以充分发挥战斗堡垒作用，通过贴近学生生活打下坚实群众基础，推动党建引领功能全面下沉。

另一方面，学生社区打通了院系、年级、班级等固有限制，使学生在新的组织架构中以更开放姿态进行交流，提升了党的先进理论和国家方针政策在基层党组织中的学习宣传解读效率，为党组织制度创新提供了丰厚土壤，既培养了学生党员坚强党性，又提高了学生党员的政治判断力和组织本领，充分体现了基层党支部凝心聚力的政治优势。

（三）更新思政育人理念

“有什么样的理念，就会有什么样的实践，思想是行动的先导。”[4]传统思想观念指导下的高校工作体系行政色彩浓厚，实践中重视教育和管理，教育行为呈现单向性，服务职能大多体现在长期承担社区管理工作的后勤保障部门，各育人力量更加注重以部门绩效目标安排日常工作，对学生实际需求重视程度不够，未给予学生畅通的自治渠道，“三全育人”理念辐射面有限。“一站式”学生社区体现了党“以人民为中心”的发展理念，“以人为本”理念与高校工作实际耦合形成“以学生为本”理念，推动整合了高校教学部门、后勤部门、职能部门以及社会力量资源，实现解决学生思想问题和实际问题的统一，满足学生的成长成才需求，为学生党建工作夯实思想基础，也为党委领导下的高校治理机制基层落地的实施夯实群众基础。“一站式”学生社区建设工作要求高校工作者树立服务意识，提升服务水平和服务质量，从而实现学生社区内显性教育和隐性教育的结合。

三、高校“一站式”学生社区党建引领现存制约

（一）顶层制度设计缺乏

实践工作的创新需要完备的顶层设计和制度体系提供支撑，“一站式”学生社区建设起步较晚，相关推进工作仍处于试点阶段，制度体系建设较为薄弱，具体实践缺少有力指导。从国家层面上来看，专门文件有《教育部思想政治工作司关于依托云平台深化“一站式”学生社区综合管理模式建设工作的通知》《教育部思想政治工作司关于开展“一站式”学生社区综合管理模式建设试点工作的通知》等，包含了建设目标、工作任务和工作原则等内容，文件内容指导性强但较为宏观。各省级行政单位如广东省、云南省、江苏省等根据国家部委相关指导文件也出台了地方性工作通知，这些文件内容较为宽泛，原则性较强，但在文件层级、实施范围以及执行流程上显得既不充足到位，也不够明确具体。各高校积极响应国家和所属省市教育行政部门的倡导，截至 2022 年 7 月，全国已有上千所高校探索了“一站式”社区建设工作，已有 610 所高校通过试点建设形成经验并依托全国高校思政工作网站云平台进行了展示分享；2022 年 9 月，全国高校思政网牵头，同西安交通大学、北京航空航天大学、天津大学等多所高校成立了高校“一站式”学生社区综合管理模式建设试点工作研究课题组[5]，全国积极探索建设模式的氛

围浓厚。但就各高校公布的相关工作文件来看，文件类型多为工作方案，少有纳入整体管理制度体系当中的做法，文件内容对于约束性和强制性的表达较为欠缺。

（二）各部门协同机制不完善

“一站式”学生社区最明显的特征就是服务内容多样化和服务手段系统化，能够把与学生成长发展所需各项事务通过部门联动机制实现有效供给，以回应学生日益多元化的合理需求。就当前各高校工作推进情况来看，学校各部门协同机制运行尚不流畅，所谓“一站式”的宝贵价值尚未发挥。

其一，各部门重视程度不一。当前各高校的“一站式”学生社区建设工作大多由学生工作处和校团委承担，但“一站式”服务功能繁杂，需要教务处、保卫处、就业部门等多个部处共同承担相关责任，在实际开展工作时，不同部门对工作重视程度不相同，信息横传沟通不畅，会影响跨部门协同配合效率。其二，部门职能划分不清。相关部门职能未进行明确划分，学生在办理具体业务时会遇到部门推诿或者多次重复性奔波的尴尬局面，影响“一站式”学生社区的体验感。

（三）互联网冲击效应明显

当前，高校学生是互联网的原住民，在即时性和全球性的互联网加持下，高校党建引领工作虽然有了很多便利条件，但同时面临着很多负面的影响，“一站式”学生社区也面临着党建引领价值削弱的挑战。

一方面，互联网的互通性质让学生直面多元价值观，一些西方的价值观容易对学生思想造成错误引导，也让“一站式”学生社区党建引领工作和舆论导向工作面临困难。学生社区的教师和工作人员如果缺乏创新意识，追求“短期效益”，应付上级领导检查，随意照搬党建工作方案以及教育内容，缺乏对学生个性的关注以及基本的知识储备，会导致党建工作的水土不服[6]，导致“一站式”学生社区的党建引领工作转向形式化，必将引起学生的反感。

另一方面，互联网使得学生线上学习生活需求大幅增加，尚未形成互联网思维能力的社区工作人员面临挑战，短时间内也很难增加相关知识和提升相关能力，难以照顾到学生的线上学习生活需求。目前生活社区内线上服务设施建设相对落后，“一站式”学生社区的互联网设施增加和改造需要较高成本。

四、高校“一站式”学生社区党建引领优化路径

（一）加强党的组织建设，完善制度体系

以基层党组织战斗堡垒作用来引领一切实践工作，是整体性治理理论本土化的鲜明特征，也是实现治理能力和治理体系现代化的必要保证。正如习近平总书记在全国高校思想政治工作会议上指示：“办好我国高等教育，必须坚持党的领导。”[7]国家和地方教育行政部门以及各高校要以党组织建设为动力，将相关建设统一到“为党育人，为国育才”的战略高度上，因地制宜、因校制宜地制定科学工作方案，完成配套政策的制定与实施。

各级教育行政部门要坚持党的统一领导，细化当前指导意见，对整体工作的目标要求、工作任务、队伍建设、保障措施等持续明确下来，强化制度文件中强制性内容表达。各高校要严格落实教育行政部门要求，综合考量自身高校条件和工作实际，充分征集学生的需求意见，利用学校常委会、校长办公会等议事机制进行专题研讨，利用学生社区拓展党建阵地，及时将建设目标和工作方案等文件精神传达到二级学院、研究院以及各党支部，由上到下强化共识。

（二）厘清部门职责边界，形成整体性协同机制

“一站式”这个关键词是当前学生社区建设的核心价值，坚持整体性治理理论的指导，多元主体力量必须得到相关行政部门的高度重视，教育行政部门以及各高校必须重视协同机制的构建。

一方面，要形成强有力的纵向协同机制。纵向协同机制是确保政策执行效率、形成快速响应机制的关键，各级行政部门要明确政策传达机制，高校要加强与各级行政部门的配合，党委领导成立工作专班，形成由上至下、畅通迅速的协同工作模式，既可以广泛征集学生的需求和意见，经过有效讨论形成文字性方案；又可以将政策精神快速传达，通过科层制组织架构行使管理和监督职权，确保工作方案能够落地实施。

另一方面，要建设互动协调的部门间横向工作机制。“一站式”学生社区是与学生成长发展相关的各项服务的集合载体，需要同级别部门的通力合作，各统计部门要在上级部门的领导下确立责任边界，明确各部门管理职责以及工作合作关系，可以设计联合会议制度，加强部门间的联系，形成工作推进联动机制。各部门可以提前预设业务流程，为学生提供便捷服务。

（三）信息技术赋能，提升管理服务科学化水平

数字信息技术的发展催生了整体性治理理念，为整体性治理提供了技术条件。[8]在“一站式”学生社区建设工作中加大信息技术的投入，不仅能为数字化管理服务手段改革进行技术赋能，还有助于拓展党建引领工作阵地，占领网络思政教育主动权。

要用信息科技赋能学生社区的综合管理。高校要加快社区内数字化设施的建设，硬件方面尽快投入先进自动化设备，如安装智能门禁，运用人脸识别等技术手段完成自动记录信息；软件方面加快线上虚拟“一站式”学生社区建设，整合各部门线上服务流程，增强学生数字化体验。加快部门间信息化平台建设，以现存办公系统为基础，建立“去中心化”信息共享运作平台，以学生在校学习生活数据为基础，实现精准识别、分析、实施和评估，用信息交流闭环助推工作协同。在这个方面，有许多高校已经做出探索，如西安交通大学完善了学生工作信息管理系统，依托校园一卡通对学生信息进行动态分析；南昌大学资助研发“AI 机器人”，实现社区内各项服务功能整合等。

事后反馈和继续完善，积极收集学生党员对党支部建设和组织生活开展的意见和建议，支部要及时对收集到的意见和建议进行汇总研究并公布优化措施，全体党员群策群力不断提升组织生活开展的实效性。

五、结语

“一切工作到支部”是新时代加强党的建设的具体做法之一，高校学生党支部的组织生活正是加强基层党组织建设的有效载体。大学生党员的教育培养和党内组织生活开展的质量好坏有着直接的关系，因此学生党支部组织生活相关活动要与时俱进，在内容和形式上都要密切贴合学生实际，不断增

强学生党员在党内组织生活中的主动性和积极性，使组织生活这一党内优秀制度在高校基层党组织中切实发挥实效。

参考文献

[1]胡象明,唐波勇. 整体性治理:公共管理的新范式[J]. 华中师范大学学报,2010(1):11－15.

[2]Perri Hicks. Holistic Government[M]. London:Demos,1997.

[3]王军华. 高校"一站式"学生社区建设的内生价值、现实挑战与突破进路[J]. 思想理论教育,2022(10):108－111.

[4]黄一玲. 中国共产党"以人民为中心"发展观的历史演进、生成逻辑与价值意蕴[J]. 南京师大学报(社会科学版),2022(6):85－94.

[5]高校"一站式"学生社区建设研究课题组召开工作研讨会[EB/OL]. [2022－09－02]. https://yurenhao. sizhengwang. cn/a/yzssq_tzgg/220902/1126007. shtml.

[6]游敏惠,覃优军. 互联网时代高校学生党建工作研究[J]. 学校党建与思想教育,2018(24):36－37,40.

[7]习近平在全国高校思想政治工作会议上强调:把思想政治工作贯穿教育教学全过程 开创我国高等教育事业发展新局面[N]. 人民日报, 2016－12－09.

[8]韩兆柱,杨洋. 整体性治理理论研究及应用[J]. 教学与研究, 2013(6):80－86.

作者简介：吴双，中国石油大学（北京）理学院辅导员。

本文载于《高校后勤研究》2023 年第 9 期（总第 258 期）。

理工科大学外语校园文化建设的探索与思考

刘思航　黄星晖　邓　昕

摘　要　理工科大学普遍拥有较为良好的学习环境和坚实的教育教学基础，然而如何在理工科大学进行外语校园文化建设是一个值得思考的课题。外语校园文化建设要围绕学校中心工作，密切联系社会实际，体现时代精神，体现国际化视野。外语校园文化建设需要全员参与，把握好当今校园文化热点，利用比赛平台和校园媒体平台提升关注度和影响力，与互联网结合，紧密联系学生成长成才。同时要提高文化建设的丰富性，激发学生对外语文化的兴趣，使其更好地提高自身的综合能力。

关键词　理工科大学；外语校园文化；创新建设

校园文化建设是指一所学校经过长期发展积淀而形成共识的一种价值体系，包括价值观念、办学思想、群体意识、行为规范等，也是一所学校办学精神与环境氛围的集中体现。大学作为培养高素质人才的主阵地，需要帮助学生获得德智体美劳全面发展。在培养人才的过程中，大学的校园文化建设显得尤其重要。外语校园文化作为校园文化的重要组成部分，对学生了解外语文化、拓展文化视野等发挥着重要的作用。[1]但是对于理工科大学的外语学院而言，外语校园文化建设往往难以开展，其效果不够显著。理工科大学要将外语校园文化建设好，需要大力倡导“三全育人”，即“全员、全过程、全方位”育人，[2]这是培养人才的重要保证。同时也需要有更好的建设体系和创新性途径，促进外语校园文化的建设更加全面、完整、立体。

一、理工科大学外语校园文化建设的意义和作用

理工科大学外语校园文化是以理工科院校为载体，体现多种外语特色的

文体活动和带有校园精神的群体文化。比起综合性大学校园文化的严谨性，[3]理工科大学外语校园文化更具灵活性、特色性。加强理工科大学外语校园文化的建设也可以促使校园文化更加丰富。外语校园文化同一般的校园文化一样，包括精神文化、环境文化、行为文化、制度文化等。理工科大学外语校园文化能够帮助学生更好地将理性思维与感性思维相结合，让学生的思维得到更全面的培养和发展，实现综合能力的提高。

第一，具有更好的互动性，理工科学生注重自我能力的提升，而外语学习注重与他人的交流，加强外语校园文化建设可以提高学生的学习热情，培养学生交流和互动的能力，这是学生全面发展的有效途径。

第二，具有更快的渗透性，学生可以通过独特的外语校园文化了解外语专业，了解外语发展的历史，并与自己所学的主干专业相结合，达到推动学习的目的，同时提高学生的核心竞争力。

第三，具有更好的传承性，通过对外语知识的学习，学生会了解更多的国际文化，拓展其国际化视野，更全面地认识了解世界，在学习外语文化的同时更加了解中国文化，提高学生的文化认同感，进而通过外语来传播中国文化。

二、理工科大学外语校园文化建设的现状

（一）外语校园文化建设规划不清晰

大多数理工科大学围绕重点学科来建设校园文化，对于文科类专业如外语专业、经济管理专业等的校园文化建设不够重视，导致外语校园文化建设规划不清晰。具体表现为：缺少外语校园文化建设的底蕴以及传统校园文化的熏陶，外语学院没有关于学院历史的系统讲解；缺少展示外语校园文化的平台，无法让学生更好地了解学校和校园文化；缺乏相关的文化制度来加强校园文化管理。另外，外语校园文化建设主要集中于物质文化建设，但不能将物质文化建设的作用充分地体现出来，如设立校园标志性建筑、增加校园宣传栏、设立校园文化宣传中心等，没有开展相应的文化活动，缺少明确的文化建设方向和细致的规划。总体而言，外语校园文化建设规划不够清晰、不够明确。

（二）外语校园文化建设创新意识不足

每一个学校都有自己的地理环境、历史传统、办学条件、师资结构、学生来源等情况，这就决定了不可能有完全相同的校园文化。部分高校的校园文化建设出现趋同现象，或者盲目借鉴不同高校的文化建设经验，没有把自己独特的方面体现出来。外语校园文化建设应该紧紧围绕“外语”这一特色以及学校特色来打造学校独有的外语校园文化，然而目前部分理工科高校在外语校园文化建设上缺少创新意识，没有突出特色。

（三）外语校园文化建设参与面小、影响力不够、教育性不足

理工科大学生对于外语文化活动的认识存在误差。部分理工科大学生对外语校园文化建设缺少主动的意识，他们认为校园里的外语文化建设主体是学校而不是学生。学生本身对外语文化兴趣不高，参与积极性不高，造成外语校园文化建设参与度不高，相关的外语活动很难持续开展，外语文化活动影响力逐渐减小，对学生缺少足够的引导性、教育性，使学生感觉不到活动对于自身成长所发挥的作用。高校外语教师要积极投身外语校园文化建设，围绕“三全育人”开展工作，让学生有兴趣、有意愿参与到外语校园文化建设中来。以中国石油大学（北京）为例，笔者就“参与外语校园文化活动的频率、目前本校外语校园文化活动的数量”等问题面向全校学生发出问卷。经过对调研结果的分析，发现外语校园文化活动的数量较少，同学们参加校园外语文化活动的频率较低。主要原因有以下方面：外语校园文化活动的宣传力度不够，很多人并不知道相关活动；外语校园文化活动的难度系数不够均衡，很多活动的难度较高，超过大多数学生的能力，导致很多活动只有少数学生积极参加；外语校园文化活动种类比较单一，和主干学科的融合度较低，无法引起理工科学生的兴趣。参加外语文化活动对理工科学生而言可以获得的成就感较低，使其缺乏参与动力。

（四）学生参与外语校园文化建设不均衡

虽然理工科学校的男生多于女生，但参与外语校园文化建设活动的学生却以女生为主，男生参与较少。在整个学校中，外语校园文化建设参与度较高的主要是低年级学生，这与其正处于学习公共基础课大学英语的阶段等有

关。高年级学生更偏向于专业知识的学习，参与外语文化活动的兴趣不高。不同专业学生对外语校园文化建设的参与度也不同，英语专业和工商管理专业、经济专业学生的参与度较高，而石油工程、机械等专业学生的参与度较低。

（五）学生缺乏国际化视野，外语学习中存在偏差

理工科大学学生对国际化人才的重要性具有较高的认知度，同时迫切希望提高自身的能力，提升国际化素养，但学习的主动性和自觉性较差。大多数学生希望自己在大学期间能够开阔视野、进行国际交流，但是当涉及外语学习的渠道时，部分学生是茫然的，学习外语的方法也存在不同程度的问题，大部分学生依然通过大学外语课堂了解与外语相关的资讯以及文化知识。课堂教育在外语学习中发挥主导作用。但是，外语的学习不能局限于课堂，第二课堂活动在外语教学和学习中也有重要的作用。在理工科学校，虽然学生也认为第二课堂活动对外语素养的提高具有显著的效果，但第二课堂活动的参与面较小，缺少外语实践活动。学生的外语文化学习以短期知识学习为主，缺少长期系统性的学习习惯，也缺乏相应的外语学习氛围。在理工科学校，非英语专业的学生与外语专业学生、留学生等缺少交流的机会。同时对国际社会缺少了解，对时事关注不足，缺乏国际思维。

三、理工科大学外语校园文化建设的创新途径

（一）外语校园文化建设需要全员参与

在理工科大学，外语学院规模较小，外语校园文化建设需要发动师生全员参与。可以将外语校园文化建设作为一个校园志愿服务项目让学生积极参与，项目包括布置学院校园文化，打造文化走廊等景观；学生之间分小组讨论外语校园文化的积极作用和影响，完成学院外语校园文化建设的调研；不同语种可以联合举办外语风采大赛，师生积极参加；做好宣传工作，利用好校园媒体，如建立外语校园文化宣传的微信公众号，设计与开发具有外语文化特色的明信片、纪念品等。同时与学校社团等合作，向全校师生宣传外语校园文化建设。学院领导和师生要认识到自己肩负的责任，积极主动地投入

外语校园文化的建设，通过具体的行动，让外语校园文化发挥育人的价值。[4]

（二）外语校园文化建设需要与互联网紧密结合

外语校园文化建设可以和互联网紧密结合起来。通过互联网建立网络平台，在平台上传播校园文化，将线上文化活动与线下文化活动相结合，充分发挥线上方便快捷和线下生动形象的优势，促进学生对外语校园文化建设的了解，激发其参与的热情。

（三）外语校园文化建设需要进行文化活动分类

在外语校园文化建设中，开展丰富的外语校园文化活动是其重要方式之一。为了更好地进行活动，可以将其分为长期活动与短期活动、线上活动和线下活动；按照不同的专业设计相关外语活动等。丰富外语文化活动类型，综合考虑外语文化活动的难易程度，让学生根据自己的喜好和实际情况来选择参与的活动，通过多样化的活动培养学生、影响学生，使学生成长成才。

（四）外语校园文化建设需要汲取不同高校的先进经验

外语校园文化建设要随着时代的发展而不断创新，可以充分学习和借鉴国内外高校先进的校园文化建设经验，在此基础上根据本校的特色规划外语校园文化建设。然而每一个学校都有自身的文化积淀，有其生存的文化根基，不能盲目去效仿和借鉴。外语学院要正确认识到自身与学校本身的特点，在对国内外高校的校园文化建设经验进行借鉴的基础上，结合自身的特色、发展方向和时代特点，打造出独特的外语校园文化。

（五）外语校园文化建设需要加强与企业的合作

外语学院可以将外语相关行业的企业文化与校园文化相结合。高校可以开展相关英语活动，如英语模拟面试、英语职业训练等，外语专业学生在小学期可以到相关企业实习，增长经验，开阔视野；企业可以组织学生进行实训，让学生了解企业的外语文化，加深体验。通过不同的活动为学生进行角色的转变打下坚实的基础，使其更好地适应今后的工作岗位。

（六）外语校园文化建设需要第一、第二课堂相结合

在理工科学校的外语学习和外语校园文化建设中，课堂教育仍然是重要

的途径。学校需要加强外语课堂建设，采用多样化的教育方法，培养和开拓学生的文化素养和国际化视野，提高学生的综合能力。如根据不同学生的实际情况组织英文书籍的阅读，培养学生的阅读能力和思辨意识；观看英文电影等，提高学生的听力和口语水平；阅读国际时事新闻，了解世界，开拓学生的国际化视野。另外，要重视第二课堂活动的开展，为学生提供更多的运用外语的实践机会，通过举办文化交流活动来为外语专业学生提供与其他专业学生、留学生等交流的机会。

（七）外语校园文化建设要有明确的目标性及导向性，要与学校特色相结合，充分利用本校的独特资源来充分调动学生参与的积极性

理工科大学外语校园文化建设的目的是促进对学生综合素质的培养，而不仅仅限于外语的学习。[5]外语校园文化建设一定要与本校的专业特色以及学生兴趣、发展优势等相结合。以中国石油大学（北京）为例，学校会定期举行大型的油气地质大赛等一些具有鲜明专业性质的比赛，届时会有很多外国友人来校进行交流。可以充分利用这些资源，将外语学习融入这些活动，提高学生的外语文化素养。通过这些品牌活动，调动学生学习外语的积极性和参与外语校园文化建设的主动性。优秀的校园文化具有强大的渗透力，会不断地影响在校的师生，使其孕育出智慧和力量，既有助于学校发展的稳定性和持久性，也有利于学生的全面发展。[6]外语校园文化建设需要坚持以人为本的理念，从实际出发，更好地定位于学校与学生的发展，在校园文化的浸润下，帮助师生更好地工作、生活。

参考文献

[1]徐嫚，张一宁. 理工科大学第二课堂外语文化建设研究：以长春理工大学外语文化建设为例[J]. 校园英语(下旬)，2015(21)：41.

[2]欧阳康. 大学校园文化建设的价值取向[J]. 高等教育研究，2008(8)：5－10.

[3]梁建忠. 新时期我国高校校园文化建设的现状及对策研究[D]. 长春：东北师范大学，2005.

[4]吴文明.社会主义核心价值观融入开放大学校园文化建设研究[J].广西广播电视大学学报,2018(1):37-40.

[5]徐晓宁.高校思想政治教育与校园文化建设互动模式探析[J].思想理论教育导刊,2019(6):4.

[6]张晓青.英语学科在高职校园文化建设中的路径初探:以北京农业职业学院为例[J].职业,2020(3):2.

第一作者简介：刘思航，中国石油大学（北京）信息科学与工程学院/人工智能学院辅导员。

本文基金项目：中国石油大学（北京）2017年本科教学工程项目“外语校园文化建设研究”阶段性研究成果。

本文载于《管理视野》。

高校思想政治教育运用大数据的三重逻辑

——基于工具理性和价值理性的辩证思考

李奕璇　王洛忠

摘　要　高校思想政治教育在面对大数据兴起这一社会热潮时，应从理性角度出发，辩证思考其运用的基本逻辑。工具理性视角下，大数据贴合教育对象实际、全面覆盖思想政治工作层次，能够提升思想政治教育信效度，为思想政治教育运用大数据提供技术逻辑；价值理性视角下，需警惕思想政治教育价值模糊、功能弱化，这是思想政治教育运用大数据应遵循的过程逻辑。要实现思想政治教育实效性提升的目标，高校运用大数据应坚持工具理性和价值理性相统一的逻辑，发挥技术优势，以工具理性促进价值理性；加强过程控制，以价值理性升华工具理性。

关键词　高校思想政治教育；大数据；工具理性；价值理性；三重逻辑

党的十八大以来，以习近平同志为核心的党中央高度重视大数据战略建设，指出“大数据是信息化发展的新阶段”，要“把握信息革命历史机遇”“增强利用数据推进各项工作的本领，不断提高对大数据发展规律的把握能力，使大数据在各项工作中发挥更大作用”[1]。针对高校思想政治工作，习近平特别指出：“要运用新媒体新技术使工作活起来，推动思想政治工作传统优势同信息技术高度融合，增强时代感和吸引力。”[2]这为新形势下高校思想政治教育创新发展指明了方向。

大数据时代，机遇与挑战并存。面对新技术新工具的运用，往往容易出现重手段轻目的、重形式轻内涵、重功利轻伦理的感性倾向。因此，高校思想政治教育运用大数据不应急于一时，要从理性角度出发，本文借助马克斯·韦伯提出的工具理性和价值理性概念[3]，辩证看待大数据在高校思想政治工作中的作用，试图厘清思想政治教育运用大数据的基本逻辑。

一、工具理性：高校思想政治教育运用大数据的技术逻辑

工具理性强调最大化利用“条件”或“手段”来实现目标，故又被称为“功效理性”或“效率理性”。大数据作为一种技术手段，其诞生就是为了解放生产力、服务于社会发展的，无论将其应用于何种领域，最大限度地发挥其功效，是“工具理性”视角下的目标取向。对于高校思想政治教育来说，大数据所具备的全部而非随机、混杂而非精确、相关而非因果的技术特征，有助于提升思想政治教育的精准性和有效性，因此要充分发挥其作为工具的作用，实现在思想政治教育中运用这一技术的合理性。

（一）贴合实际，提升思想政治教育效度

大数据技术诞生前，传统的数据分析多采用问卷调查、测试评价等方法进行随机采集。这些方法在一定程度上减轻了数据收集的人力物力财力的负担，但随机采样对样本的精确性提出了较高的要求，在实践中往往难以实现，而样本的偏差直接导致分析结果效度低下，不能准确了解对象的实际情况。如今，通过大数据技术，人们在虚拟世界和现实生活中的各种活动轨迹被全部记录下来，这些数据全方位全过程贴合教育对象的实际，为思想政治教育效度的提升提供了可能。

第一，贴合认知实际。在以往的思想政治教育中，要了解大学生对于思想政治理论知识的学习情况和掌握程度，一般是通过统一组织的思想政治教育课堂、讲座、活动、考试等形式进行学习，其理论学习的频率、时长及知识理解的广度、深度等难以充分体现。借助大数据技术，大学生对思想政治理论知识的学习研究、对热点时事的认知解读等，实际上可以通过对其书籍借阅、时事浏览、网上测试等情况进行分析呈现，有助于检验思想政治教育是否真正“入脑”。

第二，贴合思维实际。意识形态问题关乎党和国家前途命运，做好高校意识形态工作的前提是真正掌握大学生的意识形态现状。然而，无论是思想政治理论课的笔试作答，还是日常思想政治工作中的谈心谈话和培养考察，部分大学生可能出于获得较高成绩或较好评价的功利心理，在过程中刻意寻求“标准答案”，而其内心是否已受到西方意识形态干扰虽不是完全无迹可

寻，但需要思想政治工作者长期细心观察才能发现。而大学生平时浏览的信息、关注的自媒体、转发评论的言论等形成的大数据，可以反映大学生日常生活中的真实想法，有助于检验思想政治教育是否真正“入心”。

第三，贴合行为实际。当前思想政治教育经常面临知行不一的问题。大学生的所思所想所感所言可能并不会转化为实际行动，而仅仅浮于认知的浅层次。大数据技术可以将大学生的诸多行为转化为海量数据，进而分析关键性行为的出现频率、行为与行为之间的关联度等，探寻其行为与认知之间的相关性和差异性，有助于检验思想政治教育是否真正“入行”。

（二）全面覆盖，增强思想政治教育信度

大数据的实质是“对数据深入分析挖掘，并由此获得凭直觉难以发现的有用信息，揭示数据背后隐藏的规律，科学、有效预见未来发展趋势，从而为决策提供参考”。[4]“样本 = 总体”的全数据模式，意味着我们可以从不同角度、不同层次、不同方位对数据进行细致的观察和研究，得到覆盖宏观、中观、微观 3 个层面的认知，增强思想政治教育的信度。

第一，在宏观层面，为规律研究提供支撑。作为一个群体，大学生有其不同于其他群体的特点，这些特点为大学生所共有，体现为不同个体之间的相似性乃至同质性。以大数据为依托，可以对大学生日常学习生活等行为数据进行实时记录、收集和整理，对全部样本的相似性、同质性进行研究分类，对于了解大学生的群体特征、发现大学生的成长规律具有重要意义，推动思想政治教育“因势而新”。

第二，在中观层面，为工作评估提供依托。对于高校思想政治教育的评估，往往过程评估是重点，结果评估是难点，但对“过程控制”的偏好易导致工作方式方法的僵化，不利于适应时代需求、实现创新发展。大数据技术则为这一问题提供了解决方案。通过对某项思想政治工作或活动面向的对象进行长期跟踪，收集其相关的思想、言语和行为数据，分析特征及变化，可以了解思想政治工作或活动对教育对象成长的影响和作用，推动思想政治教育“因时而进”。

第三，在微观层面，为个性教育提供可能。一方面，对于特定个人，可以基于个体在特定时间段行为轨迹的大数据分析，了解该个体的思想和行为

变化；另一方面，对于特定事件，可以基于若干个体在特定时间段相同或相近行为大数据统计，分析群体性现象或事件形成的原因。[5] 大数据技术可以帮助高校实现“个性化定制”“订单式培养”，推动思想政治教育“因事而化”。

二、价值理性：高校思想政治教育运用

大数据的过程逻辑相对于工具理性对“手段”“效率”的重视，价值理性更关注过程的合理、目标的正确。思想政治教育本身具有鲜明的立场和意义，因此，从价值理性的维度来讲，高校在运用大数据时，要树立正确的导向，避免对思想政治教育价值的模糊和功能的弱化，确保在思想政治教育运用中的过程合理性。

（一）围绕中心任务，警惕思想政治教育价值模糊

思想政治教育的价值在于主体与客体的统一[6]，而大数据运用的价值在于促进和实现这种统一。大数据技术的使用，必须紧紧围绕思想政治教育的本质要求、核心机理和根本追求，服务于高校立德树人根本任务。

第一，警惕形式取代本质。在思想政治教育中运用大数据，本质是以大数据的技术优势为思想政治教育提供帮助、带来创新，推动思想政治教育，促进人的全面发展。因此，大数据之于思想政治教育，是外在影响力而非核心驱动力，是间接工具而非直接载体。如果不从本质出发，容易产生对大数据运用的形式化倾向，忽视传统思想政治教育手段的继承和发挥，试图以大数据运用取代传统的思想政治教育活动，不仅无法充分发挥新型技术的作用，而且会丧失传统方法的优势。

第二，警惕直觉取代思考。大数据可以呈现思想政治教育主客体外在表现的变化趋势，但只有对其进行解读、赋予意义，才可能转化为思想政治教育的规律。大数据分析通常表现在事物之间的相关性上，从相关性中预测变化，但无法揭示变化背后的因果关系。

第三，警惕工具取代目标。思想政治工作的主体是人，客体也是人，思想政治教育对大数据技术的运用，只有以人的自由全面发展为根本追求，才能获得稳固的价值基础。通过大数据技术对大学生表现进行分析，不应只是

为了记录和预测，更是为了引导和修正。牢记“以人为本”，谨防“唯数据论”，避免用僵硬的数字来判断鲜活的个人，以人的两面性为基本假设，以大数据分析结果为参考依据，及时制止或将产生严重负面影响的行为，同时也允许微小错误的出现，为大学生成长创设相对宽松的环境。

（二）关注负面影响，规避思想政治教育功能弱化

在马克思主义哲学中，科学技术的本质是人在实践基础上开展的对客观世界的认识、利用和改造的活动、手段和方法的总和，具有双重属性：自然属性，强调科技的运用要符合客观规律；社会属性，强调科技的运用会受到社会条件的制约。在高校思想政治教育运用大数据的过程中，既要遵循其自然属性，也要关注社会环境对大数据运用的要求，消除大数据可能衍生的负面影响，保障思想政治教育运用大数据功能的有效发挥。

第一，规避法律风险。思想政治教育大数据需要经历收集、存储、分析等多个环节才能得以利用，各个阶段都存在着一定的安全隐患。一方面，若思想政治工作者缺乏信息安全防护意识，在数据的传输中方法不当，可能会在无意间泄露大学生信息；另一方面，如果数据存储时加密过于简单，容易被动机不纯的人窃取，一旦用于商业交易，后果将不堪设想。高校作为数据的收集者、存储者和使用者，需清醒地认识到这一点。

第二，降低伦理风险。维克托·迈尔-舍恩伯格和肯尼思·库克耶曾指出，大数据的普及将加剧隐私威胁。[7]在思想政治教育中运用大数据，需要对大学生的外在表现进行记录，对行为轨迹实施观察，这一数据收集过程已经涉及大学生的隐私问题，而对数据的利用则潜藏着更大的伦理风险。一方面，基于大数据推理和预测所采取的教育管理措施，是对尚未发生行为的超前干涉，这种干涉存在限制个人自由意志的可能性；另一方面，倘若大数据揭示出大学生个人不愿为人所知的“秘密”，再加上使用不当甚至不慎泄露，学生的人格尊严将大大受损。要降低这些伦理风险，高校在运用大数据时需平衡好权利与责任、保护与开发、推测与判断之间的关系，审慎决策，适度干预。

三、工具理性与价值理性相统一：高校思想政治教育运用大数据的目标逻辑

思想政治教育运用大数据的目标，在于凭借这一工具的技术优势，增强思想政治教育过程的实效性，提升思想政治教育的价值内涵。实现这一目标，需要在大数据的运用中坚持工具理性和价值理性的统一，以工具理性促进价值理性，扩大对大数据优势的创造运用；以价值理性升华工具理性，推动对大数据运用的价值提升。

（一）发挥技术优势，以工具理性促进价值理性

大数据技术具有海量、多样、高速、真实等特征，而这些特征与高校思想政治教育对多元性、及时性、整体性和精准性等存在的需求相契合。要以工具理性扩大思想政治教育对大数据优势的创造运用，紧紧围绕思想政治教育的价值内涵，不断将大数据优势转化为思想政治工作优势。

第一，发挥数据挖掘优势，增强思想政治教育及时性和精准性。面对巨大且庞杂的信息，可借助数据挖掘技术，对信息进行快速分析，在短时间内获取人物或实践的相关情况。如可以建构全过程、全方位的大数据管理系统，对大学生思想和行为实施整体性分析，提供思想提高和行为提升的指导性策略；可以建构基于问题导向的个性化数据分析模型，对群体或个体在时空环境中的思想和行为进行差异性分析，实现对个体在学业辅导、职业规划、贫困资助等特定环节上的精准帮扶；可以建构对特定要素在关键节点出现变化的动态分析模型，对大学生的表现进行变化性分析，及时预警不在数据正常范围内的行为，增强思想政治工作在面对网络舆情等情境中的主动性。

第二，发挥资源整合优势，增强思想政治教育多元性和整体性。大数据的资源整合，一方面，表现为对信息资源的整合。从大数据思维出发进行信息化管理，就要加强信息的收集、传输、存储、处理及开发利用等标准化、规范化、程序化建设，解决由于网络建设的不成熟、不完善带来的管理系统之间的运用不对接、信息“碎片化”等问题，促进数据共建共享。另一方面，表现为对载体资源的整合。传统思想政治教育载体常“各自为政”，缺乏必要的对话和交流，在大数据技术支撑下，要尝试促进多种思想政治教育

载体优势互补，在渠道、平台、经营、管理、内容等方面形成合力，打造多元化、系统性的思想政治教育体系。

（二）加强过程控制，以价值理性升华工具理性

基于高校思想政治教育运用大数据的过程逻辑，要避免大数据运用的“本末倒置”，要以价值理性发挥思想政治教育对大数据运用的引领作用，顺应大数据技术的时代发展趋势，不断促进大数据运用在思想政治工作中的价值提升。

第一，形成管理模式，提升大数据运用的导向性。在思想政治教育的视域下，大数据运用的导向必须服务于思想政治教育的目的。因此，要以政治性导向为根本，在数据收集、分析和预测中对意识形态问题保持敏感，时刻警惕资本主义意识形态对学生的影响，旗帜鲜明地加强社会主义意识形态教育；要以教育性导向为核心，以引导、培养作为大数据运用的最终目标，而非监察、惩罚，避免数据解读简单粗暴；要以规范性导向为保障，通过建立管理制度，明确数据运用流程、风险防范事项、人员权责界限，解决大数据运用中主客体的失当、失度、失效等问题。

第二，构建长效机制，提升大数据运用的系统性。目前大数据在高校思想政治工作中的运用还较为松散，存在观念滞后、法律风险、主体解构、伦理困惑等问题，需要构建全面系统的思想政治教育大数据长效机制。建立信息公开机制，增进思想政治教育主客体对大数据运用的认知，为大数据运用打下合法基础；建立问题回应机制，解答大学生的疑惑，为大数据运用提供合理依据；建立需求对接机制，将思想政治工作的客观要求与大学生的主观需求紧密结合，提升大学生面对大数据技术的积极性和主动性，为大数据运用指明合适路径。

参考文献

[1] 习近平在中共中央政治局第二次集体学习时强调 审时度势精心谋划超前布局力争主动 实施国家大数据战略加快建设数字中国[N]. 人民日报，2017-12-10.

[2] 习近平在全国高校思想政治工作会议上强调：把思想政治工作贯穿教育

教学全过程 开创我国高等教育事业发展新局面[N]. 人民日报, 2016-12-09.

[3] 马克斯·韦伯. 经济与社会:第1卷[M]. 阎克文,译. 上海:上海人民出版社,2009.

[4] 杨安,严奉云,苗红. 大数据在社会治理创新中的应用[J]. 观察与思考,2015(8):4.

[5] 刘宏达,杨灵珍. 思想政治教育大数据的生成规律与运用逻辑[J]. 教学与研究,2018(5):7.

[6] 项久雨. 论思想政治教育价值的实现及其规律[J]. 江汉论坛,2006(11):5.

[7] [英]维克托·迈尔-舍恩伯格,肯尼思·库克耶. 大数据时代[M]. 盛杨燕,周涛,译. 杭州:浙江人民出版社,2013.

[8] 岳瑨. 大数据技术的道德意义与伦理挑战[J]. 马克思主义与现实,2016(5):6.

第一作者简介：李奕璇，北京工业大学党委宣传部。

本文为教育部“高校思想政治工作中青年骨干队伍建设项目”（教思政司函〔2020〕2号）阶段成果。

本文载于《思想教育研究（观察与思考）》2020年4月第4期（总第310期）。

新时代优化中华优秀传统文化融入大学生思想政治教育路径探究

杨晟颢　尚春江　郑雅茜

摘　要　中华优秀传统文化是中国特色社会主义文化的关键组成部分，是中华民族几千年历史积淀的宝贵思想财富。新时代背景下文化具有多元化特征，中华优秀传统文化是培育社会主义核心价值观和增强文化自信的重要载体。优化中华优秀传统文化融入大学生思想政治教育需要高校思政工作者结合新时代特征，对思想政治教育的第一课堂和第二课堂联动发力。

关键词　新时代；传统文化；思想政治教育

中华优秀传统文化是中华民族五千多年历史积淀的文化特征，体现了中华民族最深厚的文化软实力。习近平总书记在党的十九大报告中提出“中国特色社会主义文化，源自于中华民族五千多年文明历史所孕育的中华优秀传统文化，熔铸于党领导人民在革命、建设、改革中创造的革命文化和社会主义先进文化，植根于中国特色社会主义伟大实践”[1]。中华优秀传统文化作为中国特色社会主义文化的重要组成部分，其重要性不言而喻。但客观来说，新时代背景下，高校范围内将优秀传统文化融入思想政治教育仍受方法滞后陈旧和外来文化干扰的双重影响。与此同时，高校正在切实推进“互联网+”、新工科建设和“双一流”建设发展方案，这为中华优秀传统文化融入大学生思想政治教育机制的优化创新提供了有利契机。

一、中华优秀传统文化融入大学生思想政治教育机制的必要性

（一）大学生思想政治现状呼唤中华优秀传统文化

伴随我国经济水平的持续发展，社会对于高学历人才的需求日益增多，

而大学生作为我国数量众多的高素质群体肩负着社会主义现代化建设的使命，其思想政治水平的高低直接影响到我国的长远发展，因而做好大学生的思政工作就显得迫切而必要。结合一线工作中的具体情况对新时代大学生思想政治现状进行分析，总括来说有三大特点：其一，个人本位思想较重，价值目标现实化，责任意识淡薄化；其二，心理素质差，心理健康问题突出；其三，道德观念复杂化，道德行为和道德认知不一致。大学生思想政治现状亟须高校思政工作者"扶正固本"，汲取中华优秀传统文化的思想内核和道德精粹并将其融入思政教育的全过程中。

（二）培育社会主义核心价值观需要中华优秀传统文化

长期以来，培育社会主义核心价值观已经成为高校思想政治教育的工作重点。中华优秀传统文化与社会主义核心价值观两者辩证统一，中华优秀传统文化代表着几千年来的中华民族优秀思想道德理念的集合，而社会主义核心价值观反映新时代社会核心价值体系。两者之间有着历史的贯通性和内在的契合性。[2]在高校思想政治教育工作中需要紧紧把握中华优秀传统文化的抓手，理顺内在逻辑，在形式和内容上不断创新，将中华优秀传统文化的传播转化为社会主义核心价值观的培育，用传统文化理论辅助社会主义核心价值观教学，用历史典型案例指导社会主义核心价值观实践，实现思想政治教育体系的迁移和传承。

（三）坚定大学生文化自信依靠中华优秀传统文化

文化自信是"四个自信"的基础，中华优秀传统文化正受到外来文化和后现代主义思想的强烈冲击，以"二次元"为代表的日韩文化和以"娱乐至死"为代表的欧美文化正在网络中大肆传播，影响大学生群体的文化自信。

中华优秀传统文化是中华民族的宝贵精神财富，因其不曾中断的传承历史证明了其唯一延续性；因其兼收并蓄的发展历程证明了其深厚包容性；因其历久弥新的道德内涵证明了其逻辑先进性。中华民族理应拥有以中华优秀传统文化为根基的高度文化自信。坚定大学生的文化自信必须在高校思想政治教育中坚持中华优秀传统文化教育。

二、现阶段中华优秀传统文化融入大学生思想政治教育的困境

（一）方法滞后导致难以实现有效衔接

在高校思想政治工作实践过程中，高校思政工作者已经有意识地将中华优秀传统文化融入思想政治教育中，但结果并不十分理想，其重要原因就是融入方法滞后，与时代脱节，中华优秀传统文化与思想政治间无法实现有效衔接。新时代面向新青年，用传统手段融入传统文化已经不能满足大学生的文化需求，这也侧面体现出在新时代将中华优秀传统文化融入大学生思想政治教育首先需要高校思想政治工作者在观念上进行自我革新，用发展的眼光看待中华优秀传统文化，在时代背景下讲好中华传统故事。高校思政工作者在活动策划和开展过程中应当尊重大学生主体地位，创新优秀传统文化融入大学生思想政治教育的方式方法。在活动定位上，应当回归生活实践，结合高校特色和专业特色将优秀传统文化融入大学生的日常生活中，避免脱离实际，出现形而上学的唯心主义观点。

（二）外来文化促使意识形态斗争严峻

由于受到西方后现代主义思潮和日韩“二次元”宅文化的影响，没有限度地以娱乐狂欢心态对待传统文化，崇尚过度消费和佛系颓废，使大学生对传统的敬畏感日渐消退。大学生群体对于时事热点的片面了解结合大学生群体对群体性事件的参与热情导致其极易受到社会思潮的影响，加剧了意识形态斗争的激烈程度，也对高校思政工作者提出了更高的要求。习近平总书记强调“时代是出卷人，我们是答卷人，人民是阅卷人”[3]，在高校思政工作中，“时代是出卷人，我们是答卷人，青年是阅卷人”，时代在不断发展，青年在不断更替，答卷的标准答案却亘古不变，它就是以历经几千年检验的中华优秀传统文化为核心的中国特色社会主义文化。

三、中华优秀传统文化融入大学生思想政治教育机制的优化创新路径探索

（一）以思想政治理论课堂为主阵地，提升高校思政课教师队伍理论水平

思想政治理论课堂是大学生思想政治教育的主渠道。高校思政课教师承担着重大历史使命，既要时刻对先进思想保持高度关注，又要回望过去深入领会传统文化，用生动的语言和鲜活的实例将历史与现实贯穿连接，构建一脉相承的社会主义思想政治理论体系。新时代要求高校思政课教师对于相关理论知识进行深入透彻的学习，切实提升自身理论水平，避免本领恐慌。教师在教学方式上需要进行自我革新，在保持教材内容原汁原味的基础上充分调动学生的参与热情，使学生主动融入以中华优秀传统文化为载体的思想政治理论课堂中。

（二）充分发挥网络新媒体矩阵作用，打造创新型第二课堂品牌栏目

新时代是“融媒体”时代，多元性文化越来越突出网络传播的针对性和重要性。相比传统传播方式，新媒体矩阵具有覆盖性强、宣传效果好、传播范围广、人力消耗少等特点，形式上更加贴合青年获取信息的习惯。在矩阵中，不同新媒体平台应该根据平台特点打造贴近青年的中华优秀传统文化专题第二课堂品牌栏目，将厚重的传统文化通俗化、口语化，使其更容易吸引学生并被学生接受。新媒体网络矩阵既可将线上教育栏目作为第一课堂的延伸和拓展，又可将线下实践活动作为第二课堂的纽带和桥梁。

（三）给优秀传统文化赋予时代特征，确保新时代文化育人常用常新

中华优秀传统文化是在中华民族几千年的历史沉淀中产生的，演化过程与时代的大环境变迁息息相关。新时代是实现中华民族伟大复兴的重要发展阶段，在实践工作中高校思政工作者应结合世界形势、立足中国国情，引导学生构建中华优秀传统文化的“科学发展观”，培养学生运用中华优秀传统

文化解决现实问题的迁移能力。只有在融合的过程中不断自我革新、自我升级，中华优秀传统文化才能常用常新，从而更好地为高校思想政治教育服务。

参考文献

[1]习近平．决胜全面建成小康社会 夺取新时代中国特色社会主义伟大胜利[N]．人民日报,2017-10-28(001).

[2]乔惠波．优秀传统文化涵养大学生社会主义核心价值观的理论基础与现实路径[J]．教育评论,2017(10):97-101.

[3]王琎．时代是出卷人 我们是答卷人 人民是阅卷人[N]．光明日报,2018-03-15(001).

第一作者简介：杨晟颢，四川大学华西口腔医学院辅导员。

本文载于《教育教学论坛（思想政治）》2019 年 1 月第 5 期。

第二章

“三业”育人：学业、职业、就业指导

以职业需求为导向的专业学位研究生培养实践探索

——以中国石油大学（北京）全日制工程硕士培养为例

文永红　吴小林　齐昌政　石卫林

摘　要　通过分析专业学位研究生教育的特性，提出全日制专业学位研究生教育应以职业需求为导向，工程硕士应以工程能力为导向，突出工程知识、实践能力、工程素养的培养。中国石油大学（北京）全面深化研究生培养机制改革，按照工程能力的目标导向，探索形成了“四个三”的全日制工程硕士专业学位研究培养模式。即优化三个阶段，实行学习与实践交互式的校企协同培养；坚持三个原则，围绕工程知识构建开放的知识发展体系；依照三个层次，围绕工程实际构建递进的实践训练体系；坚持三个融入，围绕大工程观构建全面的工程素养体系。结合工程硕士教育的实践，剖析了当前专业学位研究生培养中存在的主要问题，提出了相应的对策与建议。提高认识，科学设计，优化专业学位教育发展环境；协同创新，合作育人，充分发挥企业在人才培养中的作用；深化改革，突出重点，切实提高专业学位研究生培养质量。

关键词　工程能力；工程硕士；工程知识；实践能力；工程素养

近年来，专业学位研究生教育发展迅速，目前专业学位种类已增至40种，其中工程硕士规模最大。中国石油大学（北京）（以下简称中石大）积极推进研究生培养机制改革，对专业学位研究生教育进行了深入的探索，构建了以工程能力为导向的培养模式，取得了很好的效果。

本研究结合中石大的实践探索，对专业学位研究生教育尤其是全日制工程硕士专业学位教育培养模式进行深入探讨，同时针对实践中存在的问题，提出对策与建议。

一、明晰全日制专业学位研究生教育的特性

（一）专业学位的独特属性

从发展起源看，专业学位肇始于西方发达国家，一开始就是为满足特定社会职业需求而建立的，主要目标是以专业实践为导向，培养社会需要的高层次应用型人才。从现实要求上看，专业学位研究生教育是我国为主动适应经济社会发展对高层次应用型专门人才的需要而提出来的，教育部有关文件明确指出，“专业学位研究生的培养目标是掌握某一专业（或职业）领域坚实的基础理论和宽广的专业知识、具有较强的解决实际问题的能力、能够承担专业技术或管理工作、具有良好的职业素养的高层次应用型专门人才”[1]，具有与当时西方国家同样的目标定位和发展要求。

从专业学位研究生教育的内在属性看，至少有四个特性：一是学术性，这是专业学位作为一种学位制度的基本属性；二是创新性，研究生教育体现出高于本科、高职的层次要求，在知识、能力、素质上对创新性有更高的要求；三是实践性，这是全日制工程硕士教育的内在要求和本质属性，因为只有通过实践和应用，专业学位的培养目标才能实现；四是职业性，这是由其设立的初衷所决定的。

可以说，学术性、创新性是研究生教育的基本属性，而实践性、职业性是区别于其他研究生教育的独特属性。所以，专业学位研究生教育强调以专业实践和职业发展为导向，通过实践训练和应用科学研究，着力培育研究生的实践创新能力和解决实际问题的能力。《教育部人力资源社会保障部关于深入推进专业学位研究生培养模式改革的意见》也指出，要“以职业需求为导向，以实践能力培养为重点，以产学结合为途径，建立与经济社会发展相适应、具有中国特色的专业学位研究生培养模式”[2]。

（二）不同类别专业学位之间的显著差异

从专业学位内部来考察，不同类别专业学位也存在显著差异和独特个性。依据不同专业学位人才培养项目的母学科的认知特点及其相应的职业技能专业化程度的不同，专业学位人才可分为四种类型，即高度专业化过程认知型、

高度专业化程序认知型、初步专业化过程认知型、初步专业化程序认知型。[1]不同类型的专业学位人才培养目标不同，发展规律亦有差异，在构建培养模式的过程中自然应该遵循这些差异，增强针对性和适切性，提高专业学位人才培养质量。

而作为专业学位研究生教育中规模最大的一个种类，全日制工程硕士的培养目标是让学生掌握相关工程领域的相关基础理论、专业知识以及解决工程问题的先进技术方法和现代技术手段，具有独立担负工程技术或工程管理工作的能力。相较于其他专业学位类型，全日制工程硕士属于典型的高度专业化过程认知型。"这一类型的专业学位人才培养的特点是专业训练时间长、成本高、条件的专业化要求严格，因此，其培养方式应以岗位胜任力为标准、职业任职资格为导向制定培养计划，加强与业界的联系，促进协同培养"[3]。岗位胜任力、职业能力等培养要求，实际上就是职业需求在培养中的具体体现，统称为"工程能力"，具体可概括为三个方面，即以工程知识为核心的知识体系，能够解决工程实际问题的实践创新能力体系，具有大工程观的工程素养体系。所以，把"以职业需求为导向"的要求落实到工程硕士专业教育中，就是以工程能力为导向，这是开展工程硕士教育的基本思路和基本遵循。

二、建立以工程能力为导向的工程硕士培养模式

基于上述分析，中石大全面深化研究生培养机制改革，探索建立了以工程能力为导向的培养模式，概括为"四个三"，即优化三个阶段，实行学习与实践交互式的校企协同培养；坚持三个原则，围绕工程知识构建开放的知识发展体系；依照三个层次，围绕工程实际构建递进的实践训练体系；坚持三个融入，围绕大工程观构建全面的工程素养体系。

（一）优化三个阶段，实行学习与实践交互式的校企协同培养

实践、认识、再实践、再认识，循环往复以至无穷，这是人类认识世界的基本规律，也是教育实践的基本逻辑。工程理论与工程实践是相互促进的，工程知识（包括工程显性知识和工程默会知识）掌握得越多，认识就会越深刻，显性知识就会得到不断的应用，从而更好地指导实践；实践越深入，默会知识就会得到不断的积累和丰富，工程实践能力就会得到增强，反过来又

会促进对科学理论知识的理解和掌握。[4]因此，工程实践要以同步的工程理论作为支撑，实践教学要坚持进阶提升的原则，系统考虑，科学组织，建立起合理的培养标准和培养体系。

按此逻辑，中石大工程硕士培养坚持以提高学生工程能力为核心目标，优化培养方案，实行“课程教学＋实践训练＋论文就业”的三段式培养，三个阶段互相衔接、各有侧重，学生可根据自身实际在一定范围内自主设计学习路线。在课程教学阶段，以课程学习为主，辅以课外实践训练，学生根据情况可参与学校导师的科研工作；在实践训练阶段，以工程实践培养为主，学生可以选择去实践基地或是与导师科研项目相关的其他企业实习，同时辅以学术交流、发表论文等，可参加企业组织的技术培训等；在论文就业阶段，以综合提升理论水平和实践创新能力为主，学生主要任务是撰写论文和就业，其间企业参与对学生学位论文的设计指导，组织学生开展各类资格认证培训等，学生自己也可补充学习相关的理论课程。在整个培养阶段，学生都可选择参加学校的课外实践创新大赛。从三个阶段的时间安排上，体现出学习、实践、再学习的认识论规律，整体体现出学生综合能力的螺旋式提升发展轨迹。

在整个专业学位研究生培养过程中，学校始终将企业纳入人才培养的主体，与企业共同制定培养方案，共同参与实践课程教学、实践基地建设和管理、学位论文的设计指导，共同组织学生开展各类资格认证培训。推动企业制定制度保障学生在企业顺利开展实习实践。实行全过程导师指导的“双导师制”。校内导师全程负责学术发展方向、学位论文撰写等方面的指导，在企业有企业导师、现场实习师傅等多导师指导，保证学生在每个环节有导师（师傅）指导。开创性地聘请企业高级技术人员和技术管理人员担任研究生第一导师，并列入招生简章。企业的深度参与为学生完成实习实践等各个培养环节的任务提供了条件，有力地保障了人才培养质量。

（二）坚持三个原则，围绕工程知识构建开放的知识发展体系

专业学位研究生教育既不能忽视学术性的培养要求，又要突出职业性的实践要求。其知识体系应以工程知识为核心构建开放的知识发展体系，必须坚持三个原则，即综合性、延展性（迁移性）、实践性原则。综合性，强调

的是对知识获取的方式和内容，不应局限于课堂和校内的学习，不应局限于专业知识的学习，不应过于强调知识的理论深度，而要注重综合知识、综合能力的培养，因为“与科学知识和技术知识相比，工程知识具有综合性、情境性、特殊性、难言性、具体性等特点”[5]，所以知识体系的建构上必须考虑现实工程世界的跨学科、多学科交叉带来的新要求；延展性（迁移性），强调的是知识储备对学生职业发展后劲的影响，课程不能按照学科逻辑进行构建，而应根据对其从事的职业有无帮助、有无价值来取舍，课程选择应体现出明显的职业化倾向；[6]实践性，强调的是教学活动的组织须从工程问题出发，采用案例教学，如案例分析、案例解剖等教学方式。

按照这三个原则，学校着眼工程知识的获取，构建了开放而多元的课程体系。在课程结构上，突出创新实践能力培养，将实践课程从理论课程中逐渐剥离并自成体系，各学科专业必修课中独立设置 2 学分实验或实践类课程，目前实践类课程占总学分的比例已达 30% 以上。在课程讲授上，校内教师讲授专业基础理论课，来自国外大学知名教授讲授前沿技术课，来自企业专家讲授工程案例分析课程。针对特殊人才的需求，着眼实际需求强化相关知识的传授。例如：为适应石油海外发展战略对高层次人才语言类的需求，开设俄语、西班牙语、阿拉伯语等小语种教学，供学生选择。

（三）依照三个层次，围绕工程实际构建递进的实践训练体系

从实践训练的目标要求以及学生实践训练的逻辑上看，存在着实训层次的差异，浅层次的实践是学中做、学中思，属于认知性、检验性实践，中层次的实践是做中学、做中思，属于应用型、探索性实践，高层次的实践是思中学、思中做，属于创造性、创新性实践。[4]这三个层次是认知规律的客观反映。全日制工程硕士的实践不能仅限于认知实践等浅层次实践，而应侧重于复杂的探索性实践和创造性实践。在学生的实训体系构建上，专业认知实践、专业单项实践、专业综合实践、工程应用实践、创新性实践等实践环节要合理组织，相互之间纵横交叉，呈螺旋状递进提升。

对此，中石大依照三个层次要求着力构建学生的实践能力训练体系：第一层，开设基于认知性、检验性的实践课程。中石大依托五大校内实践教学平台，不同学科专业研究生互选互修实践课程，实现平台资源共享、学科交

叉，开展专业技能训练。第二层，“真刀真枪”开展应用型工程实践。学校在企业建立了128个研究生联合培养实践基地，以及新疆克拉玛依工程师学院、北京工程师学院等两个工程师学院，确保了专业学位学生100%进驻校外联合培养实践基地。基地为研究生提供广泛的选题内容，为学生“真刀真枪”开展专业实践创造了良好环境条件。第三层，激发学生内在创造活力，鼓励学生参与创新性实践。如2011年创立并连续成功举办4届全国石油工程设计大赛，承办研究生学术论坛等。学校把参加全国石油工程设计大赛作为专业学位研究生的必修环节，100%的专业型研究生参加并提交作品。三个层次的实践活动安排，充分考虑了实践教学规律以及学生需求差别，促进了学生实践能力螺旋式上升。

（四）坚持三个融入，围绕大工程观构建全面的工程素养体系

工程硕士的培养应“回归工程”。培养对象不仅要在会不会做、值不值得做上不断丰富、完善知识体系，增强工程实践能力，还要在可不可以做、应不应该做上做出正确选择，就是开展基于大工程观的全面工程素养教育。

素养教育不同于专业教育，但却与专业教育紧密相连。学校对此采取“三个融入”：一是坚持把工程素养教育融入课堂教学。学校既开设有专门的工程伦理课，又构建具有行业特色的石油工程通识课程体系，在案例教学中渗透工程伦理知识。为增强工程素养教育，学校着力加强师资队伍工程化背景，建立了师资博士后制度，要求新进教师必须至少具有两年工程实践背景。同时对专硕导师也提出了现场工程背景的明确要求。对传统的公共基础课进行改革实践，开设了丰富的人文类选修课程；将传统的政治理论课程进行整合，加入社会实践环节。二是坚持把工程素养教育融入第二课堂。通过组织学生到联合培养基地、赴油田厂矿见习实践、社会实践，让学生了解企业，了解工程，培养他们的工程意识，增强对石油文化的认同。三是坚持把工程素养教育融入校园文化建设。以石油文化和工程伦理教育为着力点，始终把“学石油，爱石油，献身石油”、工程伦理、学术诚信和社会责任、环境保护、法律的教育贯穿培养过程，帮助学生涵养情怀，砥砺品格，提升道德境界。

三、全日制专业学位研究生培养中存在的问题及相关对策与建议

当前，尽管我国全日制专业学位研究生教育培养质量提升较快，但仍未能完全满足国家发展战略和经济社会发展的需求。结合中石大的实际，针对培养中发现的问题提出以下对策与建议。

（一）提高认识，科学设计，优化专业学位教育发展环境

近年来，全日制专业学位教育急速发展，但还没达到学术学位受青睐的程度，原因之一是对包括专业学位教育在内的职业教育认识上存在偏差。改变社会对专业学位的认识，提升其社会影响力，一是应从教育体系上着手，把职业教育摆在与普通教育同等重要的地位，特别是随着创新驱动战略、创新型国家战略等国家战略的实施，急需各级各类大量优秀技术技能人才，应着力突出职业教育的地位和作用。对专业学位来说，就是要进一步明晰在高等教育人才培养谱系中的位置，给予相应的政策保障。二是要通过加强宣传引导以及政策保障，营造良好的环境和氛围，如借鉴德国工程教育模式，适当提高工程技术人才的待遇和社会地位，让包括专业学位在内的职业教育培养出来的学生体面生活。三是鉴于专业学位研究生的培养成本远高于同层次的学术性研究生，对于专业学位培养的单位在生均拨款等方面应给予特殊政策和资金支持。

（二）协同创新，合作育人，充分发挥企业在人才培养中的作用

工程硕士专业学位的特性决定了其与企业的紧密相连。当前校企合作培养存在的问题是：企业和企业导师参与人才培养更多体现的是社会责任，而不是法定义务，一定程度上表现出企业的主动性和积极性不高；企业导师的责权利边界不清晰，企业导师在培养学生过程中的弹性很大，做与不做、做多做少，更多取决于导师的良心和责任；学生在企业实习实践中所面临的安全风险等，本身也让企业有所顾虑。对此，建议国家加紧制定相关法律政策，以一定形式将企业纳入高等工程教育体系中加以规划和建设，鼓励企业深度参与人才培养，成为培养主体之一。同时，学校自身要树立开放办学意识，主动为企业服好务，积极争取企业的支持，通过加强宣传，引导企业从社会

进步和长远发展的战略高度来认识人才培养，切实把企业的发展从依靠消耗资源、依靠政策支持的粗放型发展模式向依靠科技创新、依靠优秀人才转变；同时强化产学研协同创新，通过科研合作促进人才培养。

（三）深化改革，突出重点，切实提高专业学位研究生培养质量

提高专业学位研究生培养质量的关键在高校。高校应通过综合改革，完善机制，补齐短板，切实提高专业学位培养质量。首先，应重视专业学位教育，建立健全保障机制。目前高校出现的学校导师不支持、实践环节不落实等问题，关键原因在于对专业学位重视不够，深层次反映的仍是重科研轻教学的倾向问题，急需有力的政策导向进行改变。其次，改革培养方式，尊重学生成才差异和个性化需求。各个学校选派学生到企业实践多为指令性，双向或多向沟通不够，造成一些学生在企业的学习（实践）较为盲目。为此，高校应创造条件让学生在报考、选导师、选企业等方面有更多选择权。同时工程硕士本身的培养目标、类型还需进一步细化，以适应多样化的人才需求。最后，改革评价方式。切实落实“强化学位论文应用导向”要求，[2]分类制定学位论文标准，规范论文要求。探索建立专业学位与职业资格考试的衔接机制。

参考文献

[1]教育部．教育部关于做好全日制硕士专业学位研究生培养工作的若干意见[EB/OL].[2015－10－18]. http://www.moe.gov.cn/srcsite/A22/moe_822/s3493/200903/t20090319_82629.html.

[2]教育部,人力资源社会保障部．关于深入推进专业学位研究生培养模式改革的意见[EB/OL].[2015－10－18]. http://www.moe.gov.cn/srcsite/A22/moe_822/moe_823/201311/t20131113_159870.html.

[3]袁本涛,李莞荷,王顶明．专业学位人才培养模式特征探究——基于分类的视角[J]. 高等工程教育研究,2015,(21):56－61.

[4]吴小林,齐昌政,文永红,等．全日制工程硕士研究生实践能力培养之省思[J]. 学位与研究生教育,2016,(2):12－17.

[5]邓波,贺凯．试论科学知识、技术知识与工程知识[J]. 自然辩证法研

究,2007,(10):41－46.

[6]刘红．专业学位研究课程建设:知识生产新模式的视角[J]．中国高教研究,2015,(3):36－40.

第一作者简介：文永红，中国石油大学（北京）党委副书记。

本文基金项目：教育部人文社会科学研究项目（14JDGC002）。

“双一流”建设背景下行业特色型高校就业增质路径探索

韩尚峰　黄　磊

摘　要　行业特色型高校就业工作在新发展阶段面临新的机遇和挑战。在加快推进“双一流”建设中如何破解就业难题、培养适配人才、提升就业质量、实现就业增质，是行业特色型高校亟须解决的时代课题。行业特色型高校要深刻把握就业增质的逻辑演进关系，以教育增值为内核，培养增值为延伸，按照新时代要求创新人才培养模式，建设全员参与的供需联动培养机制，丰富和强化就业工作的育人内涵，最终达到就业增质的目的。

关键词　双一流；行业特色型高校；教育增值；就业增质

“双一流”建设是党中央、国务院作出的重大战略决策，也是行业特色型高校人才培养和就业工作的根本遵循。衡量和评价“双一流”建设，科学研究和社会服务的指标固然重要，但人才培养水平才是核心。经济社会发展越来越强调高等教育的支撑和引领作用，而就业工作是高校人才培养成果的最直观体现。习近平多次强调要采取有效措施，切实做好高校毕业生就业工作。[1]实现行业特色型高校就业增质，就是要看在国民经济建设主战场、重点区域、重大工程、重大项目等重点领域是否有其毕业生的重要贡献；要看到在“双一流”建设中服务国家发展重大战略需求、为人类文明进步所作出的重要贡献。因此，“双一流”建设背景下的行业特色型高校持续发展就是既要实现人才的教育增值和培养增值，也要在人才输送过程中不断实现就业增质。

一、“双一流”建设背景下行业特色型高校就业工作现实挑战分析

（一）经济新常态下就业市场结构性矛盾日益凸显

经过40余年的改革开放，中国经济与世界经济实现了深度融合，在全球化经济体系分工中扮演重要角色的同时，也形成了特有的产业结构体系。[2] 受控于基础行业运行规律和国内经济发展规律，我国正进入经济发展新常态阶段，经济增速放缓、产业结构升级、基础行业传统人才储备趋于饱和。这也促使行业特色型高校毕业生在本行业就业的竞争更为激烈，毕业生的就业人职匹配度不高、跨专业跨行业就业增长，就业市场的结构性矛盾凸显。

具体表现在：一方面，用人单位急需适应时代发展的复合型人才，以助力企业的创新发展，而高校人才培养模式改革后的人才供给相对滞后，企业存在招聘难的问题；另一方面，行业特色型高校毕业生亟须寻找到与在校所学知识相匹配、能够充分实现自身价值的工作，面临着就业不充分的问题。究其原因，主要是行业特色型高校的人才培养和企业的人才队伍架构不能很好地适应市场升级转型、产业结构调整的“换挡期”，是社会经济发展到一定程度时集中体现的必然阵痛。结构性矛盾对行业特色型高校从人才培养到就业指导提出了更高要求，培养学生不是高校的单向行为，而应该在服务国家战略需求的前提下，充分尊重市场规律，全面考虑高校、社会、市场、企业之间的供需关系，坚持问题导向推进供给侧改革，使矛盾转向平衡。

（二）新媒体传播促使就业观念呈现多元散发态势

在新媒体环境下，个体声音可以借助网络力量在集体层面产生引导和共鸣，形成较强的传播效应。国家倡导的大众创业、万众创新、新业态就业等观念，让就业市场更加具有活力。同时，慢就业、不就业等非传统就业观念经过部分非典型学生个体的传播表述，以新媒体为媒介发酵为新型就业现象。但在传播新型就业观的过程中，因为传播者个体差异和理解程度不同，容易在传播过程中出现失真现象，使毕业生在求职择业中产生政策误读与形势误判，导致行业选择盲目集中、就业预期过高、投身艰苦行业意愿较低等问题。

这对行业特色型高校，尤其是能源类、农林类工作环境相对艰苦的行业特色型高校的就业工作产生了一定影响。

就业观念是具有鲜明时代特征的思想认识，新媒体为就业观的多元发散提供了渠道和土壤。多元发散的就业观本身是对促进就业工作有利的，不利的是传播过程中衍生出的错误认知。行业特色型高校必须主动投身新媒体、融入新媒体，加强新媒体的建设和规范，将新媒体平台打造成为正确就业观念的交流阵地、海量就业信息的传播阵地和就业指导知识的宣传阵地，以新媒体的覆盖性和时效性优势，引导毕业生树立科学就业观念，促进毕业生高质量就业。

（三）新技术革命倒逼人才培养模式转型变革

随着我国综合国力的不断提升，以大数据、人工智能、虚拟现实、仿真模拟为代表的互联网高新科技正在快速融入传统行业，深刻改变了传统行业的生态格局，推动着新一轮产业革命的进程。新兴行业需要大批具有创新思维并能掌握高新技术的综合型、应用型人才，知识系统固化且缺乏创新意识和学习能力的毕业生将不再受到用人单位的青睐，这也从需求侧角度倒逼行业特色型高校培养模式的转型变革。教育部“新工科”计划的实施，正是主动面向未来，提前在新兴领域工程科技人才培养布局的应时之举，面对高新科技的倒逼，“新工科”建设是高校主动迎接挑战的措施和手段，而行业特色型高校在其中扮演着重要角色。

高新科技产业的快速更迭使得获取知识的方法和举一反三的能力显得尤为重要。为促使毕业生更好地顺应时代发展、适应市场需求，行业特色型高校必须将过去的知识灌输型教育转变为启发体验式教育，突出授之以渔的重要性，真正实现高新科技走进高校课堂、创新思维融入学生思想，主动迎难而上，匹配高新科技产业特点，完成培养模式的转型升级工作。

二、行业特色型高校就业增质的逻辑演进理路

（一）以教育增值为理念内核，强化人才培养基底

教育增值是对高校教育成效的衡量，是行业特色型高校服务国民经济发

展和国家重大战略需求的教育理念、体制机制探索的创新，是学生从入学到毕业期间能力、素质、文化、气质等多方面综合提升的复杂函数，既体现在学科专业领域基本知识和创新技能的提升，也融合于其科学精神、学习能力、人文素养、国际化视野的培育和养成之中。国内一批高水平研究型大学的生源，很多是世界一流的优秀学生，要实现教育增值，就是要千方百计把世界一流的生源培养成世界一流人才。只有扎实推进人才培养的各个环节，将行业特色型高校教育增值的核心教育理念落到实处，才能真正实现就业增质。行业特色型高校由于其在某一行业的专业集群优势，通常在特定领域具有较为丰富的教学资源和实践资源。在实现教育增值的过程中，要把协同理论很好地运用于行业特色型高校教育教学的各个环节。要充分发挥教育增值的校企合作以及政产学研合作特色优势，挖掘和利用各类资源，在人才培养、学科建设和科研布局等方面，更加主动地把面向世界科技前沿与面向国家重大战略需求紧密结合起来；通过完善招生、培养、就业联动的长效机制，持续跟踪毕业生就业情况，提高人才培养目标与培养效果的达成度，真正在教育增值上实现突破。

（二）以培养增值为实施外延，适配人才培养方案

培养增值是教育增值目标在专业建设和学生服务社会能力上的育人模式建构，是毕业生在学校阶段掌握的知识和受到的教育对其求职择业能力的提升程度，也是在知识和能力体系方面，学生在就业求职阶段的实际需求与学校在人才培养阶段的供给输出之间的匹配程度。培养增值是教育增值在就业阶段的自然延伸和必然要求，是衡量人才培养是否适应市场规律的标准。教育增值和培养增值二者之间是相辅相成的关系。只有在人才培养阶段充分考虑就业市场的现实需求，才能将教育增值有效转化为培养增值。

行业特色型高校以培养学科领域专有人才、助力国家行业发展为目标，为国家经济发展作出巨大贡献。实现培养增值，就是行业特色型高校要迭代升级人才培养方案，从培养专才向培养适应时代特征兼具创新意识和高新技术的复合型人才转变；要丰富人才培养模式，从原有的以课堂教学为主向实验教学、实践教学、体验教学、情景教学倾斜，切实提升学生的实践应用能力和感知力；要增加人才培养内容，将学科前沿趋势及创新思维培养等作为

重要教学内容纳入培养方案；要充分发挥新媒体的工具作用和载体作用，让新媒体技术和互联网软件系统为人才培养服务，让人才培养方案真正与用人单位的强烈需求相契合。

（三）以就业增质为育人目标，构建人才培养输送闭环模式

教育增值、培养增值和就业增质是相互作用的动态循环过程。就业增质是评价毕业生就业水平的重要方面，也是高校教育增值和培养增值渐进实施的重要指标。就业增质一方面是指提高高校从就业教育、生涯规划到求职服务的一系列就业工作的核心质量；另一方面是高校毕业生求职业态选择、岗位的发展空间、薪酬待遇、价值实现等指标的综合质量提升，也是他们就业工作的最终目标。高校应建立以符合国家需求为导向，社会、高校和用人单位满意，以及毕业生本人价值实现为基础的多维度质量评价标准。就业增质是实现高校教育增值和培养增值的“晴雨表”和持续延伸，进而形成人才培养输送的有效闭环动态运行模式。

从一般意义上分析，行业特色型高校更加重视服务国家战略，适应国民经济发展和行业人才需求。因此，需要将其行业特色贯穿于人才培养的各个阶段，发挥“招生、培养、就业、校友”各阶段的育人作用，促使学生在人才培养全过程中形成对国家和行业发展的就业自觉。实现就业增质，就是建立贯穿全过程的就业教育服务体系。具体来说，就是根据学生从招生宣传、入学教育、生涯规划、学习过程到就业工作不同阶段的特点和需求，通过充分呈现行业特色的课程教学、主题教育、社会实践、咨询服务等，引导学生树立正确的就业观、择业观和事业观；注重“厚基础、宽专业、强能力”的专业培养，以及构建行业特色鲜明的本硕博一体化的工程师培养模式；培养行业特色型高校学生的“服从、奉献、扎根、求实”精神，引领学生把“小我”和“大我”紧密联系起来，将个人理想追求融入党和国家事业中，从而让人才培养的闭环在个人发展和社会进步中真正“闭合”。

三、行业特色型高校就业增质的实施路径

（一）基于新时代教育理念创新人才培养模式

要把新时代教育理念运用于创新人才培养模式的探索之中。人才培养是

动态发展的过程，需要在育人理念和培养模式探索中逐步调整优化。行业特色型高校不能盲目追求“大而全”的学科体系，而应当在坚持行业特色学科稳固发展的基础上，扣紧发展新产业、新业态的时代主旋律，注重挖掘优势学科与新兴科技、创新思维的交叉融合，从教育理念、教学思想变革出发，打造人才培养新模式。

在教育增值理念上，坚持服务国家重大战略需求的鲜明导向，依托行业特色和学科优势，整合校内校外两种资源，通过政府、企业、学校等育人主体全面深度合作，培养行业高层次创新人才。在培养增值的具体举措层面，主动适应行业变化，聚焦行业特色教育、创新创业教育、文化传承教育，搭建全方位、全覆盖、全天候、全过程的教育培养平台，实现多学科融合，产学研协同；要放眼未来发展趋势，适当突破学科边界，布局新兴交叉学科，探索实施新的人才培养模式，通过特定政策、特定师资、特定方案的加持，从中提炼成熟经验和可迁移模式，以试点为引领，进一步辐射推广，促进就业增质。

（二）建立全员参与的供需联动培养新机制

人才培养是为党育人为国育才，要符合国家发展需求，也是为用人单位育才，要匹配社会发展需要。因此，高校要将教育增值、培养增值以及就业增质有机统一起来。把人才培养供给与就业市场需求充分联动起来，通过制度设计调动校内外各方力量，打造培养就业育人共同体，为学生成长与发展提供良好的就业保障。作为行业特色型高校，其特点是具有密切联系行业企业的优势：一方面，行业特色型高校长期以来为用人单位提供了大量高素质人才，促进其建设发展；另一方面，用人单位通过联合培养、实习实践、文化交流等形式为行业特色型高校的科研和育人工作提供有力支持。在新形势下，行业特色型高校可以运用协同理论，依托校企联动以及政产学研等优势，把在学校的人才培养各环节延伸到企业、政府、社会的各环节，形成“招生—培养—就业”的有机联动机制。

因此，作为人才供给侧，学校除了要持续完善人才培养体系，还要建立健全人才输送的招生与就业联动机制。面向校内，要把就业情况纳入考核体系，一方面，通过表彰、奖励完善激励机制；另一方面，将就业情况与招生计划、学科专业设置、教育教学改革等方面挂钩，促进供需的动态平衡。面向校外，充分对标行业需求，强化协同融合，积极探索校企合作新领域，通过共建联合研究院、重点实验室、人才培养基地等平台，教师专家共事、实验设备共享、人才培养互通、优势资源互补，在人才培养的全过程中与用人单位实时对接，使培养过程直接服务于企业需求和行业发展，为行业企业直接输送大量人才，从而实现供需联动，实现就业增质的目标。

（三）丰富和强化就业工作的立德树人新内涵

当前，我国正处于实现中华民族伟大复兴的关键时期，高校人才培养和就业工作应立足国家战略，主动服务国家需要，为实现第二个百年奋斗目标提供高质量人才保障。行业特色型高校应切实服务于我国行业成长和转型，要紧紧围绕国家对行业的战略定位，以行业文化为切入点，引导学生就业去向与国家要求、行业发展同频共振。通过行业特色文化浸润，引领学生在历史积淀和发展脉络中实现正确的个人定位，在践行中国共产党人的精神谱系内涵中弘扬行业精神文化，更加坚定学生扎根行业的理想信念，系统掌握行业要求的知识技能，以贡献求发展，持续实现就业工作内涵式发展。

根据习近平关于加强青年大学生思想政治教育的基本要求，要把立德树人工作贯穿于教育增值、培养增值和就业增质全过程。在丰富和强化就业增质工作的立德树人新内涵上，行业特色型高校可以将新时代行业文化更深入地融入校园文化之中，扎实推动就业育人工作，具体包括：一是在学术训练中融入行业文化。立足优势学科，举办行业领域学科竞赛、创办学术论坛等，还原行业一线生产面貌、展现行业顶尖前沿思想，打造富有行业文化气息的学术生态。二是在奖助体系中融入行业文化。在国家奖助学金体系基础上根据实际情况设置学校特色奖助学金、与企业合作设立企业奖助学金等，构建起特征鲜明的奖助激励体系，同时注重奖助学金发放环节的仪式感，开展诚信感恩励志教育。三是在课程思政中融入行业文化。把行业文化深入渗透到思想政治理论课和专业课程中，讲好行业故事，弘扬行业精神，教育和引导毕业生在就业选择中主动立足行业、面向行业、融入行业、依托行业，不断推进行业特色型高校就业增质工作的内涵式发展。

参考文献

[1]习近平．决胜全面建成小康社会夺取新时代中国特色社会主义伟大胜利——在中国共产党第十九次全国代表大会上的报告[N]．人民日报,2017-10-28.

[2]莫荣,陈云．高质量发展阶段就业形势、挑战与展望[J]．中国劳动,2019(1).

[3]吴爱华,杨秋波,郝杰．以“新工科”建设引领高等教育创新变革[J]．高等工程教育研究,2019(1).

[4]侯士兵,郑浩,阮海涛．“双一流”视阈下高校就业增值服务探析[J]．学校党建与思想教育,2016(13).

第一作者简介：韩尚峰，中国矿业大学（北京）党委书记。

本文为2020年全国高校毕业生就业创业课题项目“高校毕业生能源领域就业引导机制研究”（项目编号：20jycy15）阶段成果。

基于教练技术的辅导员就业咨询工作坊设计研究

邓　听　刘思航

摘　要　教练技术作为一种后现代生涯咨询技术，以激发探索个体潜能、提升个体行动动力为目标，在管理咨询、领导力等领域有广泛的应用。设计以教练技术为核心的辅导员就业咨询工作坊，可以在提问、倾听的过程中培养辅导员的教练意识，帮助辅导员掌握开展教练式就业辅导的方法，使辅导员能够更好地运用教练技术开展就业指导工作，从而提高学生就业竞争力，提升就业指导工作成效。

关键词　教练技术；就业咨询；辅导员工作坊

习近平总书记在全国高校思想政治工作会议上指出，要建设一支兢兢业业、甘于奉献、奋发有为的辅导员队伍，就需要从教育培训、实践锻炼等各方面为辅导员发展创造条件。高校辅导员职业化、专业化的发展，对辅导员的工作提出了更高的要求。

一、辅导员工作坊

辅导员工作坊是辅导员就某个特定的工作内容进行专题研讨，以不断提升辅导员自身专项工作能力的重要方式。随着辅导员工作的专业化发展，辅导员工作坊也以多种形式在各大高校广泛开展。辅导员工作坊包含坊主、辅导教师和参与人员三种角色。坊主是某方面的专家，设计、指导某项主题活动的开展；辅导教师以班主任的身份选拔参与人员，引导、督促参与人员按要求参与活动，并对活动的结果进行总结；参与人员是对该项主题感兴趣、有提升自身专业化水平诉求的辅导员，这些辅导员以学习者的身份参与工作坊活动，在坊主和辅导教师的指导帮助下完成学习、实践等各项任务，从而提升自身专业化水平。

二、就业咨询工作与教练技术

（一）教练技术的基本原理

教练技术是一种后现代生涯咨询技术，以激发个体潜能、探索个体潜能、提升行动动力为目标，在管理咨询、领导力等领域有广泛的应用。活动过程中，教练不会直接向客户提出建议。教练更关注客户想要成为什么样的人，自身有什么内在需求，具备什么样的价值观和信念。因为教练相信“People is OK”“每个行为的背后都有积极的意义”“人们已具备自己需要的所有资源”“人们能够做出最好的选择并有能力做出改变”。

（二）教练技术与就业咨询的结合

教练技术应用于学生就业咨询，可以使辅导员从“提建议者”转变为“助力者”，在与学生交流的过程中了解学生真正的困惑和需求，帮助学生寻找自己的人生愿景、职业价值观，使学生对自己有更充分的认识，促使学生不断思考如何运用自身资源，通过哪些有效的行动可以寻找到自己满意的工作。辅导员要给学生绝对的信任，引导学生自己探索自我角色认知、信念、能力等。通过有效提问，辅导员可以引导学生关注到未来可能出现的变化，最终由学生自己设计出行动计划。利用教练技术澄清目标、挖掘资源、确定行动的过程，可以帮助辅导员提高学生就业咨询工作成效。

三、就业咨询工作坊设计

就业咨询工作坊的设计可以分为确定主题、人员招募、前期知识学习、活动开展和总结提炼五个阶段。

（一）确定主题

基于教练技术的就业咨询是将目光聚焦于学生个体的成长，通过挖掘学生自身潜力，激发学生自我成长动力，帮助学生厘清求职目标、寻找求职资源、制订求职计划。针对学生就业咨询的辅导员工作坊可以设定“生涯教练训练营”“做学生求职路上的助力者”等主题。这样的主题能使参与者尽快进入教练状态，更好地帮助学生解决就业难题。

（二）人员招募

为了确保工作坊取得较好的效果，需要招募10名左右具有一致目标、愿意学习新的技术、有一定就业咨询经验、善于协作分享的辅导员。坊主可以提前两周发布招募公告，要求报名者填写报告表，然后由辅导教师对工作坊参与人员进行遴选。

（三）前期知识学习

教练技术是一个系统的体系，为了让参与者更好地了解教练技术的基本原理，转变其原有的工作方式，在工作坊设立以前，就需要参与者提前学习教练技术的基本知识。坊主整理出教练技术的相关内容，如书籍、视频、案例等，由辅导教师上传到学习平台，并发布学习任务，要求参与人员在规定时间内完成学习任务。

（四）活动开展

就业咨询工作坊需要开展三个固定内容的活动和多个实践督导活动。

1. 体验式教学

在第一次活动中，通过使用生涯平衡轮、成功五问等教练工具，帮助参与者更好地体验教练技术。

教练带领参与者使用生涯平衡轮。给每位参与者发放一张A4纸，在纸上画一个尽可能大的圆圈，将圆圈平均分为8份，开始对参与者进行辅导员生涯平衡轮的探索。坊主作为该活动的教练向参与者提问：当你离开辅导员岗位时，需要对自己的辅导员职业生涯做一个总结，你最希望自己的辅导员职业生涯被贴上什么标签呢？目前你对这些标签的满意度是多少？为每一个标签打分，1分最差，10分最满意。依照分值为标签涂上同等比例的颜色，如将分值为10分的标签涂满颜色，分值为5分的标签涂上一半颜色。然后再观察涂过颜色的平衡轮，你有什么发现？你现在最想改变哪个标签的分值？想改变到几分？如果要达到新的分值，你需要做些什么？

教练带领参与者思考自我教练的成功五问。让每位参与者在白纸上写出这五个问题的答案：我要什么？我怎样才能得到？我现在所做的是否有助于得到我想要的？我愿意为之付出什么样的代价？如何持之以恒？在这五个问题的思考过程中，参与者能领悟到自己寻找目标、挖掘资源、反思现状、设计行动、放大成果的教练过程。

2. 教练状态的演练

在经过体验式教学后，参与者对教练技术的基本内涵有了一定的了解，第二次活动将针对教练过程中的难点——倾听、提问、设定目标三个部分进行讲解和演练，以帮助参与者进入教练状态。

好的教练需要具备倾听和提问的能力。在倾听环节，可以组织参与者，分别作为客户和教练，两人一组进行练习。客户讲述一个自己正在经历的难题，教练用3F倾听法记录。客户讲完后，教练进行确认：我听到你刚才诉说的事实是……你的想法是……我感受到你的感受是……你真正想要的是……随后再由教练进行提问。所提问题必须是开放式的，以目标为导向，能够引导行动，关注现在和未来，带有强有力的假设。提问后由客户反馈哪些问题对自己有所触动，带来了什么价值。

3. 案例研讨

第三次活动由坊主带领参与者，一起研讨分析就业咨询过程中最常见的问题可以用哪些教练技术来解决。

比如，面对“我不知道应该找什么工作”这类问题时，可以用教练技术的逻辑层次（如图1所示）来梳理，也可以引导学生画生涯平衡轮，写出自己心中最理想的工作应具备哪8个方面的特点，让学生在评分的过程中明白

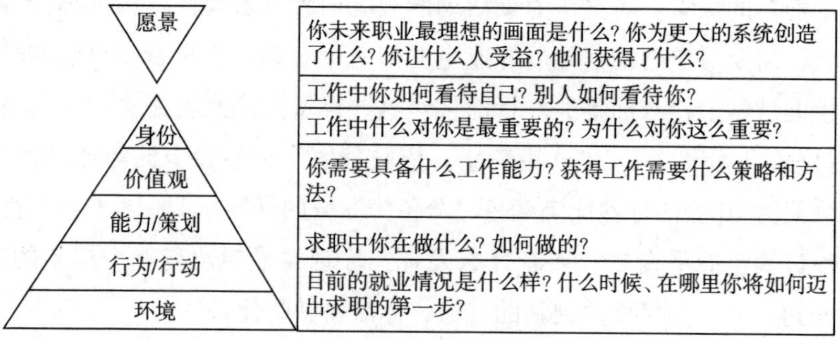

图1　教练技术的逻辑层次

这8个方面具体代表什么。

面对“考研还是就业”这类问题时，可以通过提出假设性问题，如“你觉得当你获得什么信息时你就能知道该如何选择”来引导学生思考。

面对“找工作太难了，每次面试都很失败”这类问题时，可以提出奇迹假设问题，如“如果下次的面试成功了，你觉得是因为你做了什么”“你还需要其他什么资源”等来引导学生思考和解决问题。

4. 实践督导

工作坊参与者每3～5人组成一个实践小组，每周开展一次线上或线下学生就业咨询实践演练。在实践演练中，一名参与者与一名有真实就业咨询需求的学生进行30分钟的教练对话，参与者担任教练，学生是客户，其余人员作为观察员全程记录对话内容，观察员不能对教练和客户的对话过程有任何干扰。在实践演练的过程中，教练应尽量完成流程的每一个步骤，做客户解决问题的协助者，有意识地套用漏斗问题，感受教练技术带给客户的力量。

实践演练结束后，首先由教练、客户分别反馈自己在谈话过程中的感受，然后观察员就演练过程中的发现，如“什么地方做得好可以借鉴”“什么地方需要改进”等问题进行反馈分享。

（五）总结提炼

工作坊专题活动结束后，辅导教师应配合坊主组织参与者对学习过程进行总结提炼，参与者可以分小组提交教练式就业咨询的分析案例，每人绘制一份自己对教练技术的总结图画，最后再开展一次收获分享会。在总结提炼的过程中，参与者能更加深刻地理解教练技术，并促使自己有意识地将教练状态融入工作中。

基于教练技术的辅导员就业咨询工作坊设计，不仅为辅导员提供了更加有效的就业咨询工具，更重要的是能够帮助辅导员进入一种全新的状态，使他们从事务性的工作中跳出来，更多地关注“人”。工作坊专题活动使辅导员获得更多的同伴支持和正向激励，在帮助学生的同时，也可达到辅导员与学生共同成长的目的。

参考文献

[1]高艳,王瑞敏. 教练技术GROW模型在高校辅导员谈心谈话工作中的应用[J]. 社科纵横,2019(10).

[2]陈清文. 梦想行动:自我教练实践手册[M]. 北京:北京师范大学出版社,2018.

[3]郭朝晖. 工作坊教学:溯源、特征分析与应用[J]. 教育导刊,2015(5).

[4]韩威,邓宇. 教练技术在高校辅导员职业指导工作中的应用思考[J]. 中国大学生就业,2014(22).

[5]谭勇,宋国晶,杨晓晶,等. 基于辅导员工作坊的辅导员职业能力提升实践[J]. 改革与开放,2019(12).

第一作者简介：邓听，中国石油大学（北京）心理健康教育及咨询中心主任。

本文基金项目：中国石油大学（北京）党建、思想教育与行政管理科研项目“以辅导员工作室为载体的辅导员发展共同体研究”（编号：2016B15）。

高校专创融合教育体系及实践平台建设研究

李　明

摘　要　在创新创业教育过程中，理论与实践的有机融合是衡量教育成果的显性指标，是双创教育体系建设中的核心要素。专业教育与双创教育的良性整合是大学开展双创教育的未来趋势。文章通过分析中国石油大学（北京）双创教育体系建设中培养导向、课程设置和成果指标现状，以多学科联合创新创业实验室的实践经验为依据，提出了专创融合教育体系及实践平台建设的思路。

关键词　创新创业；专创融合；教育体系；实践平台

创新创业教育是在素质教育与创新教育基础之上的教育实践，是“大众创业、万众创新”带动下的高校创新改革[1]。随着双创教育的深入开展，可以发现，在现有的双创教育体系下，双创专业化教育与实践平台建设之间仍然存在融合不够紧密、成果不显著的问题。针对现有教育体系和实践平台建设进行深入思考和研究，总结高校创新创业教育现实存在的共性问题，探索如何正确发挥创新创业人才培养导向指引力、资源有效整合的凝聚力、课程内容创新的吸引力和成果产出指标的竞争力，从而打造一个包含“专业建设—课程体系建设—师资队伍建设—实训平台建设—成果孵化平台建设”的全过程双创实践育人的闭环教育体系，对创新创业教育深化改革具有重要意义。

一、面临的主要问题和挑战

（一）创新创业人才培养导向不清晰

近年来受行业领域发展和就业形势变化影响，行业类院校的就业形势产生了较大的变化，毕业生的就业选择呈现多元化发展趋势，行业类院校毕业生就业观念从传统的行业内就业向非行业内就业的转变尚处于初级阶段，随着“大众创业、万众创新”口号的提出，大学生创业热情高涨，并且伴随高级别学科竞赛的日益成熟，高校创新教育过程中对学科竞赛重视程度与日俱增。在此背景下，学校想要快速融入氛围，敦促高质量创新创业成果指标产出，很容易造成教育基础与目标成果不协调不匹配的“急功近利”现象。高校开展创新创业教育不应该以全力扶持创办企业、公司和获得高级别学科竞赛奖项为根本目的，而应该重点开展创新创业意识培养、提供技能训练平台和宣讲政策法规等通识教育。在搞好通识教育的基础上，结合学校办学特色和专业特色寻找技术创新点和优质创业机会，给予技术、服务以及商业模式设计等方面的指导支持。

（二）现有创新创业教育课程设置缺乏科学规划

当前双创课程设置环节存在的问题，一是双创教育以通识教育为主，缺少专业化教育。通识教育一般讲授创新创业最基础的理论，课程内容相关性和连续性不强，对学生而言内容少、不系统，对创新创业意识培养和技能训练的帮助不大，并且课时量少导致课程吸引力较低、指向性不强。二是教育形式存在“大水漫灌”现象，缺乏分类指导。学科的差异性会导致学生的创新创业基础认知程度不同，学生掌握的专业技能和核心技术往往决定创新创业的方向，大班授课不能解决以项目为导向的分类指导，学生获得感不强，不利于更新就业理念和拓展就业渠道。

（三）教育成果产出指标不显著

从创新意识和技能培养来说，目前高校广泛实施大学生创新创业训练计划（简称“大创”项目），包含国家级、省部级和校级三个层面的资金支持，学生参与面广，每年有大量的项目结题，项目主要来源于指导教师的在研课题和学生自主立项，但在创新训练计划项目成果当中，实际成果转化的比例相对较小。

从创业意识和技能培养来说，行业类院校毕业生成功创业数量相对较少，其中高精尖技术、服务创业公司数量更少。尽管因为行业领域特点导致主干学科创业人数基数小，但结合全国毕业生就业态势来看，创业教育成果并不显著。

二、专创融合教育体系及平台建设——以中国石油大学（北京）多学科联合创新创业实验室为例

中国石油大学（北京）经济管理学院于2016年成立了商务指导中心，中心依托学科领域优势，通过开办创业课程和提供创业指导，培养学生创业精神，提升学生创业素质，提高学生创业能力。2018年，经济管理学院申请成立了“府学经纬”多学科联合创新创业实验室。实验室主要职能是以商务指导中心为依托，做好全校“双创”课程教学、全校范围内的创新创业技能培训、学科竞赛项目指导、校内外创业资源对接、双创成果转化、企业管理咨询和政策法规咨询等工作，为学校相关学科科研团队提供优质的人力资源和创新后备人才，为参加高水平创新创业竞赛的项目团队提供项目支持和专业教师指导及培训，为学校学科专业建设提供实践实训支持。

（一）厚基础，以学科建设为基础，创建“一通多专”的模块化课程体系

“一通多专”是指在通识教育的基础上，按专业领域分层分类的精细化指导。第一，通识课的教学目的是让学生了解创新创业的基本概念和流程，培养学生的创造思维、创新能力、创业精神、团队合作、沟通能力和领导能力，种下创新创业的种子。[2] 实验室充分发挥学科优势，将创业理论通识课程划分为认识创业、创业团队、创业机会、商业模式、商业计划书、精益创业、创业融资、创业法务及新创企业成长、创业营销和社会创业10个模块，实现了全过程、精细化课程传授。第二，充分挖掘学校各专业学科的优质技术、服务的创新点，结合商业模式、营销融资等创业内容和手段实施分层、分类专项指导。比如开展“行业视窗”教育，即根据各专业领域相关技术的创业实例分析市场空间、技术创新点、实体化路径、营销模式、竞争分析等，为不同专业领域技术、服务的创新创业需求提供定制化的精细指导。模块化的课程体系建设以经管类学科为基础，涵盖其他各专业学科的交叉联合，充分提高课程的吸引力和靶向作用。

（二）重过程，以全过程指导为目标，健全实验室双创育人功能

为全方位指导学生开展双创活动，实验室下设4个部门，其中，资讯部

负责双创项目引导工作，定期发布介绍最新的国际、国内行业发展趋势和商业机会、投融资资讯，介绍近期创新创业成功案例的经验做法等；技能培训部负责举办讲座、论坛及开办有针对性的双创实训课程，涵盖创新创业全过程，包括项目选择、风险防控、团队组建、市场开发、产品定位、营销策划、财务管理等内容，切实帮助大学生掌握运作双创项目的实际能力；教练部负责定期组织双创团队进行项目路演，提供具体指导，组织教练与团队一对一交流，解决项目实施过程中遇到的具体问题，并提供技术顾问、产品顾问、设计顾问、新媒体营销顾问等服务；法律咨询部负责解答项目实施过程中遇到的知识产权、股权分配等法律问题。

（三）强保障，以师资队伍建设为保障，实现校内外资源的有效整合

实验室师资队伍建设采用校内外资源相结合的方式。通过教师工作量认定、职称评定、绩效审核、奖金激励和申请专项资金等系列政策措施，引导本学院专业领域教师针对技术和服务创新点的专业挖掘以及创业项目商业模式的优化整合提供专业的理论教学指导。聘请校外导师针对创新项目成果的转化和创业项目的风险评估以及落地实施开展实践教学指导。

（四）多出口，以项目为导向，搭建专创融合实践平台

实验室以落地创业实践项目、高级别学科竞赛参赛项目等为出口，检验创新创业教育实践培养质量。

一是实验室依托学院学科特色打造学科竞赛群。学科竞赛实现专业全覆盖。竞赛包含“互联网+”全国大学生创新创业大赛、“创青春”全国大学生创业大赛、全国大学生电子商务创新、创意及创业挑战赛、全国大学生营销创意与实践大赛、全国大学生能源经济学术创意大赛、国际企业管理挑战赛（GMC）、“尖烽时刻”全国商业模拟挑战赛等，实现了学科全覆盖，并且均为国家级赛事，“以赛促学”提升学生专业实践能力。

二是面向全校学生开展创新创业技能培训和项目指导。努力挖掘各学科领域具有创业意向的技术、产品和服务，针对项目特色开展定向创业培育。结合学校各方面资源，师生共创企业，并为多家大学生创业企业提供商业模

式、营销模式、政策法规等专业指导和咨询。

三是积极联系校外相关企业成立私董会，促进高管教练、行动学习和深度社交融合，汇集跨行业的企业家群体智慧，解决初创企业经营管理中比较复杂而又现实的难题。加强校企沟通，积极参与企业发展路径研讨，拓展学生实习、就业渠道。

三、结语

专创融合强调人才培养导向、课程设置和实践平台建设之间的有机融合，多学科联合创新创业实验室主要是以创新创业项目的针对性挖掘、培育和指导为根本任务，实现通识教育与专项教育的交叉融合，并以项目为导向搭建实践平台，促进项目的落地实施和成果转化，形成“学科建设—课程体系建设—实训平台建设—成果转化”的创新创业全过程实践育人闭环。

参考文献

[1]史建伟，赵宝新，任路伟．高校大学生创新创业教育的意义与对策[J]．科教导刊，2018(6)．

[2]赵亚风．对大学生开展创业教育的探讨[J]．管理观察，2009(4)．

作者简介：李明，中国石油大学（北京）化学工程与环境学院党委副书记。

基于“创新创业工作室”的实践育人模式探究
——以中国石油大学（北京）为例

刘东东　史　凯　贾万良

摘　要　高校创新创业教育事关国家创新驱动发展战略、高等教育综合改革。依托创新创业教育工作室，围绕提供指导、提供服务、促进实践的“两提一促”思路，搭建引擎团队，构建好双创教育、校企合作、文化育人、成果孵化“四大平台”，为学生提供有针对性的支持和保障，并形成一支专业指导服务团队、一个双创教育网络平台、一套系统全面的培训课程和案例库、一批代表性的学术研究成果，实现第一课堂指导第二课堂、第二课堂反哺第一课堂的效果。

关键词　工作室；创新创业；实践育人

近年来，国务院和教育部颁布了多个创新创业教育的纲领性文件，逐步明确了“普及创新创业教育”的基本原则和总体目标，这标志着我国高校通过创新创业教育开展实践育人早已进入了国家统一领导下的全新时代。[1]

一、新时期高校创新创业工作面临的问题与挑战

相较于国外高校，国内高校通过开展创新创业进行实践育人起步较晚，对创新创业实践育人发展中的关键问题和重要概念缺乏深入思考，没能真正抓住牵引创新创业实践育人跨越式前进的“牛鼻子”，导致创新创业实践育人的进程缓慢。[2]这种缓慢不仅是教育理念的陈旧，也是教育方式的落后。虽然创新创业实践育人在我国高校开始被重视的时间比较短，但伴随着创新创业教育实践的推进，我国学者开展了大量的理论研究工作，并形成了丰硕的研究成果。[3]但现有的研究成果，还远远不能满足我国高校的内涵发展和

创新创业实践育人的现实需要。因此，依托“创新创业工作室”开展实践育人可以提升创新创业实践育人的实效性和针对性。

二、依托“创新创业工作室”开展实践育人的必要性

基于“创新创业工作室”开展实践育人模式探究，对站在新时代中国特色社会主义历史起点上的高校而言，具有重要的理论意义和现实意义。一方面，这种教育模式融合了网络化教育和工作室模式的特征，既可以消除学习时间和空间的限制，让学生对创新创业形成直观认识，提高学习效率，又能够以专业团队的形式开展针对性指导，增强教育实效。另一方面，这种教学方式也有利于促进教育教学改革，形成不同教育资源的联动效应，为推动高等教育质量提升起到积极示范效应。

（一）应对高等教育改革发展的需要

创新是引领发展的第一动力。创新创业教育作为高等教育的重要组成，加强创新创业教育，成立创新创业工作室，培养拔尖创新人才，是落实创新驱动发展战略的重要举措。[4]新形势下，高校应提高认识、整合力量、完善机制，不断探索创新创业实践育人模式，依托工作室建立健全创新创业教育工作机制，形成分层次、有针对性的创新创业实践育人教育体系，形成典型示范的辐射效应，带动更多师生进行创新创业。

（二）满足“双创”育人供给侧改革的需要

创新创业实践育人要在大学生获得的各种理论知识、间接经验的基础上，以建设社会、高校、大学生三方互动的有效平台为载体[5]，创新创业工作室作为有效的平台和纽带，能开展与大学生创新创业密切相关的各种具有导向性、应用性、实践性的教育活动，从而提高大学生创新创业的精神素养与核心能力，推动“三全育人”系统化、科学化、规范化进程。

（三）适应学生发展成才成长的需要

为培养学生的创新精神和创业意识，将专业教育与创新创业教育有机融合[6]，建立贴近学生成长需求的创新创业工作室，增设创新创业实践育人模块，逐步建立实践育人体系与创新创业教育相结合的培养机制，将专业实践

与创新创业实践融为一体，为学生创新创业搭建全方位、多层次、一站式的创新创业实践服务平台，能很好地满足师生的创新创业实践需求，更有利于搭建完善的创新创业实践育人体系。

三、依托“创新创业工作室”开展实践育人的体系构建

以工作室形式开展创新创业教育是实践育人基本特征的一种尝试与探索，也是对高校教研体制的一种创新，更是将创新创业教育落实到位的重要举措。工作室围绕提供指导、提供服务、促进实践的“两提一促”思路，充分依托学术活动、国际交流、文化传承、创业实践“四大平台”。

基于“创新创业工作室”进行实践育人模式探究，需要同时具备丰富的实践经验、大量的案例资源、专门的工作室平台和专业的工作团队。工作室团队成员以学生工作队伍为主体，由科技创新、创业竞赛经验丰富的人员组成。搭建出多学科覆盖的学生参赛平台，探索出学生国际交流平台，完善学生传承文化平台，促成学生创业实践平台，每一个平台都可为创新创业教育提供生长的土壤和环境。

四、依托“创新创业工作室”开展实践育人的实施路径

（一）搭建好指导支撑团队

依托“创新创业工作室”，形成以学生为主的“双创协会”和以导师为主的“双创导师库”，立足中心，辐射两端，形成“一体两翼”式服务支撑团队，并且通过发挥专业化指导服务团队的引擎作用，推动创新创业育人平台的搭建和育人体系的构成。并在此基础上，加强制度保障，出台《创新创业管理办法》等制度文件，并将其纳入年底学生综测和教师绩效考核，使之成为推动广大师生参与创新创业工作的有力“指挥棒”和“风向标”。

（二）构建好双创教育平台

“创新创业工作室”坚持聚焦国家重大战略需求，聚焦行业勘探开发难题，聚焦高校人才培养瓶颈，连续承办中国石油工程设计大赛（以下简称大赛），开创性地探索出集“学习、竞赛、科研、服务”于一体的创新创业实

践育人新模式。一是主动对接现场，拓展理论应用深度，实现“油田进课堂、书本进方案”的效果，着力提升学生的理论应用和实践探索能力。二是带动学科交叉，加大技术创新力度，实现增产增效的开发生产目标，进而培养学生的创新创造能力。三是优化工作模式，提升人才培养精度，改善传统的“脱节式”课堂教学方式，实现石油勘探、开发、运输、销售等不同流程的“无缝衔接”。

（三）构建好校企合作平台

依托“创新创业工作室”，整合育人资源，以校企合作、校校联动的方式带动社会力量参与创新创业实践育人的全过程。一是形成组织模式新机制。通过工作室联合优质企业单位，获取国内外多家石油企业的技术和资金支持，吸引近百所石油高校和科研院所积极参与，促成了政企校的广泛联合与深度合作。二是开创校企合作新局面。石油企业高度重视“双创”平台发展，每年为“创新创业工作室”提供经费支持。工作室在组织学生进行创新创业实践育人过程中产出的新思路、新方法、新技术，无偿提供给企业使用。三是依托“创新创业工作室”实践育人平台，举办“企业人才见面会”，选优质企业进校招聘宣讲，为学生和企业架起沟通桥梁，满足企业需求和学生需要。可见，依托“创新创业工作室”实践育人平台，可以逐步探索出一套具有能源行业特色的学赛研一体化育人体系，能为高校的人才培养、校企合作培养注入新的活力。

（四）构建好文化育人平台

“创新创业工作室”实践育人平台坚持立足全国，对标国际，使运行机制和育人方式高度契合一流学科建设方向和要求。一是着力塑造一流的校园文化。工作室坚持走“内涵式”发展道路，通过连续举办全国石油高校文化作品征集及展览、编纂作品集、开展企业文化宣传等，铸就校园文化精品，打造校园文化品牌。二是着力构建一流的第二课堂培养体系。基于“以学生为中心”的理念，为不同学历层次、不同教育背景、不同国别的学生创造差异化的参赛标准和竞技方式。同时，依据 ABET 国际认证标准，组织多形式的国际学术交流活动，培养学生的系统思维能力、团队协作能力、国际交往能力等，构建起全程化、国际化的第二课堂人才培养体系。三是着力打造一流的特色课程体系。通过“创新创业工作室”，建立起一套科学、前沿、系统、完善的赛题数据库，被多所高校作为油藏工程、钻井工程、完井工程、采油工程、地面工程等核心课程的教学资料，打造了优质的课程资源。

（五）构建好成果孵化平台

通过创新创业工作室实践育人平台，融入专业特色，将创新创业实践育人落到实处，使“双创”成果得到固化。一是形成制度化的育人体系。完成导师库和创新创业作品案例库建设，形成大学生创新活动指南、大学生创业攻略的基础性保障文件，确保创新创业实践育人科学化、制度化、系统化。二是形成专业化的“双创”网络平台。创建 Petro Cup 培训班（旨在培养国际大赛的种子选手，指导和帮助学生参加国际科技创新活动，培训内容包括专业英语听力练习，英文原版专业课教材阅读等）和 Ocean 工作坊（以提高学生创新能力和实践能力为宗旨，通过举行培训、讲座、演练、比赛等多种活动，培养更多面向信息化、国际化、前沿化的卓越石油人才），依托这两个实体开展创新创业实践指导，并在易班网上传创新创业课程，扩大受益面和影响力。三是形成一些品牌成果，通过创新创业工作室推动成立多学科联合创新创业实验室，参与“互联网+”大学生创新创业大赛，参评“高校大学生优秀创业团队”等，达到以赛促练、以赛促学、以赛促成的实践育人目的和效果。

五、结语

工作室开展创新创业教育实践育人，融合了网络化教育和工作室模式的特征，不仅可以打破时空桎梏，使学生对创新创业产生直观认识，还可以培养学生创新创业的综合能力，增强实践育人的针对性和实效性，从而推动“创新创业育人共同体”的发展与构建，营造良好的“创新创业育人生态”。

参考文献

[1]邓小鸿,刘惠文. 新工科背景下信息类大学生创新创业能力提升策略

研究——以江西理工大学应用科学学院为例[J]. 创新与创业教育,2020,11(2):33－38.

[2]吴敏. 基于“创业型工作室”的人才培养模式研究[J]. 创新创业理论研究与实践,2020,3(6):103－104.

[3]李铮. “一心三环”模式下高校创新创业教育探索与实践[J]. 创新创业理论研究与实践,2019,2(15):135－136.

[4]王洪才,郑雅倩. 创新创业教育的哲学假设与实践意蕴[J]. 高校教育管理,2020,14(6):34－40.

[5]卫武,黄苗苗. 中国众创空间分布及其影响因素研究[J]. 武汉大学学报(哲学社会科学版),2020,73(6):114－124.

[6]朱亚宾,李志祥. “立德树人”视域下工匠精神与高校创业教育的匹配融合[J]. 黑龙江高教研究,2020,38(11):96－99.

第一作者简介：刘东东，中国石油大学（北京）石油工程学院党委副书记。

虚拟现实（VR）场景提升学生兴趣度的研究

王 天　邵 凡　杨东杰

摘　要　虚拟现实（VR）技术是一种以计算机为载体的集合技术，打造一个作用于人们听觉、视觉甚至是触觉的交互世界，给予体验者身临其境的感受。随着VR技术日趋成熟，该技术已广泛应用于高校教育教学中，使得教学内容极大丰富，教学效果显著提高和改善，得到广大师生的普遍认可。文章基于眼动追踪技术，对VR技术的教育效果展开实证研究，进而为高等教育创新性发展提供支撑。

关键词　虚拟现实；数字教育；眼动技术；体系评价

一、引言

党的二十大报告指出，坚持以人民为中心发展教育，加快建设高质量教育体系，发展素质教育，促进教育公平。2023年全国教育工作会议指出，统筹推进教育数字化和学习型社会、学习型大国建设。纵深推进教育数字化战略行动，重点做好大数据中心建设、数据充分赋能、有效公共服务、扩大国际合作四件事。将数字化手段与传统教学相结合，是推进教育数字化转型的必经之路，也是加快建设高质量教育体系的有效手段。

近年来，随着信息技术的日益发展，虚拟现实（VR）技术被广泛地应用于现代教育事业中，为教育工作的开展带来了诸多机遇。VR技术能有效地实现对真实环境的仿真，进而使体验者从虚拟的环境中获得与真实环境同样的感受。借助VR技术进行场景还原，将红色革命精神与大学思想政治相融合，可以更好地提升思想政治教育整体水平，对促进大学思想政治教育工作的长效发展具有非常积极的意义。眼动追踪技术是利用光学、电子等技术手段实时、客观、准确地记录被试者当前的视线方向或视线落点位置的技术。利用眼动追踪技术获取的数据能够客观、科学地反映被试者的注意力表现。本研究基于眼动追踪技术，通过分析被试者观察静态图片与体验 VR 实景过程中的注意力表现，提升 VR 技术教育效果的实证研究。

二、文献综述

随着 VR 技术日趋成熟，该技术已广泛应用于高校教育中，使得教学内容极大丰富，教学效果显著提高和改善，得到了广大师生的普遍认可。李勇[1]通过对部分高校进行调研发现，VR 思政教育的内容针对性较强，主要是以优秀传统文化、革命历史故事及当地人文典故为素材，并结合调研情况认为 VR 技术在高校思政教育中能够更好地表现内容场景，更好地开展互动教学，激发学生学习兴趣。徐礼平和李林英[2]认为 VR 提供的生动、逼真的沉浸式体验，使学生能够亲身感受学习内容，使书本文字变得更加鲜活，学生的认识和体会更加深刻，改变了以往“教师教、学生学”的被动学习状态，学生在学习中有了更多的自主权和话语权。王娜娜[3]以当代高校思想政治教育课为研究主体，探索了新时代下高校思政课嵌入 VR 技术的潜力与优势，认为 VR 技术能够将原本扁平的课程内容立体化，激发了高校学生学习思政课程的热情，提升了高校思政课的教学效率。贾劲松[4]认为将虚拟现实技术应用于高校思政课实践教学，能够借助其技术优势增强实践教学的实效性，发挥学生的主体性功能，而且能够根据学生的个体差异设计不同的虚拟实践教学环境，满足学生的不同求知需求，为学生提供丰富的个性化学习环境。为此，本研究通过设计 VR 眼动感知实验，将 VR 技术与眼动追踪技术相结合，采用单因素方差分析，自变量为静态图像和 VR 全景，因变量为注视时间占比、首次注视时间、瞳孔直径。通过分析以上眼动数据，探究被试者在观察 VR 全景和静态图片过程中的空间感知特点和认知加工特点，进而对教育教学效果进行实践指导。

三、模型假设

VR 技术是一种以计算机为载体的集合技术，开发者利用对计算机 3D 图形的运算，衍生出包括多媒体、仿真、传感、立体显示等系统的技术统合。VR技术打造一个作用于人们听觉、视觉甚至是触觉的交互世界，给予体验者身临其境的感受，因而具有构想性（Imagination）、交互性（Interaction）和沉浸感（Immersion）三大特征。一般来说，眼睛是人体从外界接收信息最多的感官系统，80% ~90%的信息通过眼睛传达到大脑，视觉对信息的接收和加工至关重要，眼球运动的过程反映了大脑的思维过程，大脑主导着视线的移动。Just 和 Carpenter 提出“眼—心”假说（Eye - Mind），即眼球运动能够反映人类注意力的动态变化。研究认为当大脑思考运作时，视线就会在引起思考的位置多停留，相应的注视时间和注视次数也会增加。因此，眼动的过程能够揭示认知加工的内在机制。此外，应用眼动追踪技术收集数据可以实现让被试者在不受干扰的情况下进行实验，得到真实有效的数据，使实验法更趋生态化。研究者总结了众多眼动指标用以分析评价被研究者的眼动特征，其选取一般依据研究目的而定。本研究主要关注以下三个方面的眼动指标：注视时间占比、首次注视时间、瞳孔直径，分析被试者观察静态图片与体验 VR 实景过程中的注意力表现。

四、研究设计

（一）实验对象

实验对象为某大学学生，随机选取被试者 20 人。被试年龄在 18 ~22 岁，近视度数均在 200 度以下，无散光。参与实验时身体健康。

（二）实验工具

本实验使用的是 Tobii Pro Glasses 2 眼动仪及其配套的 Tobii Pro Lab 软件。该眼动仪具有安装设置简单、数据自动化采集、数据准确度高及追踪能力稳定的特点，轻量化眼镜式设计，头戴部分重量≤45g，精度≤0.5；其采样频率为 100Hz；配套 Tobii Pro Lab 软件可以在实验过程中记录热点图、注视轨迹图、支持 AOI 兴趣区和基于兴趣区的眼动分析。

（三）实验素材

实验素材为 10 组 VR 全景和对应的静态图像，分布在共产党宣言纪念馆、毛泽东展厅、邓小平故里和侵华日军南京大屠杀遇难同胞纪念馆展馆中。其中 1 ~9 组为正式实验素材（标号记为 1 ~9，静 1 ~9，相同数字代表同一场景），1 组为基线实验素材（标号记为动 0，静 0）。10 组场景均为真实场景，内容、色调、亮度等无差异。

（四）实验设计

呈现 9 组正式材料时，采用动 1 – 静6 – 动 2 – 静 7 – 动 3 – 静 8 – 动 4 – 静 9 – 动 5 – 静 4 – 动 6 – 静 3 – 动 7 – 静 2 – 动 8 – 静 1 – 动 9 – 静 5 的顺序呈现，消除信息重复加工对实验结果的影响。实验步骤如下。

（1）实验在安静的实验室中单个进行，实验开始前带被试者熟悉实验环境，并针对本次测试给予简要说明，包括实验目的、眼动仪操作及相关注意事项，消除被试者紧张感。

（2）确认被试者已经掌握所有的操作要领后，请被试者坐在距电脑屏幕大约 70 厘米处，提醒被试者在接下来的实验中尽量避免头部来回晃动，并对被试者的双眼进行定位和校准。

（3）校准完毕后，给出指导语：欢迎参加实验！下面将会为你展示不同场景的 VR 全景和图片，每个实验素材呈现 20 秒，要求被试者在规定时间内对实验素材进行随意浏览。理解后先进行基线实验熟悉整个流程。

（4）在完成基线实验并确信被试者掌握了实验要求后，开始正式实验，同时，眼动仪开始记录数据。

（5）所有场景内容展示完毕后，单次实验结束，眼动仪停止记录数据。

五、结果分析与讨论

本研究实验对象数量为 20 人，采集得到的眼动数据采用格鲁布斯（Grubbs）法对可疑值（也称离群值或极端值）进行取舍，然后，随机选择 10 组数据用于统计分析，结果如表 1 所示。

表1　眼动数据统计结果

呈现方式	实验素材	注视时间占比		首次注视时间		瞳孔直径	
		均值 M	标准差 SD	均值 M	标准差 SD	均值 M	标准差 SD
VR 全景	1	0.8209	0.0290	0.2399	0.0937	4.7442	0.8476
	2	0.8301	0.0241	0.2132	0.0977	4.6515	0.8804
	3	0.8288	0.0358	0.1333	0.0301	4.3991	0.7510
	4	0.7945	0.0199	0.1599	0.0768	4.7076	0.7739
	5	0.8306	0.0242	0.1199	0.0400	4.4751	0.7129
	6	0.8329	0.0304	0.1699	0.0952	4.2866	0.7361
	7	0.8494	0.0371	0.1532	0.0467	4.5367	0.7230
	8	0.8141	0.0394	0.1628	0.0687	4.6860	0.7294
	9	0.7710	0.0427	0.1399	0.0521	4.7134	0.7783
静态图片	1	0.7040	0.0439	0.5230	0.2498	4.8323	0.8325
	2	0.7374	0.0232	0.4631	0.2106	4.8701	0.8545
	3	0.6799	0.0307	0.3398	0.1002	4.5323	0.8060
	4	0.7150	0.0239	0.3798	0.2542	4.6720	0.6798
	5	0.7038	0.0577	0.4317	0.0933	4.5900	0.8164
	6	0.7176	0.0437	0.4930	0.0326	4.5524	0.8269
	7	0.7566	0.0360	0.6363	0.2242	4.7736	0.7456
	8	0.7113	0.0332	0.4083	0.1204	4.5969	0.7414
	9	0.7182	0.0322	0.3531	0.1813	4.6040	0.7924

本研究采用t检验法检验VR全景和静态图片的眼动数据平均值有无显著性差异，计算结果如表2所示。注视时间占比、首次注视时间及瞳孔直径的t值分别表示为t1、t2、t3。

表2　注视时间占比、首次注视时间及瞳孔直径统计结果

实验素材	1	2	3	4	5	6	7	8	9
t1	6.29	7.84	8.93	7.23	5.72	6.13	5.08	5.64	2.80
t2	3.00	3.04	5.58	2.34	8.69	9.08	5.97	5.01	3.20
t3	0.21	0.50	0.34	0.10	0.30	0.68	0.65	0.24	0.28

（一）注视时间占比

本实验将实验素材展现区作为兴趣区（AOI）分析被试者的注视时间占

比。注视时间占比越高，表明被试者对实验素材的关注程度越高。表 1 结果表明，对于实验选用的 9 组素材，被试者在使用 VR 全景学习时，其注视时间占比均大于使用静态图片学习。表 2 结果表明，$t1 > t0.01，18 = 2.898$，说明有 99% 的把握认为两组数据的平均值存在显著差异，即同样的场景用 VR 全景呈现更加吸引学生的关注。学生对教学内容认识加工时间更长，便会提取更多的有效信息，进而提升思政教学效果。

（二）首次注视时间

首次注视时间是指眼动追踪开始到第一次关注注视目标并形成注视点的时间，该眼动指标可以用来评价实验素材对被试者的吸引程度。表 1 结果显示，在 9 组实验素材的学习中，被试者在 VR 全景中的首次注视时间均值小于静态图片。表 2 结果表明，$t2 > t0.05，18 = 2.101$，故有 95% 的把握认为两组数据的平均值存在显著差异，说明 VR 全景更能吸引学生的注意力，引起学生的探索兴趣。

（三）瞳孔直径

瞳孔直径在一定程度上反映了人的心理活动状况，也是眼动变化中一个重要的指标。当人疲劳时瞳孔直径会变小、受到令人愉快的视觉刺激时瞳孔会放大，受到令人厌恶的刺激会引起瞳孔收缩。经统计分析（表 1 和表 2），被试者的瞳孔直径在使用 VR 全景和静态图片学习时，并没有显著差异。这可能是由于实验素材选取较多，实验时间长，导致视觉疲劳，进而对瞳孔直径产生影响，带来了系统误差。

六、经验启示

（一）将 VR 融入教育是实现教育数字化的有效方式

经过多年发展，VR 技术已逐步成熟，虚拟现实与真实情况越来越贴近，可为教育数字化提供较为成熟的实践土壤。当代大学生成长在数字时代，手机、平板电脑等电子产品是生活学习的必备品，每日使用此类电子产品的时间甚至超过了学习、读书的时间。通过实验，可以确定运用 VR 技术进行的教育内容可有效提升学生的关注度和学习兴趣，是传统课堂式教育与数字化手段结合的生动实践。通过更多地设置 VR 教学内容，可以让课堂教学更生动精彩，激发学生的学习动力，将学生的注意力从丰富多彩的网络世界拉回课堂，提升课堂教学的教育质量。

（二）将 VR 融入教育是推进教育现代化的可行措施

随着技术的不断发展，VR 设备由最初笨重的外形和高昂的价格逐渐演变成更加轻便和经济实惠的款式，这些设备需要的硬件也越来越小，手机、平板电脑和便携式游戏机等都可以加载 VR 资源。这些便携式 VR 设备不仅更加方便携带，也更适合日常使用，可以让用户充分利用其碎片时间进行虚拟现实游戏或者观看。这也为在教育过程中使用 VR 资源提供了客观基础，避免了因建设资金昂贵难以具体落地的问题。与此同时，VR 技术刚出现时，在使用过程中容易出现的眩晕感也得到了有效缓解，更有利于用户接受。

（三）将 VR 融入教育是促进教育公平化的可靠保障

VR 教学作为一种全新的教学方式，为学生带来了更加沉浸式、互动性强的学习体验，提供丰富多样的教学资源和个性化的学习体验。只要连接上网络，就可以通过虚拟场景让学生亲身体验学习内容，这种学习方式更加生动、直观，可以大幅度增强学生的视觉印象，提高学习效率。通过对精品课程的线上资源建设，无论学生身处何地，都可以使用 VR 技术，身临其境般地学习研究。对于地处偏远地区，教学资源有限的学校，通过 VR 线上学习，可有效避免硬件条件带来的影响，对实现教育公平有极大帮助。

七、结论与展望

本研究从注视时间占比、首次注视时间及瞳孔直径三个方面分析对比了 VR 全景和静态图像在思政教学中的效果。结果表明，VR 技术应用于高校思政课实践教学，能够迅速吸引学生关注，激发学生学习思政课程的热情，提升高校思政课教学效率。对于其他课程的教学，以 VR 技术为代表的数字化技术的运用，也会极大提升学生的关注度和学习热情。

目前，VR 技术在教育中的应用还不成熟，硬件设备、软件资源、应用环境、教学方法和教学评价等领域都有待进一步研究和探索。但是随着 VR

技术的进步，教师和教育部门对 VR 认可度的提高以及相关的学术研究和教学实践的深入开展，其在教育领域的应用也会迎来一个新的增长期。

参考文献

[1]李勇．VR 技术在高校思政课中的作用[J]．江西教育,2018(9):13.

[2]徐礼平,李林英．思想政治理论课虚拟现实技术教学:意义、局限与对策[J]．思想教育研究,2017(9):62－65.

[3]王娜娜．新媒体时代下 VR 技术嵌入高校思政课教学研究[J]．南京广播电视大学学报,2018(3):34－37.

[4]贾劲松．虚拟现实技术在高校思政课实践教学中的应用[J]．新课程研究(中旬刊),2018(3):41－43.

[5]范征宇．VR 技术条件下的大学生思想政治教育初探——以井冈山为例[J]．科技风,2019(33):45.

[6]翟雪松,董艳,胡秋萍,等．基于眼动的刺激回忆法对认知分层的影响研究[J]．电化教育研究,2017,38(12):51－57,72.

[7]方中雄,吉利,程聪．虚拟现实技术对职业教育的影响分析[J]．北京工业职业技术学院学报,2021(2):57－62.

[8]李敏,韩丰．虚拟现实技术综述[J]．软件导刊,2010(6):142－144.

[9]张新庄．虚拟现实技术在职业教育教学中的应用[J]．辽宁教育行政学院学报,2009(8):134－136.

[10]叶华乔,刁海旭,黄纯国．虚拟现实技术在职业教育教学中的应用[J]．武汉船舶职业技术学院学报,2007(3):107－109,116.

[11]邹湘军,孙健,何汉武,等．虚拟现实技术的演变发展与展望[J]．系统仿真学报,2004(9):1905－1909.

第一作者简介：王天，中国石油大学（北京）理学院党委副书记。

本文基金项目：中国石油大学2022年本科教育教学改革项目“基于多模态学习分析技术的课程思政过程性质量评价”。

行业特色高校生涯规划教育提质增效的三重逻辑

肖亚楠　李　杰　刘衡升

摘　要　行业特色高校开展职业生涯规划教育，对于促进学生成长成才、提升学校就业工作和助推行业发展进步具有重要意义。当前行业特色高校在开展职业生涯教育的过程中，尚存在行业特色与生涯教育“两张皮”、教育需求与教育供给不平衡、生涯规划与执行落实“不合一”的问题。本文在分析行业特色高校职业生涯规划教育的价值逻辑和现实逻辑的基础上，通过探索构建注重生涯课程和课程思政相融合、注重普及教育与个性指导相融合、注重全程指导与全员参与相融合、注重第二课堂与“互联网+”相融合、注重生涯规划与生涯实践相融合的“五融合”实践路径，促进行业特色高校大学生职业生涯规划教育提质增效。

关键词　行业特色高校；生涯规划教育；提质增效

职业生涯规划教育是促进大学生成长成才、提升大学生就业能力的有效举措。习近平总书记寄语高校毕业生：“高校毕业生要转变择业就业观念，只要有志向就会有事业，只要有本事就会有舞台。希望大家找准定位，踏踏实实实现人生理想。”[1]职业生涯规划的意义在于引导学生突破自身障碍、激发自身潜能，进而达到实现自我价值和目标的目的。习近平总书记对青年学生的寄语为行业特色高校开展大学生职业生涯规划教育指明了重要方向，提供了根本遵循。在全面建设社会主义现代化国家新征程上，行业特色高校要紧扣国家发展需求、行业发展需要开展职业生涯规划教育，引导青年学生做“有理想、敢担当、能吃苦、肯奋斗”的新时代好青年，帮助学生树立远大志向、建立正确就业观念，以青春力量投身行业建设，助推行业发展，为全面建设社会主义现代化国家贡献力量。通过发挥职业生涯规划教育的作用，促进学生突破自身发展瓶颈、挖掘自身发展潜力、提高自身综合素质、规划生涯发展航向，从而提升人才培养质量和大学生就业能力，促进大学生更高质量更加充分就业。

一、行业特色高校职业生涯规划教育的价值逻辑

行业特色高校开展职业生涯规划教育，对于促进学生成长成才、提升学校就业工作和助推行业发展进步具有重要意义。从学生个体角度来说，可以有效帮助大学生正确进行自我认知、挖掘自我发展潜能、补齐职业发展短板。从就业工作层面上来说，可以有效提升学校学生的整体就业竞争力，进而提升学校就业质量。从行业发展角度来说，可以为企业培养高质量人才，确保行业发展后继有人、兴旺发达，助推行业高质量发展。

（一）立德树人是行业特色高校职业生涯规划教育的出发点

立德树人是高校的根本任务，行业特色高校应将立德树人作为开展职业生涯规划教育的出发点，将思想政治教育与职业生涯规划教育有机融合。一是将职业生涯规划教育全面纳入大学生思想政治教育体系，通过开展多种形式的职业生涯规划教育活动，引导毕业生树立正确的职业观、就业观和择业观，进而促进学生建立正确的价值观，使学生树立为满足国家战略需求、助推行业发展而奋斗的远大志向和职业目标，以职业生涯规划教育完善思想政治教育的环节和内容。二是以思想政治教育引领职业生涯规划教育，加强学生理想信念教育，引领学生树立远大理想和高远职业目标，以正确的价值观引领学生建立正确的就业观，将自身成长与行业发展相结合。通过开展思想政治教育活动，促使学生将“仰望星空”与“脚踏实地”相统一，引导学生建立分阶段的学习目标和成才规划，督促学生发挥个人专长，开发自身潜能，充实个人学识，不断修正职业航向，以更好地适应行业发展需要。

（二）促进就业是行业特色高校职业生涯规划教育的落脚点

就业工作是高校的重点工作，行业特色高校开展职业生涯规划教育应将促进就业作为落脚点。一是加强学生自我探索。在教师的指导下，学生借助职业生涯理论和工具了解自身的兴趣、性格、能力、价值观，找出自身的短板和强项，全面认识自我。二是了解外部工作世界。组织开展职业生涯规划

教育活动，促进学生加深对行业工作世界的了解，加深对自己所学专业的认识，包括该专业当下的职业方向、求职要求、就业状况和发展前景，以做好充分的心理准备和专业知识储备。三是及早做到“人职匹配”。在充分认识自我和行业工作世界的前提下，通过匹配自身和行业职位，使学生及早确定职业方向，及早认识自身不足，修正奋斗目标，确定努力方向，充实自身学识，进而帮助学生提高就业能力，促进人力资源合理配置、缓解就业结构性矛盾。

（三）助力行业发展是行业特色高校职业生涯规划教育的着力点

从一般意义上来说，行业特色高校主要面向国民经济主战场、重大战略需求、重大工程、重大项目等重点领域开展人才培养。行业特色高校毕业生的职业生涯发展与行业发展呈辩证统一的关系，行业发展为个人发展提供良好机会，个人发展会反哺行业发展。人才是引领发展的第一动力，做好行业特色高校大学生职业生涯规划，可以为行业发展提供有力人才支撑。一是在就业目标树立上，通过开展职业生涯教育活动，帮助学生深入了解行业特点和职业前景，引导大学生自觉将“个人发展小我”融入“行业发展大我”中，树立投身行业建设的就业目标。二是在学生能力的培养上，以就业目标为导向，促进学生端正学习态度、提高学习主动性、扎实自身学识，不断实现自身学识与行业要求相匹配，促进学生积极解决行业发展中的“卡脖子”技术难题，从而推动行业企业高质量发展。

二、行业特色高校职业生涯规划教育的现实逻辑

当前，为提升学生的就业能力，引导学生及早规划职业发展，大部分高校已建立了相应的职业生涯规划教育的体系，但这些还不能满足行业特色高校职业生涯教育的需要。行业特色高校在开展职业生涯教育的过程中，尚存在行业特色与生涯教育“两张皮”、教育需求与教育供给不平衡、生涯规划与执行落实“不合一”的问题。

（一）行业特色与生涯教育“两张皮”

行业特色高校主要培养国家重点行业所需的人才，客观上决定了在行业

高校开展大学生职业生涯规划，需要将行业特色和生涯教育深度融合。但由于部分行业高校没有完全认识到两者之间有机统一的关系，在顶层设计上没能做到统筹一体推进，用系统思维统筹推进行业特色与生涯教育深度融合；在教育内容上，没有充分将行业发展历程、行业文化精神、行业就业前景等方面的内容纳入职业生涯规划教育的内容中，使得当前行业高校的职业生涯教育存在行业特色与生涯教育“两张皮”的问题，未能实现行业特色与生涯教育同向聚合、深度融合，一定程度上制约了职业生涯规划教育的功能发挥。[2]

（二）教育需求与教育供给“不平衡”

进入新发展阶段，行业特色高校对行业人才的培养质量提出了更高的要求，再加上“00 后”学生的新特点，出现教育需求与教育供给“不平衡”的问题。在内容上，生涯规划作为西方教育的“舶来品”，尚未完全形成具有“中国风格、行业特色”的职业生涯规划理论体系，不能完全满足行业高校学生人才培养的教育需求。在数量上，部分行业高校师资力量薄弱，学生生涯规划教育需求存在着普及化和个性化的特点，当前大部分高校的职业生涯教育还停留在“大水漫灌”满足大部分学生基本需求的阶段，难以“精准滴灌”有效满足学生的个性化需求，造成了生涯教育供给难以有效兼顾普及化和个性化的需求。[3]在质量上，由于行业特色高校生涯教育的体系不完善、职业生涯授课方式不丰富，存在着学生上课参与感不高、获得感不强的情况，使得职业生涯教育供给的方式不能有效满足教育需求。

（三）生涯规划与执行落实“不合一”

生涯要规划，更要行动。行业特色高校在开展职业生涯教育的过程中，还存在生涯规划与执行落实“不合一”的问题，具体表现为“重规划，轻实践”，如学生在学习职业生涯规划课或参加职业生涯大赛等活动时，基本上都会制定涵盖四年甚至更长时间的生涯发展规划。但是在实际操作中，缺乏监督检查机制以及反馈修正的过程，再加上学生主观能动性差等原因，出现了制定的生涯规划方案仅仅停留在“纸面上”，没有完全落实到行动中，没有达到知行合一的效果，更没有达到通过职业生涯教育引导学生修正人生目标、成才计划的目的，严重制约了职业生涯规划教育作用的发挥。

三、行业特色高校职业生涯规划教育的实施逻辑

为有效破解当前行业特色高校职业生涯规划教育存在的问题，提高行业特色高校职业生涯规划教育实效性，通过探索构建注重生涯课程和课程思政相融合、注重普及教育与个性指导相融合、注重全程指导与全员参与相融合、注重第二课堂与“互联网＋”相融合、注重生涯规划与生涯实践相融合的“五融合”工作体系，促进行业特色高校职业生涯规划教育提质增效。

（一）注重生涯课程和课程思政相融合

发挥课程的主渠道作用，注重职业生涯规划课程和课程思政相融合，构建以生涯课程为主、课程思政为辅的课程体系。将就业指导课程纳入学生培养方案，分阶段、分层次开设全覆盖的职业生涯规划课程。一是在内容上下功夫。开设涵盖自我认知探索、职业生涯规划、外部工作世界认识等方面的内容课程，在内容中融入行业发展历史进程、行业模范人物先进事迹介绍、行业文化精神、行业就业现状和大势分析等课程思政元素，深化职业生涯规划改革，既注重通识化生涯理论教学，又注重行业化特色生涯指导。二是在师资上下功夫。“要当先生，先做学生”，要提高行业特色高校的大学生职业生涯规划质量，需要先加强学生职业生涯教师队伍培训力度，通过外出学习、校内交流、远程培训相结合的形式，提升教学业务水平。建立企业与生涯指导教师双向交流机制，选派职业生涯指导教师、辅导员赴行业企业参观实践、挂职交流，深入了解企业文化、工作环境、发展前景，便于教师将行业特点融入职业生涯规划课程中。三是在授课方式上下功夫，结合学生实际，把握学生特点，创新授课方式，以体验式的活动为载体，运用案例探讨、角色扮演、话题论辩等灵活多样的授课方式，激发学生学习职业生涯规划课程的积极性和参与感，提升学生课程获得感。

（二）注重普及教育与个性指导相融合

提升行业特色高校的大学生职业生涯规划质量，要注重兼顾普及教育和个性指导，做到点面结合，在普及学生职业生涯规划知识的基础上，促进学

生个性化发展。一是面上覆盖，启发学生生涯意识。通过开设大学生职业生涯规划课程和开展团体辅导等活动，做到全员覆盖，启发学生建立职业生涯规划意识，关注自身职业生涯发展。以系统式的授课和趣味性的团体活动，普及大学生职业生涯规划知识，使学生初步掌握职业生涯规划的理论，学会运用职业生涯规划的工具。二是点上发力，满足学生个性需求。支持辅导员、教师建立职业生涯发展指导工作室，加强对工作室的考核和奖励力度，指导工作室多元化、分类别发展，通过举办系列活动，定期为学生提供“一对一”指导，及时帮助学生解决生涯发展困惑。通过点面结合，根据学生成长成才规律，着力构建“全覆盖、高水平、精细化”的就业指导与生涯规划工作体系，努力引导和帮助学生做好生涯规划，成就闪亮人生。

（三）注重全程指导与全员参与相融合

提升行业特色高校的大学生职业生涯规划质量，应着力构建全程指导和全员参与相融合的工作体系。一是加强全程指导，实现不断线服务。建立从入学到毕业的全程覆盖的生涯规划指导体系，为学生提供四年不断线的生涯指导服务。针对学生不同阶段的成长特点和需求，在关键时间节点，及时为学生的生涯发展指点迷津，大一大二侧重“开阔眼界”“突破自我”，大三侧重“确定方向”，大四侧重“成功就业”[4]。通过不断线的职业指导服务，不间断助力学生成长。二是鼓励全员参与，实现聚合力指导。鼓励班主任、学业导师帮助学生制定职业生涯规划，班主任和学业导师具有熟悉行业情况、掌握专业知识、了解专业前景的优势，可通过发挥班主任和学业导师的作用，在学生课程学习、就业升学方面提供专业指导，帮助学生做好职业生涯规划，引导学生投身行业发展。选聘行业专家、优秀校友担任校外职业发展导师，定期为学生介绍行业发展大势、企业发展情况。建立从班主任、学业导师、辅导员到校友等人人参与的全员推进的职业生涯规划工作体系。

（四）注重第二课堂与“互联网 +”相融合

学校应开展丰富多彩的“第二课堂”活动，充分发挥互联网的优势，建立线上线下相结合的职业生涯规划指导工作体系。一是搭建社会实践平台，利用暑期实践，带领学生深入企业、了解行业，身临其境地感受企业工作环境、发展现状、未来前景等，引导学生建立对行业的正确认识。通过参观实验室、企业车间，采访企业员工，明确青年学生在引领行业发展中的历史使命，促进学生将个人理想追求融入行业发展大势。二是搭建校园文化平台，通过举办职业规划大赛、模拟招聘大赛等职业生涯类校园文化活动，唤醒学生生涯规划意识，引导学生及早开展职业生涯规划。通过邀请先进企业人物进校园，为学生分享行业发展大势、企业就业前景，举办行业文化精神展览、报告会等活动，传承弘扬优秀行业文化精神，以伟大行业精神鼓舞学生、优秀行业文化滋养学生，引导学生赴行业企业就业。三是搭建线上服务平台，引进大学生职业生涯测评系统，为学生提供便捷的测试服务。指导各就业指导工作室开通网上咨询预约功能，为学生提供便捷的生涯规划辅导服务。搭建校友咨询互动平台，学生可在线查询往届校友毕业去向，针对生涯发展中的困惑，随时向校友咨询请教。

（五）注重生涯规划与生涯实践相融合

学校应将生涯规划和生涯实践摆在同等重要的位置，树立“既重视生涯规划，又关注生涯实践”的理念，建立生涯规划教育体系闭环。一是提高学生自身意识。通过思想政治教育等形式，不断加强学生职业生涯规划的意识，提高学生做好职业生涯规划的主动性，激发学生内生动力，促使学生在做好职业生涯规划的基础上，认真执行落实生涯规划，对照生涯规划和自身实际，不断修正阶段目标和生涯航向。二是建立监督检查机制。在指导学生制定相应的大学生涯乃至人生规划之后，应该督促学生及时落实生涯规划，定期检查学生执行落实情况，帮助学生找出当前存在的问题，分析生涯规划在实施过程中遇到的难题，及时指导学生化解难题、修订完善阶段目标和生涯航向，切实发挥大学生职业生涯规划教育对于引导学生成长成才的作用。

参考文献

[1]习近平关心高校毕业生就业[EB/OL].(2020－07－24)[2023－03－28]. https://baijiahao.baidu.com/s?id=1673064004647923835&wfr=spider&for=pc.

[2]杨军.高校职业生涯规划教育的特点、原则和路径分析[J].学校党建与思想教育,2018,589(22):60－62.

[3]赵梓丞,曹迎. 大学生职业生涯规划指导存在的问题与对策[J]. 高等工程教育研究,2019,179(6):114-117.

[4]肖亚楠,贺晓青,杨阳. 新时代引导高校毕业生到基层建功立业的“五维一体”工作机制探索与实践[J]. 中国大学生就业,2022,494(8):17-23.

第一作者简介：肖亚楠，中国石油大学（北京）石油工程学院团委书记。

本文基金项目：中国石油大学（北京）党建、思想教育与行政管理科研项目“‘三全育人’理念下辅导员与班主任协同育人联动机制研究”(2022B09)。

离校未就业的毕业生就业状况追踪工作研究

周凌希　丁旭光

摘　要　高校大学生的就业工作一直都是社会民生的热点话题，而离校未就业的毕业生也越来越受到人们的广泛关注，国家为营造宽松的就业环境，力争做到稳就业，提供了很多就业服务，出台了很多就业政策，因此在毕业季，对离校未就业的毕业生就业状况的追踪工作显得尤为重要。

关键词　离校未就业的毕业生；就业状况追踪；原因分析；大学生就业

当今，随着高校毕业生的数量不断高涨，大学生的就业形势日趋严峻，就业压力也越来越大，而大学生的就业工作一直以来都属于各高校重点开展的工作。随着就业形势的日益严峻，有这样一个特殊群体——离校未就业的毕业生开始逐渐受到学校的高度重视。离校未就业的毕业生，是指在取得学位证书、毕业证书，办完所有离校程序并离开学校后，仍未签订任何三方协议或是劳动合同，没有任何就业去向的毕业生。麦克斯《2018 年大学生就业蓝皮书》中的数据显示，2017 年就业人数 795 万人，未就业的毕业生比例是 3.4%，2016 年就业人数 765 万人，未就业的毕业生比例是 4%，2015 年就业人数 749 万人，未就业的毕业生比例是 3.9%，也就是说，2017 年有 27.03 万人未就业，2016 年有 30.6 万人未就业，2015 年有 29.21 万人未就业。那么，是什么原因导致这么庞大的群体选择在毕业的时候不就业呢？

一、毕业生离校未就业的原因分析

（一）考试失利者，就业准备不足

一部分毕业生选择在毕业后继续深造（考研或出国），一方面，通过深造他们可以增强自身的本领和技能，从而增加自身的竞争筹码，希望以此在激烈的竞争中突破重围，成为如鱼得水的职场高手；另一方面，他们也希望通过此种方法暂时逃避就业压力。无论他们是选择考取国内研究生还是通过雅思、托福等英语考试出国留学，在大四上半学年，他们几乎把所有的精力都投入复习备考中，根本无暇顾及找工作的事情，从而导致就业方面准备不够充分。而另一部分的毕业生选择参加国考、京考或者省考，他们的主要精力投入到了学习申论和提高行政职业能力中。现如今，考研、考公的群体逐年壮大，考试失败的比例也就有很大幅度的提升，而且跨专业考研的学生又比比皆是，对专业课的陌生与不熟悉，造成这部分学生的考研难度有所增加，一旦考试失利，他们就错失了最佳的就业时期（秋招、春招），之后就很难再找到相对理想的工作。很多失败的学生并不会因此妥协，依旧不愿意就业，而是希望通过再考一年的方式逃避就业，继续校园生活，因此他们也就成了离校未就业的毕业生。

（二）目标不明确，犹豫不决者

部分毕业生对自己的专业了解不够深入，或是对自己所学的专业不感兴趣，但又对自己的认识不够清晰，不能准确表明日后想要做什么类型什么方向的工作，缺乏明确的职业规划；抑或是在一些处于一线城市的学校，学生最纠结最关心的就业问题就是“是否要选择一份有户口的工作”，在整个就业季，这一问题会一直萦绕在学生心头，导致学生一直处于犹豫不决的状态，目标不明确，这样会使学生在茫茫的就业大潮中一直漂浮不定，导致未能找到适合自己的工作，成了离校未就业的毕业生。

（三）期待值过高，错失就业机会

部分毕业生对于就业的预期缺乏合理性，从而出现期望值过高的现象。①薪资期待过高。虽然在校期间学习掌握了专业相关的知识与技能，但与实际运用还是会存在一定的差别，不可能立刻为企业创造一定的价值，所以在薪资方面学生往往会期待过高。②职位期待过高。部分学生自认为在校期间表现良好，成绩优异，能力较强，期待自己在企业中可以找寻一份职位较高的工作，但其实是与自己的实际工作能力并不相符的，所以在职位方面学生往往也会有期待过高的现象。③公司规模期待过高。部分学生不愿意去一些规模很小的公司，更倾向于选择知名互联网企业、世界500强等公司，但这些公司的职位是有限的，不能招募所有的毕业生，所以会导致一些学生未就业的情况出现。

对薪资、职位以及公司规模期待过高，导致学生错失了就业的良机，成了离校未就业的毕业生。

二、对离校未就业的毕业生开展"一对一"就业服务指导

2013年5月29日，人力资源社会保障部发布了《人力资源社会保障部关于实施离校未就业高校毕业生就业促进计划的通知》，该项通知明确指出要重视离校未就业的毕业生的就业情况，并且就离校未就业的就业促进工作提出了一些措施。离校未就业的毕业生需求更多的是就业帮扶，这就需要我们多去关注他们，给予其一定的就业指导支持。可以通过线上线下相结合的方式，线上我们可以采用最火的自媒体的模式，如微信、微博、QQ等，传递最新的就业信息，实行就业指导支持。主要可以从以下三个方面开展。

（一）就业政策解读

分析目前的就业形势和人才市场职位的需求状况。首先让他们了解社会需求的变化、就业形势的变化，帮助他们迅速调整好自己的心态，明确求职意向。

（二）简历

绝大部分的企业在招聘的第一轮中会采用筛选简历的方式，所以如何在海量简历中脱颖而出是至关重要的。尤其对于离校未就业的毕业生来说，做好自己的简历是走向成功就业的第一步。要给他们讲解一些简历上需要注意的地方，使其做出更完美的简历。

（三）面试

讲解面试技巧，提醒他们在面试环节中HR可能会提问的问题以及相关的注意事项，从HR的角度为他们分析其最想听到的是哪方面的答案，帮助他们掌握相关技能，增强自身的求职能力，还要保持良好的就业心态。

三、如何做好离校未就业的毕业生的就业状况追踪工作

（一）对离校未就业的毕业生实行分类别统计建立数据库

辅导员、学院乃至学校在做就业统计的工作时，对离校未就业的毕业生要实行分类别统计建立就业数据库，逐步完善信息。根据上述我们对毕业生离校未就业情况的原因分析，我们可以建立 3 个类别的就业数据库，在离校前对他们的信息进行完善，掌握他们的就业需求、就业方向、个人信息等，后期需要有专门的就业工作负责人定期进行追踪、回访以及汇总工作。这为我们的工作点亮了一盏明灯，在离校前做好分类统计工作，有助于日后更加便捷地对离校未就业的毕业生做好就业帮扶工作，了解未就业毕业生的就业情况。

（二）充分利用“校友联络人”，实现对离校未就业的毕业生的就业状况追踪

在毕业前夕，在每个班级选派一名“校友联络人”上报学院。这样，我们可以通过班级的“校友联络人”在学院层面上建立“网状式”的就业追踪模式，即就业工作负责人对接“校友联络人”，共享各班级离校未就业的毕业生数据库，定期回访、关注各班级离校未就业的毕业生的就业情况，从而实现就业状况追踪。

四、总结

离校未就业的毕业生的就业状况追踪工作需要靠辅导员、学院以及学校的共同努力，帮助离校未就业的毕业生克服短期的就业困难，加强学习，不断充实自己、完善自己，从而帮助他们顺利找到理想的工作，实现就业的目标，使我们的就业工作做得更加细致到位，将就业工作落到实处。这样，也必定会给高校毕业生带来更多的就业机遇。

参考文献

[1]刘秀蓉，郭学军．如何做好离校未就业毕业生的指导工作——未就业

毕业生出路探讨[J]. 教育现代化,2017,4(47):52－53.

[2]杨莹. 离校未就业高校毕业生的职业指导工作探讨[J]. 开封教育学院学报,2018,38(9):218－219.

[3]刘博婵. 浅谈离校未就业高校毕业生的职业指导工作[J]. 学理论,2015(13):139－140.

[4]陈长友. 离校未就业高校毕业生问题解决途径探索[J]. 课程教育研究,2015(8):6.

[5]孙军. 离校未就业高校毕业生就业信息和服务衔接的研究[J]. 北华航天工业学院学报,2015,25(6):54－56.

[6]夏丹,葛崇勋. 离校未就业高校毕业生的职业指导策略研究[J]. 湖北函授大学学报,2016,29(1):21,66.

[7]李军,陈新畅. 离校未就业毕业生就业指导服务实践思考[J]. 现代商贸工业,2015,36(7):110－111.

第一作者简介：周凌希，中国石油大学（北京）新能源与材料学院辅导员。

新时期推进石油院校毕业生就业工作的思考

刘俊鑫　费葳葳

摘　要　推进石油院校毕业生从事石油石化行业是推动行业发展的力量源泉，这符合行业不断前进的发展规律，更符合国家发展的重大战略需求。而当前，受石油国际市场低迷以及行业就业吸引力不足等影响，石油院校毕业生进入石油石化行业的比例呈逐年下降态势，如何有效缓解这一趋势是摆在相关高校面前亟须解决的难题。作为专业特色显著的石油院校，应在强化思想引领、联动多方资源、弘扬石油文化的过程中坚定行业自信，在引导毕业生投身石油石化行业的同时提高毕业生就业质量。

关键词　石油院校；石油石化行业；毕业生；就业

高校毕业生的就业问题是民生，长期以来受到社会各界的广泛关注。根据教育部统计数据显示，2022 年全国普通高校毕业生数量再次实现突破，达到 1076 万人。在我国高校毕业生数量逐年攀升的背景下，一场席卷全球的新冠疫情对国际市场的各行各业都造成了巨大冲击，就业市场也在疫情的影响下相较往常发生了巨大改变，就业岗位大幅减少、招聘高峰期延迟使供需对接难度加大，一系列的异常状况都导致高校毕业生的就业面临极大的挑战。

受新冠疫情冲击，国际油价低迷，国际化工市场滞缓的影响，与石油石化领域相关的各行业都承受着巨大压力，也在一定程度上影响到石油石化行业的就业情况。在特殊时期，积极思考并努力探索石油类院校毕业生的就业指导与帮扶政策，对于促进毕业生就业、提升毕业生就业质量有着十分积极的作用，同时也符合新时代新工科背景下高校可持续发展的内在需求，对于提升石油院校特色专业知名度、打造品牌特色专业文化有着重要的现实意义。

一、推进石油院校毕业生从事石油石化行业的重要意义

习近平总书记曾于2020年7月7日给中国石油大学（北京）克拉玛依校区毕业生回信，肯定了118位选择到边疆基层工作的毕业生的就业选择，也借此对全国高校毕业生提出殷切期望。疫情背景下的一封回信既体现了党和政府以及社会各界对高校毕业生就业问题的高度关心，更是表达了党和国家对高校毕业生到西部基层就业的强力支持。

就业引导工作既是新时代高等教育工作的重要职责和使命，也是高校学生培养质量以及教学管理制度评价的重要因素，一直以来是高校学生工作中的重要一环。作为国家重要人才资源储备的高校毕业生群体，在实现中华民族伟大复兴的中国梦道路上占据着不可替代的位置，引导、鼓励并支持石油院校毕业生到祖国最需要的地方去，让青春之花绽放在美丽的边疆，是高校义不容辞的责任。

（一）投身西部基层，满足国家发展战略需求

1. 符合国家发展的战略需要

西部建设一直备受党和国家的关注，伴随2020年5月《中共中央、国务院关于新时代推进西部大开发形成新格局的指导意见》的印发，西部大开发也迎来了新的机遇。鼓励并引导各类人才向基层一线、边远贫困地区以及边疆民族地区流动，是习近平总书记在党的十九大报告中关于边疆基层建设作出的重要指示。

2. 助力西部建设人才储备

在新的历史时期，如何推动西部大开发形成新格局，在共建“一带一路”的征途中为西部大开发闯新路，对于实现“两个一百年”奋斗目标具有重要的现实意义。由于石油石化行业的特殊性，我国大部分油田以及相关产业在地理位置处于较为偏僻的西部地区，与城市中心在空间上存在一定的距离。在西部发展迎来新的全面发展的历史时刻更需要先进知识、技术和人才的注入。

3. 发挥支柱产业的重要作用

作为国民经济重要的支柱产业之一，石油石化行业在发展经济、改善民

生以及保障国防等方面具有十分重要的作用。虽然新冠疫情使国际石油行业承受较大压力，但以石油石化为代表的国民支柱产业在疫情之下继续发挥着重要作用，石油人在看得见或看不见的地方坚守岗位，保障着我国社会民生的正常运转。习近平总书记回信既是对石油石化行业的激励，更体现了总书记对于以石油石化为代表的国民支柱产业的精准激励。

（二）发挥专业特长，顺应行业发展规律

1. 满足行业技术性需求

引导石油专业人才从事石油石化行业，是推进行业实现高质量发展的必要条件。由于能源行业所需要的专业技术能力较为特殊，所以从事能源领域包括石油等行业工作的人员都需具备一定程度相关专业知识储备。当前，中国的石油勘探尚处在中等成熟阶段，已探明的石油储量虽稳定增长但勘探开发难度逐渐增加；同时，能源行业正经历着不断的自我革新与创新发展，新能源相关领域的迅速兴起，也需要真正与之相适应的人才力量，让专业人才发挥自身优势把专业的事情干得更好，才能让石油行业在新时代获得更大发展。

2. 促进学科高质量发展

在促进能源科学发展、可持续发展的道路上，要积极稳妥务实地推进能源领域市场化改革，提升能源发展的动力和活力。疫情加速了石油石化行业的数字化转型，在行业发展的新趋势下，作为国民经济的重要支柱产业的石油石化工业将在疫情过后迎来新的机遇。

3. 加速企业信息化转型

随着信息技术的广泛普及，石油石化行业将会进一步加速转型进程，加强能源转型战略定力，明确转型发展路线，稳定能源转型的投资规模，将现有优势与业务相结合，通过技术转型提升石油企业在国际市场的竞争力。在企业技术转型与模式创新的过程中，石油类院校更要为石油石化行业提供综合型技术人才，为行业发展培养所需的专业人员，石油类院校有着义不容辞的责任。

（三）升华自我人生价值

1. 在时代需求中实现自我价值

近年来，习近平总书记曾多次在不同场合鼓励广大青年学子服务基层扎根西部，到祖国最需要的地方去为边疆基层的社会主义建设添砖加瓦。石油石化行业是国民经济的重要支柱产业，广大石油院校毕业生要将个人命运与国家发展联系在一起，把个人价值与社会需要有机结合，在推动行业发展、助力社会进步的历史进程中贡献力量，努力成为“可堪大用、能担重任”的新时代建设者。

2. 为西部边疆建设发挥专业特长

在石油石化领域，祖国西部是石油人练本领、长知识的重要平台，也是实现人生价值的重要舞台，而选择条件相对较差的西部就业，更需要坚定的信念和果敢的勇气。石油类院校毕业生奔赴新疆等西部地区基层油田工作，充分发挥专业特长，努力为地方建设贡献才智。

3. 到基层就业成就人生价值

给习近平总书记写信的中国石油大学（北京）克拉玛依校区 118 名毕业生，积极响应党和国家号召选择到新疆基层油田工作，他们是扎根基层一线的毕业生代表，也是全国高校毕业生的典范。奋斗在西部油田一线的石油院校毕业生，在基层一线将所学知识转化为实际生产应用的各项技能，为基层油田注入新活力，为建设西部做贡献。

二、阻碍石油院校毕业生从事石油石化行业的主要因素

从整个国际社会来看，世界经济的复杂性、不稳定性和不确定性使得石油石化相关行业处于低谷期。国际市场上，全球需求疲软导致成品油消费量锐减，油价格大幅下调；国内市场中，石油行业依然存在对外进口占比较大、炼化能力稍显不足以及交易通道有待拓宽等行业发展的主要问题。从行业整体来看，市场环境波动显著导致行业前景较难预测，薪资待遇较为一般导致专业人才流失逐年递增，就业前景较为模糊导致石油院校生源质量下滑显著。所以，市场环境、行业特点以及生源质量成为挡在石油类院校推进就业工作

面前的主要障碍。

（一）国际市场低迷，行业发展滞缓

1. 新冠疫情影响石油石化国际市场

2020年至今，新冠疫情蔓延全球，国际经济市场受到影响，世界经济增长大幅放缓，能源需求的增速放缓，全球石油需求下降、油价下跌，油气行业发展面临着严峻的挑战，疫情对原油需求的冲击十分显著。在疫情常态化的背景下，我国石油石化相关行业的招聘规模普遍缩小，各大企业业务缩减也导致了部分石油专业人才向其他行业领域转型。

2. 石油行业受到巨大冲击

当前，受原油市场状况、行业发展前景等因素影响，石油石化行业与产业需求正遭受巨大冲击。在市场经济的大环境下，市场机制主导人才流动方向。相关数据表明，2016年至今，石油类院校的毕业生从事石油石化行业比例从50%～60%下降至20%～30%。国际市场的油价总体呈下滑态势，石油石化企业利润出现下降甚至亏损的状态，企业的盈利能力遭遇巨大挑战。

3. 行业人才趋于饱和

国内外石油市场前景惨淡导致行业内各项事务进度放缓，行业内部多年积累的人才趋于饱和状态，进一步导致石油石化企业从业人员对行业失去信心，也严重影响到石油类院校毕业生在就业时的行业选择。如何缓解石油行业当下所面临的问题，推动行业恢复高质量发展，是当下急需解决的问题。

（二）专业特征明显，就业引力不足

1. 院校特色导致人才培养充满挑战

通过对我国石油行业院校的整体观察，无论是综合类高校或独立石油学院，在专业设置以及科研教学上都存在重视发展理工科的“偏科”特点，这种学科专业极强的现象既是一种优势也是一种挑战，培养石油石化专业人才是石油类院校应当肩负起的重要责任，但强调实用性的培养模式使得学生的综合发展受到了一定程度的阻碍。与此同时，随着产业信息化的不断普及，各大油田所需人员数量逐年减少，但质量要求却在提升，行业的智能变化进一步激发人才培养体系改革。

2. 行业现状导致企业招聘较为困难

在对传统石油石化行业调研的过程中不难发现，目前多数石油石化企业普遍存在“招不来人和留不住人”的两大困境。而在石油类院校毕业生“就业难”的同时，石油石化企业的不合理用人制度也将部分学生“挡”在相关行业的门外。以油田为例，多数生产型企业的人才结构为金字塔形，即管理、研究等顶层专业人才数量较少，底层拥有大量的基础操作人员。但企业在招聘过程中多以本科、研究生为主，部分学生的能力、潜力受限，这种不合理的人员使用与配置方式导致多数人才在进入行业的前几年都是从事一些专业性不是很强的基础工作，无法观察到发展前景，也让部分石油类院校毕业生选择了其他行业。

3. 专业背景导致就业范围受到限制

当前石油行业正处于低谷，且油田的工作环境大多又较为艰苦，导致大部分石油类院校的毕业生在就业时逃离石油石化行业。而在寻求非本专业相关工作的过程中，石油类院校毕业生由于所学专业的局限性，导致就业路径较为狭窄，在就业市场上的竞争能力不足。

（三）生源质量下降，择业范围受限

1. 相关行业就业前景不容乐观

生源质量是一所高校发展的不竭动力，也同样影响着高校的人才培养质量，而毕业生的就业前景往往与生源质量密不可分，高校的就业去向率会成为多数考生和家长在专业选择时的风向标，而处于寒冬期的石油石化行业显然不能成为石油院校招生过程中的王牌，这也导致石油院校生源滑坡较为严重。近些年，随着高等教育由精英培养模式到大众普及模式的过渡，各大高校的生源质量下降问题已经成为影响各级院校教学质量的重要因素。

2. 油田生源报考比例逐年下降

由于行业市场的连带关系，能源类高校的强势学科以及特色专业的实力略有下降，导致了毕业生的就业情况不容乐观，外加部分石油石化企业改革，多种负面因素导致油田生源报考石油类院校的比例在逐年下降。此外，当今

社会独生子女占比较大，从小在优越环境中生活的他们在选择就业岗位时往往不愿吃苦，也不愿下基层一线，而石油行业所处的地理位置以及所处的办公环境让多数毕业生在就业抉择时生畏，所以多数家庭在高考后的专业填报上直接避开包括石油类高校所在的能源相关专业。

3. 薪资待遇一般

当下互联网、银行、电网、通信公司等“薪资福利”较为丰厚的行业凭借相对高薪以及较为舒适的工作环境受到广大学生与家长的青睐，多种因素导致非油田生源对于石油等能源相关专业的报考比例处于较低状态。油田生源对石油专业失去兴趣，非油田生源因种种因素避开能源专业，两者叠加导致石油类院校的生源质量比起其他综合类院校下滑得更为严重。如何在保证学生专业水平精细化的同时提升学生的综合素质和就业能力，降低石油类院校专业性较强等特点带来的劣势，是石油类院校急需解决的重要问题。

三、引导石油类院校毕业生从事石油石化行业的对策

在经济全球化的大背景下，国际石油石化行业进入了新的发展时期，对高素质的从业人才也提出了新的要求，这也对石油行业高校对学生的综合素质能力的培养与提升提出了更高的挑战，这也是满足当下石油石化行业发展特点的必然要求。高校要针对当前毕业生就业过程中所存在的短板与难点，在新工科建设的大背景下不断探寻符合石油学生成长成才发展规律的有效应对措施，有力地提高学生的职业素质，提升学生在国内以及国际人才市场上的竞争力，积极促进石油类院校毕业生实现稳步就业。

（一）强化思想引领，加强顶层设计

1. 以思想引领为先导，展现石油行业担当

在新冠疫情背景下，以中石油、中石化、中海油三家国有企业为代表的石油石化行业响应国家号召，结合实际用人需求，按照中共中央、国务院做好“六稳”工作决策部署，推出系列政策解决广大高校毕业生的就业问题，尽力为重点群体提供就业岗位，其中 2020 年对高校毕业生的招聘指标较 2019 年增加超 50%，在疫情背景下更凸显出石油石化行业作为国民支柱产业

的担当。同时在此背景下，石油石化企业加速转型升级，稳定产量，保障国家能源需求，在国际市场上抓住时机补充国家石油战略储备，正是石油人的担当，保证了国家复工复产的顺利进行。

2. 以思想引领为主线，深化习近平总书记回信精神教育

作为传播思想政治意识形态的主阵地，高校在引领当代青年学生的思想航向上有着举足轻重的意义。中国石油大学（北京）于2015年在新疆克拉玛依设立校区。建校以来，中国石油大学（北京）本部持续向校区提供优质师资力量和教学资源，保障校区办学，为“一带一路”发展和新疆经济建设提供动力。可以说，校区的建校史正如同当年石油人到西部、到新疆参加石油会战的创业史，贯穿始终、初心不改的是石油人的艰苦奋斗精神和家国情怀。而习近平总书记的一封回信是对新型办学模式的鼓励，更是对这种模式下的教育成果的充分肯定。

3. 以思想引领为核心，推进投身行业建设

秉承石油人的精神和理念，在推进毕业生就业的过程中，需深入开展充分、细致以及扎实的工作，教育学生把个人成长、成才与国家民族的利益紧密结合起来。在推进就业工作中积极引导毕业生到西部基层奉献青春力量，既是深入贯彻落实国家“一带一路”倡议，促进东西部平衡发展，更是提升石油类院校毕业生就业质量的重要手段。在石油类高校的就业教育过程中，采取就业指导、职业生涯规划等方式培养学生以“学石油、爱石油、献身石油”的价值观，积极响应国家建设西部的方针政策，主动投身新时期国家石油行业发展之中。

（二）深挖校企合作，丰富就业资源

1. 以校企合作为契机，提高就业综合能力

推进行业特色高校毕业生的就业工作有序开展，校企合作是十分有效的途径之一，以“校企合作”为抓手，持续提升石油石化特色专业毕业生的就业竞争力。校企之间建立稳固紧密的合作关系，打造校企文化结合的文化平台，为特色专业的教育资源共享创造了极大的便利条件，同时也便于高校向企业输送符合行业特色发展的综合型人才。通过建立校企合作的人才培养基

地，采用校企双方共同论证制定特色专业人才培养方案等方式，加强与石油石化相关企业的全方位合作，让学生提前了解专业相关行业的人才需求标准，提高高校毕业生就业能力。

2. 以校企合作为平台，助推行业引导

建立精准的对接模式，鼓励在校生多到石油行业的生产一线，让学生提前了解、适应相关工作内容与环境，利用现场实习的方式增强学生对石油行业最新状况的掌握，争取让在校生尽早、尽多地深入油田生产一线，将相关工作要求、职业标准和职业道德与石油专业学生的思想政治教育和日常管理紧密结合，潜移默化提升石油学子的探索学习能力和综合职业能力。

3. 以校企合作为纽带，优化教育培养环节

企业与高校建立紧密的合作关系对于提高石油人才的市场竞争力大有裨益，同时也可帮助石油类院校不断开拓新的就业平台并借此创新就业教育体系。在校企合作过程中，学校可根据企业意见对教学计划与基地培养模式进行适当调整，以实践训练为手段，为毕业生掌握石油石化行业综合技能做好准备。通过校企合作，提升学生的专业认同和职业期待，提高毕业生投身生产实践的综合技能，满足石油行业相关企业发展的各类人才需求。高校师生可以将生产实习环节中遇到的重点难点进行科研攻关，帮助企业解决现实难题，企业可借助校企合作的有利契机将科研、教学成果转化为生产力，通过学校与企业的通力合作完善合作共赢的育人模式。

（三）弘扬石油文化，坚定就业自信

1. 以石油文化为基础，传承石油精神内涵

文化，代表了一个民族的精神和灵魂，更是一个国家立足于世界民族之林所不可或缺的重要因素。从古到今，文化是育人之本，通过文化实现育人，对各行各业的发展有着至关重要的促进作用。在中国特色社会主义新时代，习近平总书记将石油精神的核心概括为“苦干实干”“三老四严”，标志着在石油行业优良传统中凝练出的石油精神得到新的升华。

2. 以石油文化为追求，担当行业使命

形成于20世纪60年代的石油精神有着丰富的内涵，以“为国分忧、为

民族争气”为代表的爱国主义精神；以“有条件要上，没有条件创造条件也要上”为代表的艰苦奋斗精神；以“甘愿为党和人民当一辈子老黄牛，埋头苦干”为代表的奉献精神等，是我国几代石油人所积攒下的宝贵财富，激励着无数石油石化行业的从业者坚守在自己的岗位。而石油类高校作为继承和弘扬石油精神的主要力量，更要肩负起传承石油精神的历史使命。

3. 以石油文化为指引，坚定行业就业选择

新时期，作为“伴油而立、因油而兴”的石油类院校应将石油精神融入高校的文化育人体系，以石油特色文化引导、培养并激励石油学子。通过打造与石油相关特色的校园文化、开展具有石油特色文化的校园活动等方式营造“以油化人、以油育人”的教学与管理氛围，以石油文化感召更多的石油学子从事专业相关工作，坚定并提升石油学子在石油石化行业就业的信念与信心，引导广大石油学子在石油石化领域为党为祖国为人民多做贡献。

做好石油类院校毕业生的就业指导工作，需要进一步加强思想引领、开拓校企合作并发扬石油文化，以文化引导创新就业教育模式，在环境和机制的双重影响下注重学生群体的实际就业需求，通过系列举措切实提升毕业生的综合就业能力，引导广大石油类院校毕业生投身石油石化行业，在祖国的边疆基层奉献青春力量，实现人生价值。

参考文献

[1]洪华．毕业生就业引导工作的探索与实践[J]．新疆广播电视大学学报,2005(3):60－62.

[2]张静．高校毕业生到西部基层就业的引导模式探究[J]．人才资源开发,2020(8):36－38.

[3]张晟．石油行业在我国发展趋势分析[J]．财经界,2020(14):28－29.

[4]张庆霞．新形势下地方普通高校生源质量探析[J]．高教学刊,2016(13):154－156.

[5]祁晓恩,吴秋华．高校就业辅导员开展毕业生就业指导工作探析[J]．新西部,2018(32):121－122.

[6]杨晟颢．新时期石油院校就业矛盾与对策[J]．中国大学生就业,2020(10):55－58,64.

第一作者简介：刘俊鑫，中国石油大学（北京）地球科学学院辅导员。

本文基金项目：2020年中国石油大学（北京）研究生质量与创新工程教改项目“研究生服务国家战略需求就业教育探索与实践”（课题编号：yjs2020015）。

试论离校未就业本科毕业生的就业状况追踪工作方法

谭程巍　董秋雨　车　阳

摘　要　本文以中国石油大学（北京）石油工程学院2016—2018年的本科毕业生就业数据为依据，通过分析未就业本科毕业生现状、未就业原因及离校状况追踪工作方法，以期推动离校未就业本科毕业生进一步就业。

关键词　高校；未就业；本科毕业生；就业状况

离校未就业本科毕业生是指本科毕业生在6月毕业离校后，由于种种原因而导致的未能顺利就业的毕业生群体。[1]近几年来，随着高校毕业生数量的不断增加，毕业生的就业压力也不断增大，导致高校就业体系随之发生变化。党的十九大报告指出："就业是最大的民生。要坚持就业优先战略和积极就业政策，实现更高质量和更充分就业。"[2]可见，分析高校未就业毕业生就业现状、毕业生未就业原因和离校未就业追踪工作方法，对推动高校就业服务工作有着举足轻重的作用。

一、高校就业现状分析

近年来，高等教育逐年扩招，越来越多的人获得了进入大学深造的机会，高等教育也从"精英化"逐渐变为了"大众化"，这也从客观上导致了越来越多的大学生毕业离校后难找到理想的工作。本文通过对比中国石油大学（北京）石油工程学院2016—2018年的本科毕业生就业数据，探究目前高校毕业生的就业现状，分析高校离校未就业毕业生的未就业原因，详见表1和表2。通过表1、表2分析可知：①学院本科生招生人数2016—2018年逐年减少，而本科生读研深造比例从2016年的45.65%增至2018年的57.81%。

②学院的本科生直接工作人数大幅减少，从2016年的188人减至2018年的105人；直接工作人数比例从51.09%降至41.02%。通过表2可知：学院直接工作的本科毕业生前往政府部门或事业单位的人数比例较低，人数较少。学院每年也开展了许多就业创业活动，通过一对一督促、点对点帮扶解决学生就业困难；积极开展各类就业创业讲座、宣讲会和企业招聘会以扩大本科毕业生的就业途径。基于此，学院本科毕业生就业情况整体上乐观，但也存在着相当大的就业隐患。越来越多的本科毕业生选择了继续读研深造，暂时远离了大学生就业的浪潮，而就业的本科毕业生中只有很少部分人找到稳定长远的工作。迫于石油寒潮突袭，石油行业的就业压力陡升，学院学生找到专业对口工作的人越来越少，更多的本科生选择了兼职、临时工和二次考研，这也就造成了本科生毕业后再次失业的现象，对高校教育工作者离校未就业毕业生追踪工作方法的有效性提出了更高的要求。

表1　中国石油大学（北京）石油工程学院2016—2018年本科毕业状况

年份	毕业生总数（人）	未就业人数（人）	国内读研（人）	出国读研（人）	读研深造率	直接工作人数（人）
2016	368	12	139	29	45.65%	188
2017	335	7	174	55	68.36%	99
2018	256	3	117	31	57.81%	105

表2　中国石油大学（北京）石油工程学院2016—2018年本科毕业生直接工作去向

年份	直接工作人数（人）	直接工作比例	直接工作单位分布情况		
			国有企业（个）	政府部门或事业单位（个）	外企及其他（个）
2016	188	51.09%	139	29	137
2017	99	29.55%	174	55	72
2018	105	41.02%	117	31	75

二、未就业毕业生原因分析

（一）自身竞争力不足

本科毕业生未就业的主要原因大都是自身的竞争力不足，具体表现为专业知识不扎实、社会经验缺乏、人际交往能力差等。随着信息化、大数据环境的到来，国家和企业的需求更侧重于专业化、技术化的高端人才。部分本科生在校期间不努力，所学知识广而不精，自身竞争力不足，这就导致了在找工作时成为被淘汰的对象。

（二）就业预期过高

受当前社会创新创业浪潮的鼓动，在众多成功人士的熏陶下，大多数本科生本着对美好生活的向往，对满足今后高物质生活的需求，往往都想找一个高收益、高回报、低付出的工作，这也就直接促成了他们在找工作时出现好高骛远、眼高手低的情况。但自身实力和所需能力的不对等，也导致了他们错失就业良机。

（三）考研或考公务员失败

随着目前的大学生就业状况的转变，越来越多的本科毕业生选择了考研或考公务员。他们在毕业之际将所有的精力都投入备考之中，从而忽视了就业的准备。一旦他们考研或考公务员失败，也就错过了就业的最佳时机。更有甚者，直接放弃了就业机会，专心准备二次备考，甚至是三次。

三、离校未就业追踪工作方法探究

（一）优化未就业学生信息数据库，做到时刻跟踪及时有效

优化未就业学生信息数据库是保障就业质量的有效手段，而往往高校的未就业学生信息数据库中只有单一的学生个人信息，通过电话沟通则成了学校和离校未就业毕业生联系的唯一途径，一旦学生更换了联系方式，甚至是多次沟通无果后拒绝联系，就业工作就遇到了瓶颈且在短时间内都无法突破，所以我们及时跟踪获取有效信息就显得尤为重要。在毕业生离校前，学院就业工作者应该已经获得了未就业学生的联系方式，通过咨询其就业状态，更新数据库。但往往忽视了学生的就业心态和就业观会随着时间和环境的变化而变化这一问题。

首先，我们可通过定期调查问卷等形式，从未就业学生目前的就业状态、意向城市、意向单位、所遇到的困难等方面入手，完善未就业学生信息数

据库。

其次，要将未就业学生信息数据库进行分级处理，从而做到针对性辅助就业。学生离校后未就业的原因有很多种，情况也有轻重缓急。我们可将学生目前的就业状态、未就业原因、家庭情况等综合起来，将未就业学生分为三类。一是迫切需就业型，该类学生往往积极找工作却屡屡碰壁，由于自身竞争力严重不足，家庭情况较困难，有的有校园贷款等经济压力，有的还有年龄压力等因素而着急就业；二是持续等待型，该类学生往往已经有能就业的单位，但是却因为对就业城市、薪酬待遇等方面不太满意，而迟迟没下定决心就业，一直观望；三是放弃就业型，该类学生大都由于考研考公失败，为了要进一步深造的机会，增加自身的就业竞争力和躲避就业压力，而选择放弃就业。将三类学生分清后，可制定不同的沟通周期，根据每类学生不同的就业想法，针对性地开展就业思想工作，提供就业机会，帮助其成功就业。

（二）借助多平台多方式传播就业信息，完善就业援助机制

就业信息的匮乏往往是离校未就业毕业生不能快速就业的困难之一[3]，由于他们离校后失去了学校的就业信息平台，没有了高校丰富的就业信息资源，很难在短时间内在意向城市找到合适的工作。大部分未就业毕业生毕业期间想到某某城市就业，但由于高校所在城市、所学专业的限制，某某城市的相关企业很少来校招聘，这就导致了这部分毕业生错失了良好的就业机会，只能在毕业后去该城市慢慢找工作。

针对该情况的毕业生，首先负责就业工作的教师应在全面了解其就业意向后，可根据其意向城市、意向单位等条件，依托学校就业官网、微信平台，甚至是 58 同城、智联招聘、前程无忧等校外平台帮助未就业学生找到意向单位，提供就业机会。其次是借助学校学工系统的平台，建立离校未就业毕业生与校园的联系。目前随着我校学工系统数据的日益完善，借助我校微信企业号快捷有效的学工服务功能，在将来有望实现我校就业信息共享，微信定向分享就业信息、小程序快捷访问就业信息网等功能必将大大提高未就业毕业生获取有效就业信息的能力，从而提高未就业毕业生成功就业的概率。

（三）加强校企联系，提供就业机会

本科毕业生面临就业压力时，往往会出现盲从、跟风、畏难和逃避的状

况，因此很难在毕业时选择到适合自己的长期稳定的工作。部分本科毕业生在毕业时找到了工作，可能不到一个月又成了无业游民，而高校负责就业工作的教师却往往忽略了对此类毕业生进行就业跟踪。

鉴于我校的专业性质和学科优势，就业工作应加强校企联系，依托优秀校友、往届毕业生、校企合作单位、长期来校招聘单位等，为未就业毕业生找到针对性的、职业化的企业培训和实习的机会，通过企业为他们增加社会实践能力和岗位化的工作经验，借此转变他们的就业观，提高他们的思想政治觉悟。

总而言之，离校未就业毕业生就业状况追踪工作方法是提高高校毕生就业的关键之一，而高校本科生就业更是高校就业工作的难点，需要我们付出长期不懈的努力，建立制度化和常态化的机制，以此完善高校离校未就业本科毕业生就业状况跟踪工作体系，进而改善当前高校毕业生就业工作的高压环境。

参考文献

[1]习近平. 决胜全面建成小康社会夺取新时代中国特色社会主义伟大胜利[N]. 人民日报,2017-10-28(1).

[2]唐晓明. 离校未就业高校毕业生就业指导对策探析[J]. 黑龙江生态工程职业学院学报,2015,28(6):81-82.

[3]马赫. 离校未就业高校毕业生就业追踪及帮扶机制构建研究[J]. 中国大学生就业,2020(2):43-47.

第一作者简介：谭程巍，昆山市住房和城乡建设局组织人事科。

遮蔽与解蔽：数字化参与文化视域下能源领域就业引导的价值意蕴与实践路向探析

史　凯　刘东东

摘　要　数字化时代为高校就业引导工作同时带来机遇和挑战，数字化参与文化是高校就业引导的新视域，也在就业市场、学生择业观、就业引导功能发挥方面产生消极影响。针对数字化参与文化对能源领域就业引导的"遮蔽"，高校就业引导工作者应根据数字化参与文化在参与主体、功能属性方面与就业引导工作相契合向育人途径、育人过程、育人目标回归，用好网络阵地、构建权威话语体系、寻求"解蔽"手段，从而做好能源领域就业引导工作。

关键词　数字化时代；参与文化；就业引导

近年来，高校应届毕业生人数逐年增加，当前的就业问题是人才与市场之间的有机复杂流动。2020 届全国普通高校毕业生就业创业视频工作会议指出，要把高校毕业生的就业创业工作摆在最突出位置。在当前数字化时代背景下，就业问题在人才与市场的有机复杂流动中正经历着由结果导向转为职业理念匹配的过程，高校把握就业工作突出位置的重点应从关注结果转为关注过程和关注人的发展。

2020 年 7 月，习近平总书记给中国石油大学（北京）克拉玛依校区 118 名赴新疆基层就业的毕业生亲切回信，体现了党和国家对能源领域就业的关心与关注。在数字化参与文化视域下，高校的能源领域的就业引导工作面临着一定的"遮蔽"效应，也在实践中不断探索着"解蔽"途径。

一、数字化参与文化：高校学生就业引导工作的新视域

当今社会进入数字化时代，随着智能算法、大数据等技术的发展和应用，

人们捕捉、获取信息的路径更加多元、方法更加多样。在现代信息技术构建的数字化世界中，人们通过网络社交、网络直播、短视频等了解当前的世界动态并参与讨论、发表观点，传播动态。山东理工大学付安玲教授在《数字化参与文化视域下思想政治教育的功能优化》一文中将参与文化与数字化时代结合，提出数字化参与文化的新视域，为高校学生教育工作提供了新思路，这一视域在高校毕业生就业引导工作中也同样适用。

数字化参与文化的重点在于“参与”，亨利·詹金斯在《文本偷猎者》这本书中第一次提出“参与文化”一词，用来描述粉丝参与的文化现象。通俗来讲，“参与文化”可以理解为一种低门槛的将知识从最具经验的群体传递给新手们的指导关系的文化。数字化时代的技术支持、公开分享、自主浏览强化了“参与”，尤其是近年来随着自媒体平台的发展，人们在虚拟网络中越发自主表达、创作。在这过程中，多元化、异向化的价值观随意碰撞，增强了 Web 2.0 时代网民的自主意识。从本质上来看，数字化参与文化是以高度发达的网络平台为媒介的一种虚拟化的交往模式，具有参与度高、门槛低、自主性强的特点。在这样的数字化生活模式中，参与文化所呈现的精神文化内容冲击着人们的思维定式，影响着人们包括学习观、择业观在内的价值逻辑，也为数字化时代高校开展学生教育管理工作提供了新渠道。因此，在当前数字化时代，基于数字化参与文化视域优化就业指导工作兼具机遇和挑战，具有重要意义与探索价值。

二、遮蔽：数字化参与文化视域下能源领域就业引导的现实困境

（一）后疫情数字化时代对能源就业市场的冲击

传统能源行业具有劳动密集、就业规模大的特点，随着数字化产业的兴起，以能源行业为代表的传统行业的发展受到冲击。当前科学技术不断进步，各企业现代化水平不断提升，当代以油田为代表的能源产业相继采用了数字化技术并进行信息化管理，无论是在生产一线还是在勘探开发等各个领域都不再需要大量的人工作业，一线员工比例甚至可以较之前减少 50%。除老牌石油类院校毕业生外，当代一些综合类学校和专科学校也都设置了能源类相关专业。同时，由于我国前些年高校的扩招，每年以石油专业为代表的能源

专业毕业生的数量也在逐渐增加。近年，随着人工智能算法在各行业中大规模的应用，能源行业面临着企业转型和去产能的问题。由于能源行业劳动密集、就业规模庞大，企业面临经济转型和企业用工不足的问题与能源相关专业毕业生人数的激增相矛盾，导致供大于求。

当前中国进入后疫情时代，随着后疫情时代的推进和疫情的影响，在线办公、在线交易等线上化运营方式为企业在特殊时期保持正常运转提供支持。同时，线上办公的广泛应用和智能方法对人工的取代为能源行业在后疫情时代指出了新的发展方向。在去产能和后疫情时代背景下，能源行业裁员、招聘规模缩小的现实情况和逐年增长的毕业生人数之间存在着严重的供需矛盾。

（二）数字化参与文化对毕业生择业观的影响

数字化参与文化潜移默化地影响着高校毕业生就业时的择业观。从价值观角度来看，数字化参与文化促进了个人本位取向的形成。数字化网络世界具有内容繁杂、良莠不齐、靶向诱导的特点，而参与文化所带来的自主参与机制则会在信息传播过程中加剧西方实用主义、享乐主义在青年群体中的蔓延。当前网络环境下，部分高校毕业生的就业价值取向呈现功利性和物质性的特点，表现出个人本位就业取向。对于以石油石化一线为代表的能源行业，部分高校毕业生将其视为艰苦、环境差的工作，与其个人本位就业取向不匹配，不再将能源领域就业作为其求职的第一选择。从互联网信息传播效应来看，在数字化参与文化中，网民在获得信息的过程中容易形成“信息茧房”效应，即用户更倾向于关注自己原本就感兴趣的领域，更加乐于与志同道合的人开展交流，但久而久之却被局限在“人造孤岛”当中。高校毕业生在择业中就会呈现该效应，具有局限个人视野、群体极化严重、喜好偏见固化等特点。基于数字化参与文化带来的个人本位就业取向和“信息茧房”的负面影响，高校能源领域就业需正向的干预和就业引导。

（三）数字化参与文化对就业引导功能的消解

从就业引导工作的主客关系来看，学生在就业引导中扮演着客体角色，并和教师、辅导员等进行互动反馈。而在数字化参与文化视域下，受教育的客体在虚拟世界中越来越具有创作者、传播者、评论者等多重身份，其主体地位被不断提升。在数字化世界中信息传播的方式由单向模式转为交互式，传播方向也不再被限制。数字世界交往模式中信息传播的界限被打破，主客体角色定位混乱，这一现象形成的思维模式映射到实际教育过程中就导致就业指导教育体系的角色定位被模糊。从就业引导工作的话语体系来看，数字化参与文化的网络内容具有“门槛低”“混杂性强”“监管难”等特点，在这样的网络文化体系中部分低俗、负能量的内容容易隐匿存在，而这些低俗、负能量的内容因其消遣属性非常容易被传播，而主流的、正能量内容非常容易被淹没于信息洪流中。对于能源领域就业、择业观，“去祖国需要的地方去”“我为祖国献石油”等价值观被恶搞、被曲解，这就必然会导致高校就业引导的思想政治教育话语权威度下降。数字化参与文化视域下的就业引导主客体混乱和就业引导话语权威度下降消解了就业引导的功能。

三、数字化参与文化视域下能源领域就业引导的价值意蕴

习近平总书记在给中国石油大学（北京）克拉玛依校区赴新疆基层就业的毕业生的回信中写道：“要克服新冠肺炎带来的不利影响，千方百计帮助高校毕业生就业，热情支持高校毕业生在各自工作岗位上为党和人民建功立业。”能源领域的就业引导关乎能源行业高校育人的输出环节，对学生的个人塑造和职业发展具有重要意义。在数字化参与文化视域下有针对性地开展能源领域的就业引导能够助力学生发展和育人目标的本位回归。

（一）数字化参与文化的活动主体与能源领域就业引导需求对象相契合

根据中国互联网络信息中心发布的第47次《中国互联网络发展状况统计报告》最新数据，截至2020年12月，我国网民规模达9.89亿人，网络视频用户规模达9.27亿人，并呈现逐年增加的特点。其中，20～29岁的网民占比17.8%，网民的职业结构中学生最多，占比21.0%。青年学生是互联网用户的主力军，具有对外界信息敏感、对新事物易接受、信息传播能力强但缺乏自主辨别能力的特点。在网络极度发展的今天，这些青年学生是数字化参与模式活动的主体，也是高校学生教育管理的主体。如图1、图2所示。

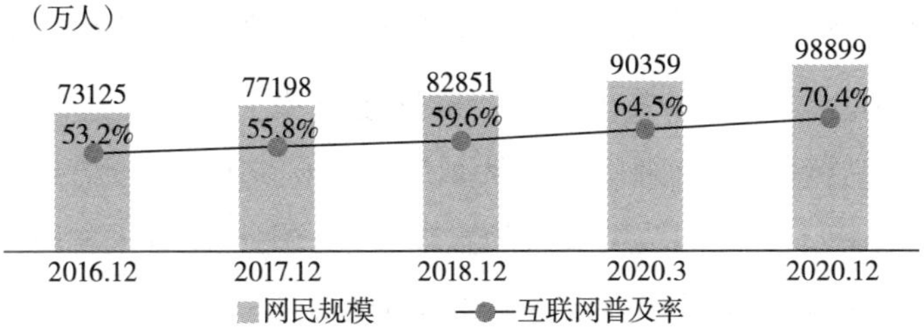

图1 我国网民规模和互联网普及率趋势

资料来源：第47次中国互联网络发展状况统计报告［DB/OL］．［2021-02-05］http：//www.cac.gov.cn/2021-02/03/c_1613923423079314.htm.

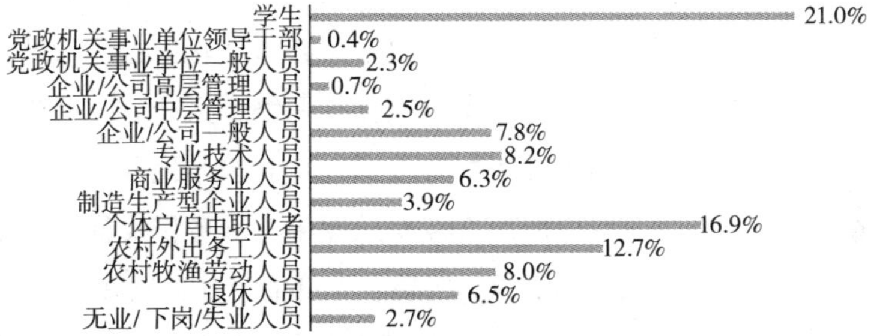

图2 我国网民职业结构分布

资料来源：第47次中国互联网络发展状况统计报告［DB/OL］．［2021-02-05］http：//www.cac.gov.cn/2021-02/03/c_1613923423079314.htm.

（二）数字化参与文化的辅助作用与能源领域就业引导工作需求相契合

当前高校毕业生在求职过程中获取的招聘信息主要来自学校发布的线上信息和在其他求职网站浏览的招聘信息。尤其是在2020年新冠疫情期间，高校毕业生的求职信息来源更加集中于网络平台（如就业信息网、招聘微信公众平台、校内外招聘网站等）。在数字化参与文化视域下，能源领域行业高校的就业引导工作正在优化中与数字化时代结合。在后疫情时代，就业引导的媒介基本实现线上全覆盖。数字化参与文化带来了开放平台、智慧传播渠道和优质内容整合。高校能源领域就业引导工作需要思想上的价值观引领与实际操作中的思想政治教育引导支持。数字化参与文化的交互模式和优质内容整合功能与能源领域就业引导的工作需要相契合。

（三）数字化参与文化的覆盖模式与新时代教育发展相契合

中共中央、国务院《关于加强和改进新形势下高校思想政治工作的意见》提出，坚持全员、全过程、全方位育人。“三全育人”的要求为高校思想政治工作指出了方向，全员育人的主体要素、全过程育人的时间要素、全方位育人的空间要素贯穿于高校育人工作全程。“三全育人”是新时代教育的发展要求，也是高校就业引导工作的发展方向。

能源领域就业引导工作具有服务国家战略发展所需的诉求，需要多重合力、多手段持续进行就业引导。数字化参与文化的活动主体是多元的，与就业引导过程中的全员育人特性相契合，数字化参与文化的过程渗透性与就业引导的全程性发展相契合，数字化参与文化的网络育人全方位特性与就业引导的全方位要求契合。党的十九大报告强调，培养担当民族复兴大任的时代新人。高校能源领域就业引导的出发点是鼓励学生服务国家能源发展，去往国家重要地区、重要领域就业创业，实现个人价值与社会发展的统一。因此，数字化参与文化的覆盖模式与新时代就业引导教育工作的“三全育人”发展方向和价值诉求相契合。

四、解蔽：数字化参与文化视域下开展能源领域就业引导实践路向探析

在数字化参与文化的背景下，传统的灌输式就业引导模式已不能满足高校毕业生的需求，也对高校从事就业引导工作的教师构成理论桎梏和行为枷锁。面对数字化参与文化对就业引导工作带来的消极影响和其对就业引导工作的技术支持，高校就业引导工作应主动适应新形势，了解新变革，做出新回应。

（一）用好网络阵地，发挥“引导”作用

从就业引导工作的育人手段分析，高校就业引导工作的功能发挥需要数字化参与文化的辅助支撑。数字化参与文化是 Web 2.0 时代的文化状态，也是大量青年网民的生存属性。数字化参与文化的阵地是高校就业引导功能发挥的主阵地，更是高校就业引导表达的主阵地。根据当前能源领域就业引导

现状，高校以教师、辅导员为代表的就业引导者应用好这一阵地，发挥“引导”作用。

一方面，发挥网络载体作用，加强数据驱动，实现内容上的“引”。高校能源领域就业引导应借助大数据、新媒体技术实现优质内容的智慧传播，如通过微信公众号、视频号等流量较大的平台将具有能源领域就业正向引导的优质内容进行输送，为学生拓宽资源，让学生了解自我，进行正确的职业选择。另一方面，优化网络交互功能，加强双向互动，实现思想上的“导”。在就业引导过程中通过互动、讨论的手段及时跟进学生的认同反馈。在引导过程中结合国家能源战略发展需求，从使命感、责任意识角度出发，拓展实际就业案例，引导学生参与讨论，增强认同。

（二）明确内容导向，构建话语体系

从就业引导工作的育人过程出发，数字化参与文化可以为能源领域就业引导工作搭建正向话语体系。在数字化参与文化中，主流文化若想增强引领力，就需要话语体系的创新，从而优化就业引导的功能。

在内容上，就业引导工作体系应在网络平台上增加学生喜闻乐见的内容，将理论内容口语化、大众化，增加就业引导的亲和力，从而易于传播，形成数字化参与文化中就业引导的正向引导。从队伍建设来看，以教师、辅导员为代表的就业引导工作主体要提高话语水平，能源领域就业引导工作的主体要切实了解能源领域就业的问题。完善“学校服务部门—学院辅导员—毕业生联络员”的就业引导信息网，将正向引导及时全面传达给毕业生，激励广大毕业生投身祖国建设，服务国家能源行业。

（三）强化“参与认同”，完善长效机制

数字化参与文化具有自助参与、即时反馈的过程特点，数字化参与文化视域下的就业引导工作具有手段上的灵活性、过程上的数字化和主体上的参与性。从就业引导工作的育人目标出发，数字化参与文化可以为能源领域就业引导工作强化就业引导过程中的“认同效应”，完善长效引导机制。在数字化参与文化视域下，学生长期在互联网数字背景下参与就业引导进程，就业引导工作不再只是毕业生的引导教育工作，而是以其长期属性贯穿学生成

长成才全过程。

数字化参与文化视域下的高校能源领域就业引导根据学生成长阶段可分为生涯启蒙、职业引导和职业发展阶段，而在学生接受就业引导的过程中也存在着从“自然认同”到“强化认同”再到“理解认同”的阶段。当前以能源行业高校为代表的学校就业引导工作在实践中越来越倾向于低年级指导和毕业生指导并存。在低年级阶段，借助网络平台的数字化参与模式达到“自然认同”，结合线下授课（如职业生涯规划课、形势与政策课）为学生带来能源领域就业的思想认同；在高年级阶段，借助网络平台的实际功能实现简历修改、职业规划等基础功能，贯以思想引导，为其带来实践运用的效能感，实现“强化认同”；在求职就业阶段，继续使用网络参与平台的长效参与模式达到“理解认同”，通过人际影响（如校友事迹、校友座谈、能源行业先锋事迹）为学生带来成功收获的满足感。

五、结语

习近平总书记在全国高校思想政治工作会议上提出“因事而化、因时而进、因势而新”的“三因”理念，对高校育人工作提出新要求。就业工作要与时代发展相结合，数字化参与文化视域下的能源领域就业引导机遇与挑战并存，富有广阔空间，仍需更多的探索尝试。

参考文献

[1]翁铁慧.2020届全国普通高校毕业生就业创业工作网络视频会议[DB/OL].[2021－02－01].http://www.gov.cn/xinwen/2019－10/31/content_5447275.htm.

[2]付安玲,张耀灿.数字化参与文化视域下思想政治教育的功能优化[J].思想教育研究,2020(8):31－36.

[3]HENRY J. Confronting the Challenges of Participatory Culture:Media Education for the 21st[EB/OL].[2021－02－01].http://www.doc88.com/p－6711563291372.html.

[4]王惠明.新形势下石油企业对毕业生用工需求分析[J].人才资源开

发,2015(22):99.

[5]胡剑,亢勇杰．数字化视域下信息茧房风险防范的制度规制[J]. 昆明理工大学学报(社会科学版),2021(1):91 -98.

[6]习近平给中国石油大学(北京)克拉玛依校区毕业生的回信[EB/OL].[2021 -02 -01]. http://www.xinhuanet.com/2020 -07/08/c_1126211499.htm.

[7]第47次中国互联网络发展状况统计报告[DB/OL].[2021 -02 -05]. http://www.cac.gov.cn/2021 -02/03/c_1613923423079314.htm.

[8]中共中央,国务院．关于加强和改进新形势下高校思想政治工作的意见[EB/OL].[2021 -02 -01]. http://edu.people.com.cn/n1/2017/0227/c1006 -29111179.html.

[9]程仕波．论大学生思想政治教育获得感的三种样态[J]. 思想教育研究,2020(10):48 -52.

第一作者简介：史凯，中国地质大学（北京）水资源与环境学院辅导员。

石油院校非主干专业就业工作开展新思路

罗雨晨　谷子骞　赵健崎

摘　要　伴随国家宏观经济改革和产业结构调整，石油石化行业就业形势严峻。面对艰难的就业现状，中国石油大学（北京）信息学院大部分学生出于往年的"就业惯性"，没有主动增强面试、应聘等就业能力。在石油类主干专业主导校园舆论的氛围下，非主干专业学生盲目从众，主观认识不清，无法发挥自身就业优势。对此，分析中国石油大学（北京）信息学院非主干专业学生就业现状，提出督促学生"走出去"、丰富校园文化内涵、开发校友资源、多部门协同服务学生就业等措施，提升学生就业能力。

关键词　行业转型；非主干专业；校园文化；校友资源；实习

中国石油大学（北京）作为石油石化行业类院校的翘楚，自 1953 年建校以来，为国家输送了大量的专业技术与管理类人才。由于石油工业地位特殊，受到国家庇护，自 2003 年取消大学生就业分配制度以来，我校学生的就业情况相较于国内其他综合性大学而言，有一定优势。2007 年前后，我校就业率更是达到峰值。但近年来，由于国有大中型企业的宏观规划要求，伴随国有企业反腐和规模精简进程的推进，石油石化行业逐步进入转型期。而我校与石油石化企业"血脉相连"，企业的规模和效益直接决定我校学生的就业数量和质量。

一、非主干专业学生就业情况概要

鉴于石油类专业本身具有社会需求单一、对口性强等特殊性质，石油石化行业的现状，对我校石油主干专业，包括石油工程、地质工程、油气储运工程、化学工程与工艺、勘查技术与工程等专业学生的就业起到了决定性作用。

除主干专业外，我校非主干专业主要有能源动力与工程、安全工程、自动化、测控技术与仪器、计算机、过程控制工程、材料科学与工程、数学等理工类专业和管理、国贸、电子商务、英语等文科专业，占到全校本科生人数的65%左右。

显然，主干专业与非主干专业在文化建设、就业导向等方面存在较大的差异。然而，纵观我校近三年就业数据，虽然非主干专业在石油企业中需求量小，招聘人数少，但近70%的非主干专业学生还是选择石油企业就业，这表明我校的非主干专业学生仍然局限在“石油圈”中。而随着企业改革，招聘人数骤减，本就跟随着主干专业，以从众心理选择石油单位的非主干专业学生，突然不知何去何从，影响了学生就业率。从另一个角度而言，在如今石油行业就业不景气的大环境下，如果能解决好非主干专业学生的就业问题，则我校就业工作压力也会相应减小。

二、非主干专业学生就业压力来源分析

（一）校园文化指向性过强

我校鲜明的石油类院校校园文化，使得各专业的学生都对石油企业存在亲切感和崇拜心理。学校各个专业的学生大都将石油企业作为自己的首选工作单位。这种具有强占性的校园文化，对于主干专业学生投身石油石化领域建设，有很强的激励作用；但对于非主干专业学生而言，无形中局限了其思维，使其主观忽略了其他行业单位，阻碍了其依托所学专业选择更合适的就业岗位。

（二）专业实力与专业自信心不足

我校发展建设的历史决定了我校非主干专业在师资力量、教学设备、生源质量等各方面都稍弱于主干专业。也正由于我校在非主干专业的“天生短板”，使得学生在走出“石油圈”后，存在专业技术不够硬、底气不足、企业人脉欠缺的问题。这些都会影响到非主干专业学生的专业自信心，对就业产生负面的影响。

（三）求职技能普遍缺乏

石油企业就业形势良好时期遗留下来的“就业惯性”使得我校学生普遍缺乏就业能力，如没有培训面试技巧的意识，缺乏实习经验，缺少甄别就业单位的能力，等等。当学生不得不放下“双选会”，走出校门时，就业能力缺陷便显露无遗。通用专业为学生提供了其他的就业选择，但却败在了面试技巧和经验上，实在令人惋惜。

三、促进非主干专业学生就业措施探析

针对我校非主干专业学生就业问题，特提出以下措施。

（一）加强就业宣传，淡化“石油观念”，鼓励学生“走出去”

校园文化对于学生就业观念的影响最为深刻。在文化观念多元化的今天，校园文化也应当从单一的石油文化，过渡到多种校园文化并存的局面。将其他行业、企业的宣传融入平时的宣传工作，逐步转变学生固有思维，为其未来就业选择打好基础。

例如邀请非主干专业著名人士举办讲座和分享会。之前我校举办的阳光讲坛等系列讲坛活动，基本都是邀请石油石化行业著名人士担任主讲嘉宾，介绍石油单位的技术革新、企业现状和未来发展。建议在此基础上，多邀请其他行业，如电力、互联网、材料、机械等行业前辈，进行职业生涯的经验分享。这将在丰富我校校园文化建设内容的同时，打破学生固有思维局限，开阔学生眼界，对于鼓励学生“走出去”谋发展具有重要促进作用。

（二）加大学生职业生涯规划教育力度

我校在学生职业生涯规划方面，还需要更加地常规化、长期化和制度化。我校学生目前了解职业生涯规划主要有两大途径，其一是大三学年下学期的“就业指导”课和全校公选课“职业生涯规划”，其二是辅导员在学生集中就业的大四学年上学期，对学生进行集中的就业辅导。从实际效果来看，“就业指导”课程受授课老师的专业能力限制，无法落实到学生真正关心的就业面试、就业导向等问题上，教学效果还需提高；“职业生涯规划”课程的教学覆盖率较低，作用有限。更重要的一点是，我校没有针对大一学生进行职

业生涯规划教学的意识，而职业生涯规划恰恰应当从大一做起。唯有经过大一的宏观规划、大学四年的努力奋斗，到毕业季才有能力去选择更好的就业单位。

（三）开发校友资源，加强交流学习

校友资源是各个学校解决就业问题的重要资源，我校校友数量少，但质量高，开发校友资源应当成为我校就业工作的重要环节。应当定期邀请各行各业的优秀校友回母校交流经验，以所在单位、所处行业、毕业专业分类，举办不同类型的“下午茶”“冷餐沙龙”，为在校生传授职场经验，拓展其人脉。注重分享会的质量，建议“少量多次”，即每次参加的学生人数要少，保证每个人都能充分交流，同时相对提高举办密度，扩大覆盖面。

（四）加强对辅导员就业指导能力的培养

我校辅导员队伍的构成以兼职辅导员为主。兼职辅导员本身没有大量的求职和就业经验，而学校也没有对辅导员进行就业指导的系统培训，使得辅导员就业指导能力有所欠缺，对于学生的就业指导工作有心无力。学校应当统筹全局，加强辅导员就业指导工作专业素质培养，使学生就业事半功倍。

（五）以就业需求为导向开展帮扶工作

石油企业作为我校往届毕业生的主要接收单位，具有基本不要求实习经历，招聘工作通常在学校的“双选会”上完成等特点，多年的应聘惯性使得我校学生缺乏实习意识和面试技巧。因此，当我校毕业生脱离石油行业，转向民企、私企、外企求职时，较少的实习经历、落后的就业观念，成为其求职路上的重要障碍。

因此，建议教务、就业指导、后勤、学工部门四位一体，联合工作，统筹安排学生就业工作和职业生涯规划。建议教务部门将大学课程尽量安排在大一、大二学年，空出大三下学期为学生提供实习时间；就业指导部门在微信公众号上开辟专题板块提供实习信息；后勤部门负责规划实习单位的主要途经线路，为学生提供专车接送；学工部门做好宣传和安全保障工作。

参考文献

[1]张士诚,陈小宏,胡品慧,等. 建设本科生主干特色专业,培养高素质石油石化人才[J]. 高等工程教育研究,2005(6):73－75.

[2]刘金梅,付浩海. 大学生全程化职业生涯规划教育对策[J]. 中外企业家,2014(35):174.

第一作者简介：罗雨晨，中国石油大学（北京）硕士研究生。

第三章

网络育人：思政教育新空间

精准思维下网络思想政治教育的概念模型及实践探索

杨东杰　胡　锐

摘　要　微域网络思想政治教育是在精准思维下诞生的概念，是面向特定范围内学生群体或个体的一种网络思政形态，具有小范围和高精准的特点。本文以精准思政为逻辑起点、新媒体为工具平台、大数据为方法手段，搭建起包含任务层、资源层和诊断层的三层多维的微域网络思政精准体系模型。在此基础上，对微域网络思政进行实践探索，通过画像分析、指数分析、预警分析，针对特定个体、特定特征、特定事项挖掘精准问题；通过在共性教育上精准供给教学资源、个体辅导中精准定制帮扶措施，聚焦精准目标，实现“点析”“点拨”“点化”，不断增强思想政治教育工作的即时性、前瞻性、有效性。

关键词　微域网络思政；网络思想政治教育；精准思维；精准思政

习近平总书记在全国高校思想政治工作会议上指出，“做好高校思想政治工作，要因事而化、因时而进、因势而新。提升思想政治教育亲和力和针对性，满足学生成长发展需求和期待，要运用新媒体新技术使工作活起来，推动思想政治工作传统优势同信息技术高度融合，增强时代感和吸引力。”[1]这既为高校思想政治教育工作提出了要求，也点明了方向。新时代新形势下，思想政治教育不应再一概而论、千篇一律，而应当更加分层次、有内涵，更具精准性、针对性。而这离不开新技术新手段的支持。因此，面向特定学生群体或个体的网络思想政治教育的组织和开展显得愈加重要。

在精准思维下，微域网络思政教育的概念应运而生。借助移动云平台，将大学生日常思想政治教育工作变为手机端的微课程和微活动，一方面拓展了日常思想政治教育的时间和空间，变日常教育引导为价值引领，实现全程育人、全方位育人；另一方面还可挖掘和分析移动云教学后台中的学生行为数据，通过预测和预警，使思想政治教育更加精准化、更具针对性。

一、精准思维：精准思想政治教育的概念辨析

（一）思想政治教育概念演进

思想政治工作是党的优良传统、鲜明特色和突出政治优势，是一切工作的生命线。加强和改进思想政治工作，事关党的前途命运，事关国家长治久安，事关民族凝聚力和向心力。思想政治教育的概念是从早期政治工作当中发展起来的，中间大致经历了“政治工作”、“政治教育工作”和“思想政治工作”等阶段。从概念的演变过程可以看出，随着理论体系建构的完善和实践活动的深入，思想政治教育工作侧重点由政治宣传转变为思想引导。当前学术界对于思想政治教育内涵的认识仍没有统一共识，有“施加论”、“转化论”、“内化论”和“培养论”、“需要论”等不同流派的观点。从内容上来看，“施加论”、“转化论”和“内化论”强调将主流意识形态内化为个体思想意识和行为规范，具有鲜明的政治价值导向；“培养论”认为思想政治教育建立在马克思主义方法论之上，主要分为思想教育、政治教育和道德教育；“需要论”更加强调思想政治教育内容要满足社会和个人自身发展需要，是一个不断提高思想、政治、道德素质和促进全面发展的过程。从目标上来看，“施加论”、“转化论”和“内化论”都认为思想政治教育的目标是满足社会统治阶级的利益需要，突出教育工作的意识形态性和强制性；“培养论”强调对个人世界观、人生观和价值观的塑造；“需要论”更加注重“以人为本”的思想，关注到教育活动的本质，既以维护社会稳定秩序为目标，又以人自我发展和完善为目标，体现了思想政治教育工作过程的人性价值。本文所探讨的思想政治教育的对象是高校学生，结合现有理论基础和工作需要，可将高校思想政治教育的概念阐释为高校思政工作者为实现立德树人的根本任务，以促进大学生树立正确理想信念、形成社会道德规范和提高综合素质为目标，通过科学理论和技术，开展的一系列理论与实践的教化活动综合。

（二）精准思政概念形成逻辑

精准的概念常见于管理学领域，“精”指的是熟练工作方法，简化工作

流程，提炼工作重点从而提高工作效率；“准”的概念与“准确”一词相当，意味着目标不发生偏移，任务目标明确，各项措施得当，主体责任分配得当，工作全流程可量化、可跟踪；“精准”往往与“粗放”相对，是“精”和“准”两者概念的辩证统一，具有两种维度的含义：既强调具有高精度的工作质量和成效，又重视准确识别工作对象，准确研判和把握工作重点，将资源有目标地进行差异化投入以实现资源利用效率最大化。“精准”思维作为一种思想观念和方法论，已经在很多领域得到应用。习近平总书记2013年在湖南考察时作出“实事求是、因地制宜、分类指导、精准扶贫”的指示，其中“精准扶贫”就是精准思维在扶贫工作上的具体应用，其内涵要义在于针对不同地区的不同贫困情况，制定差异化政策方案对扶贫对象进行精准识别和精准帮扶。在此之后，“精准”思维成为习近平治国理政思想的重要方法论，传统“一把抓”式的思维方式已不再适合时代发展需要，精准扶贫、精准改革以及精准疫情防控取得历史性成果，为精准思维的优越性提供了最有力的佐证。

精准思政是精准思维在思想政治教育领域的落实应用。[2]目前高校思想政治工作引入精准概念是新时代探索新发展路径的必然要求，一方面，网络意识形态呈现碎片化特点，传统“大水漫灌”式的系统性教育方式不再适合当代大学生思想特点，学生普遍对灌输式教育教学内容和教学手段方法产生抵抗排斥情绪，学生对个性化定制化的教育方式充满期待，原有思想政治教育出现供需失衡矛盾，教育效果难以得到保证，而与此同时，当前社会思想观念正处于深刻转型期，西方大量不良价值观念和文化思潮正通过互联网不断动摇大学生对主流意识形态的共识基础，因此推动高校思政工作方式变革创新迫在眉睫。另一方面，当前互联网技术成熟，信息化已经成为当前鲜明的时代特征，我国已经拥有世界上最大的数字社会，截至2021年12月，我国网民规模达到10.32亿人，互联网普及率达到73%。大数据、云计算、人工智能等先进科技发展迅速，教育变革呈现信息化、网络化和数字化趋势，个人思想动态和行为特点都可以被获取和分析并进行可视化呈现，这为思想政治教育工作信息化和精准化改革提供了技术支撑。为此中央政府先后出台《关于深化新时代学校思想政治理论课改革创新的若干意见》《教育信息化2.0行动计划》等多项制度文件，要求教育改革同新媒体、新技术结合起来，推动现代科技在思想政治教育工作中的综合应用。

当前学术界对于精准思政的研究较为丰富。新形势下多数学者思想政治教育工作面临困境。传统思想政治教育工作缺乏整体性及分层设计，教育内容过于宽泛，造成当代大学生主观自主与“信息茧房”效应存在制约因素，思想政治教育需要进行精准化改革，才能发挥教育效能。[3]为此，许多学者也提出了精准思政的具体实施路径，主要集中在完善思政组织体系，建设高校精准思政的人才队伍，充分利用网络新媒体资源充实教学手段和方式，利用完善的大数据技术分析手段，确保信息供给效率和供需有效匹配，实现精准教育、精准管理和精准服务。

结合现有研究成果和高校工作实际，精准思政的概念可以做出如下界定：将精准思维贯穿于思想政治教育工作各环节和全过程，通过现代信息科技手段，准确定位、识别、预测受教育者实际需求，整合线上线下各类教育资源，实现精准教育、精准管理和精准服务的过程。具体来看，应当包括主体精准、对象精准、内容精准和评价精准四个方面。一是思想政治教育主体精准化，正如习近平总书记要求的“要精心培育和组织一支会做思想政治工作的政工队伍”，广大思政工作者要充分认识到新时代大学生的新特点，以精准思维指导自己各项工作，突出教育过程当中的专业化理念和职业化特征。二是思政教育对象精准，能够精准识别教育对象的差异化需求是精准思政发挥效能的前提条件，需要通过大数据、人工智能等技术手段采样、分析和预测受教育对象的需求偏好，从而有计划地规划和分配教育资源，提高思想政治教育的针对性。三是思政教育内容精准，在精准识别教育对象需求之后，坚持内容至上，线上线下整合教育资源，提高教育内容质量，坚持思想政治教育内容政治性和学理性相统一、价值性和知识性相统一、理论性和实践性相统一，[4]将马克思主义基本理论、习近平新时代中国特色社会主义思想等理论知识与当下时政要闻和社会热点相结合，创新音频、视频、图片等多种教学形式，贴近教育对象兴趣点，用沉浸式、交互式、体验式的教学方法，精准提升思想政治教育效果。四是思想政治教育效果评价精准，及时跟踪受教育对象的评价反馈效果是精准思政的基本环节，需要构建内容全面和指标合理的科学评价体系，用定性和定量相结合的评价方法，定时评估教育成果和教育目标是否具有统一性，综合运用评级结果，及时调整工作思路和教学方案，用精准科学评估促进思想政治教育工作质量和成效提升。

二、精准视域：微域网络思想政治教育的内涵价值

网络思想政治教育指的是网络环境下的思想政治教育活动。[5]广受众、快传播、强互动的网络环境改变了传统思想政治教育活动的基本形态，为实施精准思政提供了更多可能性。在精准思维下，网络思政需分层分类开展，微域网络思政正是在这一背景下诞生的概念。

（一）网络思想政治教育的时代内涵

互联网对当代大学生来说，是生活中不可缺少的基础设施，是大学生获取信息、表达诉求、展现个性、释放情感的主要媒介。习近平总书记在主持中央政治局第十二次集体学习时曾强调：“没有网络安全就没有国家安全；过不了互联网这一关，就过不了长期执政这一关”。与此相对应，高校思想政治教育工作面临着互联网时代带来的新挑战。具体来说：一是多元化的信息传播渠道削弱了思政教育者的权威性，主体话语权弱化导致教育内容影响力降低；二是开放性的媒介平台充斥着新自由主义、历史虚无主义等不良价值观，容易动摇青年学生中的思想政治认同感和凝聚力基础；三是互联网内容碎片化破坏思想政治话语内容体系的完整性。因此，如果高校思想政治教育“过不了互联网这一关”，就会在瞬息万变的意识形态交锋中失守网络思想政治教育高地。

在研判互联网时代思想政治教育工作面临挑战的基础上，也要看到新的发展机遇。互联网具有“跨时空”和“即时性”的属性，信息传播效率高，传播范围广。思想政治教育与互联网技术的深度融合，为新形势下思政工作注入了生动活力。一方面，互联网技术和新媒体平台有效整合了各类供给力量，思政教育资源出现几何级增长，语音、图片、视频、直播等多种形式的教育资源“取之不尽”，教育内容也因多元化而更具表现力，更容易凝聚社会价值共识；另一方面，互联网技术去除了中心化媒介，搭建了“教育主体—网络媒介—教育客体”的信息互动形式，将虚拟空间和现实世界直接连通起来，丰富了交互场景，满足了学生对教育内容和教育方式的多元化需求，革新了思想政治教育工作的实施路径。

网络思想政治教育活动是传统面对面教育方式的拓展和延伸，不再受时间地点限制，因此在受众范围的选择上也显得更加灵活。细分受教育对象是精准思维下思想政治教育活动的重要特征，根据受众对象的范围差异，网络思想政治教育呈现不同的形态，可分为面向全国的网络思政、面向本校本院的网络思政和面向特定学生的网络思政。基于这一思路，以“域”的概念表示网络思政的受众范围，可将高校网络思政教育分为广域网络思政教育、本域网络思政教育和微域网络思政教育。具体来说，广域网络思政教育指的是思政工作者或者教育单位面向大众、面向全国、面向全世界进行的网络思政教育。本域网络思政教育指的是教育单位中的思政工作者面向本单位（高校或者院系）整体进行的网络思政教育。微域网络思政教育则指的是高校思政教师或高校辅导员面向特定学生进行的网络思政教育。

（二）微域网络思政的价值内核

互联网的核心思维就是“用户思维”，强调用户个性化体验。相对于广域网络思政教育和本域网络思政教育，微域网络思政概念具有“小范围”和“高精准”的特征。“小范围”意味着对思想政治教育对象的高精度分层。微域网络思政面向的是局部群体或是特定个人，受众对象共性特征明显，个性差异亦显著，思政工作主体和客体在“小范围”内建立关系，思政工作者更容易关注学生在接受教育过程中的情感体验，进而探索学生成长规律，与学生建立情感互动联系，有针对性地解决个性化问题。“高精准”是微域网络思政的成果目标。“均匀用力”的网络思想政治教育模式很难与学生的多元化需求精准匹配，随着现代数据分析技术的成熟，学生日常行为可被具体量化并积累成为差异性明显的个人画像，思政工作者可分析学生阶段性行为特征，判断其个性化需求，“私人订制”特定思政教育工作方案，使得“高精准”的思政工作有效率、有效果。

从本质上来说，微域网络思想政治教育是一种在大数据时代，大学生思想政治教育工作面临新挑战的形势下，充分利用移动互联技术，更适应当前大学生特定群体或个体学习、生活需要的高精准网络思想政治教育。在微域网络思政中，辅导员和教师团队通过微媒微介，掌握微技微能，了解微情微意，在学生管理中“见微知著”“防微杜渐”，在学生教育上从“大水漫灌”

转变为"微水滴灌"，从而实现精准思政。[6]微域网络思政在思想政治工作新形势下有着重要价值，主要体现在：一是先进信息科学技术赋能高校学生工作，提高思想政治教育和日常管理工作的信息化和智能化水平，大数据统计的海量信息可为各项工作决策提供技术支持；二是微域网络思政助推教育范围缩小化和教学方式信息化，思政教育和日产管理有了全新载体，在互联网搭建云端学院社区，全方位融入学生学习生活；三是倒逼思政工作者提高专业素质，为保证各项教学管理工作顺利开展，思政工作养成"数据思维"，强化"数据意识"，增强学习新媒体新技术的主观能动性，提高自身教学水平和工作能力，壮大全员育人力量。

三、精准体系：微域网络思政的模型构建与实践探索

精准目标的实现离不开精准体系的构建。从内涵出发，与经验接轨，对微域网络思政的体系模型进行构建，在微域网络思政的理论和实践之间搭建桥梁。

（一）微域网络思政模型的构建思路

模型构建的关键要素有三个：一是理念，定基调和方向；二是工具，是实施载体；三是方法，为实现的具体路径。结合理论内涵与现实技术，在微域网络思政模型构建中，精准思政为基本理念，新媒体为工具载体，大数据为方法路径。

以精准思政为逻辑起点。"精准思政"一方面意味着微域网络思政模型需要具备"精准"的属性，另一方面则要求微域网络思政模型不能偏离"思政"的本质。因此，微域网络思政模型搭建应遵循"知识传授与价值引领相结合"的课程思政理念、传承日常思想政治教育内容，同时具备感知精准、分析精准、决策精准、执行精准、评价精准诸多功能，实现精准教育、精准管理、精准服务。[7]

以新媒体为工具平台。目前，移动设备是大学生使用最多的工具，新媒体成为大学生最为活跃的平台。因此，微域网络思想政治教育活动应当在移动手机端的新媒体平台上实施，以贴近学生、贴近生活、贴近实际。

以大数据为方法手段。大数据技术的应用使得定量分析思想政治教育成

为可能。微域网络思政模型体系需要集数据收集、分析、反馈于一体，找到学生需求、抓住工作痛点。

（二）微域网络思政模型的主体结构

在基本思路的指导下，搭建起三层多维的微域网络思政模型，涵盖了大学生从大一入学直到大四毕业全过程的日常思想政治教育。三层式主体结构分别为任务层、资源层和诊断层。

任务层分为日常和课程两大板块。可基于移动云教学端开展形势政策教育、创新创业教育、心理健康教育、国防教育、安全教育、职业生涯规划教育、社会主义核心价值观教育、诚信教育、学风主题教育、学业辅导、心理辅导、新生入学教育、文明离校教育、社会实践等思政内容和活动，使日常思想政治教育成为开放、互动、高亲和力和针对性强的网络理论课程或实践课程。根据自身的需要，大一新生、毕业生、学业困难学生、入党积极分子、党员等不同的大学生群体，可灵活选择学习时间和地点，在线上学习、线下践行相应的课程和活动。

在资源层，基于移动云平台建立言行、学习、教学三类资源库，而库内的教学资源，既可以是本地上传的微视频、图片、语音、PPT 和 Word 文档，也可以是网页上的各类链接；既可以是本校教师的课程回顾，也可以是全国知名学者专家的讲座论坛；既可以是实践基地现实情景，也可以是虚拟仿真场景。实现了课内外、院内外、校内外各方面教学资源的充分整合。

诊断层则可实现对学生群体和个体情况的动态分析，帮助教师在教学和研究上持续改进，其数据来源于任务层和资源层。为了方便数据挖掘，移动云教学平台既可以电脑端使用又可以手机端使用，管理权限可通过账号和密码行使，多人可以在电脑端和手机端同时登录，而相互不受影响。因此，辅导员团队、学生导师、思政课教师、学生骨干等都可作为共同管理者，对微域网络思政的实施效果进行诊断。

四、精准实践：微域网络思政实践探索

以三层多维的微域网络思政模型为依托，中国石油大学（北京）进行微域网络思政实践探索时，始终坚持问题导向和目标导向，针对特定个体、特

定特征、特定事项进行挖掘，瞄准共性教育和个性辅导的双重目标，取得一定成功经验。

（一）挖掘精准问题

学习分析技术因其在教育决策、管理优化、教学创新等全方位多层面的突出优势，被誉为教育信息化第三次浪潮的引领者。[8]通过学习分析技术分析移动云平台中的日常思想政治教育的大数据，对特定个体进行画像分析、对特定特征进行指数分析、对特定事项进行预警分析，可以掌握群体或个体的行为轨迹，超前精准挖掘问题。

1. 特定个体：画像分析

大学生画像是以大学生思想政治教育活动中思想动态、行为表征等数据为依据，从现实社会人抽象描绘出的虚拟数据人，是高校思想政治教育精准供给的前提条件。[9]通过刻画数字学生画像，揭示学生成长轨迹，可以帮助教师和学生本人建立更加全面的认识，精准定位异常人群，为学院对学生进行个性化与精准化的教育管理与服务提供重要依据。

在实践过程中，学生画像利用的后台数据包括系列班课中学生的出勤及举手、抢答、讨论、作业、头脑风暴、问卷投票、小组讨论等学习活动多维度的情况。通过从日常的思想政治教育和班级管理中将这些数据提取出来，进行填空、去噪、删重、修正、规范化等处理与隐私保护，形成数据云。进一步对数据云进行整合清洗，通过文本挖掘算法等创建标签，并基于卡方检测等设置属性，利用主成分分析法分配权重，生成标签体系，[10]即画像维度。之后进行建模，通过聚类算法得到学生的数字画像，全面全方位反映学生现实表现。

2. 特定特征：指数分析

依据科学理论和实践经验，设计出学习态度指数、学习拖延指数、自学能力指数等若干反映学生某一特征的指数，定量分析出学生在某一方面的具体情况。通过指数的纵向追踪和横向比较，发现指数和结果的相关性，从而有效识别学生的潜在问题或成长潜力，使思想政治教育更加精准化。

以学习拖延指数为例，根据移动云平台中实时记录的91名学生提交作业的时间，提交作业时间在截止日期前的该学生拖延指数为0；晚提交作业一天的拖延指数为1，晚提交作业两天拖延指数为2，为轻度拖延；晚提交作业三天及以上，拖延指数为3，为重度拖延；发出催作业通知后及时提交的，拖延指数为4，为严重拖延；发出催作业通知后还不提交的，拖延指数为5，为极严重拖延。具体见表1。

表1　学习拖延指数分级标准

提交作业时间	拖延指数	拖延等级
截止日期前	0	无拖延
晚1天	1	轻度拖延
晚2天	2	轻度拖延
晚3天	3	重度拖延
催作业通知发出后及时提交	4	严重拖延
催作业通知发出后未提交	5	极严重拖延

通过数据自动分析程序，211名学生中，识别出85%的学生拖延指数为0，不拖延；2%的学生拖延指数为1、2，轻度拖延；7%的学生拖延指数为3，重度拖延；2%的学生拖延指数为4，严重拖延；4%的学生拖延指数为5，极严重拖延。这和6.01%的补考超过3门及以上的学生比例极为吻合，在一定程度上说明了指数分析的精准性和可预测性。

3. 特定事项：预警分析

学业和心理是大学生问题高发领域，通过构建预测模型，基于微域网络思政教育形成的数据对学业、心理进行超前预警，增强了日常思想政治教育的前瞻性。

如在学业超前预警中，研究团队构建了BP神经网络模型。为了检验预警准确度，利用中国石油大学（北京）理学院本科生大一学年的211人综合测评成绩和移动云平台上学生视频资源学习、非视频资源学习、签到、测试、讨论答疑、头脑风暴、投票问卷、作业和小组任务学习轨迹等进行判别分析，发现正确率大致稳定在0.66～0.80。这说明基于微域网络思政教育形成的数据能够在较大概率上预测学生的学业成绩。以此为基础，即可根据大学生入学教育一周的表现预测其一年的学业情况，从而实现对学业的超前预警。

（二）聚焦精准目标

对精准问题的发掘，实际上是服务于精准目标的实现。即通过对群体、个体行为表现的关注，分析筛选出共性问题，区分个性问题，从而对群体实施精准化共性教育，对个体进行定制化个性辅导。

1. 共性教育：精准教学资源

在微域网络思政实施中，教师和辅导员团队等为学生提供了体量庞大、类型多样的教学资源，一部分教学资源为必修，另一部分为选修。面对选修的教学资源，学生可根据自己的兴趣进行有选择的学习，其选择的类型、学习的时长等数据都可以被移动云平台记录下来；在必修环节，则可以通过传统的课堂小测等检验学习成效。这些数据都可以反映学生对不同类型教学资源感兴趣的情况。以此为依据，教师和辅导员团队充分了解了学生的共性需求，以此为根据更新教学工作方案，不断优化上传到平台的教学资源，以学生需求点和兴趣点作为教学资源供给的侧重点，实现教学资源的精准供给。

2. 个性辅导：精准教育帮扶

在画像分析、指数分析、预警分析的基础上，每个学生的问题得以明晰化。辅导员根据个体情况重点了解，因材施教，进行“一对一”“点对点”辅导帮扶，实现了思想政治教育的“私人定制”。研究团队依托学业动态预警机制，进一步形成高精准家访体系，通过云班课数据分析，进行全覆盖的家访目标群体的识别与排查，加深对较为典型学生的认识，形成案例汇编，并进行有针对性的个性化深度辅导。

理论探讨和实践检验证明，微域网络思想政治教育是大学生日常思想政治教育、网络思想政治教育、课程思政教育的继承、发展和创新，是思政教育的主渠道和主阵地紧密融合的结晶。今后，微域网络思想政治教育有望针对学生个体实现三个“精准化”：一是“点析”精准化，掌握即时性成长动态；二是“点拨”精准化，提供前瞻性发展指导；三是“点化”精准化，给予差异性隐形关怀。通过三个“精准化”，推动精准思政理念真正落地，从点到面，不断加强思想政治教育工作的有效性。

参考文献

[1]习近平在全国高校思想政治工作会议上强调：把思想政治工作贯穿教育教学全过程开创我国高等教育事业发展新局面[N/OL]. 中国共产党新闻网,2016 - 12 - 09. http://dangjian. people. com. cn/n1/2016/1209/c11709 2 - 28936962. html.

[2]李辉,孙晓晖. 精准思政：必要与可行[J]. 思想教育研究,2020(6):3 -8.

[3]都晓. 论精准思政概念生成及其与课程思政的辩证关系[J]. 新疆师范大学学报(哲学社会科学版),2022(2):49 -58.

[4]石群. 言语行为研究视域中的思想政治教育话语转换新模式[J]. 安庆师范大学学报(社会科学版),2021,40(4):118 -123.

[5]张再兴. 网络思想政治教育研究[M]. 北京：经济科学出版社,2009:1.

[6]刘奎杰,陈忠全,孙建滨. 精准教育：微时代高校辅导员思政工作创新的必然选择[J]. 高校辅导员学刊,2017(4):34 -37.

[7]董卓宁. 运用学生大数据提升高校思想政治工作精准度[J]. 思想理论教育,2018(4):108 -111.

[8]吴青,罗儒国. 学习分析：从源起到实践与研究[J]. 开放教育研究,2015(1):71 -79.

[9]张东,吕杰. 精准供给：大数据时代高校思想政治教育创新[J]. 重庆邮电大学学报(社会科学版),2019(1):75 -81.

[10]杨东杰. 数据赋能管理：高校学生事务管理的精准化取向与路径[J]. 北京教育(高教版),2020(3):29 -31.

第一作者简介：杨东杰，中国石油大学（北京）理学院党委书记。

本文载于《华北电力大学学报（社会科学版）》2023 年第 1 期。

新媒体时代的“碎片化”现象对高校育人工作的影响及对策

周学智　姚梦竹　王子安

摘　要　在“碎片化”的传播方式、叙事语言、阅读习惯、教学模式影响下，新媒体时代的“碎片化”格局已然不可逆转。“碎片化”使大学生的思维模式、认知模式、行为模式等发生根本性转变，也给高校大学生思想政治教育带来新的课题。国家、高校、社会要及时把握新媒体时代“碎片化”的逻辑规律，丰富新媒体时代知识文化产品供给，完善社会主义核心价值观传播体系，提高大学生自我管理教育能力，避免大学生思维碎片化的形成。

关键词　新媒体；碎片化；大学生；社会主义核心价值观

所谓“碎片化”，原意为完整的东西破碎成零块，“碎片化”在各个领域的应用主要是形容事物主体多元裂化后呈现的细碎、零碎、琐碎状态。碎片化于20世纪80年代末出现在“后现代主义”的研究文献中，它被定义为一个过程，是指完整的东西破成零片或零块，从完整演绎为破碎的现象。“后现代”是与“现代”的断裂和折裂，更多强调的是对现代的否定，是一种认知的扬弃，它肢解或消解了“现代”的一些确凿无疑的特征。[1]

美国托马斯·波克维茨教授认为“碎片化”思维从哲学角度来看，是一种反思性思维，它包含了“去自然化”或者说“去常规化”的过程。它主张打破过去的教育思维定式，针对教育中一些习以为常的观念或是现象，通过使用“当下的历史”这种具体的研究方法，来重新审视教育领域中所谓“毋庸置疑”的观念是如何在人们的头脑中历史地产生的。[2]因此，“碎片化”在某种程度上是指一种突破常规的思维或者说反思性思维。我们不再按照所谓的“情理之中”或是“理所当然”来思考我们已经习以为常或是熟视无睹的概念和事物，而是将原有的思维方式置于一种被质疑的地位，通过批判来展开思考。而在新媒体时代又赋予了“碎片化”新的独特内涵及影响力。

一、新媒体时代“碎片化”的表现形式

（一）碎片化的传播方式

新媒体时代的一个重要特征就是传播方式的碎片化。碎片化传播主要体现为事实性信息传播的碎片化和意见性信息传播的碎片化两个层面。前者指信息来源的多元化、观察视角的分散化、信息文本的零散性以及信息要素的不完整性；后者不仅指意见的零散性，更指意见的异质性、分裂性。[3]这两个层面近年来在快速发展的微博、微信上得到了极好的诠释。

新兴的自媒体模糊了消息生产者和收听者的界限，构建了与以往自上而下的纵向传播方式完全不同的横向传播方式。在纵向传播方式中，读者可以自由地选择何种报纸及报纸的何种版面。但在新媒体时代，读者转变成“受众”。海量信息通过新媒体手段被直接推送到读者的手机中。为了寻找到想获取的信息，你就不得不逐条浏览大量无用信息。所谓的“私人订制”并未如宣传的那样如期实现。海量信息看似不同，其实可能仅仅只是改换了一个标题，就再次通过不同的网站、平台推送出来，完全没有从不同角度进行客观全面的解释。

（二）碎片化的叙事语言

截至 2017 年 12 月，微信朋友圈、QQ 空间用户使用率分别为 87.3%、64.4%；2017 年第三季度的微博月活动用户达到 3.76 亿人。用户黏性进一步增强。[4]数据充分显示当前我国通过即时通信工具及其衍生出来的社交服务产品开展交流的人群规模大，使用频率高。但有一点需要注意的就是基于这些平台产生的独特的叙事风格及网络语言。语言是人类最重要的交际工具，是人们进行沟通的主要表达方式。语言也是思维的载体和物质外壳以及表现形式，也能反映出一个人的生存状态、道德素质。网络语言的简洁性、新奇性和诙谐性及其网络上语言模糊、过度求新甚至粗鄙低下的状态都会对语言的纯洁性及人们的精神状态产生潜移默化的影响。

以微博为例，140 个字符的限制加剧了碎片化叙事语言的影响力。试图

通过 140 个字符来描述一件完整的事情，或对一些问题进行深刻的评论探讨，显然是有一定难度的。为达到字数要求，信息发布者就不得不对内容进行剪裁，在逻辑上、语义上、文字优美度上进行弱化。或用自造的词句表明自己观点及态度；或通过大量图片来说明内容。这些表达习惯都容易使大学生养成喜欢“短评”的阅读习惯，形成浅层思考模式。

（三）碎片化的阅读习惯

《人民日报》调查显示，网络（54.12%）、报纸（46.32%）和电视（43.83%）是受访读者最重要的三种信息渠道。[5] 截至 2017 年底，我国手机网民规模达 7.53 亿人，使用手机上网人群的占比由 2016 年的 95.1% 提升至 97.5%。[4] 网民手机上网比例的继续攀升将进一步巩固“网络”作为信息获取渠道的头把交椅。在被问及阅读的习惯时，有 38.35% 的受调查者习惯于“先看标题，如果感兴趣就往下看”，32.99%“挑喜欢的版面或栏目看”，“从头到尾仔细看”的不到 15%。有 51.56% 的受调查者平均每天用于阅读报纸的时间在半小时以内，只有 17.44% 的读者选择了“一小时以上”。[5] 这反映出新的媒体环境中读者阅读习惯的变化。读者阅读时间的减少和碎片化趋势明显，在一定程度上也反映出读者对阅读普遍缺乏耐心。看完标题就点击收藏已经成为新媒体时代阅读的常规动作，读者将带有分析性质的“好文”“长文”放入收藏夹后就再无下文。读者日益成为“收藏家”。大量知识在手机之间传播，但并没有将知识转变成“活”的知识。

（四）碎片化的教学模式

近年来，以慕课为代表的在线课程进入了快速发展阶段。据不完全统计，截至 2016 年 12 月，我国高校设立的在线课程总数已超过 1400 门，课程平台为高校定制课程达 5600 多门次，累计 1700 多所学校在平台上选用或定制课程，高校和社会学习者选课人次首次超过 3000 万。[6] 在线教育、慕课等对打破知识壁垒和知识传播的地域限制，推动教育公平和终身教育具有重大作用。但也存在一些亟待解决的碎片化教学模式问题。为便于录制教学视频，传统的一节课可能被分割成为十几分钟的甚至更小的片段，相关知识点被人为地分割打乱分布在视频中。如不系统地学完整门课程就难以对该门课程有一个完整的掌握和理解，进入脑海的就会是一个个孤立的知识点。国内某慕课机构进行的一项调查显示辍学率高达75%，而国外媒体广泛引用的一个数据是90%的学生没有完成慕课课程，美国宾夕法尼亚大学的研究结果证实，“辍学率”甚至高达96%。[6]这种高“辍学率”正充分反映出“碎片化教学模式”带来的“碎片化知识结构”的弊端。此外，由于选课人数众多，慕课测试评价的标准都是答案标准化、统一化、量化的客观题。这对于充分发挥学生的学习主观能动性和促进学生深入研究可能产生错误的导向。

二、新媒体时代“碎片化”现象对大学生成长的影响

（一）削弱了大学生思维的整体性

大量知识通过碎片化的传播方式、碎片化的叙事语言、碎片化的教学模式，经碎片化的阅读方式在学生之间流转。这些被“碎片化”后的知识具有片面性、分散性、跳跃性的典型特征。片面性即信息的发布者仅仅只是从所理解、掌握的角度来理解事物本身，缺乏对事件的整体把握，抓住某点或局部进行思考，片面性地思考问题。分散性即碎片化知识是知识事实的简单罗列，是分散到四处的对某一事物研究的知识点的集合，而非对逻辑推断的整合。对碎片化知识的学习只是扩充了对事实本身的了解，不能增加对事物整体的了解。跳跃性是指不断跳跃的多元信息迫使学生不停刷新手机中的信息，以寻找所需的知识。信息的跳跃带动了学生思维的无规律被动跳跃。

人类认知事物的过程应该是从点到线，从线到面，从面到体，从一维到多维，从局部到整体，再从整体到局部，从多维到一维，从体到面，从面到线，从线到点这样的一个循环往复螺旋上升的过程，从而全面把握事物的形式和本质。但在碎片化时代，由于学生缺乏整合信息的能力，其学习的过程也局限在从点到点。这对大学生全面思维的养成造成极大冲击。国家的进步需要高新技术的引领支撑。高新技术涉及多学科多领域，没有整体性思维作为指导将寸步难行。

（二）弱化了大学生思维的深度

美国学者詹姆斯·默盖尔曾提出阅读层次理论，把阅读分为知识性阅读、

理解性阅读、探索性阅读。阅读中触及的层面不同，代表着阅读的不同深度。知识性阅读以知识习得为基本目标，只要认真记忆即可。理解性阅读需要具备整体性思维，能够在记忆基础上，将知识串联在一起，知道各知识点的内在逻辑关系，能够化繁为简、切中肯綮。探索性阅读则需要在知识、理解基础上，能够提出新观点、新看法、新问题并获得解决问题的能力，能够做到举一反三。后两个阅读层次都以前者为基础，三个层次难度逐层递增，对读者的能力要求也逐级提高。

新媒体时代使大学生的阅读方式发生了根本性改变。大量大学生成了知识的“收藏党”“标题党”。这种阅读方式难以归类于某种阅读层次。更多地应属于“浏览性”阅读。这种阅读无法使读者获得有效知识，只是满足了读者对于标题的好奇，对增进读者的知识并无实际意义。因此也就更无从谈及理解和探索。这将弱化大学生掌握知识的深度，难以在学习过程中发现新问题、新事物、新规律。

（三）延展了大学生知识的广度

碎片化虽然会削弱大学生思维的整体性，弱化大学生学习知识的深度，但并不意味着碎片化一无是处。碎片化的传播方式有利于信息呈现反应堆式的快速广泛传播，特别是在单一群体中的传播效果极佳。这点从某重大事件短时间内在朋友圈“刷屏”就得到了印证。

“两微一端”中如“毕导”这样的公众号，他们将书本中枯燥的物理、化学、机械等烦琐公式通过一些趣味性的实验、幽默的表达呈现出来，展现了不同的科学研究方式，实现了知识性与趣味性的完美结合。这些内容是当前大学生急需补上的“通识教育”。这类文章的大量转载传阅，能让“通识教育”插上翅膀，能有效解决专业教育过程中知识面过窄的问题，有效弥补课堂教学不足，突破课堂通识教育发展的瓶颈，不断拓展大学生的知识广度，使大学生文理兼通。

（四）提升了大学生认知世界的能力

“碎片化”在后现代语境中，本身就具有“解构”的内涵，这也意味着每个人都可以从任意的一个碎片中对某一事件提出自己的观点与看法。近年来，历史虚无主义泛滥，美化西方国家、诋毁中国传统文化和英雄人物的事件之所以层出不穷，正是由于西方敌对势力广泛利用新媒体的碎片化模式对历史进行任意解构，以试图瓦解摧毁中国人的自信。但随着越来越多的学生主动在网络上发声，参与到热点话题中来，舆论走向也就越来越多元。西方敌对势力的意图也越来越难实现。大学生利用自己所掌握的知识，对网络上传播的虚假错误颠倒的“历史”进行批判纠偏，极大地打击了网络上的亲“西方势力”和“公知”的嚣张气焰。大学生通过自身在国外留学、工作的经历，介绍近年来国内外发展的变化对比以及外国对中国的看法转变，有效地帮助大学生正确认识世界和中国发展大势、中国特色和国际比较。“那些不同表述方式，恰恰有利于人们从多种不同角度来扫描那个确实存有的生活事实，有利于这些生活事实本身被呈现与被理解。”[7]在这样的背景下，大学生能够兼听则明，逐步提升自身认知世界的能力，避免被网络信息轻易误导。

三、应对新媒体“碎片化”现象的主要举措

（一）把握新媒体时代碎片化的逻辑及规律

任何事物都有其自身的特点、规律与评价标准。新媒体以“热点、流量”为导向。只要能够使读者看到标题就产生好奇心并点开它，它的基本目标就实现了。至于读者从中获得了什么、学习到了什么，新媒体并不考虑。而知识则完全不同，知识以“内容、深度、价值”为基本目标，其核心在于让读者从中获得知识、锻炼思维、指导行动、服务社会。新媒体、知识两者在价值追求上有着本质的不同，但两者并非完全对立。关键在于谁掌控谁、谁引导谁：是知识掌控新媒体，让知识插上传播的翅膀；还是新媒体掌控知识，让知识也盲目追求“热点”“流量”。这需要在国家层面做好顶层设计，引导企业、网络树立新媒体的价值逻辑，避免唯利是图；需要国家做好相关领域的立法工作，让新媒体的发展和治理能够有法可依、有章可循，避免粗放野蛮生长。这也需要社会、高校深入研究新媒体的发展运行规律，按规律办事，既有宽松氛围，又有规矩底线，为知识传播创造积极的生长空间。这也需要社会引导更多的人主动参与到治理新媒体乱象中来，形成人人用网、人人有责的良好氛围。

（二）完善社会主义核心价值观的传播体系

托马斯·波克维茨教授认为知识具有社会性，知识隐含了规范、排序的治理功能，知识与权力关联密切。[8]前新媒体时代，知识的生产权、解释权、传播权都集中掌控在统治阶级及其延伸的教育、宣传等机构手中。但在新媒体时代，这种集中的“统治权”被日益削弱。每一个人都可以自由发声，每一个人都可以从自己的角度对“知识”进行解读、分析、重组、传播，打破了以往的知识垄断权。这在本质上也是对传统“权力”的分解，必然导致价值一元化号召力、影响力的削弱。但这也有利于学生自我权力意识的萌生和成长，以及个体自我意识的觉醒。但大学生的心智仍不成熟，极易受到外在错误观念及价值观的影响，这就需要高校、社会构建完善的社会主义核心价值观的传播体系，以便弥合碎片化带来的现实与心理的巨大鸿沟；也需要引导大学生通过知情权、参与权、表达权、监督权来实现自身自由全面发展。国家要加强网络的管理，引导媒体舆论与社会价值相向而行，在社会主义核心价值观的一元指导下不断丰富和扩展大学生的价值观念。

（三）丰富新媒体时代正能量知识文化产品的供给

通过对新榜 2015 年 9—11 月每天微信阅读量最高的前 100 篇文章可以看出，这 9100 篇文章所属的类别广泛，其中体娱、时事和时尚这三类文章数量最多，分别为 1194 篇、1185 篇和 1053 篇。远远高于排在第 7 位的民生（483 篇）和第 8 位的教育（472 篇），而学术仅有 13 篇，排名第 24 位。从这个角度来说，正是由于我们在新媒体时代给学生提供的知识文化产品不够丰富，不能广泛吸引学生眼球，才导致了学生对网上八卦新闻、娱乐新闻更为关注，让其占据了各大网络的头版头条。

2017 年，知乎、豆瓣和天涯社区使用率均有所提升，用户使用率分别为 14.6%、12.8% 和 8.8%，[4]比 2016 年分别增加了 7%、4.7% 和 1.8%。“知乎”以帮助人们便捷地分享彼此的知识、经验和见解为目标。用户中“学生”是第一大群体，知乎的异军突起，也从侧面反映了学生对知识渴望。因此，高校要加大新媒体时代知识文化产品的供给，做好碎片化知识的整合工作，要通过大数据分析学生的特点及喜好，找准突破点；进一步完善优秀网络文化成果认定实施办法，鼓励更多高校师生投身到网络文化产品的生产中来，积极发声，讲好中国故事，传播好中国声音；要将网络文化技能培训纳入教师培训体系，提高教师的新媒体素质，学会利用新媒体服务自身工作的开展。

（四）提高大学生自我教育自我管理的能力

2017 年中国人均上网时长 27 小时，相比 2016 年增加 0.6 小时。[4] 大学生几乎每日会接触互联网，超过 90% 的人每日使用时长超过两小时。过半数大学生不接触报纸。每日接触互联网超过 8 小时的大学生占 12.2%，远超过了每日接触报纸（0.4%）、广播（0.5%）、电视（0.9%）、杂志（0.7%）达 8 小时以上的大学生，仅有 1.1% 的大学生每日从不接触互联网。[9] 数据触目惊心，学生将大量时间都用在了网络上。从辅导员走访宿舍的实际情况来看，也不容乐观。大部分学生在寝室利用网络进行游戏、娱乐等，而用于学习的较少。

从这个角度来说，"碎片化时间"其实是一个"伪命题"。学生时间的分割其实是模块化的，整块的时间都已经被课程、实验、实践所占据。根本不存在所谓的大量被分割得七零八碎的碎片化时间。碎片化时间更多是由于学生在课堂上情不自禁地多次长时间翻阅手机造成的。要改变这种情况还是要重新将碎片化的时间整体化。除了硬性规定上课统一将手机关机或上交外，更多的还是要提升学生的认知水平，提高学生自我管理能力和时间管理水平。高校要在做好学生职业规划教育的基础上，引导学生坚持认真阅读、经典阅读，适当读一些"费劲"的书，通过外在和内在结合的方式使学生逐步摆脱对手机的依赖。

参考文献

[1]迈克·费瑟斯通．消费文化与后现代主义[M]．刘精明，译．上海：译林出版社，2000.

[2]赵婧．"碎片化"思维与教育研究——托马斯·波克维茨教授访谈录[J]．全球教育展望，2012(10)：3－7.

[3]彭兰．碎片化社会与碎片化传播断想[J]．华南理工大学学报(社会科

学版),2012(6):109－110.

[4]中国网信网．第41次中国互联网络发展状况统计报告[EB/OL]. http://www.cac.gov.cn/2018－01/31/c_1122347026.htm.

[5]张凌．以“碎片化”方式改进报纸新闻写作[J]. 新闻论坛,2015(6):75－76.

[6]杨三喜．开发慕课少些功利心[N]. 中国教育报,2017－03－29(2).

[7]王辉．瞬间与无限:新闻真实的两种理解方式[J]. 国际新闻界,2012(2):45－50.

[8]林丹,李先军．“碎片化思维”:托马斯·波克维茨“社会知识论”的思想通道[J]. 比较教育研究,2015,37(2):11－12.

[9]易蓉．我国大学生媒体使用习惯调查:半数看报逾九成大学生每日上网超2小时[N]. 新民晚报,2015－07－20(2).

第一作者简介：周学智，中国石油大学（北京）校团委书记。

本文载于《实践探索》。

系统思维视域下大数据与思想政治教育有效融合研究

李姿雨　方凤玲

摘　要　大数据融合思想政治教育是新形势下思想政治教育的创新发展趋势和重要推动力。当前，推进大数据与思想政治教育的融合实践尚面临着思维、技术以及伦理层面的现实困境。系统思维方法立足于要素耦合，旨在形成相互联结的整体合力，通过系统思维的目的性原则、协同性原则和动态开放性原则能够从新的视角拓展大数据与思想政治教育的有效融合路径。立足系统思维，大数据与思想政治教育的融合应始终以提升学生获得感为目的，找准技术在融合过程中的边界与尺度；加强多要素之间的有效联通，打造全域协同的技术应用环境；突破思维桎梏，积极推动开放型的跨学科学术团队建设，打通融合实践“最后一公里”。

关键词　系统思维；大数据；思想政治教育；协同

2020年9月22日，习近平在教育文化卫生体育领域专家代表座谈会上指出，“要全面深化教育领域综合改革，增强教育改革的系统性、整体性、协同性……要总结应对新冠疫情以来大规模在线教育的经验，利用信息技术更新教育理念、变革教育式。”[1]在国家大数据战略的背景下，大数据等信息技术正深刻变革着人们的生活、工作和学习。作为社会子系统的思想政治教育与大数据融合是时代所趋，也是思想政治教育创新发展的内在要求。然而在应用大数据过程中也面临着一些现实挑战和障碍，思想政治教育需要不断与时俱进，运用当代最新思维拓宽对大数据融合思想政治教育的认知和理解。

“系统论是全面揭示对象的系统性存在、系统关系及其规律的观点和方法，其基本特征是把事物、过程、现象看作系统的存在，通过对相关性的研究和定量化，深入认识世界。”[2]思想政治教育本身作为一个系统存在，理应运用系统思维指导思想政治教育实践，解决思想政治教育发展中遇到的各种问题。当前立足于大数据与思想政治教育融合难题，需要进一步运用系统思维把握思想政治教育与大数据融合的内在规律，使整个系统的各个环节和要素实现深度耦合，充分发挥大数据的价值和优势，有效推动思想政治教育科学育人、精准育人的实践发展。

一、大数据与思想政治教育融合面临的现实困境

随着现代信息技术的蓬勃发展，大数据技术逐步引起了社会各个领域的全面变革，大数据与教育的结合，更是推动了教育产业的深度创新。具体对于思想政治教育学科而言，不仅更新了思想政治教育传统的定式思维与理念，也进一步优化了思想政治教育方式方法，为了解教育对象需求、思想动态，增强思想政治教育穿透力、解释力和感染力带来了新的契机，“数据思政 ”已然成为思想政治教育创新发展的新模式、新样态。然而在思想政治教育与大数据融合的过程中也面临着观念局限、平台不足、技术瓶颈、人才短板等现实挑战。只有认清这些问题，进一步从思维认识层面深刻把握大数据与思想政治教育融合发展的内在逻辑，才能迎来思想政治教育工作新局面。

（一）思维困境：大数据意识及素养不足

当前，大数据与思想政治教育的融合受重视程度不够、应用有效性不足的一个重要原因就在于教育主体对数据运用的自觉性、主动性和积极性不强，用数据“说话”和分析论证问题的方式在一定程度上受到传统思想政治教育讲求以经验逻辑为主的思维范式的制约。“不愿用”“不屑用”的心理和习惯使然，阻碍了思想政治教育者数据意识的养成，也直接影响了数据素养的提高。“国际数据公司的统计显示中国目前拥有的数据量占全球的 14% ，但数据利用率不到0. 4% 。大量数据仍在‘沉睡’，未能充分发挥自身价值。”[3]海量数据信息价值无法被挖掘而造成的资源浪费反映出社会整体性的数据素养有待增强。数据素养是具备运用数据的思维和进行数据转换与理论分析能力的统一，素养的高低是大数据是否能够与思想政治教育有效融合的前提。然而破解思维困境，提升思想政治教育研究者的数据素养除了有赖于主体要具有开放性的思维自觉，在课堂教学、学术研究中主动探索运用大数据方式方

法外，较为突出的问题还在于尚未形成协同一致的外部培养环境，缺乏一定的顶层制度支持以及大数据基础实践场域。

（二）技术困境：整体协同融合程度不高

大数据方法的掌握是进行具体实践的桥梁和抓手，在数据智能加工和处理下，从海量庞杂的数据中提炼有效的数据信息并进行专业性分析才能提高数据资源的可用性，以最大限度地发挥大数据的价值。然而高校思想政治教育中信息数据壁垒的存在、数据分析人才的匮乏、技术桎梏的难以打破使思想政治教育大数据创新研究的探索进程不尽如人意。一方面，“数据孤岛”现象成为研究者进行大数据高效充分采集的阻碍。一直以来高校内部由于缺乏对数据分析提升思想政治工作效能的认识，使得各部门学生数据存储存在分散性和不规范性，制约着研究者对高质量学生数据的收集。建立统一开放的数据库和协同共享平台，提高数据的利用率和价值，满足研究者的数据获取需求有助于突破大数据嵌入思想政治教育的首要难题。另一方面，就大数据应用于思想政治教育的实际操作过程而言，海量数据的选取、收集、整理以及可视化分析等每一个环节的推进都需要思想政治教育者和数据分析专业人才的紧密协作与配合。而现实中由于相关规章制度、配套技术平台以及大数据人才体系的不健全，思想政治教育者的技术使用诉求往往难以付诸实践，大数据与思想政治教育融合的有效性难以提高。“不会用”“不敢用”的技术困境使得大数据方法融入思想政治教育的具体实践难以顺利推进。

（三）伦理困境：人的主体性价值被忽视

习近平指出：“思想政治工作从根本上说是做人的工作，必须围绕学生、关照学生、服务学生，不断提高学生思想水平、政治觉悟、道德品质、文化素养，让学生成为德才兼备、全面发展的人才。”[4]大数据与思想政治教育的不断融合，已成为思想政治教育创新的必然趋势。然而在实践中，伴随而来的是不容忽视的大数据应用所带来的潜在伦理风险，诸如隐私侵犯、信息泄露、个体权益侵害等伦理问题。而这一切伦理风险都存在引发思想政治教育对教育对象主体性需求的忽视和人文情怀的缺失。

技术必然存在着两面性，技术展开了人的可能性空间，但每一种可能性空间又必然会遮蔽和遗忘更多的可能性，使丰富的可能性扁平化、单一化。[5]大数据的介入为实现精准化、个性化教育助力，为思想政治教育提质增效。但思想政治教育大数据将要或已经涉及的个人隐私安全、数字鸿沟差距等伦理问题，会对思想政治教育的长效健康发展产生不利影响。当前在伦理层面对大数据应用过程的反思尚未受到研究者的全面重视，如何立足于技术的双重属性，走出大数据与思想政治教育融合所产生的伦理困境任重而道远。

二、系统思维在大数据与思想政治教育融合过程中的价值

“系统思维是人们运用系统科学方法论的观点，把对象的互相联系的各个方面及其结构和功能进行系统认识的一种思维方法。”[6]思想政治教育是一个包含诸多要素的复杂系统，用系统性思维认识思想政治教育发展与大数据的融合创新，能够更全面深刻地认识融合难题。当前，借助系统思维的目的性原则明晰大数据运用的伦理责任和技术价值认同；以系统的协同性认识大数据技术嵌入的整体布局，促进融合过程中各要素的耦合发展；以系统的动态开放性反思大数据融合的思维局限与不足，能够进一步为融合实践提供科学的理论指导，为化解大数据与思想政治教育的融合困境提供新思路。

（一）以系统思维的目的性原则明确以人为本的根本目标

根据系统思维，系统中相互作用和相互依赖的若干组成部分都有着一个共同的发展目标，系统诸要素围绕既定目标采取不同的手段和方式促进系统的有序演化，最终使系统的整体目标得以实现。因此，系统内部都应有自身的明确目的，与之相辅相成的子系统的发展要与母系统的总目标保持一致，进而才有利于确保整个系统的良性发展。思想政治教育系统以提升人的思想道德素质，培养全面发展的人为目的，大数据与思想政治教育融合是思想政治教育发展阶段中的一个重要子系统，要始终符合思想政治教育系统总目标的发展方向，因此大数据技术的介入最终是要为教育者和教育对象服务。

当前，大数据使精准把握和及时研判教育对象的思想动态与行为倾向成为现实，已是思想政治教育创新的现实需要和必由之路。然而思想政治教育在热情拥抱大数据技术时，也需要省思技术带来的冲击和风险。从人的立场

和视域下合理把握教育中技术的价值，明晰大数据技术运用中对人的本质实现的最高价值追求，避免出现技术异化思想政治教育的失衡现象。因此，把握大数据在思想政治教育具体运用中的尺度，厘清思想政治教育与大数据技术融合过程中的根本指向问题，既是两者得以深度融合的关键所在，也对思想政治教育的持续健康发展尤为必要。在二者融合过程中，一方面，要运用先进的符合价值规范的大数据方法促进思想政治教育的发展，以推动思想政治教育的科学化、精准化、智慧化发展，而不能阻碍思想政治教育的发展。另一方面，以人为本是思想政治教育发展的内在要求和必然选择，学生在思想政治教育中的获得感，既是检验思想政治教育实效性的关键指标，也是思想政治教育改革创新的重要着力点。在运用大数据时要明确遵循思想政治教育以人为本的价值旨归，避免陷入工具理性和价值理性相背离的旋涡中。

（二）以系统思维的协同性原则认识技术嵌入的整体布局

系统内在要素之间的协调作用是保证系统正常高效运转的重要基石，思想政治教育与大数据技术的融合，不仅是两者的简单结合，还有赖于融合过程中内外部诸要素之间的深度耦合发展。从其具体结构与核心要素上看，大数据融入思想政治教育需要宏观层面的规章制度保障、中观层面的大数据平台建设、软硬件设施配套以及微观层面的教育主客体大数据素养双提升。而充分调动要素间的整体协调性可以改善单一维度下思想政治教育主体“不会用、不敢用”大数据技术的尴尬局面，从而营造一个协调一致的善用、乐用大数据技术的良好氛围。

一方面，要充分发挥大数据在融入思想政治教育领域过程中，多种要素之间协同影响所形成的叠加效果。思想政治教育与大数据的融合受到多层面互动、多主体间协同合作程度的影响，数据管理有据可依能够为大数据与思想政治教育融合提供制度保障、大数据平台的构建为思想政治教育与大数据的融合提供实践场域、教育者和教育对象数据素养的提升将有效提升大数据与思想政治教育融合的实践自觉。在这一过程中通过不同要素的调动和叠加能够加深融合程度，优化融合过程中的协同机制，共同推动事物向前发展，实现“整体大于部分之和”的效果。另一方面，要利用不同要素之间的深度耦合放大融合过程中多要素间的协同作用。大数据与思想政治教育的融合是一个涉及多要素的复杂系统，不同要素间的差异性通过融合过程中的交互作用产生耦合效应，进而会对融合效果带来影响。“打破传统学科之间的壁垒，促进不同学科之间多形式的交叉和融合发展，通过不同学科之间学术思想的交融与思维方式的综合，以解决综合性的社会问题和科研难题，培养满足国家发展需求的高层次复合型人才。”[7]突破单一固化思维，进行多学科的知识交叉借鉴，由此系统诸要素之间的叠加效应和有效耦合便能够进一步强化系统内部的协同，为大数据嵌入思想政治教育带来持续性的融合动力并推动融合生态的良性有序发展。

（三）以系统思维的开放性原则反思大数据融合的思维方法

系统思维的开放性特征是系统得以不断演化发展和保持永久先进性的前提条件。系统思维认为，系统都是开放的，系统能够从外部环境中获取必要的物质、能量与信息，并随着环境的变化进行自我内部结构的迭代发展。当前，大数据与思想政治教育的融合无不体现出思想政治教育系统的开放性特征，在二者的具体融合实践中需要继续保持开放式思维以优化大数据嵌入思想政治教育的方式方法。

第一，教育主体要保持思维的开放性、促进思想政治教育在大数据背景下的创新。随着信息化技术的发展，教育对象的思想在多元文化价值观念交融交锋中受到冲击，传统静态思维下的思想政治教育方式显然已经不能满足教育对象个性化的发展需求。为了实时跟进、精准把握教育对象的思想变动和个体的多样性，思想政治教育者要保持教育的动态性，以开放式思维重视和增强大数据素养与能力，主动转变线性思维的研究惯性，打破单一化的知识背景，开阔知识视野和思维方式，积极参与多学科交叉研究，开展与专业技术人才的科研合作。运用大数据思维助力思想政治教育精准化和个性化发展，提升思想政治教育的科学性和实效性。第二，从系统论的角度上来看，系统既要向内部开放，也要向外部的环境开放。在融合实践中要遵循开放性原则，一个系统只有开放才能获得自身发展的养料，从外界吸收负熵流，抑制系统内部的熵无序增加，从而逐步从低级有序走向高级有序，实现系统自身的生存发展。[8]思想政治教育与大数据的融合应以开放的姿态和外部环境进行多层次、多方面的交流合作，与数学、计算机科学、人工智能等专业人才进行交流互鉴，引进大数据挖掘技术，搭建数据云处理和分析平台，增强自身的实践能力和水平，培养一批思想政治教育大数据人才队伍，以满足思想政治教育的现实需要和创新要求。

三、系统思维视域下大数据与思想政治教育融合的实践路向

思想政治教育系统是一个复杂开放的系统，运用系统思维推进大数据与思想政治教育融合，通过始终围绕系统内部的核心目标，确立大数据技术对人的意义与价值实现的伦理追求；推动各要素间的协调发展，解决融合技术难题；实现信息系统与外部环境间的充分互动，突破思维桎梏，有效提高大数据嵌入思想政治教育的实效性。

（一）以提升学生获得感为目的，找准技术在融合中的边界与尺度

思想政治教育是有“温度”、有“情怀”的教育，大数据与思想政治教育的融合要始终围绕满足学生主体的多样化需求，让学生有更多的获得感而展开一系列创新实践。实现大数据背景下思想政治教育的有效供给，充分尊重学生作为现实的人的情感需求与主体性价值，既是思想政治教育实效性提升的关键，也是化解融合实践中伦理困境的重要抓手。

第一，运用大数据要立足于学生需要的现实性，推进思想政治教育内容有效供给。伴随互联网的发展，以微博、微信、知乎、B 站、抖音等为媒介的信息交流平台已经日益成为学生群体关注社会事件、浏览以及发布个体生活状态的主渠道，网络信息碰撞、评论观点相互交锋中多维度地展现着教育对象多元化的精神需求和情感需要。运用大数据技术及时了解网络空间场域下学生重点关切问题，解决学生价值判断的矛盾点，对思想政治教育者能否开展具有针对性的思想政治教育，提高网络时代思想政治教育的实效性至关重要。以微博为例，可以在信息脱敏化处理下，运用 Python 技术以平台注册年龄、时间等限定搜索范围，对学生关注的有效社会热点或当前舆情事件的相关信息发布进行数据可视化和情感分析，理论对应实践，回应学生所需所想，对学生关心的社会舆情进行价值引领。通过有针对性的教育内容改善思想政治教育“空洞说教”的印象，增强思想政治教育的现实性，解决学生所思所惑。在精准靶向式供给下提高思想政治理论课课堂学生关注度，让学生

体会到切实的获得感。

第二，运用大数据技术赋能思想政治教育供给主体，优化供给方式。有针对性的思想政治教育供给内容离不开思想政治教育者较高的供给能力和科学有效的供给方式。只有三者有机结合才能让学生在思想政治教育中有更多的获得感。依托大数据技术为思想政治教育者赋能，优化供给方式主要体现在3个方面：一是通过建立集海量学生校园数据和技术分析于一体的思想政治教育资源平台，实现教育者随时随地观测学生状态数据，把握学生个体画像，为教育对象制定个性化教育方案，增强思想政治教育精准性。二是通过大数据技术优势，构建数据全程跟踪式预警反馈平台，及时了解教育对象个体需求的发展变化趋势，在充分尊重教育对象知情权的前提下，对其进行恰如其分的引导和干预，促进学生的长久健康发展。三是依托大数据技术建立思想政治教育智慧课堂，拓展思想政治教育供给空间和供给方式，改善教学方式的枯燥单一，解决思想政治教育互动性不强的难题。根据教育对象的现实需求特征，通过使用基于大数据的 VR（虚拟现实技术）、AR（增强现实技术）、传感和脑机接口技术不断建构和完善虚拟思想政治教育环境，将VR、AR 等沉浸式体验运用到课堂教学，使教育对象身临其境地感受红色资源、英雄事迹，与历史人物和历史事件进行跨时空对话和情景式参与，不仅有助于增强思想政治教育对象主体性意识和课堂获得感，还能有效提升学生对思想政治教育的价值认同。

（二）加强多要素有效联通，打造全域协同的大数据技术应用环境

一个有机统一的思想政治教育与大数据融合过程，需要不同要素之间不断进行非线性的相互作用，打造一个顶层设计、平台建设、主客体自觉协同一致的融合环境，进而精准推动大数据与思想政治教育融合的实践。

第一，不断完善大数据管理的规章制度，为数据共享提供保障机制。随着大数据应用的普及化发展，由数据所有权、使用权以及访问权属性边界的模糊引发的数据安全和个人隐私泄露等问题，越来越成为阻碍大数据健康发展的主要因素之一。明晰数据涉入者的权责关系，建立完善的数据管理制度，应从数据资源收集、应用、共享与安全等多个层面建立起相应的保障机制。

在涉及隐私性质的数据挖掘与应用环节，数据管理者首先要确保数据生产者的知情权，在此基础上制定数据使用责任到人制度，对数据临时使用者的数据采集量、数据使用范围、使用场所、使用时间等设置应用权限。同时要在数据存储环节建立起严格的安全防护，设置类型数据专用数据库并进行加密处理，防止数据的人为丢失与泄露。

第二，推进大数据平台建设，提升数据资源价值。长期以来，数据壁垒、“信息孤岛”现象极大地影响了大数据的使用效率，制约着数据价值的创造和数据应用能力的提升。打破数据隔离，扩大数据开放程度，建立一个集数据采集、存储、共享、应用与分析等多功能于一体、互联互通的思想政治教育大数据平台，既有利于实现数据的整合，形成数据资源库、加强数据治理，也将为思想政治教育科学决策、精准施策提供强有力的数据支撑。一方面，要建立统一共享的数据整合平台，将各类数据进行格式转换、数据清洗、有效筛选，提高数据的可用性并进行信息数据的开放共享，为数据应用提供基础支撑。另一方面，通过数据平台构建，提升平台数据服务能力建设，真正有效推动思想政治教育实现全员全程全方位育人目标。

第三，提升教育主客体的大数据素养，增强数据应用意识和感知能力。一方面，教育主体要提高学习和运用大数据技术的自觉性。基于自身的专业优势和工作经验，实现与大数据方法的有机结合。另一方面，要提升教育对象的信息鉴别能力，加强网络自我管理。现代信息技术的蓬勃发展，基于关联性特征的网络记忆实现了对用户“兴趣爱好”的智能精准投送，而这就难以避免一些不良信息影响教育对象的价值判断。因此，要引导学生提高信息敏锐性，摆脱“信息茧房”影响下自我选择的“被支配感”。

（三）突破传统思想政治教育静态思维，推动跨学科学术团队建设

当前，思想政治教育面对思维固化、技术难题的困境，需要以开放式思维和包容、多元、互鉴的态度尊重、理解和接纳不同学科文化，打破学科之间的隔阂。

第一，加强思想政治教育与大数据的深度融合。一是要突破学科壁垒，形成新型学术团队组织结构。要在发展条件有限的情况下，最大限度地发挥

学校内部大数据相关专业的人才资源。积极促成与计算机、人工智能等专业教师、学生的长效合作伙伴关系，成立大数据研究机构，为融合发展提供一个正规化的合作组织空间。二是要充分考虑技术人才的个体发展需求，制定具有吸引力的人才发展规划。在长期学术交流过程中，可依据学生兴趣建立有利于学生成长成才和长远发展的联合培养模式；实施有助于教师职业发展的双聘制度，创造科研合作平台，为思想政治工作队伍培养可延续性技术人才。三是思想政治教育研究者要秉承育人者先育己的理念，积极学习 Python 语言、文本挖掘、情感分析等大数据方法，在交叉融合中不断提升自身的数据素养和技术能力，契合新时代发展要求，夯实思想政治教育发展根基，切实走出技术困境。

第二，大数据与思想政治教育融合在坚持开放性与多学科交叉研究的基础上，要始终坚守自身学科发展的独立性。一是必须立足于思想政治教育的育人本位，在融合实践中具有“问题意识”和鲜明的“问题导向”。思想政治教育研究者不能盲目为数据而寻找数据和应用数据，而应以解决思想政治教育现实问题而开展大数据研究。二是在与相关学科的技术人才合作中，要根据自身研究需要找准适合研究内容的大数据技术。敢于说出自身研究过程中面临的问题，寻找和改进最具适配性的大数据方法，提高内容与方法的适配度，增强大数据应用的有效性。要让技术方法服务于思想政治教育研究，而不是机械地将思想政治教育问题自动套用已有的技术，要在不断的实践探索当中，逐渐形成具有思想政治教育特性的大数据方法库，使思想政治教育大数据研究更贴近现实，也更能回答思想政治教育实践提出的各种问题。

参考文献

[1] 习近平. 在教育文化卫生体育领域专家代表座谈会上的讲话[N]. 人民日报,2020－09－23.

[2] 李秀林,王于,李淮春. 辩证唯物主义和历史唯物主义原理[M]. 北京: 中国人民大学出版社,2004.

[3] 彭科峰. 唤醒“沉睡”的科学大数据[N]. 中国科学报, 2015－10－12.

[4] 习近平在全国高校思想政治工作会议上强调把思想政治工作贯穿教育教学全过程 开创我国高等教育事业发展新局面[N]. 人民日报,2016-12-09.

[5] 吴国盛. 技术与人文[J]. 北京社会科学,2001(2).

[6] 刁衍斌,王嘉茉,张育广,等. 系统思维视域下高校体验式创业价值观的培育路径[J]. 系统科学学报,2022(4).

[7] 包水梅. 基于交叉融合的高等教育学学科发展理路[J]. 国家教育行政学院学报,2021(9).

[8] 易小明. 论系统思维方法的一般原则[J]. 齐鲁学刊. 2015(4).

第一作者简介：李姿雨，中国石油大学（北京）马克思主义学院博士研究生。

本文为教育部高校示范马克思主义学院和优秀教学科研团队建设项目重点选题“增强大学生对思想政治理论课的获得感研究”(项目编号：17DJSZK050）阶段成果。

本文载于《思想教育研究》2022 年 3 月第 3 期（总第 333 期）。

“技术赋能时代”行业特色高校智慧智能思政实践研究

李晓夏

摘　要　“技术赋能时代”行业特色高校智慧智能思政实践研究旨在探索如何利用技术赋能的方式，推动高校思政实践的发展，以满足行业特色高校的智慧智能需求。通过系统梳理行业特色高校智慧智能思政的特殊性，客观分析当前发展现状，科学汇总现有实践模式，形成未来智慧思政实践方案，以提升高校思政实践的效率和质量，为行业特色高校提供智慧智能支持，推动高校思政实践的发展。

关键词　智慧智能思政；技术赋能；行业特色高校；思政实践

“技术赋能时代”，人工智能、大数据、智慧生态将深刻改变行业特色高校的人才需求导向和教育形态。技术不仅为“教与学”方式的革新助力，而且已深入影响到思政实践的理念、文化和生态中，促进思政教育向智能化转变。同时，行业特色高校作为培养特色人才的主要阵地，不仅需要加强特色培养，而且更需要在思政教育过程中借助技术红利，培养全面发展的新时代高素质特色人才，多方位、立体化布局，逐步推进新变革适应未来数字化、智能化发展，智慧智能思政实践变革成为未来教育发展的新方向。因此，以“技术赋能时代”为背景开展“行业特色高校智慧智能思政实践”的研究，探索借助技术融合行业特色高校特点进行智慧智能思政教育的实践路径及模式，将为该方向的发展提供创新借鉴。

一、“技术赋能时代”行业特色高校智慧智能思政的特殊性分析

行业特色高校（简称行业高校），是指在我国高等教育体系中，综合性

大学之外，面向行业、为行业服务的具有行业特色类的高校，属于行业院校、专业院校、行业特色型大学。行业特色高校包括农林、石油、电力、通信等领域，为国家输送高素质专业化人才。行业特色高校开展思政教学实践直接链接专业型人才的思想形成、专业发展、教学落地。行业特色高校在为国家专业领域输送高素质人才队伍过程中发挥着重要作用，思政课不仅从中落实“立德树人”的根本任务，而且为行业特色高校的发展提供思想教育基地、为行业特色高素质人才的培育把定思想航向。行业特色高校要不断探索智慧智能思政实践的创新机遇，化解行业特色课程与思政实践课程发展不均衡问题，以行业特点与技术赋能的融合力量推动人才培养的时代新发展。

行业特色类大学与普通综合类高校在思政教育实践上存在显著的差异。行业特色类大学更加注重专业性的思政教育，以满足行业发展的需求。此外，行业特色类大学还会更加注重实践性的思政教育，以更好地培养学生的实践能力。例如，在经济类大学中，学生们可以参与到实际的经济研究项目中，以更好地理解经济学的实践应用。但同时，行业特色类大学在思政教育实践上也存在发展的缺口，例如，普遍存在思政力量分配相对薄弱、特色课程与思政课程发展不均衡、思政内容聚焦单一行业等问题，亟待解决。

习近平总书记在全国高校思想政治工作会议上的讲话强调，要运用新媒体新技术使思政工作活起来，推动思想政治工作传统优势同信息技术高度融合。思政教育与技术的融合助推“技术赋能时代”的高校思政教育在强化思想政治理论课研究和教学实效上迸发出更强的时代感和吸引力。同时，“技术赋能时代”为行业特色高校思政实践带来新机遇：针对行业特色高校的人才培养需求，智慧智能思政凭借技术优势，为其提供海量教学信息、提升思政实践质量和效率、精准对标教学过程和结果等方面带来新机遇。

二、“技术赋能时代”行业特色高校智慧智能思政的实践模式分析

（一）大思政数据库在线自主学习模式

针对行业特色高校，基于大数据的在线学习功能，建立大思政数据库与在线自主学习融合模式，扩展思政数据平台的功能链条与资源储量，融合建设智慧思政教学的需求，搭建大思政数据未来学习模式，促进学生开展在线

自主思政学习，实现自主地从大思政数据库中搜索、检索、查看和学习相关的知识，从而提高学习效率和学习质量。

（二）思政实践线上线下融合模式

“技术赋能时代”到来，单一的线下教学实践不能满足时代发展的需求，教学方式需借助技术力量进行优化更新 。线上线下融合的教育模式能够结合双线教学的优点，将线上和线下的思想政治实践活动有机结合起来，形成一种新的实践模式。线上活动可以通过网络平台进行，如网络讲座、网络讨论等；线下活动可以通过线下教学、实地考察、社会实践等形式进行。这种模式可以有效地涵养学生的思想政治素养，增强学生的实践能力，实现优势互补，促进师生共同参与思政实践，提高教学效果。

（三）P2P 精准思政模式

P2P 精准思政模式，针对思政课教辅系统使用现状，是一种基于 P2P 技术的思政教育实践模式，P2P 模式系统助力实现教学资源的精准搜索和共享。它将理论教学和实践教学中的信息共享、协作和交流结合在一起，以提高思政教育的准确性和效率。它可以帮助教师更好地了解学生的需求，并有效地实施教育与管理。以 P2P 模式打破时间、空间上的局限，通过学生常用的微信、QQ、抖音等平台充分调动学生积极性，帮助学生高效学习。

（四）直播思政模式

直播思政模式是一种新型的教育模式，利用直播课堂开展行业特色思政教学，将传统的课堂教学与网络直播相结合，通过网络直播的方式，可以让学生在家中观看课程，同时也可以与老师进行互动，从而提高学习效率 。助推学生扩展视野、胸怀大局，实现“用脚步丈量祖国大地，用眼睛发现中国精神，用耳朵倾听人民呼声，用内心感应时代脉搏”的目标，以直播即时性、直观性、互动性的特点及时感知教学效果，提高教学质量。

（五）元宇宙思政实践模式

当前，“元宇宙”概念逐步参与人类社会发展，为智慧智能思政实践模式提供新思路：在元宇宙思政课堂内，除形成独立的教学情感链条和独具特色的行业场景，借助数字世界虚实共生的吸引力，重塑智慧思政教育环境、增加学生学习体验，助推元宇宙世界角色扮演教育模式成为可能。学生在这种模式下开展思政学习活动，能够身临其境地感受思政课堂的元宇宙魅力。

三、“技术赋能时代”行业特色高校智慧智能思政的路径分析

（一）构建行业特色高校智慧智能思政教育体系

一是智慧智能思政平台建设，坚持立德树人的根本理念，以马克思主义理论为根本指导，建设智慧智能思维、技术、方法与思政教育融合的平台。

二是行业特色“思政金课”上“云端”，行业特色高校不仅有特色专业，而且拥有丰富的思政素材，挖掘特色专业思政内容，融合专业特色思政资源，借助技术开展行业特色高校智慧思政教学上“云端”，真正推动思想政治教育智能化、信息化发展。

（二）创新行业特色高校智慧智能思政教学方法

探索智慧教学基本方法、具体方法和教学场景的创新融合，建立智慧智能思政教学系统，采用智慧智能思政教学技术，以思想政治教育为主导，利用 5G、大数据、人工智能、XR 技术，在课程资源、教学过程、教学评价考核等方面寻找新路径，提高教学效率，既突出行业类大学思政实践特点，又紧抓技术赋能红利，为学生打造新型智慧智能思政新课堂。同时，引入智慧智能思政教学模式，提升学生的学习能力，开展智慧智能思政教学研究，推动教学改革。

（三）培育行业特色高校智慧智能思政教师素养

教师是课堂教学的引路人，在“技术赋能时代”背景下，教师开展智慧智能思政教学的专业水平和能力体现都会对教学质量产生影响。因此，高校要开展高质量的智慧智能思政教育，需培育高素质专业教师队伍。可通过智慧教学能力培训、智慧思政课程实训、智慧教学研讨等方式提升教师能力，为学校智慧智能思政教育提供师资保障。

（四）完善行业特色高校智慧智能思政体制机制

传统思政教育实践以辅导员思政、思政课程和思政活动为主，实现方式

比较单一，部门之间缺乏协作。“技术赋能时代”的智慧智能思政实践，打破部门协作壁垒，学校不同部门共同构成智慧智能思政实践的多元主体，行业特色高校更可由此精准实现行业对标和思政教育。通过体制机制的不断完善，行业特色高校智慧智能思政平台作为中转站，不仅能结合行业特色高校特点进行数据资源的开发和共享，而且可实现“单一到多元联动”的教学实践目标，营造良好的智慧智能思政教学氛围，提高教育的实效性。

未来，行业特色高校智慧智能思政教学将会迸发全新优势。

一是对高校而言，行业特色高校响应国家教育改革大势，提出针对性对策，完善思政教学体系，化解行业特色课程与思政实践课程发展不均衡问题，开启智慧智能思政新局面。智慧智能思政教学将会更加注重学生的个性化学习，通过智能化的学习系统，学生可以根据自己的兴趣爱好和学习能力，自主选择学习内容，实现个性化学习。

二是对学生而言，智慧智能思政教学将会更加注重学生的实践能力，通过智能化的实践系统，学生可以根据自己的学习内容，实现实践能力的提升。创新智慧智能思政课堂形式，提供海量信息化教学资源，提高行业特色高校学生思政素养和学习兴趣，助力学生在“技术赋能时代”树立正确的价值观，推动学生思政学习发生质的转变。

三是对教师而言，未来将转向涵养思政教学能力和专业素养，提升智慧教育实效。通过将技术运用到思政教学中，更新智慧教学理念，优化教学方式、课程设置，提升教学质量。

参考文献

[1] 郭瑾莉，王天泽. 地方行业特色高校开展课程思政建设的着力点[J]. 学校党建与思想教育，2022(12):52－54.

[2] 刘丽敏，李媛. 新时代行业类高校思想政治理论课特色发展的根本遵循与行动指南——学习习近平总书记给北京科技大学老教授重要回信精神[J]. 思想教育研究，2022(5):13－16.

[3] 翟文豹. 课程思政建设：逻辑起点、基本前提与实践路径——以行业特色型高校为例[J]. 现代教育管理，2021(9):35－41.

[4] 葛学彬. 以信息技术赋能“理论性与实践性相统一”——基于概论课的思考[J]. 中学政治教学参考,2023(4):17－20.

[5] 路丽梅,范继. 大数据时代高校思想政治教育创新与探索[J]. 食品研究与开发,2023 ,44(2):239－240.

[6] 张天华,吕锦芳. 教育新基建背景下高校思政课建设创新研究[J]. 学校党建与思想教育,2022(24):47－50.

[7] 王华彪,任路伟. 以大数据提升思政课教学管理科学化水平[J]. 中学政治教学参考,2022(47):84－87.

作者简介：李晓夏，中国石油大学（北京）马克思主义学院讲师，中国石油大学（北京）博士后流动站研究人员。

本文基金项目：国家社科基金重大项目“改革开放以来中国贫困治理对外话语体系的建构与传播研究”（20&ZD140）；北京市学校思想政治工作研究课题“‘技术赋能时代’行业特色高校智慧思政模式研究”(XXSZ 2022YB30)；中国石油大学（北京）思想教育科研项目（党的二十大精神专项）“数字时代下的能源高校思政教育现代化研究”（2023B11）；中国石油大学（北京）马克思主义学院党建研究项目“新时代高校智慧智能学生党支部建设模式研究”（ MY－22022002）。

本文载于《现代商贸工业》2023 年第 14 期。

大数据视域下高校网络引导力培育的理路分析

王子安　王　天　周学智

摘　要　随着我国社会主要矛盾转化、高校网络生态变化、大学生成长需求提高，高校网络思想政治教育面临新挑战。把握新时代高校网络舆论场特征，融合大数据技术开展高校网络引导力培育，对高校网络思想政治工作有重要作用。借助大数据等技术，创新工作方式、重塑信息组合策略、促进内容可视化、组建协作团队，是高校网络引导力培育的具体路径。

关键词　大数据；新时代；网络思想政治教育；网络引导力

习近平总书记在党的十九大报告中提出“中国特色社会主义进入了新时代”“我国社会主要矛盾已经转化为人民日益增长的美好生活需要和不平衡不充分的发展之间的矛盾”[1]。新时代呼唤新使命，新矛盾催生新要求，中国特色社会主义的两个重要判断，为新时代高校思想政治工作指明了新方向，催促新时代高校网络思想政治教育的再一次变革。网络思政在高校思想政治教育中虽是一个新兴、热门工作，但随着互联网、大数据、人工智能等进入高校视野，高校网络思想政治教育渴望与时俱进、因势利导的新工作范式和新运行模式。

一、问题溯源：新时代高校网络思想政治教育面临新挑战

（一）社会主要矛盾转化对网络思想政治教育提出了新要求

我国社会主要矛盾的变化是关系全局的历史性变化，对党和国家工作提出了许多新要求。在现今的大学生网络思想政治教育工作中，教育资源、教育内容、教育手段尚不能覆盖全体学生，同样存在着“所教非所需”的不平衡、不充分的发展问题。学生日益迫切的全方位、深层次健康成长成才需求

与教育覆盖面不全、辐射面不广、针对性不强之间的矛盾逐步凸显。[2]高校网络思想政治教育只有深入理解、全面把握新时代大学生内在、外在矛盾，才能深入浅出地走进学生生活，从思想层次指导理论方位和实践方向，进而外化为自觉的行为。

（二）高校网络生态变化对网络思想政治教育提出了新要求

高校网络生态多元化和复杂化催生了大学生网络思想政治教育的提出和快速发展。从建网站、入驻大学生网络社区平台，到抢占微信公众号、微博公众号甚至今日头条的自媒体平台，再到现在火爆的原创视频和短视频平台，高校已经从追随潮流、拓宽宣传口径的简单心态回归到了主动发声、引领思想等思想政治教育初心。近年来，我国对网络有害信息管控逐步完善，但爆炸的信息、多元的价值以及特色的话语让高校网络生态更加复杂，对大学生思想的负面影响更为隐性。尤其是自媒体环境中碎片化的内容，会在更加细微之处影响大学生成长，这给高校思政工作者带来了新的挑战。

（三）大学生日益增长的成长发展需求对网络思想政治教育提出了新要求

当今，大学生的发展需求随群体个性、时代特征、成长环境等诸多因素变化，其尊重需求、自我实现需求及人生价值的实现要求得到最大的满足。一方面，新时代大学生对科学精神和人文底蕴的追求比以往更加强烈；另一方面，新时代大学生对未来规划和人生价值的探索欲望更加强烈。[3]这就要求网络思想政治教育工作者与其他自媒体正面交锋，引导学生看清本质、明辨是非，坚定大学生理想信念，引导学生树立共产主义远大理想。

二、理论探微：高校网络引导力培育的规律分析

（一）高校网络舆论场的“高校特征”

爱因斯坦认为“场”是“相互依存的现存事实的整体”。也就是说，大学生在一定条件和共同空间的容纳下能形成一定规模的共同意见。舆论场的构成要素包括人员的密度与交往频率、社会环境的开放度、环境的渲染物象[4]，这使高校网络舆论场显现不同的特征。

高校作为社会中高等教育和学术研究专门机构，具有与其他社会组织不同的网络舆论场特征。校园主体的整体知识水平高但学历跨度也大、心理年龄整体年轻成长背景却千差万别、善于思考勇于批判但视野角度却不尽相同，这些造成了高校网络舆论场的高素质、多元化和矛盾性；作为网络“居民”，大学生思维活跃也对外界变化敏感，在个人利益受损和突发热点事件面前，会优先选择网络发泄，这便是高校网络舆论场的特定指向性；大学生作为新型媒介的主要目标群体也始终走在网络客户的前列，具有很强的数字化特征。因此，高校应充分利用网络的虚拟性和思想政治工作者的政治性，为学生解答成长疑惑，正确引导大学生在网络中发声。

（二）网络引导力培育在高校网络思想政治教育工作中的作用

在自媒体时代，存在着一批拥有强大粉丝基础并在事件面前能够带动节奏的用户（单一账号的背后也有可能是一个运营团队），我们称之为“网红”或“大V”。他们吸引了大比例的浏览量，网络信息的传播呈现出“大众传播—‘网红’或‘大V’——一般受众”的模式。高校进行网络引导力培育，一方面，要直面现今部分自媒体“意见领袖”的冲击，改变高校网络思想政治工作在大学生群体中的刻板印象，抢夺高校思想政治工作在网络上的话语权；另一方面，要充分发挥高校思想政治工作者的各方面优势，将思想政治教育用网络表达，真正缩小与大学生的距离，成为大学生物理空间和网络空间中的人生导师和知心朋友；同时，带有特殊语言模式或特殊性格特征的高校网络引导力培育团队（或衍生形象）更具社会亲和力，更有利于时代主旋律和校园文化的传播与发展。

（三）高校网络引导力培育团队发展的主要问题

在互联网环境中，高校在传统思想政治教育工作中的优势不再明显，有时反而又因其“官方”的背景受到掣肘。互联网传播过程的复杂性、随意性和个性化更容易使消息改变原有的味道。[5]高校的网络思想政治教育工作者并非专业的自媒体从业者，可能会因舆情引领时间选择不当、消息发布节奏不佳、信息组合效果不好、语言表达形式不生动、平台间配合不默契等原因而无法达到预期效果。无论是复杂的高校舆论场还是高校网络思政工作本身的困难，高校网络思想政治工作者想要破解这些客观和主观的困局，就要挖掘高校本身的优势，借助有效手段，破除各方羁绊。高校拥有最全面、最权威的动态数据，“大数据”作为互联网时代的集大成者，为解决疑难问题提供了从系统元素到整体思路的巨大改变，为高校网络引导力培育提供了具体路径。

三、实践路径：大数据视域下高校网络引导力培育的基本策略

（一）基础前提——依托大数据融合人工智能创新工作方式，确保高校网络思政工作者及时出现

工作内容繁杂使高校思政工作者无法像专业自媒体从业者“回答问题”“时事评论”那样及时，因此“被动”的运营方式更适合高校的网络思想政治工作者而非专业自媒体从业者。随着大数据和人工智能平台的引入，一方面，可以减少高校思政工作者的日常事务工作；另一方面，充分利用大数据和人工智能的监测能力和逻辑推理导向性预测事态走向，将被动的运营模式改为主动，为高校网络思政工作者提供时间和精力保障。

在互联网信息爆炸的时代，网络舆论引导者出现的时机是十分重要的，其很大程度上影响了读者的“信任度”和“忠诚度”。高校网络思想政治教育工作者一旦能做到有求必应、有问必答，甚至是“未卜先知”，便能通过高校新媒体优势在大学生中快速形成影响力并维持用户的高黏度，保证传播质量和阅读质量。而这种模式也更有利于高校网络思想政治工作者理论素养的提升，进而实现网络思政工作者向把握全局的全能型人才转变。但是，高校网络思想政治工作者出现的时机和发声节奏需要在学习和研究中不断调整。基于大数据创新网络思政工作方式，更需要各高校网络团队从信息资源获取、资源组合方式、虚拟性格塑造、平台之间配合等多角度优化现实路径。

（二）资源保障——运用大数据抽取功能重塑信息组合策略，确保高校网络思政工作者一语中的

随着互联网的发展，信息资源的泛化和碎片化已成为不可逆的常态，简单堆放在一起的信息给高校网络思政工作者找准切入点带来了困扰[6]。为

此，借助大数据，通过实时信息库提供数据支持进行有用信息的个性化提取，为团队的信息组合提供策略。高校网络思想政治工作者正确的工作方向，关键在于信息地图中的标记和抓取，由此信息点建立的信息集合以“所见所想即所得”的方式反映在观点之中。在保证时效性的基础上，鲜明的观点和优质的内容往往能脱颖而出。运用大数据重构信息组合策略，不仅大大优化了高校的引导力，而且也培育团队的信息检索流程，减少了收集素材的困扰，在信息库中记录“网红”或“大 V”团队观点形成的过程，实时记录基本信息和扩展信息，推测其进一步需求，为观点的方向性和准确性提供保障。

（三）平台保障——运用大数据可视化分析功能促进内容可视化，确保高校网络思想政治工作者温文尔雅

当下的互联网进入“速食时代”，冗长或者在视觉上单调的内容都难以被认真阅读，更无法与读者交互。运用大数据的可视化功能，对已有的信息元进行组织和排列，将“意见领袖”的观点以可视化的形式呈现，让观点变得清晰、内容更加生动，读者也可以更加直观地了解到作者的思路体系。在这个交互过程中产生的大量学习行为非结构性数据，运营团队可以再次提取，以进一步了解大学生的需求。如此，在大数据的支持下，不断分析团队自身的观点、倾向和用户的阅读习惯，在信息资源的选取、信息匹配等方面不断优化，保证高校网络运营团队的活力。

这种基于大数据的交互，可以让作者与读者或读者与读者间形成交流，使阅读者方便地获取各种角度和看法，提高阅读质量，使阅读体验更具开放性和共享性，让读者由消费者向生产者转变。

（四）组织保障——运用大数据挖掘功能组建协作团队，确保高校网络团队间同频共振

在对热点问题进行观点阐述时，具有官方背景的高校网络运营团队或会受到其公开背景的影响而在表述或者阅读体验上有所不同。这就要求高校与拥有大学生背景的网络运营团队之间要做好合作，尤其是“官方大 V”和“民间网红”的深度合作。大数据的共享性和协作性为运营团队间的协作提供了可能。它可以打破时间和空间的限制，破除团队间的信息资源壁垒，也

可以从全局把握校园中的各类“网络引导力”，深入挖掘各团队（或个人）的价值取向，从而围绕特定主题集体发声。这种合作对于高校网络思政工作者相当于以一种软性的方式对学生中的自媒体“网红”或“大V”进行了管控，又能为这些学生“网红”或“大V”提供成长平台，并针对各类角色和功能对高校网络运营团队的定位进行科学的差异分配。同时，帮助各团队了解自身的表现情况和行为规律，让整个合作透明化，促进双方共同提升。

参考文献

[1] 习近平:决胜全面建成小康社会 夺取新时代中国特色社会主义伟大胜利——在中国共产党第十九次全国代表大会上的报告[EB/OL].(2017-10-27)[2018-10-15]. http://www.xinhuanet.com/2017-10/27/c_1121867529.htm.

[2] 马加名,李潮欣,王世杰,等.“大数据”视域下新时代高校辅导员理论素养提升的理路探析[J].高校辅导员,2018(2):57-61.

[3] 冯刚.高校辅导员队伍专业化、职业化建设的发展路径——《普通高等学校辅导员队伍建设规定》颁布十年的回顾与展望[J].思想理论教育,2016(11):4-9.

[4] 周涛.网络舆论环境下的高校思想政治教育研究[D].成都:西南财经大学,2011.

[5] 李相阳.浅析微博“意见领袖”与高校思想政治教育的契合[J].赤子(中旬),2014(2):67-68.

[6] 周学智,姚梦竹,王子安.新媒体时代的“碎片化”现象对高校育人工作的影响及对策[J].北京教育(德育),2018(10):41-45.

第一作者简介：王子安，北京林业大学学生工作部。

本文为2018年度首都大学生思想政治教育课题专项课题“网络文化背景下‘网红’品牌辅导员培育研究与实践”（项目编号：BJSZ2018ZX28）阶段性研究成果。

本文载于《北京教育·高教》2019年第3期。

大学生在新型社交媒体上的行为习惯及引导策略研究

——以微博、微信、QQ 等网络即时社交平台为例

李兴华　马　超

摘　要　新型社交媒体的飞速发展在给我国大学生带来全新视角和便利生活的同时，也极大地影响了他们的行为习惯。本文针对不同新型社交媒体的特点，结合笔者调查研究的结果，对大学生在新型社交媒体中的行为习惯进行了分析，并研究对大学生的引导策略。

关键词　新型社交媒体；行为习惯；策略研究

当代大学生作为新时代的领军人物有着敏感的时代嗅觉、快捷的物质供给、丰裕的社会条件以及充沛的体验精力，更乐于接触新鲜的事物，享受时代变迁的正向产物。毫无疑问，社交媒体的每一次革新都会在大学生人群中掀起一场无形风暴，并在社会上产生大范围的影响。由于大学生特殊的年龄阶段、社会地位和性格特点，他们在新型社交媒体上的行为习惯反映出自己的心理状态和精神风貌。研究大学生在新型社交媒体上的行为习惯有利于发现大学校园教育存在的误区并及时改进，这是教育工作拓展的重点方向，同时也是引导社会积极发展的重要举措。

一、新型社交媒体的定义以及其引发的变化

现如今，社交媒体几乎是大学生活中必不可少的一部分，各类社交媒体软件也层出不穷。社交媒体的概念在笔者看来就是一个娱乐和交流沟通的平台[1]。大学生常用的国内社交软件有微博、微信、QQ、知乎等，国外有 Facebook、Twitter、Instagram、YouTube 等。现在社交媒体的功能不仅独立存

在，还会附带在各类平台上用于交流。

曾经，我们的交流方式仅限于短信和通话，如今新型社交媒体的出现使交流变得更加便捷和多元化，可以随时随地上网浏览热搜、空间、朋友圈，关注一个人的动态和近况。社交媒体在互联网这块沃土上迅猛发展，它们所传播的信息数量呈井喷式增长，给我们带来便利的同时也带来了许多困扰。例如，随着信息量的增加，我们怎样对其筛选就成了一个问题，而且信息量的增加使我们在互联网上的浏览时间加长，那么如何在获取信息以及交流的同时平衡网络与现实的时间分配问题也令人深思。

总而言之，现在是一个社交媒体的时代，亦是一个信息爆炸的时代。作为大学生，如何在这样的一个时代把握自己便显得尤为重要。

二、大学生在新型社交媒体上的数据统计

根据调查研究，新型社交的使用深入大学生生活，大学生使用新型社交媒体时长普遍较长，社交媒体使用时间平均每天超过 2 小时。例如，微信使用时间最长，约为 2. 6 小时；QQ 次之，约为 2. 1 小时；微博最少，约为 1. 2 小时。其中微信在三个主要社交媒体中最受大学生青睐，使用比例最大，约为 92%；微博次之，约为 47%；QQ 最少，约为 22%。由此可见，使用社交软件占据了大学生的大量时间，微信、QQ 等聊天软件使用较为频繁。

进一步分析可知，大学生对新型社交软件接受能力较强，聊天类软件使用时长普遍高于新闻资讯软件，大学生平时社交主要以微信为主，QQ 等旧有软件在大学生中优势不再明显，微博使用比例也较高，反映出当代大学生喜欢快速阅读，关注琐事新闻。

从微信公众号文章分享排名数据来看，大学生对情感资讯与政法新闻的关注度最高。大学是人生的跨越阶段，与之前“以学习为先”略显压抑的氛围不同，大学给青少年提供了一个更加自由和广阔的空间。[2] 此时，青少年更多地开始关注学习以外的需求，其中就包括情感需求。大多数人都在步入大学以后才开始认真谈恋爱，所以出于对爱情的好奇和探索，对爱情问题的迷茫与困惑，与情感咨询相关文章的阅读量一直居高不下。除此以外，大学

生对社会的关注度与步入大学之前相比也大大提高，步入大学，许多学生已自觉身份发生了转换，从一名“学习者”变成了“社会学习参与者”，而网络是提供各种社会新闻资讯的最佳平台。

三、新型社交媒体对大学生产生的影响

在以前，毕业以后，大家各奔东西，彼此有了新的交际圈，再见面的机会少之又少，而且唯一的联系方式可能就是写信。现如今，微信等社交媒体的出现改变了这一现象。通过微信，我们可以看到老朋友的动态，了解他们的喜怒哀乐；若想念老朋友了，也可以打个视频电话，分享一下彼此近来的生活。可以说，这些媒体为大家提供了联络感情的平台。同时，这些媒体使大学生活更加便捷。每个辅导员要管理一个甚至更多专业，那么新消息的及时传达就成了问题。如果发生了突发事情，消息很难及时传达。相比之下，现在的社交媒体就有很大优势，教师把所有人拉到一个群组，有什么新消息直接发通知。与此同时，新型社交媒体还创造了一个社会舆论大平台，给广大的网民提供了一个表达自己言论和个性的机会，也便于执政者及时了解民意民情。[3]

在这样一个全新的时代，我们需要这样的新型社交媒体来为我们的生活提供更大便利。当然，每件事物都是有利有弊的，在我们接纳积极影响的同时，也应该考虑它带来的消极影响。

在大学的课堂上时不时会听到消息铃声，在教师讲课时，学生却在讲台下挂着QQ，聊着微信，刷着微博，打着游戏，更有甚者在网络社交上认识了所谓的“朋友”之后便迷失自我，严重影响了自己的学业，同时也使自己的身心受到了极大的创伤。

四、对大学生行为习惯的引导策略研究

（一）规范学生言行

个人言论是体现一个人思想动态和社交习惯最直接的表现，教育者要用实际行动对大学生从言行举止上进行规范，而不是用条条框框去限制他们的

想法和言行。

（二）引导大学生树立正确的价值观

教育者要深入研究大学生的心理，创新思想教育形式，通过开展演讲比赛、社会实践、假面舞会等活动，丰富大学生的课余生活，避免大学生出现社交媒体的依赖现象。[4]

（三）加强与学生的交流沟通

教育者应多与学生交流，关注学生心理与行为上的变化，积极引导学生。加强网络安全教育，在学生出现问题时进行必要的干预与指导。

（四）完善相关的法律规定

倡导网络社交软件推行实名制，这样既能使网络更加的安全有序，也能在一定程度上保护大学生远离网络陷阱。

五、结语

随着网络时代的高速发展，新型社交媒体已经成为我们生活中必不可少的一部分。我们所能做的是让自己受益于它，而不是深受其害。习近平总书记曾指出："要加强网络伦理、网络文明建设，发挥道德教化引导作用，用人类文明优秀成果滋养网络空间、修复网络生态。"可见，正确引导大学生积极正确使用新型社交媒体是我们任重而道远的责任。

参考文献

[1]张飞,刘施施．大学生在新型社交媒体上的行为习惯及引导策略研究[J]．教育理论研究,2016,39(1):50 – 51.

[2]马晓芳．大学生党员在新型社交媒体上的行为习惯及引导策略研究[J]．南昌教育学院学报,2017,2(1):51 – 53.

[3]丁蓓蒂,况婷．大学生在新型社交媒体上的行为习惯以及引导策略研究[J]．北方文学,2017(5):160 – 161.

[4]孟凡星,朱小燕．新型社交媒体对大学生社交行为习惯的影响——以

微信、微博为例[J]. 时代教育,2015(4):69.

第一作者简介：李兴华，北京交通大学学生工作部。

本文载于《教育教学论坛》2018 年 9 月第 38 期。

大数据时代下网络自控困难学生教育引导建议

孙 桐

摘 要 思想政治教育关系大学生的成长成才，必须与时俱进，适应时代发展。在大数据时代，对于大数据的合理利用及分析，有助于高校开展思想政治教育。网络自控困难为当代大学生普遍存在的一种现象，利用互联网大数据的优势，能够帮助辅导员有效地识别学生网络自控困难现象，同时，辅导员合理有效地掌握大数据相关技能可以科学、合理和准确地引导网络自控困难的学生。

关键词 大数据；网络自控困难；教育引导

一、大数据时代思想政治教育综述

随着信息化的全面发展，大数据成为近些年来的关注热点，也因此引起了思想政治教育的变革。关于大数据的定义，舍恩伯格[1]认为，大数据是通过对海量数据进行分析，从而获得具有巨大价值的产品、服务或深刻见解。大数据是人们获得新的认知、创造新的价值的源泉。大数据具有大容量且全面性、更新速度快、信息多样化等特点，在开展高校思想政治教育工作中，可起到科学性、系统性、合理性分析的作用。

李怀杰和夏虎[2]认为，大数据的背景下，人们做出决策趋于数据和分析，而非经验和直觉，高校的思想政治工作可抓住这一点，构建一体化数据平台，会集师生在公共网络平台及主题性网络问卷呈现的公开数据，使得思想政治教育工作有实证性量化和问题呈现；王寿林[3]认为，大数据为高校思想政治教育创新提供了新机遇、新手段、新途径，有助于对学生各种倾向性问题做到及时发现、正确掌握、及时处理，并且更加贴近大学生真实生活，对大学生能够准确把握；王雪俭和王瑞芳[4]认为大数据对思想政治教育对象的分析把握将更加彻底，进而促进思想政治教育的内容更具有针对性，切实改变思想教育对象的思想与行为。

二、当代大学生网络自控现状

随着大数据时代发展，互联网的利用日益频繁，越来越多的大学生对网络产生严重的依赖，我们将其定义为网络自控困难学生，这部分学生的特点是参与学校活动较少或较为单一，空余时间多投入网络虚拟世界中，打网络游戏、追电视剧、看短视频 App 等为其具体表现形式，在虚拟网络中实现自身价值，得到满足。而在现实生活中，通常学习方面较为吃力、人际交往能力较弱，自我规划能力欠缺，从而逃避现实生活中遇到的问题，试图转移注意力至网络中或从网络中找寻成就感。辅导员在进行思想政治教育工作时，应把网络自控困难学生作为关注重点，学生将大部分时间和精力投入网络中，易导致学生对日常生活认知偏离、对事情看法偏激、对自身定位偏差，因此，对于网络自控困难的大学生引导教育必不可少。

三、大数据时代网络自控困难学生识别模式转型

（一）经验观察型向科学分析型转型

对于高校辅导员，在传统的对于网络自控困难学生的判别中，常以学生呈现出的状态作为学生行为的主要判别标准，但这种判别方式存在严重的弊端。一方面，学生在辅导员面前的表现并非学生真实客观的全部表现，而存在部分伪装成分；另一方面，辅导员不能全面实时掌控学生的行为动态，使得判别中多以工作经验及成绩表现作为主要依据，易导致对学生的判断误差及定位不准确。而在大数据时代中，科学化、信息化、多元化的大数据信息，使得辅导员能够全面地了解学生网络的表现及日常真实的行为动态，科学系统地获取学生利用网络的时间及用途，根据信息所反映的情况来判别学生状态，杜绝了辅导员由于经验不足导致的判别误差，使得对于网络自控困难学生的定位更加准确可靠。

（二）被动了解型向主动获取型转型

在传统的思想政治教育模式下，辅导员了解学生多在问题产生堆积并呈现出问题外在化的现象，表现为学生成绩不理想、学生违背校规校纪、学生情绪波动较大等，被动了解学生的思想动态，或通过班级负责人的反馈，被动获取学生表现的信息，使得在对学生定位的过程中，处于一个被动的地位，易产生小问题的堆积，个别问题不易被发现等情况。而在大数据时代中，辅导员可以主动地通过大数据信息获取了解学生在不同方面的表现，例如，针对沉迷于网络游戏的学生，辅导员可减少从室友、班级负责人的反馈中获取其沉迷于游戏时间，可主动通过大数据得到学生每日花费在游戏中的时间，这使得辅导员获取学生动态从被动了解型向主动获取型转变。

（三）片面信息型向全方位信息型转型

对于学生产生网络自控困难的现象，辅导员对其定位多集中在学生沉迷于网络游戏这一现象中，从而忽略学生对于网络社交软件、网络短视频 App、网络公开平台等的依赖，导致对网络自控困难定位及定义的不全面，对于学生网络自控困难情况信息掌握片面。大数据时代，使得获取学生的全面信息成为可能，每个学生都为独立的个体，其在网络中的表现均可通过数据信息的收集整理获取，其表现在学生非直接参与下进行的活动，呈现出学生最放松状态，信息获取为学生最真实、客观的行为信息。避免了个体信息片面的问题。

（四）大数据时代网络自控困难学生教育引导建议

大数据时代，引导网络自控困难学生需要从辅导员思想转变、技能提升、方法改进等方面入手，从传统思想政治教育引导模式向数据化科学化的教育模式进行转变，全面掌握学生网络自控情况，提升学生网络自控能力。

1. 培养大数据思维，主动获取学生数据信息

利用人数据获取学生个体的全面信息，是辅导员首先要树立的思维模式。目前，大数据思想政治教育的理念还没有完全地树立起来，辅导员的思想政治教育方法需跟随时代发展进行改进完善。辅导员应树立主动获取学生大数据信息的思维，了解学生方方面面的表现。首先，辅导员需强化数据素养，

将身份从被动接受数据转换为主动获取数据。其次，培养对于数据的逻辑性分析，对于获取到的学生数据能够科学合理地甄别，优化数据内容，力争做到减少无效数据，不放过任何有效行为数据。最后，确保数据获取的时效性，对于学生的数据收集，应确保所获取的数据均为有效数据，以此避免由于获取网络数据的滞后性，导致学生网络自控问题的隐藏。

2. 掌握大数据技能，处理构建学生网络画像

目前，绝大部分高校在利用大数据进行思想政治教育的过程中，存在辅导员对于大数据的处理基础薄弱，难以应对学生的大量数据分析问题。大数据技术涉及数据存储、合并压缩、清洗过滤、格式转换、统计分析、知识发现、可视呈现、关联规则、分类聚类、序列路径和决策支持等技术，其中的专业技能，对于从事思想政治教育的辅导员存在一定的困难，因此高校应注重培育辅导员对于大数据的处理技能，开展相关培训及教学，确保辅导员能够掌握基本数据提取及算法，通过对动态数据的分析和学生网络关键词的检索，了解学生的思想动态，掌握学生对网络的利用时间，对学生的网络自控问题能够及时地预防及了解。通过对学生网络数据的基本处理，构建学生网络画像，以此判别学生是否存在网络自控困难现象。

3. 挖掘大数据作用，全面分析学生网络动态

大数据时代的数据处理及应用广泛，不仅局限于通过使用网络时间等信息判别学生网络自控问题，辅导员还应进一步挖掘大数据的作用，实现对大数据的实际应用。例如，对于沉迷于网络游戏的部分学生，可以充分利用互联网思维、大数据的技术，掌握了解学生的信息，对于信息综合处理，引入竞争机制，提升学生游戏中的荣誉感、认同感及成就感。因此，依托于此，辅导员可挖掘研究将网络自控引导教育结合网络游戏中的反馈激励机制，提升学生对引导教育的接受性及思想教育的时效性。同时，针对不同的学生，大数据有不同的呈现，有助于辅导员根据不同学生数据特点，开展个性化分析及教育引导，提高解决网络自控困难的有效性。

4. 强化网络安全，确保思政教育与隐私平衡

在网络发达的数据化时代，大数据在为高校辅导员的工作提供契机及便利条件的同时，高校及辅导员应树立网络完全意识。高校应建立明确的学生

网络数据使用权限及范围，切实保障学生的数据信息不泄露、不侵害，加强对辅导员数据处理分析的监管，起到绝对的保证监督作用。辅导员应提升自身的专业素养，对于数据灵活利用的同时确保学生数据信息不外泄，防止学生数据信息被不法分子再次挖掘。辅导员是接触学生网络数据的第一责任人，应平衡好思政教育及数据隐私间的关系，力争做到学生网络数据做到密，学生网络教育引领做到细。

参考文献

[1]维克托·迈尔-舍恩伯格,肯尼思·库克耶．大数据时代:生活、工作与思维的大变革[M]．杭州:浙江人民出版社,2013.

[2]李怀杰,夏虎．大数据时代高校思想政治教育模式创新探究［J］．思想教育研究,2015(5).

[3]王寿林．大数据时代高校思想政治教育方法创新研究［J］．思想政治教育研究,2015.

[4]王学俭,王瑞芳．大数据时代高校思想政治教育的创新发展［J］．思想政治教育研究,2016(3).

[5]孟国忠,农春仕．论高校资助育人的价值维度[J]．教育理论与实践,2018(12).

[6]王栋梁．大数据时代思想政治教育需要科学构建对象把握机制［J］．思想理论教育,2018(7).

作者简介：孙桐，北京工业大学经济与管理学院辅导员。

本文载于《中国多媒体与网络教学学报》优化管理策略。

大数据应用于高校思想政治工作的创新途径研究

常小飞　王　天　王子安

摘　要　在思想引领、知识创新和信息技术应用领域，高校始终处在前沿位置，因此，在高校思想政治工作中应用大数据的理念对教育模式进行创新，既是顺应时代要求的需要，也是高校思想政治工作发展的需要。通过分析大数据应用于高校思想政治工作的优势和存在的问题，提出对高校内数据资源进行整合和共享、树立思想政治工作者的大数据思维理念、在教育工作中应用数据建模等创新途径，以期为高校思想政治育人体系的数字化建设提供理论依据。

关键词　大数据；思想政治工作；创新途径

在全球信息化发展的新阶段，人们在生活和工作中广泛使用互联网，随之产生了巨量的数据，而传统的数据管理方式和分析技术已经不能满足快速增长的数据需求。习近平总书记指出："要加强学习，懂得大数据，用好大数据，增强利用数据推进各项工作的本领，不断提高对大数据发展规律的把握能力，使大数据在各项工作中发挥更大作用。"高校大学生作为网民的主要群体，网络中产生的海量数据可以反映出当下大学生的生活和思想状态。因此，将大数据思维和技术应用于思想政治工作是新时期高校发展的必然趋势。

一、大数据应用于高校思想政治工作的优势

大数据为高校思想政治工作提供了新的思维模式和研究方式，推动了思想政治工作向科学化和数字化的方向发展，使个性化、多形式的教育教学体系成为现实。其海量性、时效性、多样性和价值性等特点，在大学生日常管

理和教育工作中显现出前瞻性处理问题、切实解决实际问题的优势。

（一）增强了高校思想政治工作的时效性

高校及时了解并掌握大学生的思想动态、把握舆情的发展规律，在思想政治工作中起着至关重要的作用。新时代的大学生多喜欢用微博、贴吧、微信等网络媒介表达自己对事物的理解，揭露一些现实生活问题，而信息在新媒体平台的传播和扩散中又具有裂变的特点，一些较小甚至并未发生的问题有时会演变成难以处理的舆情危机。因此，在网络媒体平台中每个大学生都有可能成为舆情危机事件的制造者和传播者。若通过大数据技术对舆情样本进行科学化整合处理与分析，就能够准确把握舆情现状，针对舆情的发展趋势做出预测并提出应对意见，做到前瞻性处理问题，防患于未然。

（二）切实解决学生生活的实际问题

掌握学生生活状况、解决学生生活问题也是思想政治工作的一项基本要求。辅导员可以通过学生常使用的新媒体交流平台，直观地发现学生当前的思想状况或存在的心理问题，及时处理其存在的思想及心理隐患。比如，学生在朋友圈、微博等网络媒介中吐露由于失恋或其他问题引起的悲观情绪时，辅导员可以及时发现并针对学生的心理问题进行排查疏导，帮助学生走出困境。除此之外，对家庭经济困难却怕被同学嘲笑而不愿意申请助学金的学生，高校通过对学生校园卡消费和网络消费数据进行检测和分析，对贫困学生实施直接补助，既解决了学生的实际生活问题，也维护了学生的自尊心。

二、大数据应用于高校思想政治工作中的问题

虽然，大数据在大学生日常管理和教育工作中显现出了前瞻性处理问题、切实解决实际问题的优势，但同时也显露出了信息安全隐患、使用者操作应用能力薄弱、多元化意识形态冲击等问题。

（一）大数据存在信息安全隐患问题

大数据使高校得以完整准确地掌握学生的个人信息和思想动态，实现了思想政治教育方式的个性化和多样化，但同时也存在容易泄露学生个人信息的问题。学校可以利用大数据技术获取学生在校的课堂出勤、校园卡消费、

图书馆自习等信息，但是由于数字化信息高度透明的特点使得学生的个人信息被一览无余。不法分子通过学校网站公示等途径掌握了学生的相关信息，再对学生个人信息进行整合和关联性分析，根据学生的具体状况制订精准的诈骗计划。每年高校内各类奖学金、助学金的公示及发放期都是校园诈骗活动最猖獗的时期，诈骗分子利用学校在网站上公示的资助名单以及其他渠道获得的学生网络消费信息，根据数据分析出学生的心理特点从而实施诈骗活动。

（二）大数据使用者处理数据的能力不高

思想政治教育属于人文社会类学科，而大数据应用属于数学信息类学科。高校在思想政治教育研究中应用大数据，需要将社会类学科的定性分析和数学类学科的定量分析进行有机结合，思想政治教育工作者不仅要能获取和掌握大学生思想动态的信息，还要能通过数据整理与分析对大学生思想动态的变化趋势进行预测。大数据技术应用需要人们对数理统计、相关专业软件、数据处理等多方面知识认真系统地学习，而在当前高校中，真正掌握大数据技术的思想政治教育工作者并不多。思想政治教育工作者在大数据方面的知识相对缺乏，处理数据的能力有待提升，使用大数据技术去解决学生思想问题的思维方式也需要改变。

（三）大数据冲击大学生的主流意识形态

现今大学生主要通过互联网获取信息和数据，而互联网环境中的海量信息真假难辨，内容来源也不可控制，这使得大学生的思想意识容易受到冲击。西方国家的文化输出一直挑战着我国的主流意识形态，其利用网络传播宣扬西方自由主义，企图推翻马克思主义思想在中国的指导地位，并且由于社会经济和科学水平的发展差异，西方国家在网络信息传播方面具有明显的优势。因此，一些错误的具有目的性的思想在经过包装后借助互联网放大和扩散，很容易进入大学生的视域，造成一些意志力薄弱的大学生价值取向模糊、意识形态立场不坚定，甚至民族意识弱化。

三、高校思想政治工作应用大数据的创新途径

在大数据的信息时代，高校思想政治教育工作者若想占领意识形态教育

的制高点，就应树立大数据思维意识，树立整体规划、各部门共同协作的教育理念，积极学习与掌握大数据技术。

（一）对高校内数据资源进行整合和共享

大数据为高校的思想政治教育提供了丰富的资源，但是数据的广泛分布和快速增长也大大增加了数据收集的难度。学校教务处、各个院系统计的学生出生日期、证件号码等基础信息数据，学生发布在社交网络平台的视频图片、评论留言等行为数据，以及在互联网中产生的消费数据和位置数据等，都存在于不同部门的管理系统平台中，使信息共享较为困难。因此，高校内部的各职能部门应树立整体把握、共同协作的思想政治教育理念，教务处、各个院系、学工处、图书馆、心理咨询中心、后勤管理等部门之间相互协同配合，建立共通的数据库，通过信息中心统一收集和整理，以期对数据充分利用和有效管理，最终达到为思想政治工作提供便利的目的。

（二）树立高校思想政治教育工作者的大数据思维理念

首先，高校思想政治教育工作者要有协作性思维。当前在校大学生人数众多，思想发展复杂多变，单个思想政治教育主体的能力是有限的，需要借助各部门单位的整体力量，在思想政治工作中形成教育合力。其次，高校思想政治教育工作者应具有跨越性思维，积极与校外软件科技、网络媒体、社交网站等大数据企业进行合作，最大限度地从多方面、多层次使用和管理数据库资源。比如，当学生在使用通信软件过程中被监测出正在与诈骗分子接触时，通信公司就可以在第一时间反映给学校的保卫处和学生周边的公安部门，确保能及时联系到学生本人以保障学生人身和财产安全。因此，高校应建立以辅导员为主体，校内外技术、通信及安全等有关部门共同参与、相互配合的管理机制和结构体系。

（三）在高校思想政治工作中应用大数据技术

传统的思想政治教育多是从感情出发，对学生进行情感教化，教师凭借个人主观判断和教学经验对学生进行教育。在判断全体学生的思想状况时，教师也通常采用发放问卷的方式进行数据汇总，问卷调查中所设置问题和选取的调查对象都带有一定的主观性，这样难免造成结果偏差。利用大数据技术实现对事物未来变化趋势的前瞻性分析，就是利用已有的海量数据，建立数据图表、数学模型，对其进行科学量化分析并找出数据的变化规律，对事物未来发展的特征进行预测。高校通过对大学生当前的思想动态进行数据建模和数据化分析，就可预测其之后可能的行为发展趋势，从而做到提前管理，科学应对。

综上所述，高校思想政治教育工作者要充分结合学生的实际情况，树立大数据思维理念，利用大数据技术先进的科学手段，制订真正有效的思想政治教育计划，进一步加强高校思想政治工作的创新性，提高思想政治教育的整体水平。

参考文献

[1]习近平. 推动实施国家大数据战略[N]. 人民日报(海外版),2017-12-11.

[2]桑尼尔·索雷思. 大数据治理[M]. 匡斌,译. 北京:清华大学出版社,2014.

[3]王学俭,王瑞芳. 大数据时代高校思想政治教育的创新发展[J]. 思想政治教育研究,2016(3).

第一作者简介：常小飞，甘肃煤田地质局一四六队助理工程师。

本文原载于《管理方略》2019 年第 2 期。

第四章

组织育人：党团班一体化建设

新时代高校基层党组织学习教育制度化的价值意蕴和实践路径

庄玉琳　庞昌伟　李奕璇

摘　要　党的十八大以来，以习近平同志为核心的党中央开展一系列党内集中教育，不断完善党内学习教育制度安排，党内学习教育趋于常态化、制度化。在党对高校的全面领导持续加强、高校党建制度体系愈加完善的背景下，推动高校基层党组织学习教育制度化，既是统筹推进思想建党与制度治党的宏观理论要求，也是增强高校基层党组织先进性和战斗力的微观现实需要。在推进新时代高校基层党组织学习教育制度化过程中，要注重制度机制的连贯性、创新性、嵌入性和约束力，推动学习教育真正在高校基层党组织落地生根。

关键词　新时代；高校基层党组织；学习教育；常态化制度化；党的建设

党的十八大以来，以习近平同志为核心的党中央为加强党的执政能力建设和先进性建设，通过一系列主题教育、制度安排，创新性地继承和发扬党内教育优良传统。党的二十大将全党开展党史学习教育列入了“党的建设新的伟大工程”，党内学习教育趋于常态化、制度化。面对新形势新任务新要求，高校基层党组织作为党在高校的战斗堡垒，需进一步打通深化学习教育、夯实理想信念的“最后一公里”，将学习教育制度化作为坚持和加强党对高校的全面领导、强化党组织政治功能和组织力的“关键一招”，持续提高党组织建设质量，推进高校全面贯彻党的教育方针向纵深发展，落实立德树人根本任务向基层延伸。

一、党的十八大以来高校党内学习教育的新内容新要求

党内学习教育是党的优良传统。中国共产党自成立之日起，就将党员教

育作为党的建设的基本要求，在各个历史时期常抓不懈、一以贯之。党的十八大以来，党中央回应时代要求，坚持问题导向，注重党内学习教育的全面性、针对性、规范性，取得显著成效。与此同时，党对高校的全面领导持续加强，高校党建制度体系愈加完善，党员学习教育相关要求更加明确。

（一）党的十八大以来党内学习教育回顾

党的十八大以来，党内学习教育紧扣党情、国情、世情实际，围绕党和国家中心工作，以习近平总书记关于党内学习教育的重要论述为指引，打出一系列“组合拳”，集中教育有力推进，制度安排日趋完善。

2013 年 6 月起，党的群众路线教育实践活动在全党深入开展，活动以“为民务实清廉”为主要内容，聚焦作风建设，旨在落实“八项规定”、解决“四风”问题，筑牢党员干部的群众立场，以教育推动作风转变。为进一步巩固党的群众路线教育实践活动成果，2015 年 4 月开始，“三严三实”专题教育在县处级以上领导干部中全面铺开，通过集中学习、专题党课、专题研讨、查摆整改等方式，强化对政治纪律和政治规矩的认识，提升党性修养。2016 年在全体党员中开展的“两学一做”学习教育，继续把持之以恒整治“四风”、推动党的作风不断好转作为重点，在基层党组织中以“学”促改、以“做”促进，使得党支部战斗堡垒作用进一步增强、党员先锋模范作用进一步发挥。随着中国特色社会主义进入新时代，为深入学习贯彻习近平新时代中国特色社会主义思想、锤炼党员领导干部忠诚干净担当的政治品格，“不忘初心、牢记使命”主题教育从 2019 年 6 月在全党自上而下铺开，广大党员干部通过接受学习教育、开展调查研究、做好检视整改“守初心、担使命”，思想得到深刻洗礼，工作能力显著提高，为人民服务的理念落得更实。2021 年中国共产党迎来百年华诞，站在“两个一百年”历史交汇点，党中央做出了全党开展党史学习教育的部署安排，在全党掀起了“学党史、悟思想、办实事、开新局”的热潮。2023 年，以县处级以上领导干部为重点在全党深入开展学习贯彻习近平新时代中国特色社会主义思想主题教育，是贯彻落实党的二十大精神的重大举措，对于统一全党思想、解决党内存在的突出问题、始终保持党同人民群众血肉联系、推动党和国家事业发展，具有重要意义。

这六次党内学习教育既有针对性，也具全面性，是对全国党员理想信念、宗旨意识、科学理论、纪律作风、工作方法的系统性教育。而从党的群众路线教育实践活动到学习贯彻习近平新时代中国特色社会主义思想主题教育，党内学习教育逐渐由阶段性的“活动”转变为长效性的机制，集中教育逐渐向日常教育延伸，“推进‘两学一做’学习教育常态化制度化”的要求通过文件的形式被确定，党的十九届四中全会进一步提出“建立不忘初心、牢记使命的制度”，新时代党内学习教育正有序迈向规范化制度化。

（二）党的十八大以来高校党员学习教育政策安排

作为党的一个重要阵地，高校党组织紧跟党中央部署要求，在六次党内学习教育中落实了主体责任，发挥了积极作用。与此同时，充分考虑到高校党组织的独特性，进一步坚持和加强党对高校的全面领导，党中央出台了一系列政策文件加强和改进新时代高校党的建设，其中多次就党员学习教育提出要求。

2013 年，中共中央组织部、中共中央宣传部、中共教育部党组印发了《关于进一步加强高校学生党员发展和教育管理服务工作的若干意见》，将“加强教育培养，提高学生党员思想政治素质”列为重要一条，提出要“注重集中学习与日常教育相结合、组织学习和自我教育相结合”“构建多层次、多渠道的学生党员经常性学习教育体系”。2017 年 2 月，《关于加强和改进新形势下高校思想政治工作的意见》和《普通高等学校学生党建工作标准》两个文件接连出台，前者将组织党员深入开展“两学一做”学习教育纳入文件内容，后者再次重申了“经常性学习教育体系”；同年 8 月，为推进高校教师党支部建设的制度化、规范化、科学化，教育部党组发布了《关于加强新形势下高校教师党支部建设的意见》，提出“以‘两学一做’学习教育常态化制度化为抓手，规范开展教师党员党内学习教育制度”以及“不断健全教师政治理论学习制度”，这是党的十八大以来高校党建相关文件中首次提出建立健全学习教育制度。2021 年 4 月，中共中央发布《中国共产党普通高等学校基层组织工作条例》，在这部新修订的高校党建基本法规里 13 次提及“制度”，进一步阐释了“经常性学习教育体系”的内涵，并明确了“推进‘两学一做’学习教育常态化制度化，建立和落实不忘初心、牢记使命的制度”，将党的十八大以来党内学习教育的要求在高校落实落地。

二、新时代高校基层党组织学习教育制度化的价值意蕴

党内学习教育是党的思想建设的重要手段。在新时代背景下推动高校基层党组织学习教育制度化，既是统筹推进思想建党与制度治党的宏观理论要求，也是增强高校基层党组织先进性和战斗力的微观现实需要。

（一）统筹推进思想建党与制度治党是学习教育制度化的宏观要求

中国共产党始终高度重视思想建设，将其作为党的基础性建设，通过思想教育、政治斗争、意识形态宣传等方式统一思想共识、团结凝聚人心，是党保持先进性和纯洁性的法宝。1929 年，在古田会议上，毛泽东首次提出“思想建党”的概念，并在多篇文章、多个场合里强调了思想理论教育对于革命的重要意义，将思想建党作为党建工程的根本。自此，加强理论建设和理论学习就成为党的建设一以贯之的关键任务。但随着党内出现的若干问题，单纯依靠思想理论教育已经不能达到保持党的先进性的目的，制度建设逐渐受到重视。邓小平认为“党除了应该加强对于党员的思想教育之外，更重要的还在于从各方面加强党的领导作用，并且从国家制度和党的制度上做出适当规定，以便对党的组织和党员实行严格的监督”，推动“制度建党”在改革开放时期得以实现；江泽民和胡锦涛进一步将制度建设贯穿思想建设、组织建设和作风建设的始终。至此，思想建设与制度建设的关系初步成型。

党的十八大以来，党的建设面临复杂形势，以习近平同志为核心的党中央着眼新时代、新格局、新发展，从全局和战略高度推进党的建设新的伟大工程，将全面从严治党提升到前所未有的高度，不仅丰富和发展了“思想建党”的理论内涵，而且在“制度建党”思想基础上进一步提出了“制度治党”的概念。党的十八届六中全会明确将“坚持思想建党和制度治党紧密结合”作为全面从严治党的重大战略部署，为新时代管党治党指明了方向。

坚持思想建党和制度治党紧密结合，就是要做到“思想建党的制度化，制度治党的思想化”，一方面，要用制度规范思想建党的形式，让思想建党的每一步都更加严格、更加稳定；另一方面，要用制度固化思想建党的成果，将在思想建党过程中形成的宝贵经验和产出的优秀成果总结提炼为党内规章

制度。在高校党组织，落实"思想建党、理论强党"的思想，就意味着加强政治理论学习、深化思想教育活动，使党内学习教育落地见效；在具体实践层面使思想建党与制度治党同向发力，就意味着要给党内学习教育穿上制度的"外衣"，进一步健全和完善党的组织生活的体制机制，将内在的、阶段的、潜移默化的教育方法转变为外在的、长期的、强化的教育模式，使其产生约束力，更好地凝聚广大党员干部和师生思想共识，促进学习教育学在日常、融入经常。因此，在中国共产党持续深化党的建设的历史背景下、统筹推进思想建党与制度治党的时代背景下，学习教育制度化是高校落实新时代党建思想的内在要求。

（二）增强高校基层党组织先进性和战斗力是学习教育制度化的微观需要

我国的大学是中国特色社会主义大学，承担为党育人、为国育才的重任，必须自上而下接受党的全面领导、贯彻党的教育方针，引导广大师生听党话、跟党走。坚持和加强党对高校的全面领导，核心在党委，关键在基层。新时代，进一步加强高校基层党组织建设，提升其先进性、战斗力，是把党的领导落实到高校办学治校全过程、各方面的基础和保障。

尽管长期以来党中央高度重视高校党的建设工作，思维活跃的师生党员也为新时代基层党组织建设实践贡献了不少先进做法，但仍然部分存在"上热中温下冷"的现象，基层党组织对大学生思想的引领性、对青年教师的凝聚力还不够理想，面对各类社会思潮对师生群体的侵袭战斗力还不够强，从严治党的效果还不明显，甚至在中央及地方党委对高校的巡视中发现了一些党员干部腐败和违法犯罪问题，暴露出了一些高校基层党组织软弱涣散、党的领导弱化、政治功能虚化、核心地位退化、身份意识淡化、党内生活表面化、纪律规矩随意化等短板和问题。究其原因，在于一些高校基层党组织政治建设不过硬、思想建设不到位、制度建设不完善，高校党建的"地基"没有夯实。

要筑牢高校党建之基，提升基层党组织的组织力和战斗力，归根结底还是要从思想教育入手，通过有效的党内学习教育，坚定师生党员的理想信念、树牢党员干部的宗旨意识，引导广大师生坚定拥护党的领导和社会主义制度，落实立德树人根本任务。因此，高校要推动基层党组织学习教育制度化，不断探索全面系统、有针对性的党员学习教育体系，使高校真正成为党的领导的坚强阵地。

三、新时代高校基层党组织学习教育制度化的实践路径

新时代高校基层党组织学习教育制度化是一项复杂的系统工程，要注重连贯性、创新性、嵌入性和约束力，确保制度有力有效，推动高校基层党组织学习教育真正落地生根。

（一）坚持守正创新，注重制度框架的连贯性

高校基层党组织作为党的基本单元，一切工作重在落实上级决策部署要求。因此，在学习教育走向制度化的过程中，首要任务是梳理当前党内各类法规、政策，尤其是高校党建相关文件，全面掌握党内学习教育相关要求，将其作为构建学习教育制度的“地基”。如在学习形式上，要充分利用好党委理论学习中心组学习、党支部“三会一课”、教师政治理论学习等基本形式，将个人自学与集中学习相结合、日常学习与培训教育相结合；在学习内容上，关注近年来“两学一做”、党史学习教育等党内集中教育的主题内容，以习近平新时代中国特色社会主义思想为重点，围绕党的基本理论、基本路线、基本纲领、基本经验、基本要求和党的历史、优良传统等设置学习主题，增强社会主义核心价值观教育等。在厘清各类文件要求的基础上，结合基层党组织实际，形成既有普遍性又有独特性的学习教育制度框架。

（二）紧跟时代发展，增强制度内容的创新性

习近平总书记特别强调，要增强思想政治工作的时代感和吸引力。高校师生作为走在时代前沿的群体，对思想教育有着更高的期待和要求，党员学习教育工作是思想政治工作的一部分，也应当紧跟时代发展步伐持续创新，并在制度化的过程中不断固化。一是增强学习内容的故事性。在信息爆炸的时代，要想使学习教育入脑入心，就要深挖学习教育内容中的“故事”，将学习内容进行编排和串联，形成“画面感”，推动学习教育更加生动鲜活。二是增强学习环境的沉浸感。通过走出会议室、走进红色基地，在有氛围感

的学习教育环境中深化感性认识，或依托VR、AR等先进技术打造身临其境的学习体验，调动师生党员学习教育中的全感官参与，使师生党员不再是学习教育的被动接受者，提升其主动性和参与度。三是增强学习形式的便捷性。网站、短视频、直播等平台为各类学习教育活动提供了方便快捷的渠道，多个高校党建相关文件中也将网络学习作为党员教育重要的载体，要有选择性地用好网络平台，使之成为学习教育的有效方式。

（三）契合师生实际，体现制度安排的嵌入性

要提高学习教育的有效性，就需要在打造基层党组织学习教育制度机制时，提高政治站位，增强大局意识，将学习教育制度与整体党建工作制度、中心工作制度统筹谋划、一体推进，找准理论学习内容与师生学习工作内容的相似点，找准师生思想问题与实际问题的切入点，找准学习教育方式与师生日常生活方式的结合点，让学习教育“嵌入”高校师生日常的学习、工作、生活中，不仅使师生党员通过学习教育真正提升理论水平、思想境界，而且将学习教育作为学习工作的动力源泉。

（四）营造清正师风，落实制度约束的影响力

高校学生基层党组织所面对的教育对象是处于“象牙塔”与社会交界处的青年学生，其世界观、人生观与价值观尚处于形成期，教师不仅要当好授业解惑的“经师”，更要做好传道育人的“人师”，特别是教师党员，更是学生党员和青年学生眼中的榜样。因此，在推动高校基层党组织学习教育制度化的同时，也要落实教师党员的师德师风约束。高校基层党委要落实教师党员的学习规范；在教师党员中营造“学为人师、行为世范”的清正师风；打通基层教师党支部与基层学生党支部之间的壁垒，使教师党员从学生中来、到学生中去，以身作则，通过良好的师德师风，引导学生党员和青年学生落实学习教育的制度化与规范化要求。

（五）强化责任落实，加大制度机制的约束力

推动高校基层党组织学习教育制度化，关键在于通过体制机制的设计，层层压实高校基层党委、党支部、广大党员的责任，形成一级抓一级、层层抓学习的生动局面。一是将学习教育情况纳入党委落实全面从严治党主体责

任检查中。按照中共中央办公厅印发的《党委（党组）落实全面从严治党主体责任规定》，“把党的思想建设作为基础性建设来抓”是一项基本责任，要以责任制为抓手，引导基层党委充分认识学习教育在全面从严治党中的重要作用，精心组织推动学习教育稳步开展。二是将学习教育情况纳入党支部书记抓基层党建工作述职评议考核中。要充分用好考核这一工具，科学设计评价体系，提高党员学习教育情况在考核评价中的显示度，推动各师生党支部认真抓好学习型支部建设，贯彻落实好各项学习制度和学习计划。三是将学习教育情况纳入党员民主评议中。民主评议党员是加强党的建设的一项重要制度，要以此为依托，使党员学习教育情况成为一个关键的评议标准和奖惩依据，展现狠抓学习教育的决心和力度，推动末端责任落实，确保学习教育落地生根。

参考文献

[1]唐皇凤,毕鸿昌．中国共产党百年党内教育的历史进程与基本经验[J]．学习与实践,2021(6).

[2]江泽民．为把党建设成更加坚强的工人阶级先锋队而斗争[J]．求是,1990(13).

[3]邓小平．邓小平文选(第1卷)[M]．北京:人民出版社,1994:215.

[4]戴开成．制度治党:习近平党建思想的新发展[J]．甘肃理论学刊,2018(6).

[5]江雪．对中国共产党思想建党和制度治党互动融合的探索研究[D]．南京:南京大学,2018:56－58.

[6]张书林．思想建党与制度治党:目标任务与耦合生态[J]．学习与实践,2015(11).

[7]陈荣武．改革开放40年高校党建的历史衍变和重要启示[J]．思想理论教育,2018(10).

第一作者简介：庄玉琳，中国石油大学（北京）学生工作部部长。

本文载于《北京教育（德育）》2023年第7期、第8期。

红色文化融入高校基层党组织和党员队伍建设路径探析

代莉莎　刘　华

摘　要　回顾中国共产党百年历程，每一次胜利和前进的背后，都有着伟大精神引领。历史是最好的教科书，党和人民在中国革命、建设和改革实践中构筑出的精神谱系，是党的建设的重要法宝，也是探索如何在新时代背景下加强高校基层党组织和党员队伍建设的智慧力量。通过分析古田会议精神、井冈山精神、延安精神和西柏坡精神蕴含的深刻内涵，积极探索红色精神融入新时代高校基层党组织和党员队伍建设的有效途径，为切实加强和改进新形势下党的建设提供思路。

关键词　红色文化；高校；基层党组织；党员队伍；建设

习近平总书记指出："党的建设必须坚持继承和创新相结合，结合时代条件发扬党的光荣传统和优良作风。"[1]回顾百年党史，党和人民之所以在中国革命、建设和改革实践中不断取得胜利，正是源于我们党能够不断总结运用不同时期的成功历史经验，从丰富经验中提取制胜法宝。2021年是中国共产党成立100周年，是全面建成小康社会与开启全面建设社会主义现代化国家新征程的历史交汇点，也是"十四五"规划开局之年。面对当今世界百年未有之大变局和实现中华民族伟大复兴战略全局，在建党一百年的重要节点组织全党集中开展党史学习教育，具有深远的历史意义和重要的现实意义。学习党史，我们要学习中国共产党百年波澜壮阔、非凡奋斗的光辉历程，学习广大共产党员顽强拼搏、不懈奋斗的英雄事迹，还要学习党和人民在中国革命、建设和改革实践中孕育出的红色文化，从中汲取解决实际问题、走向美好未来的智慧和力量。

一、加强高校基层党组织和党员队伍建设的重要意义

百年大计，教育为先。高校作为我国高层次人才培养的重要阵地，肩负着培养社会主义建设者和接班人的重大使命，而基层党组织作为高校党的建设的基本单元，是党的全部工作和战斗力的基础[2]，它的建设质量直接关系到高校党的建设水平。

以习近平同志为核心的党中央从抓思想从严、抓管党从严、抓执纪从严、抓治吏从严、抓作风从严、抓反腐从严六个方面着力加强党的建设，党的领导得到全面加强，从严治党取得了显著成效。但同时，我们也必须清醒地认识到，在全面从严治党向高校基层党组织延伸过程中，仍存在着一些短板，如师生党员政治理论学习的自觉性有所好转，但“上热、中温、下凉”的现象尚未完全消除；“党建工作务虚不务实”的错误认识在一定程度上仍然存在；“支部工作创新和活力不足”“个别党员精神缺‘钙’”等现实问题仍旧突出。因此，进一步加强高校基层党组织和党员队伍规范化先进化建设是高校党建工作的紧迫任务，重任在肩，使命重大。

习近平总书记指出：“对马克思主义的信仰，对社会主义和共产主义的信念，是共产党人的政治灵魂，是共产党人经受住任何考验的精神支柱。”[3] 100 年来，从舍生取义的李大钊到坚贞不屈的江竹筠，从为人民利益而牺牲的张思德到千千万万战斗在抗灾、抗疫一线的共产党员，之所以在任何时期都能有无数共产党人为了国家富强、民族复兴、人民幸福而艰苦奋斗甚至英勇牺牲，一个重要原因就是他们拥有坚如磐石的崇高信仰、坚定信念和必胜信心。因此，我们必须要教育引导广大党员大力弘扬红色文化，从红色文化中汲取伟大精神力量，不断筑牢信仰信念之基，方能永葆党组织的强大战斗力和激发党员队伍的生机活力。

二、红色文化的丰富内涵与时代价值

红色文化是爱国主义精神在我国不同历史时期的表现，是我们党生生不息、永续发展的根本血脉，是攻坚克难、奋发进取的精神法宝，也是新形势下推进党的建设新的伟大工程的思想支撑[1]。建党 100 年来，我们总共经历

了四个历史发展阶段，即新民主主义革命时期、社会主义革命和建设时期、改革开放和社会主义现代化建设时期，以及中国特色社会主义新时代时期。从新民主主义革命时期的红船精神、井冈山精神、古田会议精神、长征精神、延安精神、抗战精神、沂蒙精神、西柏坡精神，到社会主义革命和建设时期的“两弹一星”精神、雷锋精神、大庆精神、焦裕禄精神、红旗渠精神；从改革开放和社会主义现代化建设时期的抗击“非典”精神、载人航天精神、抗震救灾精神、北京奥运精神，到中国特色社会主义新时代时期的塞罕坝精神、工匠精神、脱贫攻坚精神、特区精神、伟大抗疫精神等，大大拓展了以爱国主义为核心的中华民族精神内涵。虽然每种精神都处于不同的时代背景中，但这些精神始终是一脉相承的，在内涵上都有很多共同点，如坚定理想、艰苦奋斗、实事求是、甘于奉献等，为中华民族从站起来、富起来到强起来的历史性飞跃提供了丰厚滋养。

党的十八大以来，习近平总书记曾先后赴河北西柏坡、山东临沂、福建古田、陕西延安、江西井冈山等红色革命老区考察，并对革命老区孕育出的古田会议精神、井冈山精神、延安精神、西柏坡精神等伟大革命精神的内涵和时代价值作出重要指示，多次强调共和国是红色的，不能淡化这个颜色，新时代更需要发挥好红色文化的精神力量，用红色基因补钙壮骨，推进中国特色社会主义现代化事业不断向前。[4]在党史学习教育动员大会上，习近平总书记也指出，要教育引导全党大力发扬红色传统、传承红色基因，赓续共产党人精神血脉，始终保持革命者的大无畏奋斗精神，鼓起迈进新征程、奋进新时代的精气神。[5]

三、红色文化融入高校基层党组织和党员队伍建设的路径

（一）将古田会议精神融入高校基层党组织的思想建设

1929 年 12 月，中国工农红军第四军在福建上杭县古田村召开了第九次党的代表大会。会议确定了把马克思列宁主义普遍原理与中国革命实际相结合的正确道路，创造性地回答了建党初期红军的性质、宗旨等根本性问题，首次提出思想上建党的重大理论，为如何开创中国特色社会主义事业、如何展开党的先进性建设提供了思想保证。古田会议精神源于古田会议，但不仅

限于两天的会议内容，它是党对南昌起义两年多来经验的总结，是对如何建立马克思列宁主义的新型政党的深刻总结，它的精神核心是思想建党，强调党员思想上入党的重要性。在党的建设中，思想建设是一切工作的先导和基础，也贯穿其他方面建设的全过程，是决定我们党能否长期保持先进性和纯洁性的法宝。

加强大学生思想政治教育是培养社会主义建设者和接班人的第一要务。我们要从古田会议精神中汲取两点智慧：一是要经常性、阶段性地进行自我审视。思想理论是常学常新的内容，因历史发展阶段不同，基层党组织思想建设的重点内容和要求会有些许差异。因此，基层党组织要充分利用好民主生活会和组织生活会，坚持问题导向、及时总结经验教训，保持思想建设的先进性。二是要坚持思想建党的重要原则，不断提升党内政治生活和党员思想教育的科学化、政治化水平，筑牢师生理想信念根基，引导广大师生听党话、跟党走，以实际行动为实现中国梦贡献自己的力量，让古田会议精神永放光芒。

（二）将井冈山精神融入高校基层党组织的组织建设

井冈山是“中国革命的摇篮”。大革命失败后，毛泽东率领秋收起义的工农革命军在井冈山建立了我们党第一个农村革命根据地，在艰苦卓绝的斗争中，开辟了农村包围城市、武装夺取政权的中国特色革命道路，为中国革命、建设和改革提供了原动力，形成了以“坚定信念、艰苦奋斗、实事求是、敢闯新路、依靠群众、勇于胜利”为 核心内容的井冈山精神。[6]

习近平总书记对井冈山怀有深厚感情，在2006年、2008年和2016年曾三次前往井冈山。他强调，革命理想高于天，井冈山革命理想教育要坚持下去。[7]井冈山的实践历程诠释了中国红色政权存在的根本，那就是紧紧依靠人民、全心全意为人民服务。当前，各高校从建立样板党支部、加强党支部工作监督考察、提升基层党组织活力上做了大量工作，取得了大量基层党建成果，但个别高校基层党组织的战斗堡垒作用发挥仍不够明显，存在一些薄弱环节，如开展理论学习形式化、组织凝聚力不足、联系群众不够紧密、发现问题解决问题的办法不多、成效不够突出等。因此，在加强和完善新时代高校基层党组织的组织建设时，我们要学习井冈山精神中“实事求是、敢闯新路”的思想作风，从基层党组织实际出发，提升组织建设高度、挖掘支部工作深度、拓展支部活动宽度、增加组织生活温度；我们要传承井冈山精神中“依靠群众、艰苦奋斗”的群众路线，紧密联系师生群众，从广大师生的实际需求出发，让思想引领“活”起来、基层组织“动”起来；我们要弘扬井冈山革命者“坚定信念、勇于胜利”的精神品格，切实保持和增强组织建设的政治性、先进性、群众性。

（三）将延安精神融入高校基层党组织的制度建设

抗日战争初期，中国共产党对马克思列宁主义中国化革命道路研究不够成熟，在处理中国革命问题时，多次受共产国际“左”、右倾错误思想影响，付出了惨痛而深刻的代价。延安时期，以毛泽东为核心的党中央从国际国内实际出发，本着解放思想、实事求是的思想路线和全心全意为人民服务的根本宗旨，制定了中央委员会和各党部的工作规则与纪律，创建了党员干部理论学习制度体系，实行了“三三制”的政府组成机制，颁布了惩治贪污浪费和实行土地改革等重要文件，严格的政治纪律和政治规矩使全党在思想上、政治上、组织上达到了空前团结和一致[8]。

经国序民，正其制度。[9]百年峥嵘岁月，中国共产党从成立初期的五十多名党员，发展到了拥有九千多万名党员的世界第一大执政党，依靠的正是深得人民拥护的先进制度和治理体系。因此，加强高校基层党组织的制度建设，对提升党支部工作规范化、系统化、科学化水平，加强支部战斗堡垒作用，发挥党员先锋模范作用具有重要意义。我们在加强基层党组织制度建设过程中要拒绝“拿来主义”思想，坚持以“坚定正确的政治方向，解放思想、实事求是的思想路线，全心全意为人民服务的根本宗旨，以自力更生、艰苦奋斗的创业精神”为核心内容的延安精神[10]为指导，从基层党组织实际出发，坚持问题导向，坚持实事求是，持续深化建章立制工作，从根本上不断增强党支部活力。

（四）将西柏坡精神融入高校党员干部的作风建设

西柏坡精神产生于全党全面胜利前夕，值此中国革命史上重要的转折点，毛泽东同志在党的七届二中全会上，就胜利前夕和夺取全国政权后的党员作风问题提出了“两个务必”重要论述，即“务必使同志们继续地保持谦虚、谨慎、不骄、不躁的作风，务必使同志们继续地保持艰苦奋斗的作风”[11]，既回答了党如何面对执政考验的问题，也对党的自身建设提出了新的要求，对增强党的凝聚力、创造力和战斗力具有重要现实意义[12]。

党要管党、全面从严治党是中国共产党在新形势下开展伟大斗争、实现伟大梦想的根本保证。推动全面从严治党向纵深发展，“治”是关键，但“育”同样不容忽视，只有培养一批批站得稳、信得过、靠得住的基层党员干部，才能营造良好的、持续的政治生态。2013 年 7 月，习近平总书记再访西柏坡时指出，西柏坡“是立规矩的地方”，在实现中华民族伟大复兴的关键时期，我们更要大力弘扬西柏坡精神，走好新时代的“赶考”路[13]。

在高校党员干部的教育培养中，要从坚定政治信仰、站稳群众立场、强化务实作风三个方面着手。政治信仰是第一要素，尤其是在多元文化思潮碰撞的网络时代，高校党员干部必须坚定正确的政治方向，坚持对党忠诚，坚守道路自信，自觉在政治上思想上行动上同以习近平同志为核心的党中央保持高度一致。群众立场是工作基础，高校党员干部要牢记“为人民服务”的根本宗旨，从广大师生的实际出发，主动联系师生、关心师生，把广大师生紧紧团结在党的周围。强化务实作风是使命担当，我们党百年历程的辉煌成就靠的是求真务实、真抓实干，高校党员干部要多干事、干实事、下真功、求实效，勇于创新、迎难而上，为党和人民事业不懈奋斗。正如习近平总书记所指出的，“历史是最好的教科书。对我们共产党人来说，中国革命历史是最好的营养剂。多重温这些伟大历史，心中就会增加很多正能量”。[14]百年党史孕育的红色文化是历史的、现实的，也是未来的、发展的。我们要从红色文化中汲取营养和力量，坚定信仰树理想、实事求是勇革新、艰苦奋斗攻难关，让伟大红色精神在社会主义新时代绽放新的时代光芒。

参考文献

[1]张海峰. 从红色文化中汲取全面从严治党的智慧力量[EB/OL]. [2017 - 08 - 07]. http://theory. people. com. cn/n1/2017/ 0807/c40531 - 29454181. html.

[2]中国共产党章程[EB/OL]. [2017 - 10 - 24]. https://www. 12371. cn/special/zggcdzc/zggcdzcqw/.

[3]对马克思主义、社会主义和共产主义的信念是共产党人的政治灵魂

[EB/OL].[2013－03－11].http://cpc.people.com.cn/n/2013/0403/c351152－21013132.html.

[4]上海市习近平新时代中国特色社会主义思想研究中心．让红色文化成为铸魂育人的精神动力[EB/OL].[2019－09－20].http://theory.people.com.cn/n1/2019/0920/c40531－31363309.html.

[5]习近平在党史学习教育动员大会上强调:学党史悟思想 办实事开新局 以优异成绩迎接建党一百周年[EB/OL].[2021－02－20].http://www.gov.cn/xinwen/2021－02/20/content_5587966.htm.

[6]井冈山是中国革命的摇篮[EB/OL].[2009－11－13].http://www.crt.com.cn/news2007/news/xgmjgsjs/2009/1113/091113114415H8EJKKE00C24A97C8I92.html.

[7]辛鸣．革命理想高于天[N].光明日报,2016－07－15(8).

[8]李国喜．在新时代大力弘扬延安精神[EB/OL].[2020－09－02].https://theory.gmw.cn/2020－09/02/content_34143999.htm.

[9]每日一习话．经国序民,正其制度[EB/OL].[2019－12－06].http://news.cnr.cn/native/gd/20191206/t20191206_524886305.shtml.

[10]王亚杰．延安精神:管党治党的法宝[J].中国高等教育,2015(17).

[11]毛泽东．毛泽东选集(第四卷)[M].北京:人民出版社,1991:1438－1439.

[12]田苏苏．西柏坡精神:加强党的建设的重要法宝[N].河北日报,2012－07－11(11).

[13]杨静,孙应帅．弘扬西柏坡精神 走好新时代“赶考”路[N].光明日报,2020－08－19(1).

[14]开可,习近平井冈山再谈继承红色基因三条主线开启治党新局面[EB/OL].[2016－02－05].http://news.youth.cn/wztt/201602/t20160205_7608788.htm.

第一作者简介：代莉莎，中国石油大学（北京）信息科学与工程学院/人工智能学院团委书记。

本文载于《北京教育（德育）》2021年6月。

基于学科方向的研究生活力党支部建设路径

高思航　华盈鑫　刘一琳

摘　要　由于培养方向、招生条件、招生考试及入学难度等差异，当前硕士研究生可分为学术型硕士研究生和专业型硕士研究生。基于硕士研究生培养类型，研究生党支部可分为学术型研究生党支部和专业型研究生党支部。传统模式下以班级、年级为单位建立的横向党支部存在支部基础、发展、活力不均衡等问题。为解决此类问题，高校可以理论、专业双管齐下，建设复合学习型党支部；强化党内监督功能，提升党员发展质量；党团班深度融合，多角度考核评估支部工作。

关键词　活力提升；学科方向；党支部；研究生

一、研究生党支部建设背景

中共教育部党组关于印发《普通高等学校学生党建工作标准》的通知指出，普通高校按照有利于发挥党支部战斗堡垒作用和党员先锋模范作用、有利于开展党员教育管理服务活动的原则，在按年级或院（系）设置学生党支部的基础上，根据实际需要，探索依托重大项目组、课题组和学生公寓、社区、社团组织等建立党组织的路径。[1]

按照培养方案和培养模式的不同，我国硕士研究生可分为学术型硕士研究生和专业型硕士研究生。学术型硕士研究生以学术研究为导向，侧重于理论教育和研究，重点强化从事科研创新工作的能力，以培养科研机构的研究人员为主要目标。专业型硕士研究生教育主要培养社会特定职业的应用型高层次技术与管理人才，在知识结构方面，以技术创新、开发研究为主。[2]专业型硕士研究生以往多数是在职研究生，具有职业背景。随着全日制专业型硕士研究生规模不断发展壮大，除去在校集中上课外，专业型硕士研究生的大部分时间仍用于工作实践。因此，相对于专业型硕士研究生而言，学术型硕士研究生常常存在更加注重理论知识，相对轻视操作能力的问题。此外，在现今高校硕士研究生扩大招生的背景下，由于学术型与专业型研究生在人才培养过程中区分度较低，两者的地位和定位逐渐模糊，造成研究生群体主观意识薄弱、缺乏能动性，进而在研究生党支部的建设中出现多种问题。

二、研究生党支部建设现状及存在的问题

基层党组织要发挥好战斗堡垒作用，研究生党支部应起到保持党员先进性、发挥先锋模范作用，进而带动优良学风建设的作用，但传统意义上的横向党支部建设模式在研究生活力党支部建设与实践中仍存在一些问题。

（一）学生基础及自我要求存在差异，支部基础不均衡

自入校开始，专业型研究生党支部就存在劣势。学术型硕士研究生的全国硕士研究生入学统一考试竞争激烈，2005 年的研究生考试考生人数为 117 万，招生人数只有 32 万，录取比例为 3. 7∶1。中国在线数据调查显示，56% 的考生报考专业型硕士意愿更高：首先是可以获得更多专业技能，占比约为 27%；其次是由于难度低于学术型硕士，这类原因占比约为 25%；最后是因为学制时间短，这类原因占比约为 18. 5%。这也间接反映专业型硕士研究生的学习能力相比学术型硕士研究生较低，而更短的学制时间和在校时间导致学生为党支部的建设发展所花费的精力减少，学生对自身在党支部中发挥的作用和对党支部发展规划的要求降低，党支部整体的基础薄弱，支部成员的时间、精力不足与自我要求的降低，导致专业型研究生党支部在评优评奖中难以突出。

此外，学校、学院下派先进党支部名额时通常是在考虑人数基数占比、日常表现、突出贡献等综合因素的基础上将名额进行平均分配，这种分配方式虽然在考虑共性的基础上最大限度地保持了公平公正，但对于专业型研究生党支部和个性突出的党支部而言，指标分配并不公平。专业型研究生党支部在主观上受限于支部基础的劣势，客观上受限于党支部书记、辅导员、学院、学校等长久以来的“专业型研究生党支部评优评奖难”的恶性循环的思

维定式，看似“平均分配”的指标并没有均衡考虑支部的基础水平。对于个性突出的党支部来说，长板的突出不足以弥补短板的缺失，其在综合评价的标准下丧失展现长处的机会，看似“平均分配”的指标并没有充分考虑支部的个性化发展。

（二）学生较少的学科存在弱势，支部成员发展不均衡

研究生党支部在发挥思想引领作用的同时，应和学术研究发展融合，助力学科发展。传统意义上的党支部多建立在班级、年级上，党、团支部内各成员参照党员发展标准，在一名普通学生成为申请人、积极分子、发展对象、预备党员、党员的各项过程中，采取民主集中制的方式进行推选。但当被推选学生的入党动机、群众基础、理论水平、思想觉悟、道德品质、工作表现、学习成绩、科研能力等情况无明显差异时，支部成员难免会优先推选本学科方向的学生，最终导致学生较少的学科存在弱势，支部发展不均衡。

通过分析中国石油大学（北京）地球科学学院2016级硕士研究生近三年党员人数变化情况，可以直观地看出，各学科方向党员人数增长比例与各学科学生总数存在相关性，学生人数少的学科党员增长比例相对较低。2016级硕士研究生以班级为单位，建立了8个党支部，包括5个学术型党支部和3个专业型党支部，所辖学生总数为263人，学术型硕士研究生152人，专业型硕士研究生111人。其中，地质学方向学生78人，勘探开发方向学生111人，地化环科方向学生15人，盆地与油藏研究中心方向学生59人。2016年，学院在设立党支部时，党员总数为93人，学术型硕士研究生70人，专业型硕士研究生23人。其中，地质学方向学生37人，勘探开发方向学生32人，地化环科方向学生3人，盆地与油藏研究中心方向学生21人。到2018年底，党员总数为137人，增长44人，学术型硕士研究生增长24人，专业型硕士研究生增长20人，增长占比分别为54.55%和45.45%，两者相差不大。其中，地质学方向学生增长12人，占比27.27%；勘探开发方向学生增长18人，占比40.91%；地化环科方向学生增长3人，占比6.82%；盆地与油藏研究中心方向学生增长11人，占比25%。

（三）制约活动开展的条件不同，支部活力不均衡

由于研究生群体存在特殊性，以培养类型为单位建立的党支部在活动开

展条件上存在差异，以专业为单位建立的党支部在纵向培养方案上存在差异，以班级为单位建立的党支部在横向培养模式上存在差异。这些差异和矛盾都会影响党支部活动的开展，导致支部发展活力不均衡。

学术型硕士研究生通常在校跟随导师进行实验研究，从时间、空间上来说都更便于支部活动的开展；专业型硕士研究生通常分散到各企业工作站进行专业技能训练，从而在空间以及时间上影响了支部的运转及活力的提升。以专业为单位建立的党支部，支部成员覆盖相同专业不同年级的学生，会出现由于专业人数不同造成党支部规模差异过大，进而出现理论教育战线延长的问题。

以年级为单位建立党支部，学院内部如果专业较多，就会造成支部规模过大、成员过多不易管理的组织问题；学院内部如果专业交叉较少，就会致使支部内部分块化、分散化，造成支部凝聚力降低的问题。以年级为单位进行党支部活动，虽然一年级的新生党员容易统一管理，可是在二年级之后，学生进入各个教研室与课题组承担科研项目，党员更加分散，活动则更难以开展。而以年级为单位建立党支部的一个重要问题是支部活动的传承性与继承性难以保证，造成年级之间的党支部僵化固化，人为造成“隔板”阻碍不同年级党支部之间的交流，制约党支部活力提升的效果。以班级为单位建设党支部，会存在由于导师不同、学科方向不同而造成支部成员课程安排、时间安排不统一，活动开展时间难以协调，活动开展形式难以创新，活动开展效果难以达到预期等问题。由于日常交流不足，支部成员在组织建设、支部规划、发展新党员等问题上容易产生不同意见甚至分歧，大大降低党支部的活力、组织力与凝聚力。

三、基于学科方向的研究生活力党支部建设路径分析

基于新时代的发展需求，为解决传统的以专业、班级、年级为单位建立党支部带来的支部基础不均衡、支部发展不均衡、支部活力不均衡等问题，淡化学术型与专业型研究生党支部的分歧，打破传统的党支部模式，在以学生类别划分学术型硕士、专业型硕士，以导师姓名排序划分班级的基础上，在同年级内跨越硕士类型与班级，基于学科方向构建研究生党支部，实现硕

士类型、班级、学科方向的交叉联合，建设创新型的党支部建设模式，促进研究生党支部活力提升。[3]

（一）理论专业双管齐下，建设复合学习型党支部

用科学的理论武装自身，是党的思想理论建设的根本任务。[4]研究生党支部在建设过程中，要充分强调理论学习的重要性，增强支部活力。基于学科方向构建党支部，能够从根本上解决学生较少的学科在推选中存在弱势的问题，而且能够增强支部成员理论学习的自觉性，促进支部成员进行学科交流，建设复合学习型党支部。

基于学科方向构建研究生党支部，支部成员的课程安排、时间安排相对集中，党支部可以在此基础上丰富会议内容与活动形式，落实“三会一课”制度，并开展自由学术报告会，多维度提升支部育人功能。党支部通过理论学习与专业知识学习双管齐下的支部活动，促进党员理论水平的提升，促进学生科研水平的提高，进而促进学科的发展，有力提升支部的理论学习活力与科研活力。

（二）强化党内监督功能，提升党员发展质量

在全面从严治党的要求下，考察积极分子的机制日趋完善，入党程序日趋严格，入党后的继续教育逐渐常态化。根据发展党员的流程要求，入党积极分子的推选由班级团支部完成，入党积极分子的培养考察以及发展对象的培养则由党支部完成。基于学科方向构建的党支部，能够通过支部成员对积极分子的了解，加强对积极分子的考察培养，贯通培养考察阵线，强化监督功能。

基于学科方向构建研究生党支部，支部成员的整个考察培养过程会涉及团支部和党支部两个群体，而同一学科方向的学生往往住在同一间宿舍，或修读同一门课程，或在同一个办公室进行科研合作，有更多的机会和时间相互交流，彼此之间更为了解，能够更好地起到相互促进的作用，更好地强化研究生党员的自我监督和群众监督，更好地发挥同级监督的作用，有助于日后工作的顺利进行及支部的稳固发展。这种考察培养模式可以促进党支部与团支部紧密联系，高效快捷地处理好党员发展过程中的党支部工作、人员考

察培养等信息接洽环节，为党员发展做好基础保障工作。

（三）党、团、班深度融合，多角度考核评估支部工作

党支部组织力的强弱与其肩负的群团工作使命相关联，党支部的群团工作能够直接转化为其在考核评估中的竞争力。基于学科方向构建党支部，可以构建“党建带团建”的发展模式，形成“团建带班建”的运转模式。

基于学科方向构建的研究生党支部，在评估考核被考察对象的平时表现时，可从班级、团支部、党支部三方面进行评估，使非党员在享受权利的同时更加自觉主动地向党组织靠拢，贡献自己的力量，党支部也能更好地在基层党支部活动中团结动员基层群众与团员。在进行工作评估时，支部发展“显绩”与支部党建“潜绩”可成为有机统一的整体，以增强党支部的组织力与公信力。基于学科方向构建党支部，能够打破学术型硕士与专业型硕士的类型局限，保证各支部党员人数均衡、党员质量平衡，使支部活动开展更为顺利，各支部在评奖评优等活动中的机会相对均等，从而增强支部成员的集体荣誉感，形成积极的反馈机制，促进支部发展。

四、结语

研究生党支部建设是高校育人的重点工作，党支部的活力提升是新时代的必然要求。基于学科方向构建党支部，细化专业类型，跨越硕士类型、班级，能够使理科、工科学生的思维相互碰撞，使实事求是、开拓创新的科学精神和高水平的职业技能、高度的职业道德相融合，激发党支部的活力与创新力。高校可以采取理论专业双管齐下、强化党内监督功能、党团班深度融合等措施，建设复合学习型党支部，提高党员发展质量，多角度考核评估支部工作，从而提高研究生党支部建设水平。

参考文献

[1] 中共教育部党组．全面实施普通高等学校学生党建工作标准[J]. 教育现代化,2017(16):15.

[2] 胡玲琳. 学术性学位与专业学位研究生培养模式的特性比较[J]. 学位

与研究生教育,2006(4):22－26.

[3] 马艳秋,陈雪梅. 新媒体环境下高校研究生党建工作现状及对策研究——以吉林省高校为例[J]. 开封教育学院学报,2017(10):185－186.

[4] 李贵海. 高校党的建设科学化的目标选择及其路径研究[D]. 长春:东北师范大学,2016:6.

第一作者简介：高思航，北京邮电大学校友工作办公室。

本文载于《教育观察》2020 年 5 月第 9 卷第 17 期。

先锋党支部建设的实践与探索

——以中国石油大学（北京）地球科学学院为例

刘一琳　高思航　郭　铮

摘　要　党的十八届六中全会是在我国进入全面建成小康社会决胜阶段召开的一次十分重要的会议，这次会议开启了全面从严治党向纵深推进的新征程。在此大背景下，高校基层党组织建设也面临新的挑战和机遇。以中国石油大学（北京）地球科学学院先锋党支部建设为例，从创新支部建设方式，联动校内外多方党支部，加强党、团、班以及社团之间的结合等方面，推动高校基层党组织建设。

关键词　先锋党支部；石油高校；支部共建

全面从严治党大环境下，不断提高党的执政能力和领导水平，需要加强党的基层组织建设。党的十九大报告指出，“党的基层组织是确保党的路线方针政策和决策部署贯彻落实的基础”。高校学生党支部作为党的基层组织不可或缺的组成部分，不仅关系到高校的发展，也关系到党的建设大局。2017年，中共中央、国务院印发的《关于加强和改进新形势下高校思想政治工作的意见》强调，“要加强高校基层党建工作，建立健全高校基层党组织，加强教师党支部、学生党支部特别是研究生党支部建设，充分发挥党支部战斗堡垒作用”。加强高校学生党支部建设对凝聚党员力量、推进高校党建工作、提高党的基层组织科学化建设水平等具有重要的意义。新形势下，高校学生党支部面临新的挑战和机遇，需要在思想、文化、实践等方面积极探索，寻找可持续发展的路径。如何提高高校学生党支部的活动质量，增强党支部活力已经成为重要的时代课题。

一、先锋党支部建设现状

1990 年至今，中共中央组织部、中共中央宣传部和中共教育部党组（原中共国家教委党组）先后召开了 20 余次全国高等学校党的建设工作会议。在一个系统连续召开党的建设工作会议，这充分表明了党中央对高校党建工作的高度重视和支持，也表明了党中央对培养中国特色社会主义建设者和接班人的热切期望。党的十八大以来，习近平总书记多次就高校党建工作作出重要指示，强调高校肩负着学习、研究、宣传马克思主义，培养中国特色社会主义事业建设者和接班人的重大任务。加强党对高校的领导，加强和改进高校党的建设，是办好中国特色社会主义大学的根本保证。

当前，国内针对先锋党支部建设的探索主要由各大国有企业牵头完成，比如，国家电网公司早在 2010 年就将电网先锋党支部作为重点党建工作品牌在企业内部实施。在电力改革和发展的新形势下，该项目对国家电网公司充分发挥电力企业党组织的政治核心作用，增强基层党支部凝聚力有重要的意义。国内高校目前针对先锋党支部的研究相对较少，且存在一些先锋党支部采取“掐尖儿”模式的现象（即集中优势力量全力打造单一党支部）。在这样的情况下，中国石油大学（北京）地球科学学院在本 14、15 级联合党支部的基础上成立先锋党支部，对党支部建设进行探索与实践。

二、中国石油大学（北京）地球科学学院先锋党支部建设总体思路

中国石油大学（北京）地球科学学院先锋党支部以中国特色社会主义理论为指导，着力发挥基层党组织的政治核心和战斗堡垒作用，不断创新支部建设方式，形成“三位一体”学习实践体系。

第一，创新理论学习形式。为夯实党员理论基础，创新组织生活会形式，地球科学学院先锋党支部在党员日常理论学习中倡导“分阶段、分层次、分对象”的形式。为此，我们在组织生活会中开展了时政辩论赛，对热点问题展开深度思考与辩论。这样的方式促进了学生党员间的思维碰撞，引导其将理论与实践结合起来。此外，学生党员宿舍工程也是一个有效促进理论学习

的形式。学生党员将组织生活会带入宿舍中，定期展开座谈会与学业互助帮扶工作。

第二，创新支部活动载体。支部在发展建设过程中要充分发挥模范带头作用，要以“党建带团建促班建”为理念，开展一系列活动。支部优秀党员要定期给各团支部和学生社团进行理论宣讲，形成以党支部为中心、以团支部和社团为主链，相互影响、相互学习的活动模式。为此，先锋党支部联合学生会举办定向越野比赛，将理论知识问答深入关卡任务中，创新学习方式，让学生在运动中学习，在学习时运动。同时，先锋党支部与蒲公英青协紧密合作，开展了“乐水行”“智光行”“太阳村”“关爱空巢老人”等多项志愿活动。

第三，创新理论宣传模式。先锋党支部在理论宣传过程中，不仅保留了报纸、海报等传统宣传方式，也与时俱进地开设了官方微博、微信公众号和新闻客户端等新媒体平台。支部利用网络宣传媒介的方便快捷以及网络庞大的信息资源等优势，及时、快速地传播党的声音，并采用学生喜闻乐见的动画、图片等形式，在线上推广理论知识，收到了较好的宣传效果。

三、中国石油大学（北京）地球科学学院先锋党支部建设的一些具体措施

地球科学学院先锋党支部以“一部两区，三方四建 ”模式展开工作。其中，“一部”指的是先锋党支部，“两区”指的是北京校区与新疆克拉玛依校区（先锋党支部有部分成员在新疆克拉玛依校区 ），“三方”指的是高校、学生、社区，“四建”指的是中国石油大学（北京）克拉玛依校区文理学院第二党支部、新疆技师学院党支部、北京市昌平区军休二所党支部、新疆维吾尔自治区克拉玛依市天山街道康乐社区党支部，四个党支部共同展开理论学习、支部建设和理论宣传等。

第一，两区共建，共促发展。笔者在此以先锋党支部在克拉玛依校区开展的实际活动为例。支部通过开展新生、老生交流会，让老生与新生分享进入大学以来的心得体会，加深了新生对大学生活的了解，促使他们尽快认识个人角色的转变，明确今后的学习生活目标。交流会之后，克拉玛依校区很

多新生积极调整自身状态，尽快融入校园生活。新生、老生交流会活动不仅促进了学生之间经验、感受的交流，也促进了学生间友谊的发展。

第二，学以致用，服务大众。先锋党支部组织支部成员到新疆油田公司勘探开发研究院参观学习。通过学习，支部成员了解了新疆油田公司的企业精神和勘探开发研究院为我国石油事业发展做出的重要贡献，也深刻意识到作为石油人要具备的历史使命感和社会责任感，更加坚定了要用自己所学的知识为我国石油事业的发展贡献力量的信念。

第三，深入社区，共创和谐。先锋党支部北京分部同北京市昌平区军休二所党支部共建。支部成员不仅向老人普及消防安全知识，提高老人的安全意识，而且给老人带来了快乐和温暖。同时，在与老人的谈话中，支部成员也深受感动，对老一辈为国家、为民族做的重要贡献心怀感激。支部成员都表示以后要更加努力学习，争取早日学有所成，报效国家。

第四，学好专业技能，服务“一带一路”倡议。先锋党支部为响应大学生服务“一带一路”倡议的号召，开展了一系列主题活动。这些活动全面提升了支部成员的素质，培养了他们的远大理想与社会责任感。通过服务“一带一路”倡议、参观红色文化基地、传承革命文化等支部共建活动，所有支部成员都感慨于革命先烈的伟大付出，并深深意识到大学生党员身上的责任和重担。通过开展“深入油田现场，弘扬石油精神”活动，支部成员深入石油开采一线，和石油工人一同劳动、一同吃饭。支部成员也走访新疆油田勘探开发现场，体验钻井工、作业工、采油工的工作，实地感知了什么叫“石油精神”，感受到了“石油人”的家国情怀，也更明确了今后如何运用专业技才能更好地服务“一带一路”倡议。

四、中国石油大学（北京）地球科学学院先锋党支部建设成效

第一，方式新颖提升学习能力。先锋党支部采用新的组织生活会学习形式，一方面夯实了学生党员的理论基础，让学生党员在学与思的过程中不断发展与进步；另一方面形成了以党员为中心向团员及群众辐射的传播体系。先锋党支部的一系列活动也让“两学一做”理论深入学生党员内心。学生党员积极学党章规定、学系列讲话，争做合格党员。在学业帮扶方面，学生党

员热情、耐心地帮助学习成绩较差的学生，他们的帮扶对象挂科率越来越低。

第二，党团联合增强支部建设活力。先锋党支部将党、团、班及社团进行了充分的结合，通过党支部较强大的理论基础，以班级和团支部为扩散面，将学习与实践的精神传播到群众中去。同时，先锋党支部也注重发挥社团的重要作用，社团为实践活动的展开提供了有利条件。

第三，“两微一端”掀起学习浪潮。先锋党支部已建立“两微一端”新媒体学习平台，将“两学一做”理论知识以生动的图文及动画形式展现出来。学生党员自觉发挥自身优势，带动身边团员及群众积极学习与实践。他们的学习热情高涨，单次阅读量达上万次。

中国石油大学（北京）地球科学学院先锋党支部以特有的工作模式和学习实践体系，在日常建设中注重理论与实践的结合，利用地学特色打造专业人才。先锋党支部在读书报告交流会、支部风采展示等多项评比中获得国家级奖项 1 次，院校级奖项 5 次。支部学生党员获得“优秀党员”“优秀党支部书记”等荣誉称号的有 12 人。

参考文献

［1］王燕．新形势下高校从严治党的实践路径［J］．法制与社会,2018(3).

［2］黄小华．党的十九大报告的四大亮点及其理论贡献［J］．探索,2017(6).

第一作者简介：刘一琳，中国地质大学（北京）学生工作部。

本文载于《党团建设》2019 年第 5 期。

第五章

安全育人：学生突发事件应急处置

“三全育人”视域下高校学生突发事件防控体系构建路径研究

韩尚峰

摘　要　“三全育人”综合改革是加强改进新形势下高校思想政治工作、全面落实立德树人根本任务的重大战略举措。“三全育人”理念为高校学生突发事件防控体系的构建提供了新的视角和方法。通过提出“三全育人”视域下构建高校学生突发事件防控体系的逻辑路向，审视当前高校学生突发事件防控体系的现实样态，基于“三全育人”理念，探讨提高高校学生突发事件防控工作的精度、效度、深度，推动高校学生突发事件防控能力提升。

关键词　学生突发事件；三全育人；防控体系

在世界百年未有之大变局和中华民族伟大复兴战略全局的大背景下，高校承担着“为党育人、为国育才”的初心使命，承担着培养德智体美劳全面发展的中国特色社会主义建设者和接班人的历史任务。深入推进“三全育人”综合改革，贯彻“三全育人”理念，构建高校学生突发事件防控体系，提升高校学生突发事件应对处置能力，对于全面落实立德树人根本任务，提高人才培养质量，提升育人实效具有重要意义。

一、“三全育人”视域下高校学生突发事件防控体系构建的逻辑路向

（一）“三全育人”为高校学生突发事件防控体系构建提供了科学遵循

“三全育人”理念的关键在于实现育人主体、育人过程、育人方位的全

面协同推进，达成最大的育人成效。全员，强调的是育人主体的全面性；全程，强调的是育人过程的贯通性；全方位，强调的是育人模式的完备性。“三全育人”理念在高校学生突发事件防控体系中的预警机制、快速处置与联动机制和恢复机制的建设中均具有重要的指导意义，提供了新的视角和方法。

（二）构建高校学生突发事件防控体系是落实“三全育人”的必然要求

高校面临着承担培养高素质人才责任而带来的特殊关注，面临着外界向学生群体灌输多元思想观念所带来的复杂影响，面临着学生群体高度聚集、思想行为特征呈现新变化，面临着突发事件潜在风险隐患增多的现实困难。高校学生突发事件具有突发性、危害性、社会敏感性、群体性等典型特征，一旦防控处置不力，容易影响高校教育教学秩序，危及安全稳定，干扰育人工作和育人成效，不利于“三全育人”目标的实现。

（三）高校学生突发事件防控体系构建是“三全育人”的实现载体

“三全育人”与学生突发事件防控体系构建的组织实施高度依赖。学生突发事件防控体系构建要在提高防控能力、有效处置学生突发事件的目标下，围绕预警机制、快速处置与联动机制和恢复机制建设，通过全员参与、全过程贯通、全方位协同的方式优化完善工作体系，实施育人工作。科学高效的学生突发事件防控体系是高校“三全育人”工作的重要体现。两者在育人实践层面相辅相成，实现了育人理念和行动的统一、全局和局部的统一。

二、我国高校学生突发事件防控体系的现实样态

（一）全员参与、有效覆盖不到位，学生突发事件防控工作精度不高

在预警信息收集机制中，围绕“以学生为中心”的各方育人力量调动不够充分。现有工作体系过度依赖高校学生思政工作队伍，一线辅导员承担了较大责任和压力，按照 1∶200 的管理幅度难免百密一疏。班主任（学业导

师）、研究生导师、任课教师、家长、同学（朋辈）等相关主体，亟须被纳入学生突发事件防控体系。

在快速处置与联动机制中，针对学生突发事件处置的参与部门，仍须进一步充实和优化，整合全校的工作力量，形成全员参与、协同一致的工作机制。在恢复机制中，往往集中力量针对学生突发事件当事人和涉及人员开展工作，而针对更大范围受到影响的师生群体，开展关怀、安抚、疏导、帮助和支持的工作不多，影响学生突发事件处置的效果。

（二）全过程贯通、有效闭环不到位，学生突发事件防控工作深度不够

在管理理念上，目前高校学生突发事件防控存在重"事后处理"、轻"事前预防"的倾向，部分高校尚未形成清晰成熟的"研判—预防—干预—处置"闭环管理体系。在预警机制中，针对学生突发事件的隐患苗头，需要动态掌握跟进变化情况，但往往出现责任主体不清，处置反馈不到位，彻底解决不明确或排除隐患不掌握等情况。在快速处置与联动机制中，学生突发事件显现与爆发期、持续演进期的工作原则和工作措施需要有序衔接。在恢复机制中，突发事件处理结束后高校对事件复盘、反思、总结还不够充分，特别是形成科学理性的评价结论，总结固化为制度机制还不到位。

（三）全方位协同、有效联动不到位，学生突发事件防控工作效度不高

在预警机制中，围绕重点学生群体的信息来源往往比较分散，没有形成有效整合，影响预警的及时性和准确性。在突发事件处置的过程中，处理学生突发事件的机构组织往往是临时组建的，各部门间容易形成信息共享不畅、有效联动不足、口径原则不一致、协同不充分等被动局面，影响突发事件处置的效率和效果。

三、"三全育人"视域下高校学生突发事件防控体系的构建路径

（一）以全员化参与提升学生突发事件防控工作精度

第一，构建"全员"参与的预警信息收集机制。坚持"以学生为中心"，

充分调动各方育人力量，围绕学生构建“全员”参与的预警信息收集体系。突出辅导员职责，广泛开展一对一深度辅导，切实掌握每一名学生思想动态和学习生活中的困难问题；加强班主任（学业导师）队伍建设，思想教育与学业引领并重，关心学生成长发展；强化研究生导师作用，落实导师的第一责任人职责，全面关注学生学业和生活；加强家校联动，定期开展家访工作，实现重点学生家长常态沟通，家校共促；充分发挥班团骨干、同学好友等朋辈力量，构建辅导员、家长、班主任（学业导师）、导师和朋辈间的协同联动和信息沟通机制，全面收集和掌握学生思想动态、心理状态、学业情况和应激事件等信息，如有异常情况，及时启动预警，迅速开展干预工作。

第二，构建“全员”参与的快速处置组织架构。高校应设立针对学生突发事件处置的组织机构，成员包括学校领导、党校办、党委宣传部、教务处、研究生院、学工处、心理咨询中心、保卫处、后勤管理处、财务处等所有涉及的相关职能部门。制定形成应急处置预案，按照突发事件类型和等级，明确工作职责、原则把握、处理措施、工作纪律和目标要求。结合相关时间节点和事件，适时开展桌面推演和实践演练，以强化突发事件处置意识、熟悉工作流程，明确工作职责内容，及时发现和解决存在问题，提升应对能力。

第三，构建以人为本、覆盖“全员”的恢复机制。高校学生突发事件会对当事人、在校师生及事件涉及人员造成伤害和影响。在恢复过程中，高校应结合突发事件实际，面向不同群体区分类别和层次，针对性开展工作。对于事件中的受害者、弱势群体，应该充分给予人文关怀，发扬人道主义精神，在精神上、物质上给予安抚和帮助。对事件发生造成不良影响的责任人，在调查事实清楚的基础上，严格按照校规校纪予以处分和惩戒，加强警示教育，最大限度挽回损失，消除遗留问题和负面影响，防止引发后续危机。对于受到影响的其他师生，要及时开展心理疏导和支持，引导其尽快恢复正常的学习工作生活状态。

（二）以全过程贯通提升学生突发事件防控工作深度

第一，构建“全过程”的预警闭环管理模式。确保在发现学生突发事件的安全隐患后，建立“全过程”的跟进处置机制，实现闭环管理。聚焦现实问题和安全隐患，以学生为主体，形成工作方案，明确职责分工，责任落实到人，动态跟进处置进展，畅通信息沟通，形成有效反馈，确保问题和安全隐患得到有效解决或能够持续稳定可控，不再演变为学生突发事件。

第二，实现快速处置“全过程”的有效推进。学生突发事件发生的不同阶段，体现出不同的特征特点，需要全过程有效推进各项应对处置工作。在学生突发事件的显现与爆发期，要坚持“第一时间”原则。一旦发生学生突发事件，相关负责人要第一时间抵达现场，第一时间保障学生生命安全，第一时间上报信息，第一时间控制事件态势，第一时间启动应急预案，为突发事件的后续应对和处置争取时间和主动。在学生突发事件的持续演进期，要坚持“统一领导、综合施策”原则。

第三，推动贯通“全过程”的反思总结。高校应在突发事件处理结束后对事件进行全过程复盘，及时调查事件原因，评估事件发生所导致的影响，倒查处理流程，梳理工作方法，分析应对措施，提出理性评价，深入总结经验教训。对工作中存在的失误、漏洞和薄弱环节，要进行深入反思，研究改进措施和方法，及时整改到位；对工作中行之有效、作用强、可借鉴的优良做法，要及时总结固化，汇编工作案例，完善相关制度，形成长效机制，为高校今后应对类似突发事件时提供参考，不断提升应对能力。

（三）以全方位协同提升学生突发事件防控工作效度

第一，推动“全方位”的大数据信息支持系统。充分发挥大数据和人工智能等信息技术的成果和优势，以“全方位”的大数据信息支持为高校学生突发事件预警提供保障。依托学校的信息技术部门，建设智能化的校园数据中心和信息系统，实现对学生的学业成绩、思想动态、心理状况、日常消费、班团活动、实践锻炼、违纪获奖、网络舆情等情况的动态统计，形成学生数据画像，更加全面地掌握学生信息和情况。

第二，实现快速处置“全方位”的协调联动。在突发事件处置的过程中，各单位、各部门间的协调联动是平稳、顺畅开展工作的关键。通过召开联席会议的形式，在统一领导和决策的基础上，各单位和部门充分信息共享，及时反馈问题情况，综合研判工作态势，会商解决痛点难点，协同确定工作措施，提高应对处置的效率和效果。

第三，构建“全方位”保障运行的恢复机制。学生突发事件的后续处理和正常秩序的恢复，需要相关部门的通力配合，须按不同层次、不同导向有序展开。党委宣传部门加强正面宣传、舆论引导和信息发布；学生工作部门有效掌握学生思想动态，深入开展思想工作，组织学生恢复正常学习生活；教务处、研究生院等教学部门保障教育教学工作有序恢复运行；后勤部门做好各项服务保障；保卫部门维护校园安全稳定秩序等。各部门各司其职，实现最大限度降低学生突发事件影响，学校各方面工作逐步恢复常态。

参考文献

[1] 赵红灿. 高校系统实施"时代新人培育工程"的思考[J]. 中国高等教育, 2021(23):47-49.

[2] 种鹏, 杨威. 习近平总书记关于培养社会主义建设者和接班人重要论述的价值意蕴及实现路径[J]. 思想政治教育研究, 2021, 37(6):53-57.

[3] 吴珊."三全育人"视域下大学生样板党支部建设的实践与创新[J]. 学校党建与思想教育, 2022(14):24-26.

[4] 李向成. 高校深化"三全育人"综合改革的现实困境与实现路径[J]. 中国高等教育, 2021(23):44-46.

作者简介：韩尚峰，中国矿业大学（北京）党委书记。

本文为2021年北京高校思想政治工作研究重点课题"'三全育人'视域下高校学生突发事件防控体系构建研究"阶段性研究成果。

本文载于《教育科研》2023年10月。

“全过程贯通”“全方位协同”提升学生突发事件防控工作效度

庄玉琳

一、案例概述

2020—2021 年，学校发生 6 起学生重大意外事件。其中 4 起为学生坠亡事件。其中一起为：本科生小 A 的辅导员接到小 A 舍友电话，反馈小 A 凌晨 2 时左右在朋友圈发布轻生信息，辅导员第一时间上报。凌晨 6 时多，警方在学校周边某酒店附近发现该生，急救医护人员抵达现场后，确认已无生命体征。一周内，举行遗体告别仪式、火化，家属离校。事件处理期间，学工处处长全程坐镇，学院党委书记、副书记及学院辅导员全程陪同，做好家属接待工作和日常沟通。

二、分析与应对

从学校管理的角度分析，突发事件的发生有以下几点原因：

（1）全员参与、有效覆盖不到位，防控工作精度不高；

（2）全过程贯通、有效闭环不到位，防控工作深度不够；

（3）全方位协同、有效联动不到位，防控工作效度不高。

另外，学生突发事件在不同阶段体现出不同的特征特点，需要全过程有效推进各项应对处置工作。

一是在学生突发事件的显现与爆发期，坚持“第一时间”原则。一旦发生学生突发事件，相关负责人第一时间抵达现场，第一时间保障学生生命安全，第一时间信息上报，第一时间控制事件态势，第一时间启动应急预案，为突发事件的后续应对和处置争取时间和主动。

二是在学生突发事件的持续演进期，坚持“统一领导、综合施策”。突发事件处置过程中必须统一指导思想，统一工作原则，统一解释口径，统一工作调度，统一资源调配，避免各自为战，出口不一。针对突发事件中的重点人员、重点事项和重点困难，一事一议，综合研判后制定工作措施，统筹推进相关工作。

三是在学生突发事件的善后处置期，坚持“以人为本、覆盖全员”。结合突发事件实际，面向不同群体区分类别和层次，针对性开展工作。对于事件中的受害者、弱势群体，充分体现人文关怀，发扬人道主义精神，给予安抚和帮助。对事件发生造成不良影响的责任人，在调查事实清楚的基础上，严格按照校规校纪予以处分和惩戒，加强警示教育，最大限度挽回损失，消除遗留问题和负面影响，防止引发后续危机。对于受到影响的其他师生，及时开展心理疏导和支持，引导其尽快恢复正常的学习工作和生活状态。

四是在突发事件处理结束后对事件进行全过程复盘。及时调查事件原因，评估事件发生所导致的影响，倒查处理流程，梳理工作方法，分析应对措施，提出理性评价，深入总结经验教训。对工作中存在的失误、漏洞和薄弱环节，深入反思，研究改进措施和方法，及时整改到位；对工作中行之有效、作用强、可借鉴的优良做法，及时总结固化，汇编工作案例，完善相关制度，形成长效机制，为今后应对类似突发事件提供参考，不断提升应对能力。

三、反思与启示

（一）建立健全纵向贯通、横向联动的学生工作运行机制

以加强校、院两级学生工作协同和“家校社”协同为重点，推动深化全员全过程全方位育人。出台《关于加强校院两级学生工作协同的实施意见》《家校协同育人工作实施办法》等政策文件，调动各方面力量，建立健全纵向贯通、横向联动的学生工作运行机制，积极构建学校家庭社会协同育人新格局。通过月度思政工作研判会（宣传部、学工部、保卫部主导）、学生突发事件处理周报、心理危机月报、学院心理工作研判会等形式完善网格化管理体系，畅通信息渠道，切实做到动态监控全校协同。

（二）以全过程贯通提升学生教育管理和突发事件应急处置能力

紧扣五育并举的"贯通式"大教育体系与大思政观融合，在优化完善"引领性"的思政教育供给侧与需求侧达成有效精准衔接上下功夫，在导向精准、设计精准、保障精准、考核评价精准等方面持续发力。建立不同队伍之间的协同机制，实施"沐光成长计划"下大学生生涯规划，落地"规划—记录—评价—指导—反馈"的全链条育人理念。如图 1 所示。

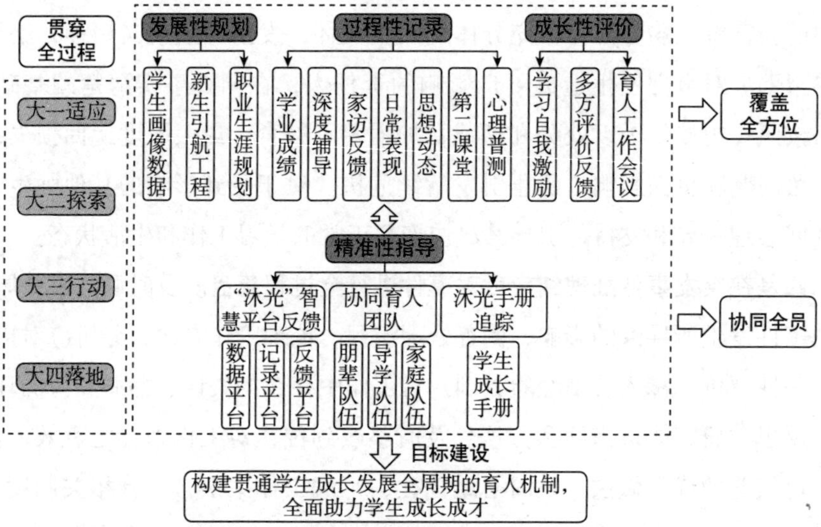

图 1　"沐光成长计划"

开发基于大数据的学生预警平台（如图 2 所示），实现"挖掘分析、可视呈现、预测研判、预警提示"。为学校的教育管理决策、人员的潜能发挥和学生的精细管理、精准思政、危机预警提供科学依据。

（三）全方位协同，提升学生突发事件防控工作效度

面向全体、关注重点、预防为先，健全心理育人工作体系。对危机预防系统工作人员展开专业培训。编制《危机预防手册》，对辅导员、研究生导师、班主任、科任教师等危机预防系统工作人员开设有针对性的专题培训。优化由学院心理专员—班级心理委员—宿舍心灵使者—心理顾问—专兼职心理咨询师—导师—家长组成的心理健康教育服务体系。

重视既往病史和休学后复学学生的心理健康。对于出现过自伤、自残、

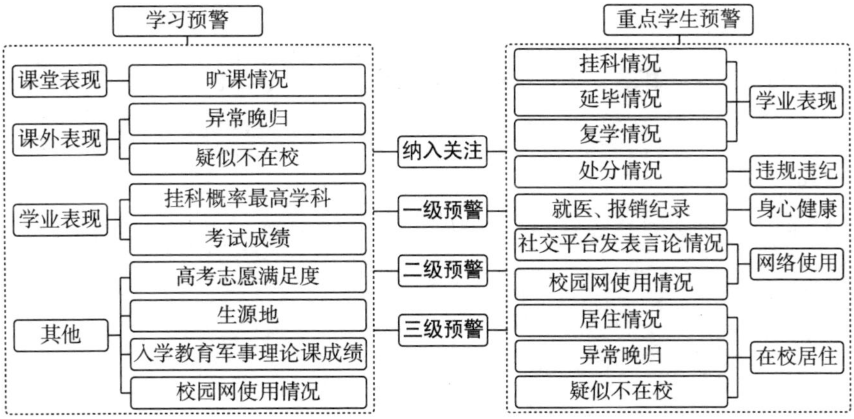

图 2　大数据预警系统

自杀等倾向，以及因为个人原因（心理问题、病理问题、学业问题、参军入伍等）休学后复学的学生，要给予持续的关注、关心、关怀。

打通危机预防干预的“最后一公里”。从舍友、亲密关系朋友以及学生干部入手，适当安插“眼线”能够从细微处发现识别异常情况并及时上报，通过及时跟进处置，把隐患消灭在萌芽状态。

建立多部门协同工作机制，保持信息畅通。学工处、学院、保卫处、校医院等多部门应建立协同机制，明确工作程序和职责，相互支持，做到信息及时互通，程序简单清晰，既能提高工作效率，又能有效避免因内部协调问题造成的处理不顺而引起家属情绪上的波动。

重视突发事件的善后流程处置。一旦出现突发事件，要严格落实逐级上报机制，及时上报，寻求指示，由上级领导统一调度、调整工作安排，提高事件处理效率，降低事件处理的时间成本。同时及时联系家属，告知事发情况和进展动态。处置突发事件时，与家属沟通应做到理性与感性兼济。既要从家属的角度出发表达感同身受，又要从校方角度理性解决问题，按规章制度或合理合法的工作流程完成善后处理，出具相关具有法律效力的和解协议。另外，突发事件的发生对当事人同宿舍、同班级及交往密切的学生，以及学生辅导员都将带来较大的心理影响，要及时安排心理咨询和疏导，避免产生衍生问题。

作者简介：庄玉琳，中国石油大学（北京）学生工作部部长。

“筑基、筑业、筑魂、筑梦”：依托“沐光成长计划”助力学生成长成才

刘春阳

一、案例概述

2019级H同学，来自四川省贫困县，初入大学时是个普通、有些胆怯又乖巧懂事的学生。初见H同学能感觉到她内心敏感，有些许的不自信，但H同学做事很认真，具有坚持不懈、不怕困难、不服输的优点。但贫困地区的教学，使得她的学业基础并不十分理想，来到大学后面对专业课程感到深深困扰，甚至畏惧。加之自我怀疑、焦虑和苦闷，让她与周围优秀的同学相比，更加不自信。

通过大学四年的培养，H同学不懈努力和坚持，综测专业第一，必修课优良率100%，成为全校首位大二年级十佳大学生奖的获得者，是学校最高荣誉“校长奖”的获得者，是学院首位“王涛英才奖学金”的获得者，身材娇小却志向高远的她几乎获得了所能获得的全部奖项。作为班级团支书带领班级获得“十佳班集体”“先锋团支部”，带领社会实践团队获得“北京市暑期社会实践优秀团队”，完成国家级大学生创新创业项目，参与海外课题，发表SCI学术论文，挑战杯、互联网+、数学建模类等均有获奖。H同学文理兼容，全面发展。主修英语专业，辅修计算机双学位，获得剑桥大学和耶鲁大学等数所国外知名高校计算机专业的录取通知书，大学毕业后放弃出国，就职于中国某大型互联网公司。

二、分析与应对

新生初入大学，首先要过“适应关”。和H同学一样，很多大学新生都

会面临时间管理、人际交往、学业和情感等诸多问题的困扰，未来大学四年是否顺利，往往取决于适应期的长短。中国石油大学（北京）以“学生需求”为导向，聚焦学生“存在感”、“方向感”和“获得感”，全面实施“沐光成长计划”，通过为每个学生制定一套运行畅通、个性鲜明、健康向上、科学持续的成长规划蓝图，把学生的全面发展和个性发展紧密结合起来，着力提升学生分层分类指导实效，从入学至毕业，全员全程全方位助力学生成长。本案例中体现的新生适应问题在高校中具有一定的普遍性，具有较强的借鉴和参考价值。

（一）多渠道挖掘成长数据，精准刻画学生“画像”

精准掌握学生个性化特点，是开展学生分层分类指导工作的前提。通过“沐光成长计划”的填写，全面了解学生成长背景和成长经历，精准刻画学生“画像”，为学生制定个性化“沐光成长计划”提供重要依据。

（二）多角度分析成长需求，全面诊断成长“症结”

学生辅导员为主导，结合学生现实情况和日常深度辅导记录等，精准识别不同学生群体的个性化差异以及不同学生个体的差异化需求，找出学生个体成长的“症结”，制订每个学生的成长计划，帮助学生明确发展目标，找准未来学习成长路径。

（三）针对性制定成长方案，科学规划发展“路径”

根据诊断出的学生成长“痛点”，学生辅导员、学业辅导员、朋辈辅导员、人生导师、专业课教师、心理咨询师、家长等群体共同为学生量身打造个性化“沐光成长计划”，将学生成长成才规律与个体差异特点相结合，科学指导学生进行成长规划。

（四）多元化供给成长营养，持续注入成长“动能”

积极统筹学校各类成长资源，为学生提供包括学业辅导、实践活动、创新创业、文化艺术等多元化的营养“供给”。通过第二课堂小程序，定期发布活动预告，引导学生参与其中，持续为他们注入成长“动能”。

（五）全过程跟踪成长轨迹，有效避免学生“偏航”

持续关注学生入学状况、学习过程和毕业去向，进行实时动态管理，专门设置“成长计划设计修正”环节，根据学生在校期间的成长轨迹和发展情况及时调整成长规划。

三、反思与启示

（一）筑基

坚持立德树人根本任务，做好“青春摆渡人”，第一时间了解学生的困惑和问题是科学实施好“沐光成长计划”的基础和保障。

（二）筑业

了解学生需求进而个性化帮扶学生。建立由学生辅导员、学业辅导员、朋辈辅导员、班主任、学业导师、专业课教师、心理顾问、家长等群体共同参与的协同育人机制，开展协同育人精准辅导就变得极为重要。

（三）筑魂

大教育体系的目标是培养德、智、体、美、劳全面发展的社会主义建设者和接班人，要培养具有家国情怀的时代新人。本案例中，H 同学从贫困县走出来，回馈家乡一直是她的理想，她也用行动践行着。暑假借助电子商务帮助家乡销售水果。参加演讲比赛，主题无一例外为扶贫，她发出属于自己的声音，助力家乡全面脱贫致富。

（四）筑梦

“我们都在努力奔跑，我们都是追梦人”。纵使从大山深处走出，也阻挡不了 H 同学走向更广阔的国际舞台。参加模拟联合国，投身国际赛场和国际社会实践，发挥青年力量，用英语向世界传递中国能源智慧。

作者简介：刘春阳，中国石油大学（北京）外国语学院党委副书记。

“内卷”化现象下高校心理健康类突发事件的预防与处理

王　天

摘　要　“内卷”化现象的出现在意料之外又在情理之中，它体现了当代青年大学生对生活中不合理现象的有效反馈，也是心理状态出现波动的真实体现。心理健康出现危机，极易导致突发事件的发生。这提醒广大教育者应时刻关注青年大学生群体的心理变化，开展有针对性的帮扶工作，共同维护青年大学生身心健康，保障青年大学生成长成才。

关键词　青年大学生；内卷；心理危机；预防处理

习近平总书记在十九大报告中指出，要加强社会心理服务体系建设，培育自尊自爱、理性平和、积极向上的社会心态。[1]国家的发展本质上是人的发展，人的发展离不开心理健康。青年承担祖国未来建设和发展的重任，只有塑造健全的人格，维护青年人的身心健康，才具备可堪大任的基础。近年来，高校心理健康类突发事件频发，在事件处理过程中，“内卷”是不可忽视的因素，正确面对“内卷”化现象对保障青年人心理健康有至关重要的影响，亦可有效预防危机事件的发生。

一、“内卷”化现象的由来

（一）“内卷”名词的由来

“内卷”原指一类文化模式达到了某种最终的形态以后，既没有办法稳定下来，也没有办法转变为新的形态，而只能不断地在内部变得更加复杂的现象。“内卷”本是一个学术名词，在学术文献中常用作“内卷化”。经济学家韦森认为，“内卷”这个概念是德国哲学家康德在《判断力批判》一书中最早使用的。

戈登威泽和格尔茨两位人类学家使“内卷化”概念得到发展。[2]

（二）“内卷”化现象的演化

2020 年下半年，有这样几张图片在各大网站、论坛、社交平台上刷屏：有人骑在自行车上看书，有人边骑车边用电脑，有人床上铺满了一摞摞书等。“边骑车边用电脑”的同学被称为“卷王”登上新浪微博热搜。“内卷”从此流行开来，相关的表情包也出现在了不少大学生的社交软件中。

（三）“内卷”化现象的现状

经网络流传，当下很多高等学校学生用“内卷”来指代非理性的内部竞争或“被自愿”竞争。也可理解为同行间竞相付出更多努力以争夺有限资源，从而导致个体“收益努力比”下降的现象，可以看作是努力的“通货膨胀”。“内卷”一词入选《咬文嚼字》2020 年度十大流行语。[3]

二、“内卷”化现象对青年大学生的影响

（一）压力陡增，危害大学生心理健康

当今社会竞争无处不在，不同于正常竞争，“内卷”本就是一种恶性竞争。例如：作业要求中字数要求为 1000 字，但有人为了取得高分却写了 3000 字；评比答辩未要求使用 PPT，但有人为了评选成功特意使用 PPT 进行答辩。类似事情的发生，会使学生陷入被迫消耗精力的死循环，本该用于休息娱乐的时间都用来承受额外压力，对大学生心理健康造成极大危害。在同样竞争机制下，作为身边人的同学们往往忙于自身事物而缺乏对彼此的关心关怀，“内卷”造成的负面情绪很难被疏解。

（二）不良竞争，影响大学生三观养成

人的精力往往是有限的，经济学上的“边际效益递减”规律就启示我们学习时间的无限延长并不意味着学习效果的无限提升，也不意味着相对成绩的跨越式提高。长期“内卷”使青年学生们长期处于紧张、焦虑的状态，疏于思考人生的意义和价值，绞尽脑汁只为获得各种荣誉，从而在竞争中能够取得领先，形成“滚雪球”似堆积，最终取得显著成就，实现理想。竞争不

再成为激励学习的有效手段，反而成为学习的主要目的，为了实现这个目的，青年大学生逐渐精于算计，成为“精致的利己主义者”，严重危害正确世界观、人生观、价值观的形成。

（三）以我为主，削弱大学生荣辱意识

“内卷”化现象使青年大学生对相互比较过度敏感，往往关注自身成绩的取得，忽略对集体的贡献与服务。参加志愿服务、社会实践等育人项目不会关注于自身综合能力的提高，更在乎会为自身增添多少“砝码”。青年人对集体活动缺乏兴趣，认为是一种“浪费时间”的行为，不利于集体荣誉感的增强，对班级凝聚力建设及校园文化的形成造成影响。

（四）化整为零，阻碍大学生格局塑造

“内卷”化现象很容易使青年大学生陷入对个体事件的过度计较，无法将自身发展融入学校、国家的发展大势中。受此影响，青年大学生的职业生涯规划也会出现困难，无法站在更高的位置看发展，一味追求眼前利益，难以实现人生价值。大胸怀孕育大格局，一个人的格局开阔了，脚下的道路才会宽广明亮。

三、化解“内卷”化现象的几点思考

（一）加强深度辅导，促进师生关系

青年时期是一个人“三观”形成的关键时期，会面对外界的吸引，受到不良观念的影响，若不加以正确引导，很容易酿成无法挽救的后果。高校教师在向青年大学生传授知识的同时，同样承担引导青年大学生形成正确“三观”的责任。青年大学生涉世未深，看待问题不够深入，容易受到“内卷”化现象的影响，高校教师应充分开展深度辅导工作，不断改进辅导形式，以青年人“喜闻乐见”的方式走进青年人内心，化解青年人的内心困惑。深度辅导工作亦可帮助青年人缓解心理压力，促进师生关系，形成师生合力，共同解决学校发展过程中的各类问题。

（二）夯实思想教育，注重价值引领

党和国家对大学生思想政治教育尤为重视，习近平总书记在全国高校思想

政治工作会议、思想理论课、教师座谈会等多个场合阐述思想政治教育的重要意义。[4]高校应借风使力，进一步壮大思想政治教育队伍，形成思政教师、辅导员为主，全体教师为辅的思政育人体系。思政课程形式应进一步多样化，教学内容要结合青年大学生的发展特点和讨论热点，要敢于和青年人“正面交锋”。

（三）优化竞争意识，培养综合能力

“内卷”化现象虽是一种恶性竞争，但其本质也是一种竞争，体现出当今青年大学生逐渐迸发出的竞争意识，与“佛系”文化形成鲜明对比。这种竞争意识由于没有得到正确疏导，错误演变成“内卷”化现象，但若将这种竞争意识有效利用，通过为青年学生创作自身画像，准确分析优势劣势，提出有针对性的建设意见，帮助青年学生克服“本领恐慌”，可有效将这种逐渐萌发的竞争意识变为推动全面发展的前进动力。[5]

（四）正视挫折挑战，孕育广阔视野

当今“00 后”青年大学生成长环境优越，很少吃苦，面对学习生活中的难题缺乏心理准备。个性化的性格和独生子女政策下的“独享主义”使他们不太愿意面对挫折和接受平凡。来到大学后，精英的聚集使每一名同学不可能像高中一样时刻处在聚光灯下，面对各类奖项和评选，向往而又无法得到，进而逐渐形成错误的竞争心态。应帮助青年大学生养成面对挫折的正确心态，从失败中寻找差距，致力于通过合理有效的努力早日补齐短板，实现个人能力的大跨度飞跃，不要将注意力集中在眼前，要以长远的眼光看待问题，设置自身发展长远规划。

四、发挥“一体三翼”优势，做好高校心理健康类突发事件的预防

心理健康类突发事件对学校的发展，在校师生的正常学习生活，学校的声誉带来诸多负面影响。“内卷”化现象的出现也为高校应对心理健康类突发事件敲响了警钟，凡事“不预则废”，处理相关事件的最好办法就是积极地预防，“一体三翼”式工作法可有效解决此种问题，减少心理健康类突发事件的发生。

（一）贯彻协同育人发展理念，构建预防体系

中共中央、国务院《关于加强和改进新形势下高校思想政治工作的意见》中提出，要坚持全员全过程全方位育人的要求，对出现心理危机学生的关心帮扶也绝不可能只靠一个部门的努力来实现，需要相关部门的通力合作，发挥全员育人优势。学校应组织建立由心理咨询中心、学生工作部、保卫处、后勤、教务处等部门共同参与的心理危机预防体系，通过收集学生进出寝室、自习室、图书馆、食堂、操场的数据，客观分析学生的真实表现，发现心理问题端倪。诊断为抑郁、焦虑等症状的学生出现学业困难、办事流程受阻等紧急情况时，辅导员应迅速发觉并将情况通报相应部门，在规则允许情况下，增设“绿色通道”帮助心理危机学生解决生活难题，使他们感受到包容与爱。预防体系的构成可发动全校各部门的合力，阻止心理健康类突发事件的发生。

（二）加强专业心理咨询师队伍建设，呵护保护之翼

心理健康问题往往涉及隐私，当事人大多不愿提起，具有很强的“隐蔽性”，捅破这层“窗户纸”需要发挥专业心理咨询教师的力量。在新生心理普查、毕业生心理普查、春秋季心理危机排查等各项工作中，心理咨询教师会发现心理危机问题的端倪，从而开展有效的干预。现实情况是，按照教育部1∶4000的配比要求，仍有很多高校无法达标，导致心理咨询教师压力过大，日常心理咨询工作任务过重，对每一个病例无法做到细致跟踪，容易忽略细节，缺乏思考如何改进工作和发挥各部门协同作用的时间。各高校应加大对组建稳定的心理咨询师队伍的重视，通过专兼结合的方式，科学合理地安排日常咨询业务，遇棘手问题经群体决策后协调相关部门解决，真正发挥排头兵的作用。

（三）提升辅导员队伍综合素质，完善监管之翼

辅导员队伍是学生与学校间的桥梁与纽带，是最了解学生的教师群体。辅导员学科背景广泛，大多没有心理学相关基础，学生出现心理危机时无法有效判断，容易对心理危机问题疏忽大意。各高校应鼓励在岗辅导员进行心理学知识学习，对辅导员考取心理咨询师相关认证给予实质性支持，将相关认证纳入职称评聘、任期考核，多举并施，加强辅导员应对心理危机问题的能力，提高辅导员校园危机事件应对能力。

（四）发挥学生组织群众力量，构建观察之翼

心理危机问题的处理要做到越早发现越好，这就要求对出现心理危机的同学进行不间断的关注和交谈。专业心理咨询教师和辅导员无法与同学们一起生活、学习，苦于难以收集同学们日常表现的一手资料，这就需要发挥宿舍长、班委会成员、学生会干部的力量，通过在各个宿舍设置观察员，各个楼层设置观察员，各个班级设置观察员，形成分布广泛、嗅觉敏锐的观察员队伍。定期需要对观察员队伍开展培训，提高每个观察员的危险防范意识和政治站位，发现问题要及时向辅导员上报，早发现早诊断早治疗，掐断心理危机滋生的源头。

五、践行"三字诀"，做好高校心理健康类突发事件的处理

有效预防可一定程度降低心理健康类突发事件的发生频率，但也无法实现完全阻止。一旦发生类似事件，为学校日常教学秩序、师生正常工作生活都会带来很大影响。践行"三字诀"，将有助于扎实有效地处理相关事件，将相关影响降至最低。

（一）应急处理要"快"

高校内一旦发生心理健康类突发事件，相关部门在接到问题反馈后，第一时间要赶往事发现场，及时报警、呼叫救护车，视事件严重程度做出及时处理并减小事件扩散范围，同时通知各相关部门迅速应对。宣传部门要在第一时间关注网络舆论，阻止不切实际的消息肆意传播发酵。涉事学生的身份应尽快核实，迅速组建应急处理工作队伍，尽快联系学生家长。

（二）过程处理要"精"

在等候学生家长到校的一段时间，是突发事件处理的"黄金时段"，专项工作组应迅速制定应急处理方案，准备好前期危机干预的各类材料，调整好心理状态，准备与学生家长的沟通交流。在学生家长居住地选择、商谈会议室选择上，应尽量选取离学校较远的场所，避免学生家长因情绪失控对学校正常秩序造成影响。安排专人对事发现场人员、与涉事学生关系亲近的同学进行 24 小时关注，同时密切关注重点关注学生清单内学生的一举一动，防

止事件对其他人造成二次伤害。

（三）善后处理要“稳”

学生家长来到学校后，专项工作组工作人员一定要做到了解政策、控制情绪、张弛有度，在对涉事同学家人给予人道主义关怀的同时，也应理智客观地分析问题，提供处理对策，把握突发事件处理的主动权。面对家人提出的各类要求，要站在学校的角度积极协商，不能自乱阵脚，面对不合理要求要果断拒绝。学生家长离开学校后，应组织相关部门全体人员召开工作座谈会，总结经验，做好心理健康类突发事件的预防。

“内卷”化现象的出现是大学生心理状况出现波动的体现，分析“内卷”化现象，可为关注青年大学生心理健康、阻碍心理健康类突发事件的发生提供支持。“内卷”化现象的出现也绝非偶然，代表青年大学生仍然需要被关心、被关注。身心健康是一切发展的前提，各高校应不断重视心理健康教育工作，为祖国培育德智体美劳全面发展的合格建设者和可靠接班人。

参考文献

[1]习近平．决胜全面建成小康社会 夺取新时代中国特色社会主义伟大胜利[EB/OL].[2017－10－27]．共产党员网，https://www.12371.cn/2017/10/27/ARTI1509103656574313.shtml.

[2]林扬千．精疲力竭的突围：大学生内卷化现象的表现、危害及应对[J]．当代青年研究，2021，372(3)：88－93.

[3]倪昕怡．浅析2020年度流行语“内卷”的形成原因和流行趋势[J]．讨论与争鸣，2021(18)：130－132.

[4]习近平出席全国教育大会并发表重要讲话[EB/OL].[2018－09－10]．中国政府网，http://www.gov.cn/xinwen/2018－09/10/content_5320835.htm.

[5]赵阳．马克思主义领导学视域下领导平衡的“内卷化”与去“内卷化”[J]．领导科学论坛，2021(7)：106－110.

作者简介：王天，中国石油大学（北京）理学院党委副书记。

健全高校心理育人体系的价值意蕴和实践进路

庄玉琳　张　乐　邓　听

摘　要　促进学生身心健康、全面发展，是党中央关心、人民群众关切、社会关注的重大课题。高校心理育人工作是落实立德树人根本任务、坚持健康第一的教育理念的重要路径。近年来高校心理育人相关研究重点主要集中在育人机制、育人导向、育人队伍等方面，对于心理育人体系的建立健全和具体工作实践的对策建议仍不够丰富。通过论述建立健全心理育人体系的价值意蕴，结合调研结果对当前心理育人体系建立健全过程中的现实问题进行分析，并结合中国石油大学（北京）近五年的工作实践探索，提出"一体两翼'五育'并举"的心理育人体系健全实践进路，为加强和改进高校心理育人工作提供参考。

关键词　高校；心理育人体系；"一体两翼'五育'并举"

党的二十大报告指出，"推进健康中国建设"，"重视心理健康和精神卫生"[1]。高等教育阶段是广大青年学生认识自我、感知社会、塑造价值观、涵养精神与思想等关键环节的重要时期，是心理健康教育的主战场。如何建立健全高校心理育人体系，提升高校心理育人质量，是加快推进教育现代化、建设教育强国进程中的重要命题。

近年来，关于大学生心理育人工作的研究主要有大学生心理育人机制[2]、心理课程[3]、积极导向[4]、问题导向[6]、队伍建设[6]、协同机制[7]等内容，与"心理育人体系建设"相关的研究占比较小（不足5%），且多偏向理论论述，关于"大学生心理危机预警及干预"的对策建议和具体实践工作方法也缺少相应的探索。本文围绕健全心理育人体系的价值意蕴展开论述，分析现实困难，并以中国石油大学（北京）近五年来的实践探索为基础，提出"一体两翼'五育'并举"的实践对策，为健全高校心理育人体系等相关内容的研究提供参考。

一、健全高校心理育人体系的价值意蕴

促进学生身心健康、全面发展，是党中央关心、人民群众关切、社会关注的重大课题。心理育人作为新时代高校思想政治教育的重要组成部分，需要遵循当代大学生的身心发展特点和规律，以充分挖掘心理潜能、提升心理机能、增强心理素质为目标，教育引导大学生全面发展。健全高校心理育人体系，在高等教育现代化中的价值极其重要，角色无法替代，作用不可或缺。

（一）健全心理育人体系有助于提升高校思想政治教育水平

一是健全心理育人体系是建设“健康中国”的必要渠道保障。心理健康是人民健康的重要组成部分。2022 年，我国拥有大学文化程度的人口超过 2.18 亿，我国高等教育已进入普及化阶段。青年大学生是我国人数规模庞大、充满活力的重要群体之一，是整个社会中最积极、最有生气的力量，代表了国家的希望和民族的未来，肩负着国家富强、民族复兴、人民幸福的时代重任。同时，根据埃里克森心理社会发展理论，年龄在 18～26 周岁的青年大学生处于青春期后期和成年期早期，属于由青春期到成年期过渡的关键阶段。引导好青年大学生这一巨大人数规模的群体，把握好青年心理成熟这一重要时间节点，健全高校心理育人体系，有助于提升大学生心理健康水平，为推进“健康中国”的建设提供重要渠道保障。

二是健全心理育人体系是落实立德树人根本任务的重要路径。高校落实立德树人根本任务，既要育德，也要育心。育德，是立德树人之“魂”，意指方向；育心，是立德树人之“根”，意指基本。在育德方面，健全的高校心理育人体系包括习近平新时代中国特色社会主义思想教育、社会主义核心价值观教育、中华优秀传统文化教育等内容，对于个人兴趣、动机、价值观、理想信念的探索与形成具有把握方向的重要作用。在育心方面，健全的高校心理育人体系涵盖心理健康教育、意志品格锻炼、性格健全塑造、责任担当涵养等内容，是青年学生昂扬奋斗、挺膺担当、建功立业的重要内在基础。建立立体化、全面化、全流程的高校心理育人体系，能够有效地促进育德与育心有机结合、互融互通，为高校落实立德树人根本任务提供重要路径。

三是健全心理育人体系是培育时代新人的关键载体。高校心理育人体系建立与时代新人培育工作相辅相成，环环相扣，关系密不可分。心理育人工作中的价值观教育、中华优秀传统文化熏陶等环节包含丰富的思想政治教育元素。同时，在时代新人培育过程中，高校也可以通过心理育人手段，教育引导青年学子认识自我、理解他人、适应社会，将社会主义核心价值观内化于心、外化于行，提升育人的针对性和实效性。健全符合当下青年大学生典型特征的心理育人体系，有助于精准契合新时代大学生的思想动态，提升大学生的精神素养与责任担当，系统全面地为时代新人培养注入强大的内生动力。

（二）健全心理育人体系有助于增强大学生心理健康水平

一是解答大学生的心理困惑。心理问题的根源是思想问题。在新时代背景下，大学生思维活跃且个性鲜明，在思想政治教育的过程中既要把握其普遍的特征规律，也要考虑其个性化的特殊需求。高校心理育人工作是思想政治教育工作的良好切入口。健全心理育人体系，全方位地评估大学生的心理健康状态，跟踪解答学生在个人成长和发展过程中遇到的学业压力、情感压力、人际关系、社会适应、自我认知、生涯规划、就业发展等各方面的困惑，以问题为导向，为学生提供专业可靠的全流程支持，有效提高思想政治教育的精准性和实效性。

二是满足大学生的精神需求。健全心理育人体系有助于促进高校思想政治教育的内涵式发展。精准把握学生的需求，平衡供需关系，达到“施教”与“受教”的精准对接，是高校思想政治教育提质增效的关键环节。健全心理育人体系，可以借助心理学的工具和方法，精准掌握学生的思想形态、认知特点和接受规律，澄清学生内心的真正需求，进而进行个性化、层次化和结构化的思政内容供给。同时，通过结合全流程的心理育人机制，可以持续反馈学生的接受情况，不断调整内容和形式。在健全的心理育人体系的作用下，大学生心智逐渐成熟，性格逐渐坚韧，个人追求日益明晰，社会责任逐渐凸显，进而达到内心精神世界的成长与富足。

三是深化大学生的价值引领。高校心理育人工作中的价值观引导与思想政治教育中的价值引领高度关联，既有共同的目的，也有共同的途径。大学生的价值观形态处于逐渐形成的萌芽期，在面对诸多外界压力、社会现实、突发变故、人际困难等负面情况时往往容易情绪低落，进而有可能丧失自信与斗志，失去学习和奋斗的动力，甚至引发一些心理危机情况。通过健全心理育人体系，在合适的时机以科学恰当的方式开展心理育人工作，有助于帮助大学生树立正确的人生目标，涵养积极向上的精神品质，助力思想政治教育工作取得实效。

二、健全高校心理育人体系的现实困境

当前，随着高校心理育人工作的内涵持续丰富，高校心理育人体系和工作机制建设也在持续完善。然而，高校心理育人工作是系统性、持续性、全面性的，具有多元复杂、多面覆盖、多重实践、多方协调等典型特征。因此，高校心理育人工作的理论研究与实践探索是一个持久循环、常议常新的重要课题。结合文献调研与高校实地走访，重点阐述当下健全心理育人体系过程中存在的主要现实困境。

（一）心理危机协同处理不够高效

高校心理育人工作是全面系统的整体性工作，需要全体育人主体共同发挥力量，在规范处理流程和明确分工的前提下，协同高效地完成。高校一旦发生心理危机事件，相关处理流程的完善程度、各个环节的处理效率、各个部门的处理能力、部门之间的信息沟通都至关重要。传统的心理危机事件处理模式往往为成立临时工作组，由组长统一下达指令，相关处理情况和现场信息均需层层上报。该模式的响应速度和工作效率相对较低，缺少信息共享机制作为支撑，无法有效凝聚各部门和各育人主体之间的合力。健全高校心理育人工作体系应明确各类心理危机事件的处理程序及各协同部门职责，以规范化的事件处理流程指导和推进事件处理进程，能够持续提升高校心理危机事件的应急处突能力和效率。

（二）心理危机常态化识别机制不够清晰

要想精准高效地解决学生的心理问题，预防心理危机的发生，最重要的一环在于心理问题的识别和心理危机的监测。如何形成全覆盖、全时段、全

方位的心理问题排查和心理危机的监测机制，始终是高校心理育人工作的挑战。此外，心理问题或心理危机的诱发原因也包含突发变故、情绪积累、社交状态变化、学业阶段过渡等。建立全覆盖、全时段、全方位的心理问题识别和心理危机监测机制，需要更多育人主体的参与，汇聚心理育人合力，协同高效地做好识别和监测工作。此外，健全高校心理育人工作体系还应进行创新性发展，充分结合互联网技术，在建立可以实时监测的常态化机制方面精准发力。

（三）心理育人维度不够立体

当前青年大学生群体思维活跃、个性鲜明、选择多样、境遇分化，且在5G互联网时代的信息传递和迭代速度成倍增长的背景下，传统的心理健康课程和心理咨询服务等已不能满足新时代高校青年的现实需求。例如，部分心理健康教育活动仍以征文征集、班会学习、传统社交互动游戏等形式开展，既缺少专业性的支撑，也缺少趣味性的吸引，还缺乏精准育人的指向性。因此，在健全心理育人体系的过程中，必须把握好青年学生的心理状态和思想动态，结合不同学生群体的典型特征，充分挖掘第一课堂、第二课堂的心理育人功效，积极创新工作方法与活动形式，探索与时俱进的心理育人新内容与新载体，全面拓展心理育人维度。

三、健全高校心理育人体系的实践进路

以中国石油大学（北京）近五年的心理育人工作实践为基础，结合现代教育技术和互联网工具，探索构筑“一体两翼‘五育’并举”心理育人体系（如图1所示），锚定新时代高校心理育人工作在心理危机协同处理能力不够高效、心理危机常态化识别机制不够创新、心理育人维度不够立体等方面的痛点问题，优化高校心理育人工作实施路径，切实落实立德树人根本任务，为大学生健全培养和学校人才培养质量的提高注入内生动力。

（一）全员全过程全方位协同“一体”，统筹凝聚育人合力

一是加强顶层建设，打造全员心理育人格局。统筹提升心理育人的系统性，强化教师、同学、校友、咨询师、家长等育人主体间的连通性，围绕信息

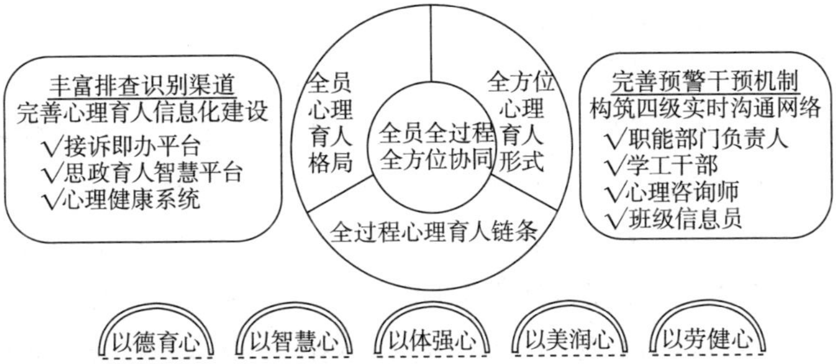

图1　健全的“一体两翼‘五育’并举”心理育人体系构筑思路

共享、关系互通、作用互补、常态互动、效应融通五个维度，充分整合资源，优化协同机制，持续提高心理育人主体间的协同效能。聘任足量的专兼职心理咨询师、团体辅导师，提升心理咨询和疏导的专业化水平。充分发挥学生骨干的心理育人作用，以朋辈之间更为牢靠和信任的人际关系为基础开展心理压力舒缓工作。开展线上线下的全覆盖家访工作，建立家庭、学校、学生的三方良性互动互通机制，深度挖掘和分析学生心理困惑的诱因，协同高效地进行识别和干预。

二是深化过程跟踪，贯穿全过程心理育人链条。注重心理育人工作的过程性和持续性，将每名学生的心理健康教育和引导工作贯穿全学制周期，注重学生积极心理品质的过程性培养，打造从识别、咨询到干预、跟踪的全链条预警干预机制。首先，要奠定心理育人工作之“基”。建立“一生一册”绿色成长档案，并根据心理普测结果划分重点关注学生名单，在全学制周期内持续跟踪维护。其次，要把握心理育人工作之“机”。重点关注开学初、寒暑假、考试周、升学季、毕业季等重要时间节点，开展更具针对性的心理困惑排查和更高效的危机响应工作，在上述关键时期增加辅导员“三巡”、大数据异常反馈等工作的频次，实时把握学生思想动态。最后，要丰富心理育人之“技”。充分引入大数据行为分析、情绪识别等技术，优化心理育人的信息化识别、记录、预警和干预通路，打造人机协同的全过程心理育人链条，综合经验判断和数据呈现，结合主观表征与客观现象，共同为心理育人工作赋能。

三是丰富育人载体，创新全方位心理育人形式。充分把握学生在日常学习和生活中的心理育人点位，深度挖掘高校育人各个环节的心理育人元素，利用好各类学生集体活动的心理育人契机，创新心理育人互动形式，让心理育人工作与时俱进、广受喜爱、深入人心。首先，要育心于“新”。通过在心理健康教育活动中持续引入“潮流元素”和“热门话题”，强化心理育人活动对青年学生的吸引力，扩大心理育人实效性与受众广度。其次，要育心于“教”，在心理育人中融入思政元素，通过思想引领、信念塑造、价值熏陶等，同步推进心理育人工作和思政教育工作。再次，要育心于“己”。充分发挥“一站式”学生社区的学生“自治”效能，依托“社区长—楼长—层长—宿舍长—学生个体”五级体系，激发学生心理健康的群体自我教育和协同危机预警功效，为心理危机识别与反馈工作提供一种新的运行模式。最后，要育心于“专”。发动辅导员、专职心理教师、心理咨询师等专业人员联合成立心理育人工作室，围绕心理育人重点理论难题和基层工作瓶颈开展“有组织科研”，通过课题研究、专题报告、沙龙分享等方式，系统、协同且明确地推动心理育人工作研究与案例剖析，凝聚专业人员的合力，推动心理育人工作的理论与实践并行发展。

（二）信息技术赋能“两”，完善预警干预机制

一是丰富排查识别渠道。完善心理育人信息化建设，充分发挥四大教育信息化平台的心理育人效能：依托接诉即办平台，实时掌握并帮助解决学生的困难，将平台使用习惯与危机行为进行关联，对存在困惑和需求的学生给予重点关注；依托思政育人智慧平台记录学生参与的学习生活行为和个人深度辅导状态；依托心理健康系统定期对重点关注群体开展心理状态追踪，持续提供心理援助，及时甄别各类异常行为；依托学生教育管理平台，结合饭卡消费、课堂出勤、校舍出入、图书借阅等线上平台记录，对存在消费金额和频次异常、久居不出、成绩下滑、违规违纪、申请临时困难补助等行为的学生进行重点关注。打通上述平台的连通性，在符合保密原则和充分保护个人隐私的前提下，为学校育人主体提供平台使用端口，智慧、精准且高效地实现心理育人的信息共享。

二是健全预警干预体系。依托企业微信群等，构筑“学校各职能部门负责人—学工干部—心理咨询师—班级信息员”四级实时沟通网络，数百名师生可围绕校内各类突发事件、异常状况、异常行为、困惑问题进行实时信息

分享和咨询，充分打破部门间、师生间的沟通壁垒，极大降低信息横纵传递延迟，全面拓展心理危机情况的预警识别范围。开通 24 小时全天候心理咨询热线，并在校内教学实验楼、公寓区域等物理空间和网上新媒体空间充分宣传和公告心理援助入口，以不断线的心理服务全时段预警各类心理危机。此外，建立高效运行的心理危机干预体系，规范以“信息上报—成立临时工作组—协同处理危机—分析问题隐患—持续关怀关爱”为主要思路的心理危机干预和处理流程，明确各环节不同育人主体的职责和分工，加强跨部门的心理育人协同配合。在危机处理结束后，在保护学生隐私的前提下，以案例的形式向主要心理育人群体通报处理过程，并共同讨论完善不足，总结积累心理危机处理工作的经验，提升整体的心理育人能力水平。

（三）德智体美劳“五育”并举，丰富心理育人维度

“五育”并举既是高校落实立德树人根本任务、培养全面发展可堪大任的时代新人的重要途径，也是高校推动心理育人工作内涵式发展的关键维度。要系统、全面且完整地把握“五育”并举在心理育人体系中发挥的重要价值和作用，具体优化路径如下。

一是以德育心。德育是心理育人的重要价值导向。要将德育与心理健康教育有机融合，将理想信念教育、价值观引导和品德精神涵养贯穿心理育人主线。例如，将“大庆精神”“铁人精神”等中国共产党人精神谱系贯穿心理育人始终，以强烈的信念感召和价值引领，将德育成果同步转化为提升学生心理素质和道德品行的精神资源，突出德育的心理育人功效，促进大学生健全人格的塑造和意志品质的锤炼。

二是以智慧心。智育是心理育人的重要思维支撑。学生在课堂内外学习活动中的知识记忆、思维发散、创新创造、想象发挥等行为和过程都属于心理活动范畴。因此，智育过程既是启迪学生智力的过程，也是开发学生心理潜能的过程。在科学精准开展智育、涵养科学严谨的学风的同时，还要充分发挥班主任、导师、朋辈学业辅导员等力量，围绕大数据分析的学生学习数据识别学业困难点位，进行精准学业帮扶。通过一系列举措，持续提升学生的心理思维和品质。

三是以体强心。体育是心理育人的重要动力引擎。体魄的健康程度与心

理的健康程度之间有着明显的关联。体育锻炼可以调节学生的负面情绪，排解心理压力，在运动中培养的顽强、拼搏、勇于挑战、超越自我的体育精神也是塑造品格的重要内生动力。通过开展体质提升计划等，在校园内营造良好的体育锻炼氛围，创新开展体质提升专项计划、趣味运动会、定向越野比赛等，丰富体育运动的形式和趣味，吸引更多学生参与体育运动、热爱体育，养成良好的体育运动习惯，在体育锻炼中收获精神品格的成长，提升自信心，加强社交互动。

四是以美润心。美育是心理育人的重要精神营养。在美育的各个环节，既要引导学生在感受美、欣赏美的过程中涵养正确的审美观念，也要激发学生内心理解美、创造美的积极心理情绪。要加强中华优秀传统文化等美育熏陶，丰富学生的精神世界，帮助学生通过感悟美的和谐自然状态，找寻内心的平静乐观元素，补充快乐、喜悦、和谐、幸福的精神营养，并在发现美的过程中，帮助学生寻找生活的积极面，艺术性、深层次地触动学生内心之感，提升心理育人工作的深度。

五是以劳健心。劳动教育是心理育人的重要载体。充分挖掘学校周边的社区村镇、企业单位资源，开辟丰富的劳动实践和志愿服务种类，围绕国家乡村振兴战略和首都“四个中心”建设，积极引导大学生深入田间地头、产业基层、生产一线，在基层的劳动实践中磨炼意志品质，涵养“劳动光荣”“尊重劳动”的价值观念，舒缓和释放内心的压力，感悟通过自己的劳动取得收获的乐趣和幸福，为心理健康发展和成长积累充足的心理资本与精神财富。

参考文献

[1]高举中国特色社会主义伟大旗帜 为全面建设社会主义现代化国家而团结奋斗——在中国共产党第二十次全国代表大会上的报告[N]. 人民日报，2022-10-17(02).

[2]王卫权. 高校心理健康教育系统性建设的问题与对策[J]. 中国高等教育,2022(10).

[3]许继亮. 高校建立健全心理育人机制论析[J]. 思想理论教育,2022(12).

[4]国良. 心理健康的新诠释：幸福感视角[J]. 北京师范大学学报(社会

科学版）,2022（1）.

［5］周广东,白学军．疫情期间如何精准护航大学生心理健康［J］. 中国高等教育,2022（10）.

［6］马喜亭,冯蓉．建强高校心理育人队伍扎实推进“三全育人”［J］. 中国高等教育,2022（10）.

［7］丁闽江．“全员育人”视角下的心理育人工作队伍建设研究［J］. 北京教育（德育）,2022（6）.

第一作者简介：庄玉琳，中国石油大学（北京）学生工作部部长。

本文系北京高校思想政治工作研究重点课题“‘三全育人’视 下高校学生 发事体系构建研究”（BJSZ2021ZD07）、中国高等教育学会高校数字思政精品项目“数字化‘一 式’学生社区心理模式”（GJXHSZSZPT019）的阶段性成果。

中国石油大学（北京）依托“e 诉通”平台为师生办实事、解难题

庄玉琳

为更快捷、更广泛集纳师生意见，畅通表达渠道，及时发现并解决师生急难愁盼问题，更好地服务学校高质量发展，中国石油大学（北京）致力打造校园“12345”，于 2022 年 4 月 12 日上线使用“e 诉通”平台，推动“接诉即办”工作走深走实。

“只需点开微信通讯录中的学校企业微信号，找到‘e 诉通’，提诉求、写内容、@相关部门后提交……学生简单的几个操作即可把心中的难题通过平台‘闪送’给学校相关部门负责人。”学生可通过“e 诉通”平台随时随地向学校各二级单位反映情况、表达诉求、提出意见和建议。诉求集中的领域包括：专业变更申请、教室借用、体能测试、综合测评及奖学金评定与推优推免咨询、校园和公寓公共设施、公共环境、餐饮问题、校园网和“e 服务”使用、退费和收费问题等各类学生校园学习生活诉求及建议。各二级单位可通过平台快捷广泛了解师生诉求，及时为师生解决实际问题，形成统一调度、限时办结、即时反馈、实时转办、全程跟踪、监督评价体系，保障诉求“零延误”。

一是聚焦“即”字。提高诉求回应效率，努力做到高质量、高效率响应师生诉求。截至 2023 年 5 月底，“e 诉通”平台累计受理师生诉求 14563 条，日均诉求量 40 条，单日最高 219 条；有 5401 名师生通过平台提出咨询、诉求及建议，各部门平均回复时长由最初的 10 小时左右缩短至 3 小时内处理或答复。同时延伸“e 诉通”平台服务触角，丰富服务方式、提升服务温度、畅通服务渠道。

【典型案例 1】

学工处在“e 诉通”使用中不断优化工作机制，对学生诉求进行整理分

类，总结分析诉求内容和诉求数量“异常”学生群体与重点关心学生关联性，针对重点关注诉求及时跟踪解决，把解决问题与学生思想教育相结合，积极引导学生提高思想认识、加强素质修养。例如，去年校园全区域闭环管理期间，精准针对诉求及时开展“每日线上疫情防控速递会”，解读政策、答疑解惑，开展“强国有我 · 能源报国”专题系列直播课10余场，强化学生思想教育和政治引领，累计观看和参加3000余人次。学生对平台使用产生了“惯性”，将各类诉求发布至贴吧、微博等情况大幅减少，目前学生诉求内容也逐渐从投诉建议向常规业务咨询转变。

二是聚焦“接”字。努力提升服务质量、畅通师生反映渠道、耐心倾听师生心声，建立定期上报和督导检查等工作制度，不断提升师生的回复满意度。平台运行以来，通过强化业务培训、升级使用功能、严格督导检查等方式，努力提升“即接即办”工作质量。同时，每月发布平台使用阶段分析报告，基于“e诉通”诉求分析，简化办事流程、减少政策误解，积极深化源头治理，着力提高诉求回应效率和质量。

【典型案例2】

针对师生对于电动自行车校园内充电的诉求，后勤管理处积极响应落实，增设电动车充电桩，目前共在北校园、南校园、东校园等三个区域设置14组充电桩，每组10个插座，共计140个充电口（北校园6组充电桩60个充电口，南校园3组充电桩30个充电口，东校园5组充电桩50个充电口）。

三是聚焦“办”字。主动进行分析研判，共性问题集中解决、高频问题专项解决、难点问题妥善解决，着力健全工作机制，从源头上、顶层设计上解决师生诉求，推动“即接即办”向“未接先办”“不接自办”发展，不断提升学校治理能力和治理水平。强化部门协同、壮大工作合力，平台在为师生解难纾困，为部门寻找短板，为学校治理赋能、提质增效等方面发挥了重要作用，促进问题解决事半功倍。

【典型案例3】

学校心理咨询中心结合自身工作特色，对不同诉求进行分类处理，精准分析诉求背后所反映出的情绪状态。针对学生的情感宣泄、提出的现实困难，会在第一时间主动联系并及时共情学生的情感和思维、表达重视与接纳，提供解决办法或有效的沟通联系途径。本学期，有针对性地开展了覆盖全校所有本硕博535个班集体的心理团体拓展活动。目前学校重点关心关爱学生435人，其中男生236人，女生199人，“e诉通”上线以来通过该渠道和维度引起重视和关注了学生59人，成为校、院、班级、宿舍“四级心理支持网络”的有效补充。通过有温度的沟通和回复，及时获得心理支持，减少了孤独感和无助感，增强了自主性和效能感，获得学生认可和好评。

学校“e诉通”平台坚持“即接即办”的工作机制，着力提升诉求办结率和师生满意度，作为“民意直通车”的“师生连心线”作用更加凸显。启用以来，舆情持续减少，成为学校刀刃向内、自我革新的有力举措和坚持“师生有所呼、学校有所应”的有力手段，在解决师生难题、防范化解风险、维护校园和谐稳定等方面发挥了积极作用。此外，学校还通过开通24小时热线，畅通校长信箱、深入现场了解师生实际需求等方式，尽最大努力解决师生学习生活需要。

作者简介：庄玉琳，中国石油大学（北京）学生工作部部长。

本文内容主要来源于2021年度北京高校思想政治工作研究课题重点项目“‘三全育人’视域下高校学生突发事件防控体系构建研究”研究阶段性成果。

高校思想政治辅导员应对突发事件策略探究及保障体系构建

姚梦竹

摘　要　高校突发事件逐年上升，对高校师生身体、财产、心理等各方面造成不良影响。本文通过高校突发事件的涵义与特点的定义，分析突发事件产生的原因，发现突发事件应对处理过程中存在的问题，进一步明确高校思想政治辅导员在突发事件应对中的作用发挥，探索辅导员应对高校突发事件的策略方法，搭建保障体系，提升辅导员处理突发事件的能力，为高校更好地处理突发事件提供借鉴。

关键词　高校突发事件；辅导员；应对策略；保障体系

一、高校突发事件的涵义与特点

（一）高校突发事件的涵义

高校突发事件，主要包含两个层面：一是发生地点以及产生影响的地方是在高校；二是事件发生的突然性，指的是事件的发生不在人们所能意想得到的范围内。最终对高校，包括高校内的人员、高校的财产以及声誉等造成负面影响的事件。高校突发事件的发生，既有自然因素、人为因素，也有外界社会政治发展因素等，这些事件通常发生在高校内部，并对学校的正常教学秩序、教师职工的正常工作以及师生的生活造成不良影响，进而威胁到学校师生职工等的财产和人身安全。

（二）高校突发事件的特点

1. 形式突发性

突发性是高校突发事件最为基础的特征，也是其形式表现最为突出的特征之一。具体表现为形式无迹可寻，无规律可言。其诱因通常都是来自偶然事件，无论是其表现形式还是发展态势，都很难及时、全面、准确地对其进行预测和判断，以致很容易造成恐慌，由于对其预测和判断的不及时性、不全面性和不准确性，最终使得事件无法得到及时有效的控制，以致影响和伤害扩散速度快、影响范围广。

2. 后果危害性

突发事件的发生，最终都会产生一定的负面影响，这种结果通常对涉事单位、个人以及社会等都具有危害性的。因此，后果危害性，也是突发事件所有特征中最为突出的一个。最常见的危害：一是造成人员伤亡；二是造成经济财产的损失；三是造成人们的心理负担和阴影。高校突发事件最直接的影响对象就是师生，在经历突发事件的惊吓后，教师和学生的心理必然会产生一定的负担和阴影。再加上高校建设选址通常都比较集中，规划上基本在一个片区，因此，高校突发事件所产生的影响很容易对周边大学进行连锁影响，促使事件扩大化，影响和危害扩大化。

3. 行为过激性

行为的过激，通常是突发事件产生和发酵的重要源头。高校是青年人汇聚的大平台，血气方刚的青年人在处理事情的过程中，由于认知以及性格的使然，导致情绪难以控制，在与学校工作人员进行交涉的过程中，容易出现集体性、规模性的冲突和过激行为，进而对人员生命财产安全造成威胁。作为参与主体的青年人，其覆盖范围之广，影响力之大，导致其过激行为通常会引发事件迅速发酵并将负面影响扩散到更大范围甚至是全国范围，进而在社会上引起恐慌，扰乱社会正常运作秩序。

4. 扩散共振性

高校突发事件相较于社会突发事件，更容易引发社会关注，引起政府重视，并成为公众和媒体关注的焦点。主要原因在于，高校突发事件发生地是在高等教育学府，其参与主体都是具有高知识和高素质的群体，因此，其受到的关注度会更高，得到的社会反响更大，致使其扩散力更强，且辐射性和共振性更大。

5. 社会敏感性

社会敏感性是高校突发事件扩散快以及影响力度大的重要根源。作为人才培养基地，高校承载培养国之栋梁的重任，因此，无论是社会、政府还是公众，对其关注度和敏感度都会更高，这也是高校突发事件很容易成为社会热点的原因。大学生的健康成长关乎家庭和社会的发展，因此，大学生的心理状态，以及其思维能力等，都是社会关注的重点。这也是高效突发事件之所以传播速度快、影响扩大快的原因，然而，由于社会的过度敏感，导致事件发酵难以控制，处理和解决成本进一步提高。

6. 变化波动性

高校是一个知识、思想不断更新，具有引领时代，激发创新思维的文化中心。作为接受高等教育的学生，其思想的超前性、思维的活跃性，让其在对事件的反映上，更容易产生回应，甚至参与到事件中。

二、高校突发事件产生的原因

（一）国际国内矛盾和西方文化冲击

当前，我国正处于百年未有之大变局，无论是在国内还是国际上，都面临着诸多的挑战，而东西方在文化方面的对垒也随着世界多极化的发展和经济全球化的深化愈演愈烈。随着改革开放的不断深入，我国的经济在全球范围的影响力越来越大，这样加大了国际反华的声音，以及对华的各种恶意诋毁、毁谤，甚至是主权干涉和民主人权干涉，捏造不利于我国声誉的谣言，屡次试探和触碰我国底线。大学生群体是一群有知识、有理想抱负、有热情的血气青年群体，然而，他们也是涉世不深且价值观还尚未成熟的青少年，政治敏感度不高，法治观念薄弱、克服困难的意志不坚定也是他们的弱点。在面对社会不和谐现象，以及西方国家对国家诽谤的言论，大学青年学者们很难持有理智态度来表达其对国家的满腔关爱之情，这也成为国际上对我国虎视眈眈的敌对势力打击我国的重要突破口，他们往往利用大学生不成熟的价值观以及不理智的爱国热情等弱点来对我国家进行打击。通过互联网等平台来宣传和渗透其西方文化，利用大学生来制造社会矛盾，破坏社会正常运行秩序，进而引发高校突发事件，对校园生活的安全稳定造成极大威胁。[1]

（二）社会压力下思想人格培养失衡

我国长期处于应试状态的教育模式，致使学校和家庭在对孩子的教育过程中，过分地偏重智力培养，而对学生的思想人格缺乏正确的引导和培养。学生由于缺乏正确的人生观、价值观，很容易陷入迷茫的状态；对自身的不正确定位，以及对社会的不理智认识，很容易让学生迷失在五花八门的社会思想中。随着市场竞争越来越激烈，就业压力、社会压力等将给学生带来巨大的心理挑战，甚至影响其心理健康的发展。大学生的心理问题已成为社会关注的热点问题，保障大学生心理健康发展，将是促进社会稳定的重要内容。

（三）高校扩招改革打破原有平衡

高校改革在一定程度上，打破了原有教学模式的平衡。高校扩招是其改革的重要表现。然而，扩招在增加学生人数的同时，并没有在师资方面进行同步的优化和跟进，导致教师和学生的比例失调，教师在完成学校安排的工作任务的同时，很难有足够的时间和精力来对学生进行个性化的教育和思想引导，因此在思想引导以及个性教育上，教师更难周全。另外，随着校园的对外开放发展，也暴露了高校越来越多的不足：一是师资力量的不足；二是保安队伍建设的不完善；三是心理咨询教师的缺失；四是应对危险的干预指导缺失等，这些不足表现为高校改革所面临的新矛盾和新问题，由于没有相对应的健全的解决措施，这些问题很容易激化校园矛盾，引起突发性事件。[2]

（四）管理盲区导致校园安全隐患

高校体制改革伴随的是管理方式的改革，传统的管理制度需要结合高校教学理念的改革而进行相对应的创新和完善，这个过程是一个不断探索实践和磨合的阶段。在这个阶段，将会面临管理工作的许多新旧问题，对学生的管理和教育引导可能会出现疏忽，特别是对特殊群体学生，一旦在管理环节出现疏漏，无法及时对学生的思想进行正确、及时的引导，校园矛盾、突发事件就更容易发生。与此同时，伴随高校扩招，在增加生源的同时，也扩大了学校园区范围和规模，日益复杂的校园环境由于在师资、校园配套设施等软硬件上无法及时得到满足，也为管理和教学质量提高增添了难度，同时也为高校的稳定安全埋下隐患。在提高管理难度的同时，也提高了高校突发事件产生的风险系数。

（五）就业难度加大引发蝴蝶效应

高校毕业生数量的逐年增长，导致解决大学生就业问题成为保障国家稳定、促进社会经济发展的重要内容。在疫情的影响下，国内国际经济遭遇严重的打击，我国的中小企业在此次疫情中，也遭受了不同程度的经济损失，为应对疫情影响所带来的经济损失和压力，大多数中小企业通过裁员减薪的方法进行成本控制。这对大学生的就业造成了很大的影响。由于企业对员工要求的提高，大学生的就业门槛也越来越高，大学生就业难度加大。就业市场低迷、就业门槛拔高，一定程度上增加了大学生心理负担，导致大学生对未来的迷茫，以及对就业的焦虑，进而产生对生存和未来发展的恐惧心理，滋生消极负面的心理情绪。大学生的这种焦虑情绪和心理负担如果得不到及时有效的调节引导，将有可能成为影响和威胁社会稳定发展的重要因素，提高校园突发事件发生的频率，这也是就业问题所带来的蝴蝶效应。

三、高校突发事件应对处理过程中存在的问题

高校突发事件产生的影响，主要包含两方面：一是对学校声誉的负面影响，二是对师生人身安全的威胁。突发事件的发生，将会影响学校的安全和稳定，对学生的正常学习和健康成长，以及教师的教学质量将产生负面的影响，甚至威胁到社会的稳定和校园的安全。为优化校园环境，为学生提供健康、和谐、快乐、安全的学习和生活环境，学校应高度重视，结合高效管理制度和具体的管理情况，找出当前高校管理制度中所存在的薄弱环节和突出问题，通过对问题的精准定位来制定有效的应对措施，进而有效地降低校园突发事件发生的频率和可能产生的危害性。

（一）高校缺乏对大学生危机意识的培养

提高危机意识是有效预防高校突发事件的重要保障。危机意识的缺乏是

高校突发事件频发的重要原因，高校在教育和管理的过程中，更侧重于如何应对突发事件以及在突发事件发生之后的善后处理教育方面，而忽视了从思想上和意识上来提高突发事件的预测能力。在预防突发事件方面，缺乏系统性、科学性的理论思想指导，导致大部分学生和教师缺乏防范突发事件的危机意识。另外在安全问题上不够重视也是造成突发事件严重后果的重要原因，高校的安全应对教育始终是学校教育的薄弱环节，高校在教育和管理过程中，更加重视课题和学术的研讨，而忽视了对安全应对能力的教育，以致在突发安全事故中，无法提供及时有效的应对措施，从而导致负面影响范围扩大、损失严重。

（二）高校缺乏完整预警机制的构建

尽管目前很多高校校园均纷纷建立了安全预案，但是力度不多。很多时候往往止步在做好校内安保措施的层面，而且仅仅是定期定时开展相关的巡查巡检活动。一旦发生突发事件，学校难以及时采取措施应对，这对保障校内人员安全来说是一个巨大的挑战。实质上，很多突发事件在发生之前就可以初见端倪，如果相关的管理人员一开始能够知晓这个特点和规律，就可以及时采取措施，将突发事件扼杀在摇篮里。不过，从目前的情况来看，国内大多数高校在这方面的建设较为薄弱，一方面尚未建立起相应的应急预案，另一方面，预警机制也尚未建立健全。一旦有突发事件出现，管理方往往会束手无策，惯性地采取某些以往的经验和措施进行应对。这样一来，不单单缺乏针对性，而且也难以采取及时科学的方法进行解决，如果遇上情况紧急的情况，就会导致延误时间，最终带来难以挽救的损失。

（三）高校缺乏思想政治教育工作者培养机制

大部分高校没有专职人员来开展突发事件相关的思想政治工作，因而，也就使得整体的思想政治教育工作有所欠缺，总体的教育体系尚未系统建立，在开展此项工作的时候，各位工作人员也没有一个能够互相学习、互相交流的平台，使得他们进行信息交流、获取信息的渠道非常闭塞。除此之外，高校对相关人员的培训工作不够重视，同时也没有建立对应的培养机制和制度，长久以往，相关工作人员的工作水平难以得到实质性提高，应变能力和综合能力也停滞不前，这对更好地开展突发事件预防工作来说非常不利。基于这一点，高校可以从考核机制入手，以此来倒逼教师提高综合素质并借机提高自己应对突发事件的解决能力，切实提高自己的竞争力。

四、辅导员对于高校突发事件应对的作用发挥

（一）“育人骨干”——思想引领和预测研判作用发挥

在日常工作中，辅导员能有序推进大学生的思想政治教育工作，筑牢第一防线。如让学生积极参与“青年大学习”网上主题团课学习活动，切实提高他们的思想水平，对相关的政策有更加深入的了解；此外，积极举办各项知识竞赛活动，并加大宣传和训练力度，让学生在思想上认识更深、忧患意识更强；同时，积极召开各种相关的专题讲座、主题班会等活动，旨在通过这些育人活动来让学生对生命和生活有更通透的认识，形成正确的三观，能够维护自身的生命财产安全，能够正确运用法律武器来维护自己的权益。

辅导员发挥的关键作用还有预测功能。由于辅导员碰到的事务包罗万象，因而他们经验也更加丰富，更加敏感，一旦接触到异常情况，能够利用有利因素分析利弊，并积极采取措施进行应对。辅导员的政治敏锐性较高，能够更好地掌握国内外的时事新闻，因而也能够更加准确地感知学校内部人员的各种思想状况。在日常工作上，辅导员能够常怀敏感之心，多观察、多思考，多启动党员和学生干部的积极作用，全方位掌握信息，一旦发现有安全隐患，能及时做出应对方案，从而确保整个环境的安全。

（二）“组织指导”——平稳疏导和防控保障作用的发挥

辅导员还肩负着疏通以及引导的责任。特别是在突发事件发生之前，辅导员要有主动作为的心态，能够迅速组织建立队伍，形成以学生干部、社团等为主的危机化解机制，发挥其传递信息、组织行动的职能，并将有关情况及时反馈给决策层。一旦突发事件爆发，辅导员必须走在前线，摸清学生的心理情况和身体情况，同时畅通信息交流的渠道，充分利用社会媒体及时报告实时情况，践行“零报告”“日报告”的工作制度，确保汇报及时进行，情况能够被其他人员掌握，使得预警预测的力度更强。同时，做好心理辅导

等相关工作，让波及的有关人员能够情绪稳定，没有后遗症，切实解决遗留问题。最后，要做到正确引导舆论导向，让人们对这件事件有客观的认识，减少猜疑和恐慌。

除此之外，辅导员还发挥着防控保障的作用。一旦爆发突发情况，相关人员难免陷入恐慌，此时，思想政治教育的重要性更加突显。一方面，这些理论体系可以为解决高校突发事件提供方法指导；另外一方面，也能够通过日常的引导，让参与者的相关处理能力得到提高，面对此类事件的时候能够从容不迫，采取科学有效的措施加以解决。

（三）“知心朋友”——安抚缓解和总结恢复作用的发挥

高校突发事件的爆发会对师生物质、身体、精神等均造成一定程度的伤害，高校相关工作人员要充分重视此项工作，做好安抚疏导工作，尽量降低其所带来的负面影响，这也是避免同样事件再次发生的重要之举。在实践中，可以通过运用谈心谈话、心理辅导等各种措施来做好心理建设工作，确保全体人员的心理健康。此外，发生了突发事件之后，辅导员还要在做好善后工作的同时，充分分析并进行总结。对事情的来龙去脉要有深刻的认识，并整理形成经验总结，在思想政治教育的理论和观点的范畴内进行反思，从而总结经验教训，避免同类事件再次发生。

五、辅导员应对高校突发事件的策略探析

辅导员不仅仅是校园秩序的维护者、校内人员身心健康的保障者，同时在打造良好育人环境方面也有不容小觑的作用。因此在发生突发事件时，辅导员如何科学运用有效方法，在事件预防、应急、善后等各方面发挥其作用以维护高校校园秩序的稳定和谐，是当前高校应对突发事件的重中之重。

（一）做好突发事件发生前的预防引导全面防范

1. 辅导员要加强学生思想政治教育指导

作为思想政治教育的一线工作者，辅导员肩负着沉重的使命与责任。正因为如此，他们必须更加了解国家相关政策和文件精神，掌握其中的精髓，把握大主流方向，并运用到日常的工作中去。在开展工作的时候，可以借助

主题班会、安全讲座等方式来渗透这些内容。同时，要加大力度进行安全教育，不断培养他们应对突发事件的能力。利用网络等媒介展示相关法律法规内容，结合实际情况开设“突发事件应急教育”等专栏，加大宣传力度，让学生随时随地能够进行学习。最后，还可以结合实际情况配合学校开展相关的演习，让学生在实践中学习和掌握到更多自救、互救的技能，从而将可能造成的损失降到最低。

2. 辅导员要把控学生思想动态提升预测功能

在日常的工作中，辅导员要注意掌握学生的思想面貌，密切留意学生的思想动态，发现隐患要及时进行处理，看到不良倾向要及时矫正，确保能够将各类安全事件扼杀在萌芽里。

第一，要不断强化学生日常行为习惯的养成，功夫要做在平时。各类高校突发事件的诱因基本都是“小事”和“细节”，并不是轰轰烈烈的大事。所以辅导员必须将功夫下在平时，要能够密切留意学生的一举一动，引导他们的日常行为。此外，要能够及时了解他们的需求，急他们所急，想他们所想，真正为他们送关怀。在日常工作中，可以通过问卷调查、心理测试、网络信箱、座谈会等各种方法来全方位了解学生，真正做到排解风险，消除隐患。[3]

第二，要重视学生的心理健康工作，面对有心理问题的学生，要有耐心，要主动疏解，及时掌握他们的动态。辅导员必须在刚接触学生的时候，就建立每一个人的心理健康状况档案，同时通过各种渠道了解学生，做到心中有数。对于本身心理存在问题的学生，更要做到多关心、常关爱，为他们的健康生活和成长营造一个良好的环境氛围。

第三，要善于借助互联网技术和计算机技术，搭建网络管理平台，利用平台为学生提供学习资源、解答学生的疑问以及加强学生寝室管理，确保能够全面掌握学生的学习情况、生活情况。同时，要重点关注学生的思想情况，利用网络平台收集与学生思想相关的信息，掌握他们的思想动态和心理变化情况，其中，对贫困生、学习困难生等要投入更多的精力。另外，要将网络技术和新媒体有机融合起来，使其成为一种新型的信息收集方法，帮助学校构建完善的、分层次的、新颖的信息收集机制，充分发挥网络监督系统的监督成效。

3. 辅导员要协助高校建立预警防范机制

一般情况下，作为一名高校的辅导员，在日常工作中需要同时管理约200名学生，是一项极具挑战的工作。如果仅仅依靠辅导员一人，不仅管理难度非常大，而且管理效果令人担忧。因此，在这个过程中就必须不断创新工作方式，构建完善的突发事件应急机制，通过规范化、制度化以及科学化的管理方式，不断提高辅导员的管理效率。建立机制后，就必须要求参与者在工作过程中严格遵守制度，认真按照制度要求规范自身的管理行为，避免制度只停留在口头上，形同虚设，难以在突发事件中起到预防作用。高校辅导员是学校管理、教师以及学生之间的重要联络者，这意味着辅导员有责任联系他们，共同为完善预警防范机制出谋划策。想要建立健全预警防范机制，一是要提高学生的安全意识，在日常管理中要不断为学生创造受教育机会，使学生能够接触更多的安全知识。二是要及时掌握学生的思想和心理变化情况，摸清变化原因，找出影响学生思想和心理的主要因素，提前采取防御措施，将突发事件扼杀在摇篮里。假如已经发生突发事件，并且对学生的思想和心理产生了影响，那么就要通过心理疏导方式，及时安抚学生的情绪，疏导他们的心理压力。三是要结合实际开展谈心谈话。要经常性开展谈心谈话活动，从学生有可能遇到的生活问题出发，准确掌握学生当前的思想情况和心理情况，科学评估学生的思想状态和心理状态，及时排除风险，一旦发现问题，要立即上报高校管理层。四是要协助学校构建专门的管理部门。通过成立专业的部门，健全管理制度，确保高校突发事件预警防范机制能够正常运作，将预警效率发挥到最大。

（二）稳抓突发事件过程中的核心关键积极应对

1. 辅导员要明确处理难点“当机立断”

通过对高校突发事件的梳理，可以发现突发事件存在一定的规律，分别是酝酿期、爆发期、高潮期、消退期以及平复期。既然突发事件存在周期性规律，那么辅导员应该根据不同时期的特点，顺势而为、直击要害，力争在最短的时间内解决相应的问题。在这个过程中，切忌迷信自己的老经验，忽略了事件的客观规律，导致事件负面影响扩大。突发事件的高潮期和消退期应该引起辅导员的高度重视，因为在这两个时期内，涉事学生的矛盾最为尖锐，气氛最为紧张，稍不注意，就会扩大舆论范围，错失解决良机。但是如果能够抓住机会，就能在第一时间阻止事态的恶化，提高事件的解决效率，将影响和损失降到最低。这就提醒了辅导员在处理突发事件时，要第一时间赶赴现场，摸清事态的发展状况，以最快的速度采取有效的措施，将事件的具体情况反馈给学校的分管领导，并且通知相关部门，如保卫部、学生管理部等，通过部门联动，形成解决问题的合力，果断命中事件要害。

2. 辅导员要找准问题关键"直抵人心"

辅导员应该明确，人的行为由思想决定和影响。在处理突发事件时不能一刀切，而是要抓住关键点，尝试一击即中事件要害。通常来说，有些学生由于思想较为偏激，他们思考问题不够全面，以至于常罔顾自己的行为会引发怎样后果。对于这类突发事件，其关键问题在于学生。因此，要强化学生思想教育，通过教育引导学生形成正确的思想观念，让他们意识到不顾后果的行为其实是自私的表现，而他们自私的行为可能会引起严重的社会后果，不单会伤害自己，也会伤害他人，如自己的同学、校友、家人、老师等，让他们学会持续保持良好的思想观念。在突发事件现场，当事学生的情绪往往比较激动，在教育时要选择恰当的时机，抓住教育重点。同时，在日常工作中，要形成常态化宣传，不断创新宣传方式，将学校规章制度深刻印在学生脑中和心中。要善于利用榜样教育和警示教育这两种教育方式，让学生懂得如何做和懂得什么不该做，使他们正确认识自己的行为。

3. 辅导员要正面引导说服"疏导结合"

假如高校发生了突发事件，那么必定会给本校师生带来一定程度的伤害，这种伤害有可能是经济上、名誉上的，甚至是生命上的。但是，还有一种伤害是不能忽略的，那就是心理上的伤害。当突发事件给学生带来了心理伤害，一旦没有及时安抚和疏导，这种心理情绪就会逐步扩大，从而使学生的情绪变得敏感和压抑，最终失控成为心理疾病，影响学生的身体健康。因此，辅导员的责任非常重大，必须坚持疏导教育两手抓，主动融入学生中，强化教育引导，鼓励学生不畏困难，勇于挑战自我、战胜自己，积极应对突发事件的发生。同时，要强化党建引领，充分发挥学校党组织和学生组织的辅助作用，鼓励他们参与处理突发事件，提高事件的处理效率。总之，辅导员要基于学生的实际需求思考问题、处理问题，采取针对性强的解决措施，这样才能让学生心服口服，听从辅导员的引导。

4. 辅导员要加强舆论引导“信息通畅”

高校突发事件的影响并不只局限在高校范围内，其社会影响不容忽视。近年来，社会对高校突发事件的关注程度越来越高，因此，高校应该及时对外公开相关信息，避免外界对事件情况的猜疑，减少社会公众对高校的不满，提升社会对高校的信任感，使高校维持良好的社会形象。在这个过程中，要制定规范的信息公布流程，搭建完善的信息公布平台，使辅导员能够在第一时间将处理结果对外公布，让社会公众清楚事件的前因后果，正确引导舆论，争取得到社会公众的理解和支持。另外，还应该充分利用各种媒体手段，对事件的后续情况进行跟踪报道，消除谣言的同时，也能让社会公众认可高校的处理方法，消除事件引起的社会负面影响。

5. 辅导员要渗透人文关怀“共识共情”

当处于突发事件处理期时，由于事件对当事学生以及其家人影响较大，他们出现心理波动是很正常的现象，作为辅导员，要理解他们的情绪，并且及时对他们表达关怀，立足学生及家长的角度，着实为他们考虑，有效缓解他们焦虑、烦躁不安的情绪，切实推动高校的人文关怀工作，让学校成为一个有温度的地方。辅导员在安抚过程中应注意：一是明确当事学生平时有没有和其他学生存在矛盾，这些学生是否在现场；二是明确当事学生的整体状况；三是明确现场的形势走向，究竟是意见统一，还是各有各的说法。此外，要经常和学生群体进行平等对话，掌握学生关注的焦点和遇到的困难，及时为他们提供解决思路，让学生感受到学校对他们的人文关怀，有被重视的感觉，促使学生认同学校的管理方针和策略，为后续的学生管理工作打下坚实的基础。在合理范围内满足学生的诉求，保障学生的权益，这也是体现高校人情味、实现人性化管理的有效途径。

（三）建立突发事件恢复阶段的处理机制回归正轨

1. 辅导员要针对重点学生开展心理辅导

在思想政治教育中，心理辅导的重要性越来越明显，这意味着，大学生的心理健康问题已经成为社会公众热议的话题。特别是当高校发生突发事件时，作为当事学生，必然会感到害怕、烦躁不安，甚至会出现消极情绪，严重时这些负面情绪可能会发展为心理疾病，这时候，对当事学生进行心理辅导显得尤为重要。辅导员应该正视这一问题，切实推动大学生心理健康建设工作，贴近学生生活，开展一系列与学生身体健康和心理健康相关的文化活动。同时，要借助多媒体技术和网络技术，为学生开展线上辅导，打破心理辅导的空间障碍和时间障碍，让当事学生在放松的状态下，敞开自己的心扉，直视自己的问题，将自己遇到的心理问题倾诉给辅导员听，辅导员在这个过程中要善于引导和安抚，使他们在宣泄完负面情绪后能够重新建立自信，再次回到原来的生活节奏中。

2. 辅导员要总结工作经验提升应对水平

高校突发事件频发，其实也反映了一个重要问题，那就是高校的管理质量和教育质量还有待提高。辅导员要保持中立，不避讳高校存在的问题和弊端，立足实际，认真探索高校突发事件频发的根本原因，评估以往的处理水平，总结处理经验，对不合理的处理方法要及时改正，从而不断提高高校的管理水平和应变能力，预防高校突发事件的发生。另外，要不断借鉴先进经验，可以通过查阅国内外关于此课题的成功经验，从别人的经验中吸取教训，找出规律，从而更好地为今后的工作提供指导。[4]在日常工作中，辅导员要善于总结经验，并且将这些经验通过各种形式传递给学生，提高学生的应变能力，让他们懂得控制自己的行为，减少突发事件的发生率。

3. 辅导员要打造良好班风维护安全稳定

召开班会，能够有效增强同学与同学之间的感情，使班集体的凝聚力得到有效提升，共同为集体荣誉拼搏奋斗。因此，当高校发生突发事件后，辅导员要及时召开班会，通过榜样教育和警示教育，让学生意识到不考虑后果的行为将带来多恶劣的影响，并且鼓励学生进行深入讨论，升华班会的作用。

要坚持抓住班级管理的核心部分，建立健全班级制度，充分发挥班干部、优秀学生等模范作用。要创新班会形式，通过班会及时掌握学生的思想状态，发现一些苗头性问题，及早采取措施，将可能引起突发事件的潜在不良因素尽早清除，提高班级的安全性和稳定性。要充分调动学生的积极性和创造性，让他们为班级设计班级标志、班服、班训等，通过这些班级文化活动，增强班级凝聚力，培养良好的班级作风。

六、辅导员应对突发事件的保障体系构建

（一）构建辅导员培训机制保障下的职业应对能力

校园突发事件的处理效率和辅导员的综合素质和职业应对能力有着紧密的联系关系。如果辅导员对自身的工作有着正确的认识和深刻的理解，能够清楚认识到高校突发事件对学生、高校以及社会的负面影响，能够意识到有效的处理措施对解决突发事件的重要性，他们就更有能力处理好突发事件。在这种背景下，如何提升辅导员的综合素质和职业应对能力成为一项重要任务。高校应该贴近实际需求，为辅导员制订科学合理的培训计划，采取多样性的培训方式，为辅导员充电，不断提升他们的应急处理能力。只有这样，才能有效提升突发事件的处理效率，让高校突发事件的处理结果符合预期目标，降低突发事件的影响力。

（二）构建辅导员职业化保障下的社会支持系统

当前，国家越来越关注辅导员队伍，教育部明确提出：“高等学校应当把辅导员队伍建设作为教师队伍和管理队伍建设的重要内容。”要加强辅导员队伍建设，维护辅导员的晋升权益。国家已经明确了辅导员这一职业的未来发展方向，并且对辅导员的工作提出了具体要求。因此，为了确保政策落地，社会各界应该对辅导员这一职业给予支持。但现阶段在很多高校中，辅导员的职业认同感相对较低，而且很多辅导员在职业晋升过程中遭遇的瓶颈问题较为严重。各级教育部门和高校要做好政策落实保障工作，科学规划辅导员职业化发展工作，解决辅导员职业发展瓶颈，提升辅导员的薪酬待遇，提高辅导员的职业认同感和幸福感，激发他们的工作热情。[5]

（三）构建辅导员正确定位保障下的事件处理机制

在应对高校突发事件过程中，会出现辅导员“形单影只”而缺乏其他管理人员和部门的支持和协助的现象。造成这种现象的主要原因是高校的职责划分不够清晰，还没有形成规范的、完善的突发事件处理机制。在这种工作环境下，辅导员承担着巨大的心理压力，只能硬着头皮处理相关工作。但是按照教育部门发布的《学生伤害事故处理办法》《关于完善安全事故处理机制维护学校教育教学秩序的意见》等法规，我们可以发现，处理突发事件并非辅导员一个人的责任，而是要专门成立应对突发事件领导小组，并且由学校的分管领导担任小组组长，高校的其他各部门担任小组成员，共同为处理突发事件出谋划策，共同研究应对策略。作为辅导员，应该在处理小组的统一部署下，完成具体工作任务，与当事学生及其家长对接，做好安抚工作，并且做好后续的费用结算、保险理赔等工作。在政策法规的规范下，辅导员的工作定位更加明确，从而更好地降低辅导员的心理压力，使他们持续保持较高的工作热情。

（四）构建辅导员自身健康保障下的心理干预体系

在关注大学生心理健康问题的同时，也应该关注辅导员的心理健康。高校要构建辅导员心理服务体系，建立健全相关的制度以及服务流程，确保这项工作规范化、制度化，确保辅导员在应对各种突发事件时依然能够保持良好的心理状态。常态化抓好大学生心理健康建设工作的过程中，不能忽视了辅导员心理健康建设工作的重要性，要及时全面了解辅导员的思想状况及心理变化情况，倾听辅导员的内心，了解他们的实际需求，在合理范围内满足他们的需求，进一步提升他们的心理健康水平。当辅导员在处理危机事件时，学校有关领导要体恤辅导员的艰辛，主动给予支持和帮助，让辅导员感受到学校的人文关怀，有效缓解他们的思想压力。同时，学校应该搭建心理咨询中心，为高校的辅导员队伍提供心理咨询服务，有效缓解他们的负面情绪，让他们保持良好的心态。当危机事件妥善处理后，高校应该开展各种经验交流活动，为辅导员创造交流机会，让新入职的辅导员能够多多向前辈学习，积累更多的工作经验。

参考文献

[1]赵丽娟．高校辅导员在网络舆情引导中的角色定位与能力提升——以突发公共卫生事件为例[J]．中国多媒体与网络教学学报(上旬刊),2021(4):120-123.

[2]杨玺,路琦．公共卫生危机背景下辅导员应对高校突发公共卫生事件工作职能分析[J]．陕西教育(高教),2021(3):6-7.

[3]王健,申姗,刘文,等．高校辅导员对高校突发事件的处理分析[J]．就业与保障,2020(24):162-163.

[4]路遥．新媒体情境下高校突发事件的传播特点及应对机制浅析[J]．长春教育学院学报,2018(11):113-115.

[5]刘东．新媒体时代下高校辅导员对突发事件的危机管理策略研究[J]．北京印刷学院学报,2019(11):118-120.

作者简介：姚梦竹，中国石油大学（北京）地球科学学院团委书记。

略论高校辅导员如何有效防范学生管理工作中的“黑天鹅”与“灰犀牛”

王 伟

摘 要 世界形势变化日益复杂，面对百年未有之大变局，在实现中华民族伟大复兴中国梦的征程中，人才肩负着重大使命。高校是为祖国培养社会主义合格建设者和接班人的重要阵地，高校辅导员是学生的教育者、管理者、服务者，如何科学有效防范和处置学生管理工作中的敏感突发事件，促进大学生健康成长成才，是事关祖国未来的重大课题。本文通过分析学生管理工作中不同危机事件的不同特点，给出了高校辅导员有效警惕和防范学生管理工作中“黑天鹅”事件与“灰犀牛”事件的建议。

关键词 高校辅导员；学生管理工作；黑天鹅；灰犀牛

2019 年 1 月 21 日，习近平总书记在省部级主要领导干部坚持底线思维着力防范化解重大风险专题研讨班上发表重要讲话时说，面对波谲云诡的国际形势、复杂敏感的周边环境、艰巨繁重的改革发展稳定任务，我们必须始终保持高度警惕，既要高度警惕“黑天鹅”事件，也要防范“灰犀牛”事件。[1]

何为“黑天鹅”事件与“灰犀牛”事件？“黑天鹅”事件是指极小概率发生的高风险事件，出乎意料具有不可预测性，往往会颠覆过往的一切经验；“灰犀牛”事件是指显而易见的风险甚至让人觉得习以为常，比喻较大概率发生且会产生巨大影响的潜在危机。近年来，随着经济社会的不断发展变化，国内外形势的日趋复杂，国内高等院校学生突发事件逐渐增多，且情况日益复杂，已成为当前严重影响高校正常教学秩序和学生日常生活的重要因素，高校学生管理工作面临着巨大挑战。身处学生教育管理服务工作一线的高校辅导员必须时刻高度警惕“黑天鹅”事件，同时注重有效防范“灰犀牛”事件。

一、高校辅导员学生管理工作中的“黑天鹅”与“灰犀牛”

（一）不得不警惕的“黑天鹅”

2020 年 5 月，“北京女大学生天门山去世”的新闻引起了社会上的广泛关注。该名女大学生家庭条件优越，从小喜欢挑战极限运动，对翼装飞行有浓厚兴趣并进行过专业训练。在为某企业进行极限运动宣传时，因气候条件和地理位置等不利因素，在飞行时发生意外，不幸遇难。以其飞行经验，对于是否适宜飞行当有一定判断，但其还是选择相信自己的过往经验，导致发生了其认为的“不可能”的悲剧。

类似的“黑天鹅”事件在高校学生管理工作中常有发生：大学生体质测试过程中发生的猝死事件、大学生日常跑步或各种球类比赛中的猝死事件；同学之间甚至师生之间因感情问题引发的持械伤人或杀人事件；意外性群体伤害事件，如活动组织过程中因突发因素发生的踩踏、火灾等；意外恶劣天气导致的发生在大学生群体身上的重大交通事故……偶然发生却层出不穷的“黑天鹅”事件给高校辅导员的学生管理工作敲响了警钟，必须引起足够的警惕和重视。

（二）不得不防范的“灰犀牛”事件

高校辅导员处在学生教育管理服务工作第一线，与学生日常交流相对频繁，对学生了解程度较深。然而，随着如今互联网时代的飞速发展，各种新媒体平台异军突起，学生获取信息渠道增多的同时也导致各种鱼龙混杂的思潮侵袭着高校大学生群体，使得辅导员意识形态工作开展难度大幅增加。[2]而这种互联网新媒体领域的意识形态风险一旦爆发，其影响将异常巨大，且会带来不可控的严重后果。看似平常且易被忽视的大学生网络社交领域，孕育着潜在的巨大的“灰犀牛”风险。

“灰犀牛”事件发生前往往寻常到近乎难以察觉，而辅导员工作又有着事多、面广、工作杂的特点，导致在高校辅导员学生管理工作中“灰犀牛”风险往往被忽视。可一旦发生“灰犀牛”事件，其所造成的严重后果将给高校学生管理工作带来显著挑战和巨大压力，会直接影响高校大学生德、智、体、美、劳的全面发展，可见科学有效防范学生管理工作中的“灰犀牛”事件意义重大。

二、学生管理工作中“黑天鹅”事件与“灰犀牛”事件的不同特征

（一）“黑天鹅”事件的特征

如上所述，“黑天鹅”事件是指极小概率发生的高风险事件。在辅导员学生管理工作中的“黑天鹅”事件具备如下特征：

1. 概率极低

“黑天鹅”事件是极其罕见的，与日常的学生管理工作似乎并无关联，甚至在一位辅导员的整个职业生涯中可能都不会遇到“黑天鹅”事件。极低的概率也导致辅导员会重点关注“常态”，而忽视“非常态”。片面认为极小概率事件不需要付出过多时间和精力，即认为所付出的努力大概率不会体现，起不到作用。概率极低的特征使得学生管理工作中应高度警惕的“黑天鹅”风险得不到足够程度的重视。

2. 难以预测

“黑天鹅”事件通常是突发的、偶然性的，因而具备难以预测的典型特征。由于“黑天鹅”事件的发生几乎颠覆了过往的一切经验，这使得辅导员在学生管理工作开展过程中积累的宝贵经验和实操本领在预防“黑天鹅”事件上显得无能为力，也由此产生了一种悲观论调，认为在面对“黑天鹅”这种没有办法预测的事件上所做的工作是徒劳的，不会产生实质性效果，导致辅导员进一步降低了对“黑天鹅”风险的警惕。

3. 冲击力大

“黑天鹅”事件之所以被称为“黑天鹅”，即在于其极端不寻常性。不寻常事件的发生通常会产生颠覆性的影响并由此可以引起负面连锁反应，由此给辅导员的学生管理工作带来极端不利影响，产生巨大破坏力，如因心理危机导致的学生自杀事件，因感情危机引起的恶性伤害事件，等等。通常突发的“黑天鹅”事件会迅速占据辅导员学生管理工作的全部精力，与此同时引

发的后续事关社会、学校、家庭等舆论以及辅导员和学生承担的巨大压力都会给整个高校的学生管理工作带来极大冲击。

（二）“灰犀牛”事件的特征

“灰犀牛”事件是指显而易见的风险甚至让人觉得习以为常，在辅导员学生管理工作中的“灰犀牛”风险具备如下特征：

1. 持续期长

“灰犀牛”事件发生前，会存在较长时间的平静期。在这段时期内，学生管理工作平稳进行，一切按部就班，似乎看不到任何风险。整个学生工作队伍以及学生对每天的工作、学习、生活都习以为常，即使显而易见的“隐患”也不足以引起对风险的防范，这种持续期长的特点使得“灰犀牛”风险逐渐累积，形成了影响力巨大的潜在危机。

2. 易被忽视

持续期长且十分常见的特点会造成“灰犀牛”风险在学生管理工作中极易被忽视。对于辅导员等学生工作队伍来说处理的每一件日常“小”事，可能都是风险累积的过程，因为对于学生个体或者对于特定学生群体来讲，这样的小事是其心中的“大”事，事关其切身利益。在学生管理工作中“常态化”忽视相关事项，最终较大概率会演变为风险巨大的“灰犀牛”事件。

3. 爆发滞后

上面叙述的“灰犀牛”风险的“持续期长”“易被忽视”两大特征，造就了“灰犀牛”事件的第三大特征，即爆发具有滞后性。学生管理工作中的“灰犀牛”事件爆发前期常见得会让人不以为意，但风险却一直在累积，累积过程又难以察觉，显而易见的风险被认为不是“风险”，待到后期爆发时往往造成整个学生管理工作体系的混乱，并产生深远影响。这种滞后性的“灰犀牛”风险爆发的后果往往是高校学生管理工作难以承受的。

三、警惕和防范学生管理工作中“黑天鹅”与“灰犀牛”风险的能力提升路径

一是培养大概率视野对待小概率事件的思维。作为一名高校思想政治工

作辅导员，要时刻警惕"黑天鹅"事件的发生。极小概率和难以预测的特点不能成为辅导员走向"无作用"和"没办法"的片面极端。相反，辅导员队伍要学会从过往高校的"黑天鹅"事件中总结经验规律，举一反三，用大概率思维应对小概率事件，形成警惕防范"黑天鹅"事件的科学有效的工作体系，不放过每一个细节，不错过每一个机会，以大概率思维积极捕捉学生管理工作中可能存在的风险苗头，往最坏处着眼，向最好处着力。

二是提高善于观察、汲集信息及见微知著的能力。辅导员做学生工作，了解学生是必要的前提。辅导员应深入宿舍、课堂、食堂，融入学生日常学习生活，关注学生思想动态，收集学生个体及整体关心关切的相关信息，并从中分析整理出显而易见但具有苗头性的问题，只有这样才能够不随于流言，不昧于事实，做出及时准确的判断，将工作的主动权掌握在自己手里，提前介入，有效防范风险事件的发生。

三是建立解决问题的多元跨学科的知识体系。《高等学校辅导员职业能力标准（暂行）》中对辅导员应掌握的职业知识进行了划定，包括基础知识、专业知识和法律法规知识三大部分。其中在基础知识部分明确规定"要具备宽广的知识储备，了解马克思主义理论、哲学、政治学、教育学、社会学、心理学、管理学、伦理学、法学等学科的基本原理和基础知识"[3]。可见，辅导员应该且必须掌握并建立起多元跨学科的知识体系，只有这样才能够做到对学生管理工作中出现的各种现实问题有深厚的理论支撑，也更便于利用跨学科的知识体系深入剖析各种现实问题出现的本质原因及需采取的对应策略。当辅导员利用知识体系真正找到打开学生心门的"钥匙"时，防范和处理学生管理工作中的"黑天鹅"事件与"灰犀牛"事件自然水到渠成、事半功倍。

参考文献

[1]新华社. 习近平在省部级主要领导干部坚持底线思维着力防范化解重大风险专题研讨班开班式上发表重要讲话[EB/OL]. [2019－01－21]. https://www.gov.cn/xinwen/2019－01/21/content_5359898.htm? eqid = d7597ad4000ea3da00000002645afd10.

[2]张建明．从战略高度认识高校意识形态工作[J]．求是,2015(11):52－53.

[3]教育部．教育部关于印发《高等学校辅导员职业能力标准(暂行)》的通知(教思政〔2014〕2号)[A/OL]. http://www.moe.gov.cn/srcsite/A12/s7060/201403/t20140327_167113.html.

作者简介：王伟，中国石油大学（北京）石油工程学院辅导员。

“三全育人”视域下辅导员应对危机事件能力提升

杨冀宁　余一欣　王子安

摘　要　随着我国社会的发展，高校与外界的沟通日趋频繁，给高校学生培养工作带来更多的可能性。从“三全育人”出发，分析研判校园危机事件爆发的不确定性、影响的广泛性及时代性，明确辅导员在危机事件应对过程中，要体现教育者、发现者、沟通者、呵护者的责任。在此基础上，提出辅导员在危机事件应对过程中的三点新思路：深入挖掘家庭育“心”潜力，培养青年学生家国情怀；发挥高校育“识”作用，牢固青年学生使命担当；探索社会育“志”功能，坚定青年理想信念。

关键词　“三全育人”；危机事件；高校思想政治教育

一、“三全育人”视域下危机事件应对带给辅导员新挑战

随着信息化发展的不断深入，互联网科技不断进步，学生接收信息的渠道日趋多元，使高校思政工作面临着诸多新问题、新挑战。高校辅导员应牢牢把握时代特点，重视危机事件的治理，在危机事件治理工作中占据新优势。[1]

（一）危机事件爆发的不确定性

危机事件爆发的突然性和随机性构成了它的不确定性。多数情况下，危机事件的爆发没有预兆，因此难以依靠日常工作积累对其进行有效预防。从以往的经验看，学生自身心理状态、思想波动，社会热点问题的发展轨迹、实时动态等都会成为危机事件的爆发点。以新冠疫情暴发为例，暴发时期恰巧在学生寒假期间，绝大多数学生不在学校，这给辅导员的工作开展带来了新的困难：一是联系不畅，辅导员“进宿舍”“开班会”的空间优势消失，

线上联络成为唯一的沟通方式，对学生思想动态的把控力随之衰减；二是无法面对面交流，谈心谈话、深度辅导中的一些技巧难以发挥，不便于引导学生“吐真心”，更无法对学生做“精细刻画”。

（二）危机事件影响的广泛性

高校属于人流密集区域，一旦发生校园危机事件，其影响范围会在短时间内急速扩散，造成广泛影响。当下，大学生多为独生子女，多名家长围绕一个孩子是社会普遍现象。一旦学生发生危险，事件的影响很容易辐射到千千万万个家庭，进而传播到全社会，层层递进的影响会产生难以控制的局面。青年是国家的希望、民族的未来，随着国家人才战略的不断推进，这一代大学生受到了国家和社会前所未有的关注，这意味着高校的一举一动都在社会的监督之下。因此，校园危机的处理方式和尺度影响着它在社会舆论中的传播导向。一旦高校在处理过程中稍有不慎，就会对受害者造成二次伤害，失去舆论主动权，进而导致高校乃至整个教育行业丧失公信力。

（三）危机事件治理的时代性

“90 后”“00 后”是随着互联网发展而成长的一代，他们更加相信网络、依赖网络，也更会利用网络。随着教育的发展，“00 后”学生从课本、课外书籍等渠道中主动获取知识的能力更强，再加上独生子女受到家人“过多”关注，他们有着更强烈的自我意识和自信心。同时，“00 后”渴望与社会产生接触，渴望在公共事件中崭露头角，从“00 后”学生善于利用网络的时代特点分析，这一代青年人掌握了丰富的互联网交际方法。在自媒体盛行的今天，一旦危机事件爆发，“00 后”大学生会是一个极其敏感的群体，他们会传播各种消息，使其迅速出现在各种社交软件之中，让危机事件的影响瞬间扩大。反叛心理与正义感让“00 后”敢于在事件中为他们认为的“弱者”发声。但是，他们尚不完善的世界观、人生观、价值观，不足的社会经验，事件本身的复杂性，都会导致大学生更容易被不实舆论所操控，极有可能间接地扩大了事件的危害性，产生较为严重的后果。

二、“三全育人”视域下辅导员应对危机事件的新责任

在危机事件应对过程中，高校辅导员不仅要认真贯彻“三全育人”思

想，而且还要牢记习近平总书记在全国高校思想政治工作会议中强调的“立德树人”根本任务，将学生权益置于首位，践行“以学生为中心”的人本主义教育思想。在危机事件发生时正确认识危机事件，对各类事件做到及时发现，及时处理，在危机事件中承担起教育者、发现者、沟通者、呵护者的责任。[2]

（一）做危机事件中的教育者

根据教育部相关要求，辅导员主要工作职责的第一条，即是思想理论教育和价值引领，思想理论教育和价值引领是辅导员其他工作的力量源泉。在危机事件发生之前，辅导员在日常生活中应做好危机应对教育，为学生打好“预防针”。当危机事件发生，学生很容易对自己的生活产生迷茫，他们不清楚该做什么、不该做什么，辅导员此时就应该去积极引导，及时通报各级相关部门的政策指示。辅导员应明确自身教育者的身份，积极引导学生正确认识事件本质及发展情况，正确看待舆论走向，号召学生始终坚持实事求是的原则。教育学生在危机事件发生时不传谣、不信谣是辅导员在危机应对工作中的重点，不能让学生被别有用心者肆意误导。

（二）做危机事件中的发现者

对校园外部危机事件，辅导员应及时了解事件情况，并向上级汇报、向学生通报。对于校园内部危机事件，辅导员更应及时发现、及时上报、及时处理。作为离学生最近的思政教育工作者，辅导员应贴近学生生活、了解学生动态。辅导员应把握住重点学生这一敏感集体，及时关注潜在问题学生，多与学生进行沟通，将部分危机化解在开始之前。危机事件处理中最重要的一个原则是“早”，早发现、早处理、早控制，以此将危机事件的影响范围有效控制住。而高校辅导员作为面向学生的“雷达”，应承担起自己的使命责任，时刻绷紧危机防控思维，切实做好危机预警工作。

（三）做危机事件中的沟通者

危机事件的爆发是突然的、难以预见的。这项特质导致危机事件发生时难以及时建立一个学校与学生之间沟通的机制，很容易造成信息不对等而使危机事件失去控制，导致严重后果。辅导员作为学生与学校之间沟通的桥梁，当危机事件爆发，辅导员应积极联通上下级，促进“校生联动”，做好危机事件预处理。在危机事件发生时尽快了解学生需求和困难，沟通解决问题，保障学生合法权益，助力学生平稳渡过危机。

（四）做危机事件中的呵护者

高校辅导员的另一工作职责就是心理健康教育与咨询工作，危机事件会产生一连串反应，在危机事件中包括直接受影响者、间接受影响者、潜在受影响者等多个群体会受到波及。同时，危机事件往往会给学生带来巨大的心理压力甚至人身损伤，此时辅导员应该呵护学生，对学生进行适当心理干预，要从学生的角度出发进行思考，发自内心地为学生考虑，帮助学生走出困境。在危机爆发后，辅导员更应关注受损害者、潜在受损害者等一系列重点对象的状态，跟进其思想动态，及时关切学生，进行心理疏导。

三、“三全育人”视域下辅导员应对危机事件的新思路

“三全育人”教育模式中，全员育人强调育人过程中的育人主体，不仅包含学校，更包括家庭、社会的全方位参与；全程育人强调育人过程中的育人时间，不仅仅依靠学生在校学习期间，更包括假期等一系列时间；全方位育人则强调育人方式，应对不同教育内容采取不同教育方式。[3]在危机事件治理过程中，高校辅导员可以转换思路，跳出危机事件应对本身，利用危机事件应对过程中涌现出的育人资源，将危机事件变为转机事件，把危机事件治理变成育人的生动实践。

（一）挖掘家庭育“心”潜力，培养青年家国情怀

家庭是教育学生、培养学生正确世界观、人生观、价值观的主战场之一。从以往的经验看，家庭对于学生成长有着极大影响作用，良好的家庭教育可以帮助学生建立起一个正确的世界观、人生观、价值观。当新冠疫情这类社会性危机事件发生时，家庭的育人作用显得尤为重要。在危机事件发生时，辅导员应积极调配家庭育人资源，引导家长与孩子沟通交流，将家庭变为培养学生爱国主义思想的优秀载体。辅导员应帮助家长深刻认识到危机事件中家庭成员的任何行为，上到参与到危机应对当中，下到简单的配合应对措施，

都会对学生产生影响。因此，辅导员应主动与家长沟通，引导家长为学生做出良好的示范作用，以此培养学生的家国情怀和责任感。

（二）发挥高校育“识”作用，牢固青年使命担当

高校一直是育人的主阵地，高校思想政治工作者在危机事件中可以发挥两个重要功能：一是传授学生知识，即在危机事件发生时，将防控的基本常识及官方所证实的实时消息传递给学生，协助学生做好应对准备；二是引导学生正确认识，即引导学生正确认识突发情况，将党和国家、学校所做的各项应对措施向学生进行解读，正确研判危机事件本质，引导学生们摆正心态，做好思想引领与价值引导工作。在危机事件中，高校辅导员可以将党和国家所作出的各项举措与国外相关、相似事件进行对比研判，在比较中引导学生认识我国的优势，还可深入挖掘青年学生在危机事件中的先进事例。例如：中国石油大学（北京）地球科学学院（以下简称学院）在此次抗击新冠疫情的危机事件应对中，学院党委书记、党委副书记加入学院共 31 个学生抗疫工作微信群，通过讲解政策、解答学生关切问题等方式进行疫情防控教育；学院辅导员从春节开始就每天了解学生健康状况和日常行动轨迹，保证学生居家防疫质量；学院党委、团委在疫情防控期间共开展网上主题教育七十余次，创作抗疫主题作品一百余件，并号召开展“线上运动会”，丰富学生居家生活；学院还深入发掘在鄂志愿学生典型，宣传学生先进事迹，凝练学生奉献精神，以此坚定学生“四个自信”，使学生明确新时代青年人肩上的使命和担当，让青年学生认识到实现中华民族伟大复兴的中国梦需要我们所有人共同努力。

（三）探索社会育“志”功能，坚定青年理想信念

“三全育人”工作的开展同样离不开社会的参与，社会在育人过程中，最重要的是提供榜样典型。尤其在新冠疫情这类大型危机事件爆时发，大灾面前更显民族团结，全国上下奋勇一心，举国抗疫，舍小家为大家，为高校的立德树人工作积累了一批丰厚的精神财富。这些人物和事迹，对培养学生民族自信心、使命感、责任感都有很大的帮助。对于大学生的教育，最主要的任务是解答学生“为什么而奋斗”“为谁而奋斗”“奋斗之后有什么收获”

等一系列问题。辅导员在危机事件中应该通过社会各类典型人物的先进事迹，让学生领会平凡人物身上展现出的无私奉献精神，让学生认识到每一个中国人都可以为祖国贡献力量，培养出学生为国家富强而奋斗的理想信念。在危机事件的处理问题上，高校辅导员作为学生思想政治教育的实践者，要结合“三全育人”思想不断提升自身的政治素养、思想引领力和意识引航力。高校辅导员在面对问题时应认识到新挑战、新责任，从危机事件治理中凝聚育人新思路，把握时代特点，站在新高度上发挥新优势。

参考文献

[1]李莹．高校辅导员危机事件应对能力提升研究［D］．西安:陕西师范大学,2015.

[2]于晓庆．辅导员应对高校突发事件的策略研究[D]．大连:大连理工大学,2011.

[3] 杨坦,高苏蒂,蒋亚龙．新时期高校“三全育人”运行机制研究[J]．淮南职业技术学院学报,2019,19(6):59－61.

第一作者简介：杨冀宁，中国石油大学（北京）地球科学学院辅导员。

本文为2019年度北京市高校思想政治工作研究课题“院系‘三全育人’体系构建探索与实践”（项目编号：BJSZ2019YB18）、2019年中国石油大学（北京）“本科教学质量与教学改革工程”项目“辽宁兴城综合地质实习基地建设”阶段性研究成果。

本文载于《北京教育·高教》2020年6月。

"五阶段模型"视域下新时期学生突发事件应急处置路径研究

贾万良　谭程巍　张久达

摘　要　伴随高校学生突发事件的愈加频繁，应急处置工作必须满足新时期的多元化需求。本研究基于突发事件应急处置"五阶段模型"，利用"三位一体"需求分析、"四维协同"影响探究、"十全并举"体系构建的手段，积极探索学生突发事件干预的途径，深入推进高校突发事件的应急处置向更加科学、更显完备、更重实效的方向发展。

关键词　新时期；突发事件；应急处置；五阶段模型

立足"两个一百年"交汇的关键节点，新时期赋予学生突发事件应急处置新的内涵。新时期的环境更趋复杂多变，高校学生突发事件的应急处置要引好"千条线"，当好"一根针"，始终坚持以"实战、实效、实用"为导向，守好学生安全的"责任田"。

本文构建高校学生突发事件应急处置"五阶段模型"，努力提高应对突发事件的"应对、应变、应急"能力，时刻具备"坚定意识、克难意识、底线意识"，充分发挥"五阶段模型"在事件应急处理中的重要作用，降低高校学生突发事件发生的可能性，创造和谐安定的校园环境，助力新时代的青年学习成长成才。

一、"五阶段模型"视域下学生突发事件应急处理的"三位一体"需求分析

新时期，多形式的思想输出给予高校学生多层面的信息接收渠道，而其中负面的信息为危机的产生埋下了隐患。众多学者在危机管理相关领域做了

大量研究，但针对学生突发事件的应急处置，尚未有被广泛认可的理论模型。本文通过引入“五阶段模型”，分析三种概念相互的需求关系，实现“三位一体”式供需融合。

（一）新时期背景下思政教育的“困境位”

加强学生思想政治教育是新时期高校育人工作的重要目标，也是应对突发事件的有效手段。[1]高校突发事件和思想政治教育具备紧密联系：一方面，思政教育能够有效地阻止高校突发事件的发生；另一方面，学生突发事件也为思政教育提供了教育契机和教学案例，通过相互作用来推动思政教育和应急处置的创新发展。但是，思政教育应对高校突发事件还存在诸多问题，例如教育内容不够充分、在事件中的导向功能有所欠缺。同时，新媒体网络的发展也对思政教育有影响，诸多潜移默化的意识形态，让新时期的思政教育工作陷入困境。

（二）学生突发事件应急处置的“难题位”

高校学生突发事件通常是由不确定性、偶然性的主观或客观因素骤然所引发，导致学校正常工作受到影响，危及人身安全，学校财产受到损失。高校学生突发事件具备易发、多发、频发的特点。资料显示，近 10 年来的相关事件中，自杀伤害、意外事故、社会治安这三类的所占比例达到了 75% 以上。其中，自杀事件占比超过 30%，占据各类突发事件首位；意外事故占 25%；社会治安事件占 20%。校园突发事件的类型和数量也呈增长趋势[2]。在后疫情时代的背景下，高校学生同时面临着学业、生活、就业的多重压力，“内忧外患”的影响让建设健全突发事件应急处置体系成为亟须攻关的难题。

（三）“五阶段模型”理论应用的“必要位”

米特罗夫和皮尔逊提出“五阶段模型”，认为危机管理的范畴由五个阶段的管理行为构成：①信号侦测阶段；②准备及预防阶段；③损失控制阶段；④恢复阶段；⑤学习阶段。[3]可见危机管理是集合情境、资源、沟通、行为等多种因素的复合式管理，从其内容逻辑的角度研究，与高校突发事件应急管理模式不谋而合。因此，引用“五阶段模型”作为理论指导，总结突发事件发生前后的全流程，可归为信号侦测、措施准备、损害控制、状态恢复、经验学习五个阶段。利用该理论指导实践，把应急处置放在核心位置，进而从困境和难题中摆脱出来，模型的“必要性”显而易见。

二、“五阶段模型”视域下学生突发事件应急处理的“四维协同”影响探究

新时期的高校突发事件应急处置核心是围绕学生开展工作，通过分析，可以发现三方面特征：①学生群体偏年轻化，存在思想行为的过激性，遇事易冲动、难以看清事物本质；②大学阶段处于转型期，存在事件影响的持续性，导致留下深刻记忆或阴影；③多数突发事件是由一定诱因引起，而诱因是在偶然的情况下发生，存在难以预测的隐蔽性。因此，应当针对高校学生突发事件的特征，探究各类因素的影响效果，建立好相互的内在联系，促进“四维协同”。[4]

（一）社会环境的“影响维度”

社会作为大熔炉，各类情况纷繁复杂，学生身处校园，极大程度上会与社会接触，大小环境和相关经历都能成为高校突发事件发生的“源头”。同时，校内与校外人员存在性格差异，学生与社会人士的关注点也不同，遇到问题很容易引起矛盾，发生争执，如果持续发酵，便极有可能造成无法挽回的后果。

（二）高校制度的“管理维度”

目前高校的管理制度存在扩大招生、同校分区的现象[5]，很大程度上难以保证生命、财产、交通等安全事故的“零发生”。在疫情防控的背景下，也对校园管理的维持、人员活动的控制加大了难度。同时，部分学生存在环境不适应、融入节奏慢、学业压力大的情况，不仅影响学生的状态，也增加了对校园制度的管理难度。

（三）自身家庭的“约束维度”

家庭是学生成长与发展的第一环境，父母的教育容易忽视孩子的主观想法，极易让学生产生心理问题。进入大学后，如果父母的约束依旧很强，学生会感到压迫；如果约束减少，学生会自然放松懈怠。部分学生缺乏与父母

的沟通，他们在迷茫、需要帮助时，父母无法给予相应的引导与支持，导致学生选择极端方式来发泄情绪。[6]

（四）人际关系的“作用维度”

建立良好的人际交往关系是大学阶段的必修课，但很多同学遇到人际关系处理不好或情感受挫等问题时，不能以良好的心态面对，不会主动寻求帮助，从而产生心理障碍。此类学生的个人调节能力较差，情绪容易产生波动，严重时可能引发突发事件，做出极端行为，如果不提前进行干预和心理疏导，极易产生不良影响。

三、“五阶段模型”视域下学生突发事件应急处理的“十全并举”体系构建

新时期高校学生突发事件的应急处置应建立在“五阶段模型”的基础上，需要具备侦测意识、预防机制、防控措施、恢复技巧与总结思维，当遇到风险和突发情况时，能够以主动的态度予以实施干预，以正确的方式防范化解，在突发事件的“出谋划策”和“排兵布阵”上要做到提前预防、精准排查、强化教育、对症施策，构建“十全并举”式管理体系，以科学的方法降低潜在及不可控风险。

（一）做好突发事件信号侦测，把牢“入口关”

学生突发事件的应急处置工作重点通常放在事件的结果处置上，无法十分有效地减少事件的发生频次或减轻事件的发生程度。这就需要通过科学有效的手段实现突发事件信号的侦测，识别可能的发展导向，及时应用危机预防措施，在最早期做出准确及时的判断，把牢突发事件发生的“入口关”，避免其发展成重大事件的种子。

1. 思想动态关注的“全覆盖”

学生思想动态波动后的失控行为是众多突发事件的直接导火索，高校应当利用整合化、规范化、精细化的多元化机制，实现对学生思想动态关注的“全覆盖”。一是强化家校互联机制，同家长建立起良好的沟通渠道，全方位关注学生的学习、生活情况，掌握有关学生性格和成长的细节信息，联动家

长做好学生思想动态上的监督与反馈。二是建全班级管理机制，完善危机沟通及上报流程，引导学生主动关注身边同学的日常表现，及时发现突发事件潜在的苗头，针对有需求的学生提供关心帮助，把问题小而化之。三是推广深度辅导机制，做好辅导员谈心谈话，加强思想引领与心理辅导，建立完备的重点学生信息台账，并根据具体情况分类记录，做到一人一档。

2. 心理危机干预的“全链接”

心理干预是解决学生心理问题萌发的有效途径，也是规避学生突发事件发生的有力保障。高校应当建立多渠道、多层次、多形式的立体式保障体系，实现学生心理危机干预的“全链接”。一是构建“学生—心理中心”的二维供需体系，设立心理中心等职能部门，向突发事件隐患学生提供专业的心理咨询服务，通过心理座谈疏导、问卷填写分析等形式解决学生无处倾诉、无处求助的难题。二是打造“学生—心理中心—学院”的三维反馈体系，学院负责及时收集和反馈学生信息，并及时将异常状况向心理中心反映，明确下一步行动，确保学生心理危机的精准干预。此外，高校的心理危机干预工作还需注重与社会的专业机构合作，获取更加专业化的人员和技术保障。

（二）做好突发事件措施准备，绘好“路线图”

如果未能成功发现和侦查到危机信号，则必须严格做好突发事件的危机准备和预防，为可能实施的应急处置机制做足准备。针对可探知的风险因素，提前设计制定方案并采取相应措施，绘好“路线图”，以应对突发事件发生时的被动性和不确定性

1. 安全主题教育的“全展开”

在预防高校突发事件发生的众多路径中，加强学生对突发事件的思想安全教育至关重要。高校应当举办或开设专门的教育课程，由专业教师讲解突发事件的应急处置知识。同时，通过举办宣讲沙龙、知识问答、研讨讲座的方式增进学生对突发事件的了解，向学生宣传突发事件应急处置的重要性，并呼吁学生们重视自身和周边人的健康。通过安全教育活动的“全展开”，积极动员更多人参与到校园突发事件干预当中，尽可能地减少或避免学生突发事件的发生。

2. 应急处置体系的“全构建”

高校应当建立体系完备的学生突发事件应急处置体系，针对可能发生的事件类型、涉及人群、影响情况等，制定全流程的解决措施。做好学校各部门人员的任务分工，抓好责任落实。开展学生进行突发事件仿真演练，促进应急技能和实践能力的提升。完善突发事件应急处置预案，组织不同部门协同配合，进一步优化仿真演练中出现的问题，通过常态化处置提升学校整体的应急处置能力，使学校能够在事件发生后，将其所带来的不利影响降到最低。

（三）做好突发事件损害控制，建强“防护带”

高效迅速地完成学生突发事件的应急处置是本阶段工作的关键，通过科学手段控制事态发展，减小突发事件对高校正常运转的影响。除关注事件本身的发展趋势，还要完成舆情控制、后续关注等一系列重要环节，努力做好突发事件的事中处置与管理。

1. 信息反馈流程的“全畅通”

突发事件的应急处置应坚持“全畅通”原则，紧密衔接好危机处置的每个流程、环节、细节，以环环相扣的工作思路阻止事态蔓延。事件发展初期，在思想上要做到高度重视，应启动针对性紧急预案，保证突发事件信息的快速流动，各相关部门需在第一时间反馈消息，做到应急处置“零时差”。高校领导需要果断决策，充分考虑不确定因素，统一协调指挥，全力提供物质和技术等方面的支持，力求在突发事件的影响扩大前完成应急处置和损害控制。

2. 信息公开渠道的“全透明”

梳理事件脉络、关注舆论发展是做好损害控制的必要步骤，也是后续处置工作的核心。如果事件当事者为学生，要密切关注学生本人、同学及家庭的行为动态，及时关注好可能引发的连锁反应，同步做好事发周期内学生思想监督工作，避免损害进一步扩大。完善信息公开，透明事件中可以披露的内容，通过各种渠道澄清真伪，以防无端猜忌和恐慌。建立舆情关注与引导机制，把握舆论导向，发布权威意见，稳定事件涉及人员的情绪，防止舆情带来的二次损害。

（四）做好突发事件状态恢复，补足“营养剂”

完成突发事件应急处置后，会自然过渡到后期的状态恢复阶段，突发事件的控制逐渐趋向于明朗化，事态也恢复正常运行。针对不同类型和发生程度的事件，应当采取相应恢复管理措施，找准正确病因，补足“营养剂”，重新回到正轨。

1. 事件组织机构的“全配合”

突发事件的后续处理需要完成好相关部门的对接配合、涉事人员的纠纷平息等内容，需按不同层次、不同导向有序展开。在校内发生的学生突发事件，可依托应急管理工作组，密切关注学生本人，联系其辅导员、所在学院、学生家长，沟通事情的发展情况。在校外发生或校内影响程度较大的突发事件，需要及时跟相关组织机构，包括公安部门等达成协议，必要时按照法定程序及时、有效地解决危机，从而使事态稳定，使危机进一步恢复。

2. 事件涉及人员的“全关注”

高校应关注不同群体在事件中扮演的不同角色，对事件涉及人员采取不同态度的处理方式。对待事件的受害者、弱势群体，应该予以安抚，以人文为情怀，发扬人道主义精神，做好思想和心理疏导，在精神上、物质上给予帮助，把当事人的利益放在第一位。对待不良影响事件的始作俑者，必须严格按照校规校纪予以惩罚，在做好警示教育工作的前提下妥当善后，以求最大限度挽回损失，消除遗留问题和负面影响，防止引发后续危机。

（五）做好突发事件经验学习，抬高“警戒线”

高校突发事件应急处置的最后阶段是从危机中总结经验，以不断改善和提高面对突发事件时的危机管理能力。依托突发事件的案例，深入学习事件中的启示，并完备危机管理机制，实现从第一阶段到第五阶段的闭环，抬高“警戒线”，避免相似事件再次发生。

1. 案例经验总结的“全深入”

高校应在应急处置后对学生突发事件进行复盘，倒查处理流程，梳理工作做法，分析正确的应对措施。开展专题研讨会，对危机造成的影响进行合理评估，提出理性评价和改正措施，深入地总结经验。改进工作过程中存在的效果差、有疏漏、不严谨之处，提倡有效率、作用强、可借鉴的优良做法，并听取各方人员在事件中的反馈与建议，为高校今后面对相同或相似类型突发事件时提供参考。

2. 应急机制管理的“全闭环”

高校需要收集好应急处置中的运作程序、经验措施等方面的信息，整理成为突发事件案例，作为类似案件的宝贵经验和数据支撑，进而完善事件处置过程中的薄弱环节。有关部门应将案例材料存档备案，提高危机管理机制的自学能力，以相关案例为参考，在校内各级层面开展相关的主题宣传活动，加强学生思想教育，打通由“全引导”到“零发生”的“最后一公里”，实现危机管理机制的闭环。

参考文献

[1] 范晓梨．思想政治教育应对高校突发事件的途径探究[J]．黑龙江教育学院学报,2019,38(10):92－94.

[2] 薛永存,张建双．十五年我国高校典型学生突发事件的统计分析[J]．当代教育实践与教学研究,2016(11):260－261.

[3] 刘晓云,朱权洁,刘洋,等．高校突发事件应急管理维度研究［J]．教育教学论坛,2020(35):10－11.

[4] MITROFF I I,PEARSON C M. Crisis Management:A Diagnostic Guide for Improving Your Organization's Crisispreparedness[M]. San Francisco:Jossey－Bass,1993.

[5] 刘瑶．全员育人工作体系下高校突发事件预防的研究[D]．呼和浩特:内蒙古农业大学,2020.

[6] 李华．浅析危机管理的应急处理机制——以高校校园安全为例［J]．赤峰学院学报(自然科学版),2016,32(6):204－206.

第一作者简介：贾万良，中国石油大学（北京）石油工程学院辅导员。

本文载于《中国地质教育》2022 年第二期。

学生心理健康防线机制的建立

——从高校突发事件中的“泛维特效应”角度分析

马子儒

摘　要　近年来，在信息化高速发展、社交媒体逐渐普及的社会大环境下，高校学生接受信息途径变宽，思想复杂性逐步加深，易发酵出心理问题以及极端思想。在突发事件面前，“泛维特效应”的表现愈加明显。如何有效避免“泛维特效应”的产生，建立学生心理健康的有效防线，成为高校学生工作队伍亟须解决的重要现实问题。

关键词　突发事件；泛维特效应；心理健康

高校突发事件，是指毫无征兆爆发的、影响高校正常运营秩序和危及人身安全的事件。近年来，随着信息化的高速发展，高校学生接受信息途径变宽，思想复杂性加深，所面临的压力（Peer Pressure，同辈群体压力）越来越多，更易发酵出心理问题以及极端思想，产生突发事件概率高，随着信息传播，容易产生以模仿、跟随为主要表征的“泛维特效应”，最终导致个体问题公众化，局部问题全局化。如何有效减弱突发事件发生后“泛维特效应”的影响，建立学生心理健康的有效防线，成为高校学生工作队伍亟须解决的重要现实问题。

一、理论基础：“泛维特效应”的提出与发展

（一）“泛维特理论”的提出

德国著名戏剧家、理论家约翰·沃尔夫冈·冯·歌德（Johann Wolfgang Von Goethe）于1774年出版了《少年维特之烦恼》（*The Sorrows of Young Werther*），书中诗意地描写了主人公维特历经人生百态后，最终举枪自杀的

故事。本书刊印后迅速席卷了欧洲各界，在青少年群体中影响尤为重大，甚至引起了模仿维特举枪自杀的现象，导致多国政府封禁了这本小说。20 世纪 70 年代，美国心理学家菲利普斯（David Phillips）经过对近四十年间英国、美国等地自杀统计数据的研究，提出了当一起自杀事件受媒体传播影响后，社会自杀事件会规律性增多的观点，并将其称为“维特效应”（Werther Effect）[1]。由上，“泛维特效应”是指当社会突发事件产生后，经过媒体扩散，舆论传播，引发社会人群跟风效仿的行为，会使得特定突发事件系列化和舆情衍生化，造成更加严重的不良影响。[2]

（二）“泛维特理论”的理论基础

第一，行为传染理论。古尔德（Madelyn S. Gould）等学者认为，就像是流行病会在人群中传染，特定的行为也会在群体中自然而迅速地传播。[3] 该理论认为，在进行某些特定的行为前，行为主体会有特定的行为动机，而该动机会被行为主体内部的离避梯度所抵消，从而降低特定行为的发生概率，但当行为主体接收到其他主体进行相同特定行为的信息时，该离避梯度在一定程度上会被减弱，从而使得发生此种行为的可能性增大，最终产生行为的“传播”现象。高校中的学生群体人口密度高，社交关系复杂，在高度信息化的现代高校环境中，信息传播数量大、速度快，相较于其他群体，高校学生更易暴露在高密度的同质信息轰炸中，行为传染的剂量高、范围广，使得高校学生群体，特别是特殊敏感群体的心理离避梯度较易降至安全值以下，从而引发行为模仿和进一步行为传播。

第二，社会学习理论。班杜拉（Albert Bandura）等学者认为，个体的行为，特别是复杂程度高的社会性行为，一般是通过后天对于观察目标的模仿学习得到的，当学习者与被学习者拥有相似的特质、学习者更加频繁地暴露在被学习者的行为覆盖影响下或被学习者拥有“动人的特质或者较高的社会地位”时，学习者模仿该行为的可能性会相应增大。高校的各方参与群体，特别是学生群体里的个体，面对的矛盾、压力大多相似，在人生观的“锤炼期”，易产生同质化的情感障碍，虽然在空间上是独立的个体，但是在心理层面一定程度上是群集的，尤其是有精神健康障碍的个体，对于某些特定的“信息源”有更加敏感的反应。通过信息的传播，会在心理上“感同身受”，从而导致在行为上的学习和模仿。

第三，区别认同理论。区别认同理论认为，个体渴望被认同，也倾向于借由认同他人的方式融入群体；被个体认同的事件会对个体产生更大的影响。区别认同理论脱胎于区别联系理论，其最大的差异在于，后者认为个体认同以至于模仿的对象必须是与模仿个体有关联的且真实存在的。而随着社会的发展，区别认同理论逐渐将模仿对象的范围从有关联的群体拓展至不相联系的群体乃至虚拟群体。[4]

当代大学生群体相较于以往，网络接触率高、视野宽广，大量接受了动漫、动画、网文等新兴艺术形式，这些传播广泛的“精神食粮”内容多元复杂，不乏大量以“丧文化”为基调的文学作品，涉世未深的高校学生易受其影响，在精神上高度趋同符合于此类作品，有高度的认同感，更易模仿作品中角色的极端行为。

二、面临挑战：“泛维特效应”在高校突发事件中的影响

（一）突发事件系列化

一般而言，突发事件是独立的、不连续的无规律事件，然而，由于“泛维特效应”的存在，高校突发事件发生时往往会呈现由点到线、持续发生的特殊态势。在高校中，人口密度相对较高，学生群体的联系较紧密，当突发事件发生时，所涉及关联群体多、信息传播快，在口耳相传的过程中，信息的偏差和重复难以避免，造成该突发事件发生频率高、覆盖范围广的假象，从而使信息接收方对该突发事件敏感性增高，再度削弱自身对该种突发事件的离避梯度，进而为采取相似的极端行为做好心理铺垫，最终导致突发事件系列化产生，造成恶性循环。

（二）舆论信息复杂化

在社交媒体普及化的大环境下，高校学生群体接触各类信息的口径宽、频率高，学生之间的社交网络复杂紧密，对于突发事件的信息获取可能性大大增高，当突发事件发生后，在官方信息尚未出炉的“空窗期”，舆论流言的大肆传播对敏感群体有极强的误导性和鼓励性。在“内卷化”日益严重的今

天，高校学生群体中客观上存在焦虑感和挫败感，在面对突发事件时，某些具有指向性的言论和行为会给敏感群体带来“社会认同感”的假象，进而产生极端想法，如有自杀倾向的敏感个体一般是被正常人群环绕的较封闭个体，但当其接触到的信息中出现了与其背景相似的对象采取极端手段时，对其而言是一种鼓励与认同，会进一步降低其对自杀行为的离避梯度，产生模仿行为，使得突发事件连续化，舆论信息复杂化。

（三）突发事件的“时效性陷阱”

新闻引起的受众接触和产生的社会效果具有“时效性”，突发事件作为新闻传播时具有时效性的本质。当突发事件发生后，高校对外公布信息前须经查核实，从而留给舆论一定的“空窗期”，这一“空窗期”恰恰是新闻传播中时效性最高的时间段。与此同时，消息来源复杂的舆论更易受“群体极化”（Group Polarization）的影响，往往会使舆论偏向于远离事实真相的一个极端，舆情的聚集与极端化会随着突发事件的热度进一步给社会公众留下深刻印象，从而加剧“泛维特效应”。待到官方公告发布时，往往新闻传播的时效性已过，热度减少，造成部分人群只接收到了舆论的“既定事实”，而无法接收到官方声音，使得高校在突发事件的处置中陷入“时效性陷阱”，甚至陷入“塔西佗陷阱”。

（四）未来隐患扩大化

“泛维特效应”最大的影响，是会使得原本点状分布的突发事件以链式呈现，使得突发事件的复杂性和舆论传播度进一步增加，拓宽覆盖面，对于敏感人群的冲击力和影响力进一步增强，强化其极端想法，为以后可能出现的突发事件埋下了更深的隐患。

三、解决路径：构建高校学生心理健康防线机制

（一）宣传部门：做好价值引领，筑牢网络舆论堤坝

宣传部门要坚持正确的价值导向，构建健康向上的校园文化氛围，在学生中建立起社会责任感意识[5]；提高宣传权威性，把握负面事件报道、回应的量和度，减少细节性描述和褒贬性用语，不连续报道，不多次回应，用更

多客观、理性的意见疏导公众情绪，对无须回应的特殊事件做冷处理，防止扩大信息覆盖面；占据网络舆论阵地，平时做舆论的“排水渠”，必要时做舆论的“防护堤”，扎实筑牢高校舆论工作的第一道堤坝。

（二）学工部门：抓好队伍建设，分层次个性化管理

第一，辅导员方面。一是充分利用各方力量，搭建学生管理网络。高校辅导员作为学生工作的一线人员，应与任课教师保持沟通，关注学生课堂表现；依托学生干部，关注敏感学生各项活动参与率与日常言论；建立宿舍心理安全员队伍，工作下沉至宿舍，掌握重点学生在寝情况与情绪变动；辨别学生中的“意见领袖”，对舆论风向做到有源可寻、有向可导。通过充分发动各方力量，搭建舆情预警的学生管理网络，全面关注学生心理健康状况。二是坚守高校育人阵地，创新丰富教育形式。辅导员应牢牢坚守高校思政教育阵地，重视心理健康教育，积累心理学相关知识，为丰富主题教育形式、创新文化活动内容打下理论基础，并根据学生不同阶段的心理状态、压力来源，开展形式多样的心理教育专题活动，提升学生媒介素养，培育学生辩证看待、独立思考的能力，为学生的心理健康建设提供理论支撑。三是重点学生一人一策，工作流程一人一册。针对已经暴露心理问题的学生，辅导员应当根据学生现实情况，联合专业心理咨询师制定专属干预策略，直达病灶，持续关注。

第二，管理者方面。一是建立健全应急机制，组建舆情工作组。学工部门的管理者应当对突发事件的发生建立起行之有效的应急机制；建立责任明确、协调高效的舆情工作组，在还原事件真相、安抚影响群体、解决后续隐患之余，密切流言舆论的传播转变，对学生活跃度较高的各个主要社交媒体、网络群体有一定的掌控；建立起立体的、全面的网络舆情收集机制，对于影响高校稳定的不良倾向性信息做到及时掌握、及时处理。将可能出现的虚假信息和舆情苗头解决在萌芽时，尽可能地降低学生心理防线所承担的压力。二是重视学生心理工作，用好专业咨询师。学工部门应充分利用心理咨询中心，开发专业心理咨询师潜力，鼓励咨询师走出中心，深入课堂，在普及心理健康教育的同时，降低学生对心理咨询的陌生感，及时主动地通过专业心理咨询缓解心理障碍。将心理咨询师下派至学院，一方面，对各学院重点学

生进行一对一帮扶；另一方面，对学生工作队伍进行心理知识培训，全面提高学生工作队伍业务能力，巩固学生心理健康防线。

（三）支持部门：做好学生服务，减少客观压力

舒适的生活环境是降低心理问题发生率、提高学生心理健康状况的有效手段。高校的后勤部门应当重视学生反馈的问题，改善学生生活条件，特别是寝室环境和食堂环境，降低敏感群体所承担的外部物质压力，提升其心理承受能力阈值，为学生心理健康防线的建立提供良好的环境条件。同时，高校安保部门应当严格住宿管理，排查清除安全隐患，客观上降低突发事件的发生概率。

参考文献：

[1] PHILLIPS D P. The Influence of Suggestion on Suicide: Substantive and the Oretical Implications of the Werther Effect[J]. American sociological review, 1974,39(3):340－354.

[2] 叶大扬．突发事件媒体传播的"泛维特效应"及消解路径［J］．东南传播,2018(4):65－68.

[3] GOULD M S, GREENBERG T, VELTING D M, et al. Youth Suicide Risk and Preventive Interventions: A Review of the Past 10 Years[J]. Journal of the American Academy of Child & Adolescent Psychiatry, 2003, 42(4):386－405.

[4] 杨子聪．电影自杀内容对大学生自杀态度的影响——对维特效应的效能分析[D]．广州:南方医科大学,2016.

[5] 林玉佳,封海粟．浅谈"维特效应"与媒体新闻的关系[J]．新闻传播, 2014(4):57－58.

作者简介：马子儒，中国石油大学（北京）经济管理学院辅导员。

本文载于《北京教育·高教》2022 年 4 月。

“三全育人”视域下应对高校学生突发事件应急处置的“四种机制”和“五类角色”

周小龙

摘　要　当今高校学生突发事件屡有发生，往往这些突发事件具有一定的随机性、扩散性及危险性，如果应急处置不妥当会对学生及学校声誉造成一定的消极影响，甚至还可能对社会稳定性产生较大的负面作用。因此，高校需整合好全员、全过程、全方位的育人资源，运用好应急处置的“四种机制”，培育好“五类角色”，这将对新形势下合理处置高校学生突发事件提供一定的帮助。

关键词　应急处置；突发事件；四种机制；五类角色

习近平总书记曾在全国高校思想政治工作会议上强调要把思想政治工作贯穿教育教学全过程，实现全程育人、全方位育人。要坚持不懈促进高校和谐稳定，培育理性平和的健康心态，加强人文关怀和心理疏导，把高校建设成为安定团结的模范之地。新时代下，中国在不断前行，社会在不断发展。随之而来，高校及高校学生所面临的机遇、环境、挑战也在不断变化着。伴随高校规模的扩大和新形势下高校学生的心理承压能力、抗挫折能力、遇事经验、思考问题的方式方法的变化，高校学生突发事件发生的概率在增大，严重影响了学校正常的教学秩序及学生的日常生活。因此，本文中笔者通过处理突发事件的一些工作实践，结合自身经验及所见所闻所想，阐述了在“三全育人”背景下，全员、全过程、全方位应急处置突发事件的“四种机制”及在学生突发事件中高校辅导员需要扮演好的“五类角色”建立和完善高校学生突发事件的应急管理体制做一些尝试。

一、高校学生突发事件的含义及特点

（一）高校学生突发事件的含义

高校学生突发事件是指在高校范围内由自然或人为原因所引发的不可预测的、重大消极影响的紧急事件，容易对学生、学校乃至社会秩序造成一定影响、冲击或危害。其主要包括心理安全类事件、社会治安类事件、公共卫生类事件、事故灾难类事件、刑事犯罪类事件等。

（二）高校学生突发事件的特点

高校学生突发事件具有一定的随机性。高校学生突发事件是由学生本身及社会自然、家庭环境、校园生活、人际关系、科研学习、文体活动等多方面因素对学生造成的影响或压力所产生的。因此，学校并不能够准确判断或预测学生突发事件何时何地以何原因会发生，预防的直接性和有效性较低。

高校学生突发事件具有一定的多样性。高校学生突发事件在诱因、发生形式及产生后果上均具有多样性。导致突发事件发生的原因可能有“三观”、家庭因素、成长环境、生活经历等；在发生的形式上有心理危机、公共卫生、群体伤害、传销诈骗等；在产生的后果上有人员伤亡、财产损失、舆论危机等。

高校学生突发事件具有一定的敏感性。信息化时代消息的传播速度非常快，每个人都可以成为一个传播消息的载体，而大学生受到的社会关注度高，学生突发事件的消息易不胫而走。若未及时处理妥当，再加上一些无良媒体或者别有用心之人的添油加醋，往往消息易发酵成负面新闻，对学生及学校造成较大的伤害，严重时还会产生一定的社会危害性。

高校学生突发事件具有一定的危险性。高校学生尚未完全步入社会，经历阅历及防范心不够，易受外界影响及诱惑，从而受到一定的伤害，如高利贷、诈骗、传销等，导致财产受到损失；高校作为人群密集场所，一旦发生易传播的突发性事件，往往影响范围较大，难以控制，如传染性疾病、自然灾害、群体伤害事件等，易导致一定的人员伤亡。此外，高校学生自伤、自杀、杀人等事件也时有发生，此类事件一旦发生就是恶性事件，对学生家庭生活以及学校的社会声誉都有着极大的负面影响。

二、高校学生突发事件流程化应急处置的“四种机制”

基于高校学生突发事件的上述特点，建立和完善合理的流程化应急处置机制就显得极为重要。本文将高校学生突发事件应急处置流程划分为了预警防备机制、应急缓冲机制、舆论监测机制和善后引导机制。每一种机制都需要充分利用全校相应机关职能部门、学院领导、导师、辅导员、学生干部、学生家长的力量和资源配合完成，在学生的每一个阶段或是事态的不同进展上开展相应的工作，多方面将“三全育人”体系运用到突发事件应急处置流程上。

（一）完善预警防备机制，树立防范突发事件的前瞻意识

在完善预警防备机制方面，学校应成立专门处理突发事件的领导小组及工作小组，制定学校的学生突发事件预防措施及应急预案。前期引入监测体系，将可能发生的突发事件问题都整理收集上来，必要时可引入大数据系统进行管理，并定期对相关情况分析评估，尽可能地保证产生的风险在可控制范围内。分析评估后要及时进行决策和反馈，将相关评估结果一事一策或一人一策地制定针对性的办法，及时反馈传达给相关负责的部门或工作人员，形成一个协同运作、上传下达的良性循环。完善预警防备机制可以使高校在突发事件面前由被动应对改为主动防御。

（二）构建应急缓冲机制，深化解决突发事件的大局意识

当突发事件难以避免地发生后，工作小组要第一时间到达现场介入事件，了解发生情况、解决当下问题，避免事件进一步恶化。应急处理完毕后要及时将事件情况、已做工作同步汇报给领导小组，领导小组要针对实际情况，在现场迅速有效地做出相应决策，同时启动应急保障，保障在应对突发问题上人力、物力能够充足调配使用。此外，要进行必要的沟通协调工作，视突发事件的大小及严重程度来决定是否向上级教育主管部门汇报；与警方、医院、消防等各方面沟通，反馈事件的全部内容，以便更为有效地处理发生的问题。

（三）规范舆论监测机制，牢固把握突发事件的导向意识

由于大学生是网络用户的重要群体，再加上突发事件的随机性与敏感性，往往发生的事件容易传播迅速且向负面新闻方向发展。因此，在事件发生后，工作小组和领导小组要及时与媒体沟通或利用学校的媒体力量启用舆情信息管理机制，实时监测有关事件发酵的舆论，及时关注回复涉及学生重大切身利益的问题，坚决抵制不实消息与小道消息。如果有必要的话，要畅通正规渠道，及时对外公布官方信息，做出正面回应，澄清事件真相，牢固把握突发事件的导向。

（四）推进善后引导机制，努力修复突发事件的信任意识

突发事件处理结束后，工作小组要及时调查事件原因，明晰事件发生所导致的影响或潜在影响，总结事件处置情况的相关经验做法及不足之处，及时做好各部门、相关工作人员的教育学习工作；对于责任追究落实方面，要具体到某个部门或相关人员，并做出妥当的处理及整改。此外，如果学生在突发事件中存在伤亡的情况，要做好与家长的沟通工作，首先要安抚情绪，从人文关怀的角度出发将心比心，有共情力。其次，适当解释学校所做工作和接下来的部署安排，切勿发生争吵，尤其是不要直接提及责任归属问题，否则沟通会陷入僵局，引起后续更多不必要的麻烦。对于受伤学生或受影响的学生要及时进行心理干预工作，注意情感上的沟通交流，及时有效地解决学生的问题，尽最大努力保障学生的权益。

流程化应急处置的“四种机制”最根本的目的就是要尽可能地防止问题发生；问题如若发生，要在最短时间、最小范围内以最大力度将事件处置好，把影响和损失降到最低，尽快恢复学校及学生正常的教学和生活秩序。

三、高校辅导员在学生突发事件中需担当好的“五类角色”

辅导员作为学生的人生导师与知心朋友，日常学习生活中担负着教育、管理、引导学生的重任，因此在处置学生突发事件中会起到至关重要的作用。辅导员在突发事件的处置上要以学生为本，从关心、爱护、保护学生的角度出发，尽最大努力降低损失，找准自己的定位，努力担当好“五类角色”。

（一）担当好心理状况的“先知者”

高校学生突发事件易发生在一些心理异常的学生身上。这些学生往往是由于家庭环境、成长经历、短期压力等原因导致的焦虑、抑郁、臆想、情绪不稳定、偏激等心理问题。因此，辅导员要担当好学生心理状况的“先知者”，在学生入学时就要通过心理普查、一对一谈话等方式建立学生心理状况台账，了解学生的家庭背景、经济条件、父母状况、交友情况、过往疾病等。然后做到“重点人群，重点防护，重点关注”，有针对地关注心理异常学生和特殊家庭学生的状况，时刻注意了解他们的思想动态，对一些异常情况进行适时的甄别和排查。加强日常教育和引导，用态度、温度、力度逐步调整他们内心的想法，必要时要积极向专业的心理咨询中心寻求帮助。此外，要通过学生干部、舍友、同学、朋友等多角度、多方面地去了解学生、关注学生，但同时要注意隐蔽性，不要用力过猛，以免给学生造成不必要的麻烦困扰以及心理负担。

（二）担当好预警信息的“先立者”

辅导员应以高度的责任感、敏锐的警惕性担当好学生突发事件预警信息的“先立者”。高校学生往往对突发事件的认知性不够，因此应持续推进应急教育，结合重点内容、相关案例将相关的专业知识融入学生的日常生活中。针对常见的火灾、诈骗、传销、心理异常等突发事件，分类、详细讲解说明；开展相应专题教育，强化学生危机防范意识，加强学生鉴别处理能力、提高学生心理承压能力。辅导员要加强党团班一体化建设，增强班级凝聚力，打造良好的班风；要注意培养好学生干部，使学生干部成为自己的“左膀右臂”，及时地发现学生中的问题并及时反馈；要利用和抓好宿舍这一生活场所，及时了解宿舍同学之间的问题和舍友之间的相互反馈，切实搭建好“宿舍—班级—辅导员”三级预警机制。

此外，辅导员也应注重自身能力及素质的提高，要对学生突发事件的专业知识、相关案例、处理技巧、所需技能、心理素质等方面展开培训和学习，从而能够在预防、解决突发事件中赢得主动、冷静分析、妥善处理。

（三）担当好应急处置的“先行者”

突发事件发生后，辅导员要第一时间前往现场，担当好突发事件应急处置的“先行者”。辅导员面对突发事件要先根据经验和专业素养准确分析研判情况，在初步处理过程中拿出妥善意见并当机立断，初步稳定局面，过程要快速高效，具备大局意识。同时要及时上报情况，反馈进展，认真听取上级领导的相关安排和部署，并积极贯彻执行。此外，在处置应急事件时，辅导员务必要以学生为本，切实考虑到学生的切身利益和后续影响，在工作中不能一味地追究责任划分和固定的流程处理问题，要灵活把握，体现人文关怀。要保证工作有记录，留存好相关的信息、证据，便于后期更便捷、高效地处理问题及保护好自己。同时，要注意防控突发事件的扩散影响问题，在处理过程中，尽可能清除与事件无关的其他人员，及时引导学生合理、正确地认识和评价突发事件，把控好舆论方向。

（四）担当好多方关系的“先导者”

辅导员在突发事件中往往要和学生、领导、相关部门、家长等多方进行沟通、交流、协调，因此要担当好突发事件多方关系的“先导者”。辅导员作为基层工作者和应急处置的“先行者”往往掌握的信息也是最全面、最快速、最原始的，因此要发挥好沟通纽带的作用，及时向上级领导、相关部门准确、快速汇报情况进展，及时做好学生的安抚、疏导、稳定工作，及时做好家长的沟通、劝慰、理解工作，充分发挥自身的能量，起到承上启下的作用。同时，在与不同人员沟通时，要注意运用不同的沟通方式和措辞，确保沟通的直接性、有效性。

（五）担当好善后引导的“先为者”

突发事件应急处理完毕后，辅导员还有着大量的后期工作需要处理，因此要担当好突发事件善后引导的“先为者”。辅导员要将应急处置中留存的相关记录和已做工作及前期所做工作及时地进行整理和总结，并向上级报备反馈，后续要及时对相关情况进行完善和更新。辅导员要做好学生的心理疏导工作，尽快使事件涉及相关度不大的学生恢复正常的学习生活秩序，防止其他学生因突发事件而出现过度紧张及焦虑心理。要做好伤亡学生的善后工作，给予最大限度的人文关怀，尽力安抚好学生家长，避免更为严重的冲突和矛盾发生；辅导员还要对突发事件发生的原因进行调查、分析，通过走访调查相关学生及知情者，及时分析事件的原因，尽可能还原事件真相，并对相关责任人依据相关规定向上级反馈，明辨责任。此外，还要针对突发事件的预警防备机制进行反思、整改和完善。

高校应加快对突发事件的分析及研究，形成与时代、学校、学生三者相符合的应急处置机制，不断完善预防体系，加大预警机制的研究与实施力度，建立“三全育人”的应急处置模式，完善好应急事件处置队伍，培养好辅导员应急处置能力，真正做到“胸中有丘壑，眼里存山河”，努力构建和谐稳定的校园环境。

参考文献

[1]孙斌．高校辅导员学生突发事件应急处置研究[J]．延边教育学院学报,2019,33(4):131－132.

[2]王庆．高校突发事件的学生认知现状与应对机制研究[J]．当代教育实践与教学研究,2020(2):239－240.

[3]赵飞．高校学生突发事件应急管理机制研究[J]．山东工业技术,2017(9):256.

[4]姜大伟．高校学生突发事件预防及应急处置策略[J]．戏剧之家,2020(17):143－144.

[5]时倩．高职院校辅导员在处理学生突发事件中作用及对策[J]．产业与科技论坛,2018,17(23):283－284.

[6]荀新文．略论高校学生工作中突发事件的应急处置[J]．课程教育研究,2017(42):169.

[7]潘浩．学生突发事件中高校辅导员的角色定位[J]．新西部(理论版),2014(19):108.

作者简介：周小龙，中国石油大学（北京）机械与储运工程学院辅导员。

基于4R模型建立“四力并举，三点控制”高校学生突发事件应急处置体系研究

谭程巍

摘　要　随着高校教育的不断发展，学生突发事件越发频繁，高校学生突发事件应急处置工作已刻不容缓。本文通过研究高校学生突发事件的分类特征、事件成因、困难挑战和工作意义分析，结合4R模型，提出“四力并举，三点控制”，完善高校学生突发事件应急处置体系，不断推进高校突发事件处置向更有效、更科学、更系统的方向发展。

关键词　4R模型；高校学生；突发事件；应急处置

历经新中国成立70周年，建党百年的辉煌成就，我国社会经济蓬勃发展。伴随社会环境的错综复杂，社会改革发展过程中的种种问题也给高校带来了诸多不安定的因素，这些因素诱发的学生突发事件也日益增多，大大影响了高校的安全稳定。高校大学生是社会的特殊群体，他们连接着千家万户，如何合情合理、及时有效地处置好高校学生突发事件，建立健全高校学生突发事件应急处置机制已然成为高校管理中的重中之重。

一、学生突发事件的含义、类型与特征

《国家突发公共事件总体应急预案》中指出，突发事件主要是突然发生、造成或者可能造成重大人员伤亡、财产损失、生态环境破坏和严重社会危害，危及公共安全的紧急事件。从高校工作人员的角度来看，高校学生突发事件可以被认定为以高校学生为主体，在校内或者校外突然发生或者受到自然、人为、自身、高校和社会等多种因素引发的对学生、学校或社会可能造成或者造成较大影响和危害的紧急事件[1]，具有复杂多样性、快速传播性以及不

可预见性的特点。

通过对近几年高校学生突发事件的归纳分析，高校学生突发事件主要分为以下 3 种类型[2]：①自然灾害类，包括地震灾害、气象灾害、水旱灾害、森林火灾等，此类情况破坏力强、杀伤性大，极易造成高校学生的生命和财产安全[3]。②公共卫生类，包括突发性传染病、集体食物中毒、群体性不明原因疾病等，此类情况易被高校忽视，具有速度快、范围大、危害大、控制难的特点，一旦发生将大大影响学生的生命安全。[3]③校园生活类，包括因为心理问题、感情纠纷、生理疾病、学业就业压力以及学校管理问题等因素引发的突发情况，具有易发、频繁等特点，此类事件已成为近几年高校学生主要发生的突发情况，并易给高校形象和声誉带来较大的负面影响。

二、高校学生突发事件的成因

不治其本而务其末，譬犹拯溺锤之以石，救火投之以薪。为了更有效及时地应对高校学生突发事件，探究高校学生突发事件的成因尤为重要。

（一）从学生角度分析

高校大学生作为突发事件的主体，其本身的问题也是发生突发事件的直接诱因。对学生而言，发生突发事件的成因有两点：①大学生身心不成熟，社会认知程度差。高校大学生一直在家庭和学校的庇护中成长，社会经验不足、处事经验不够、人际交往缺乏、分析问题能力差，他们在遇到问题时往往表现出冲动偏激的想法和行为。②大学生法律意识淡薄，集体观念不足，常常处于“一人吃饱，全家不饿”的自我世界中。他们涉世未深，是非观念不强，受到诸多东西方文化的影响，讲义气成为他们的主旋律，往往因为朋友的影响引发事端。

（二）从高校角度分析

高校作为培养学生的阵地，其本身的问题也是发生突发事件的间接诱因。对高校而言，发生突发事件的成因有两点：①高校危机管理意识淡薄。部分高校的领导、管理者存在处理危机能力不足、危机干预意识不强等问题，往往在突发事件发生后出现事后应对、事后处置的被动局面。②高校人员的流动性大。进入21世纪以来，高校经历了连续扩招，不管是高校工作人员还是学生都在快速增长，同时高校的管理由于轮岗、职位升迁等情况，工作人员的职务变动较为频繁，这就导致了突发事件处理人员的不固定性、不专业化的问题。

（三）从社会角度分析

社会对大学生的影响主要来源于网络，其本身的问题也是发生突发事件的隐形诱因。互联网时代的快速发展，让经济增长的同时，不良信息也充斥于网络。高校大学生作为当代网民的主体，信息传播的主要“助手”，他们对社会的认识大都来源于网络。①来自世界各地文化和资讯的冲击，交织着政治、经济、文化和价值观等方面的渗透和煽动，在潜移默化中都对学生的思想和行为产生了较大影响。②来自网络的压力传导和心理暗示等负能量也在学生阅读和传播的过程中慢慢滋生于心底。

三、高校学生突发事件应急处置面临的困难与挑战

近年来，高校学生突发事件的频频发生已经严重影响到高校正常的教学和工作秩序，高校学生突发事件已然成为社会关注热点。通过分析，高校学生突发事件应急处置面临的困难与挑战如下。

（一）高校学生突发事件逐年增多

近年来，我国普通高校总体数量逐年增长，截至2020年底，全国共有普通高等学校2738所，在校学生人数达到3285万余人，如图1所示。高校学生突发事件也呈现不断增长的趋势，其中由于情感纠纷、心理问题和毕业就

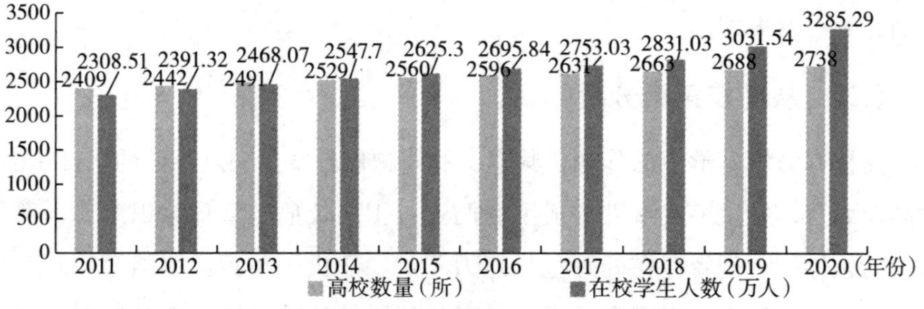

图1　2011—2020年中国普通高等学校和学生数量发展状况

业压力等因素引发的学生失踪、自残、自杀等事件的发生率也在不断增加。

（二）高校学生突发事件处置情况复杂化

进入21世纪以来，高校应对突发事件的处置相比于20世纪变得更加谨慎和复杂。作为千万学生和家庭的桥梁，高校对于学生突发事件的处置自然也受到了各界人士的热切关注，不管是学生家长的满意程度，还是新闻媒体的大肆炒作，都大大增加了高校突发事件处置的难度。

（三）高校学生突发事件处置成本攀高

随着全面小康的不断推进，国民的物质生活质量不断提升，在高校学生突发事件出现后，学生在学校发生任何伤害事件，家长都会提出各种诉求，并要求学校进行赔偿。为了保证学校正常的工作和教学秩序，管理层往往会想尽办法，尽快结束、尽量妥协，这也导致了各高校处置学生突发事件的成本不断攀高。

四、加强高校学生突发事件应急处置的必要性

加强高校学生突发事件应急处置的研究十分必要，意义深远。具体可以从学生、家庭、高校和社会四个方面来体现。

（一）对学生——加强高校学生突发事件应急处置有利于提高增强学生化解突发事件的能力

针对频发的高校学生突发事件，高校推进学生突发事件应急处置研究已经刻不容缓。当代大学生主要为独生子女，他们出生于和平稳定富强繁荣的社会，在家长和学校的保护及关爱下成长，在面对突发事件发生时，他们往往手足无措或冲动偏激，不知道如何更好地化解突发事件。所以，学校作为培养学生成人成才的摇篮，有责任也有义务培养学生认识突发事件、处理突发事件的意识和能力。

（二）对家庭——加强高校学生突发事件应急处置有利于增提高庭的幸福指数

望子成龙望女成凤是每个家庭对孩子的殷殷期盼，孩子的健康永远是每

个家庭最在意的，孩子的成才发展永远是每个家庭的幸福源泉。加强高校学生突发事件应急处置是更好地为在校学生提供舒心稳定的学习生活场所，这也是进一步解决每个家庭对学生无时无刻关心的后顾之忧。

（三）对高校——加强高校学生突发事件应急处置有利于保证高校发展的长远壮大

高校的发展离不开每一个老师和学生。高校学生突发事件能否得到有效的预防和解决，关键在于高校管理者能否建立健全高校突发事件应急处置机制，能否将先进的突发事件管理理念、行之有效的处理措施贯穿于突发事件的处置过程中；关键在于高校是否掌握突发事件处置的相关理论和实践经验，是否形成一套自上而下，高效处理的学生突发事件处置系统，为高校未来的发展明确方向。因此，高校学生突发事件的预防和处理能力是衡量一个学校工作水平的重要依据，是有序开展教学工作的前提条件，是高校发展长远壮大的根本保证。

（四）对社会——加强高校学生突发事件应急处置有利于稳固社会建设的和谐稳定

构建和谐社会是加强党的执政能力建设的重要内容。高校是社会的重要组成部分，是传播知识、学习文化的重要场所，是培养人才、服务社会的重要阵地。[4]所以，高校的和谐稳定也是保障社会建设的和谐稳定，高校学生突发事件的出现会对高校安全、稳定、发展造成负面影响，是阻碍社会建设和谐稳定的不良因素。

五、“四力并举，三点控制”完善高校学生突发事件应急处置程序

美国危机管理大师罗伯特·希斯将美国各个阶层政府的学生突发事件应对机制理论与实践经验相结合，提出了4R危机管理模型[5]。4R模型是由缩减力（Reduction）、预备力（Readiness）、反应力（Response）、恢复力（Recovery）四个阶段组成，其核心内容是缩减力。对于任何突发事件，缩减其发生率，缩减事件损失和影响是目的，为达到该目的需要从预备、反应和恢

复三个方面完成。

结合一般突发事件处置展现的过程，将突发事件分为潜伏期、发展期、爆发期和恢复期四个时期，在事件发生的过程中突出三个控制点，以此提出“四力并举，三点控制”，完善高校学生突发事件应急处置体系，详情如图 2 所示。

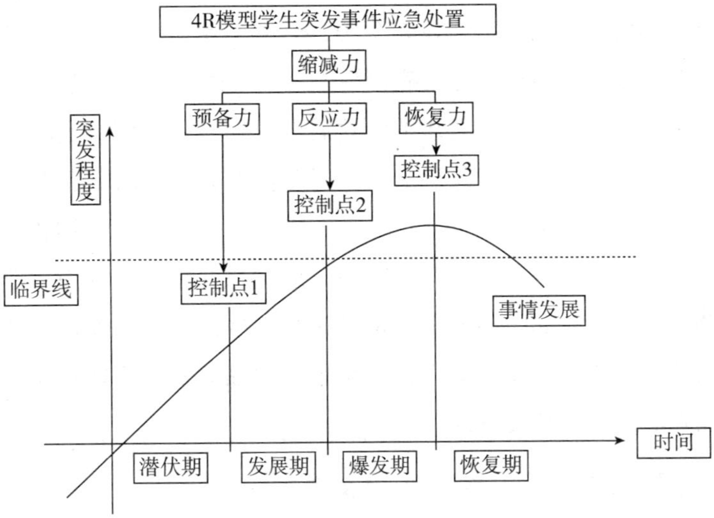

图 2　4R 模型高校学生突发事件应急处置示意图

（一）事前应对，从预备阶段发力

凡事预则立，不预则废。在学生突发事件发生前的潜伏期和发展期之间存在一个控制点 1，在此预备阶段发力，以达到控制缩减高校学生突发事件发生率的目的。主要从高校和学生两个方面入手：就高校而言要建立健全学校突发事件应急处置方案，建设全面严格的突发事件处置制度；注重开展突发事件处置工作的培训和教育，不断提高全校师生突发事件应对意识，强化教职工应对突发事件的能力。就学生而言，要自觉主动向同学、家长和老师反馈自身情况，不欺瞒不偏激，树立正确的感情观、人生观和价值观；要加强应对突发事件的理论学习，积极参与学校组织的各类演习和培训，强化自身的安全防范和自我保护意识，增强化解突发事件的能力；同时也要在平时的学习、生活和工作中乐于助人，关爱他人，营造美好和谐、安定稳定、积极向上的校园氛围。

（二）事件控制，从反应阶段发力

在学生突发事件发生前的发展期和爆发期之间存在一个控制点 2，在此反应阶段发力，以达到控制缩减高校学生突发事件的损伤。相比于控制点 1，控制点 2 的工作尤为重点，直接决定着事件结果带来的损伤大小。防微杜渐，在突发事件发展期到爆发期时，一定会有不好的苗头表现出来。例如自然灾害前，上级部门和机构会提前发布预警；公共卫生事件前，会先有少数师生出现不良反应或感染不确定性疾病；学生自杀事件前，学生的身心状态低迷，无法完成正常的学习、生活要求等。这就要求高校做到早预警、早准备，在反应阶段就果断发力，做好危机干预。要有自上而下、由下反上的"高校管理层—教职工、辅导员—班干部宿舍长—同学"多级信息反馈预警系统，学校管理层和学生之间做到没有消息隔断，遇到情况能迅速反应；要有固定且专业的突发事件应对部门和人员，将应对突发事件管理工作落地生根；要有较为全面且完善的学生突发事件危机预案，面临突发事件能够从容冷静，成熟全面地降低或化解突发事件。

（三）事后处置，从恢复阶段发力

在学生突发事件发生前的爆发期和恢复期之间存在一个控制点 3，在此恢复阶段发力，以达到控制缩减高校学生突发事件的负面影响。在突发事件不可控地发生后，做好善后工作也尤为重要。事件发生的第一时间，多方聚集，首先要通知各相关部门及人员一起做好事件的处置。尽可能地挽救人员和财产损失，汇报上级部门、控制新闻宣传和安抚学生家庭三方工作；其次待事件稳定，关注其他学生思想状态，总结实践经验，不断完善已有的学生突发事件应急处置机制；最后落实突发事件责任制度，并逐级建立突发事件应对督察检查制度。

总而言之，高校学生突发事件应急处置工作需要社会、学校、家庭和学生的共同努力，注重突发事件发生的四个时期，以缩减力为目的，从预备力、反应力和恢复力着手，控制三个关键点，为高校师生创建一个和谐安定的校园环境！

参考文献

[1]杜雨函. 当前高校留学生突发事件的应对与处置研究——以常州大学为例[J]. 无锡职业技术学院学报,2017,16(6):10－13.

[2]国超群. 某高校学生因病猝死事件的应急处置[D]. 哈尔滨:哈尔滨工程大学,2017.

[3]宫建萌. 辅导员应对高校突发事件策略研究[D]. 大连:辽宁师范大学,2014.

[4]焦贺言,易金丰. 高校突发事件的类型、特征与处理原则[J]. 法制与社会,2010(10):197－198.

[5]罗伯特·希斯. 突发管理[M]. 王成,宋炳辉,译. 北京:中信出版社,2001.

作者简介：谭程巍，昆山市住房和城乡建设局组织人事科科员。

预防、行动、跟踪：构建公共危机管理视域下的高校学生突发事件处置机制研究

时艺宁

摘　要　随着现代社会的发展进步，高校学生突发事件给高校学生管理工作带来重大挑战。公共危机管理作为政府在处理社会风险影响下的危机事件时使用的管理学理论，能够有效融入高校学生突发事件处置中。本文深层次分析高校学生突发事件处置机制在公共危机管理视域下的匹配程度，了解高校学生突发事件的现状和特点，梳理将公共危机理论用于突发事件处置的困境和挑战，从而探索出以公共危机管理为基础的“预防—行动—跟踪”高校学生突发事件处置机制建设路径，为高校处置突发事件带来新理念、新思路和新方法。

关键词　公共危机管理；突发事件；处置机制；学生管理

习近平总书记曾指出：“广大青年要成为实现中华民族伟大复兴的生力军，肩负起国家和民族的希望。”高校作为培养社会主义建设者和接班人的重要载体，必将围绕学生制定办学方针政策。近年来，我国面临着中华民族实现伟大复兴战略全局和世界百年未有之大变局，对于高校学生整体素质的要求日渐提高，同时在新冠疫情的影响下学生管理难度加大，在此基础上，高校学生突发事件频发。高校针对学生突发事件的应急处置对于维持学校稳定、保护学生安全起着至关重要的作用。同时，高校的学生突发事件是国家公共危机的一部分，学生的突发事件与国家的公共危机有着可借鉴的相似之处，因此可将国家公共危机管理的理论方法应用于高校，有效防范和治理学生突发事件，对高校的良性运行起着重要的作用。

一、定义公共危机管理理念融入高校学生突发事件处置

（一）公共危机管理理念

公共危机管理理念在目前学界细分为两种内涵：第一种观点，有学者认为公共危机管理是政府在发生公共危机后所做出的一系列决策[1]，此理论强调了公共危机的主体为政府以及强调在发生危机后进行处理；第二种观点认为公共危机管理以管理为主，在危机发生前的预警、危机发生时的处理和后续的修补，贯穿于危机的整个过程[2]。发展至今日，公共危机管理是以政府为核心的公共组织在公共危机管理理念的指导下，依法制定公共危机管理规章制度，与社会其他组织协同作用，共同对公共危机实现有效预警、处理、监控和防范。

（二）公共危机管理理念融入高校学生突发事件处置的内涵

社会的运作中埋藏着社会风险，在这些风险下产生的公共危机对社会稳定、公共安全、秩序威严以及公众心理极易造成极大的伤害。公共危机管理理念旨在运用管理学等学科的内容，科学高效地解决公共危机事件。将公共危机管理理论融入高校学生突发事件管理，即高校在应对学生突发事件时，采用公共危机管理的理论和方法，推动整个高校学生突发事件处置机制的构建，促进如信息传达、心理干预等多个环节的全面优化，落实体制的实效性，有效降低甚至杜绝学生突发事件的发生，保持高校运行的长治久安。公共危机管理视域下的高校学生突发事件处置机制的构建，亟待全国各大高校的研究和落实。

二、高校学生突发事件现状和特点分析

公共危机管理有如下特征：心理约束性、紧迫性、未知性、权变性、连锁性等，在这些特征下，公共危机管理坚持“以人为本、防范为首、协调资源、国际合作”的理念进行开展，可将其延伸至高校学生突发事件现状和特点的分析。

（一）高校人数规模扩大，学生基数多

经统计，截至2020年全国高等学校达到三千余所，中国历年高校毕业的人数从1978年的16.5万人激增至2020年的874万人，如今的毕业生人数相当于过去的53倍。在这些数据的背后能够体现出我国教育事业的蓬勃发展，但是同时也显现出在高校人数激增的背景下，资源不足、新一代学生的个性冲突等难以解决的问题频发。

根据公共危机管理的心理约束性，在突发事件处理中当事人的紧张、焦虑、恐慌等情绪会影响到其他利害关系人、相关群体乃至无关群体，容易产生集体感性的现象，从而打破高校健康平稳的校园氛围。

（二）网络媒体发展迅速，舆论传播快

在互联网发达的全球化时代，学生作为互联网的忠实使用者，他们思想活跃、心智不成熟，这样使得网络媒体会对学生的价值观、人生观、世界观产生或大或小的影响。当突发事件发生时，舆论四起，不实言论、过度言论在社交媒体中飞快传播，既不利于突发事件的处理和解决，也不利于学生的管理和平复。

根据公共危机管理的紧迫性和未知性，危机在发生时以杂乱无序的状态席卷而来，要求处理者在有限的事件做出正确的判断，务必保证事件的影响和言论传播在可控范围内，因此处理高校学生突发事件的过程可类比为和时间赛跑，赢得时间即在事件中获得主动权。

（三）学生心理压力增大，压力诱因广

在社会的发展、家庭的期望和个体的成长中，高校学生的心理压力与日俱增，心理健康问题是高校管理中不容小视的重点工作。大学生处于青春期结束，步入成年的关键转折点，在激烈的学校竞争中产生了学业压力、社交压力、就业压力、感情压力等一系列心理压力，由此在多种诱因的共同作用下产生心理问题，为学生突发事件的发生留下导火索。

根据公共危机管理的权变性，危机中的诱因种类多且作用程度不同，因各部分诱因所占权重不同使得处理危机的侧重点也随之变化，危机的广度、深度、强度也随之变化。高校学生突发事件同样因诱因不同而没有“放之四

海而皆准”的理念，处理方式方法要因时而异、因势而新。

（四）事件余震持续久远，影响程度深

高校学生突发事件往往会引发链条反应，一方面是因为高校人口密集、人员复杂，另一方面是因为学生群体的特殊，从而使得一件突发事件的发生如果处理不及时、不得当则会产生连锁事件，使突发事件处理难上加难。因此，在处理突发事件时要与时间赛跑，将连锁事件的苗头熄灭，使危机事件的严重程度降至可控制的范围。

根据公共危机管理的连锁性，一个危机事件的爆发可能会带动整个系统发生长期巨大的连锁反应，即蝴蝶效应。如2020年初暴发的新冠疫情，疫情不仅仅是对一个地区、一个国家产生影响，而是对全球影响惨重。因此，决策者在解决突发事件时要反应迅速、眼光长远，切断突发事件的连锁反应。

三、公共危机管理视域下高校学生突发事件处置面临的挑战

在公共危机管理理论中，国内学者在借鉴西方理论的基础上对公共危机的概念进行了理论界定，包括组织目标威胁论、社会基本价值威胁论和灾难失序论。[3]从危机管理的角度出发，对公共危机进行理论界定有助于从本质出发，分析不同理论下应对高校学生突发事件处置面临的挑战。

（一）组织目标威胁论中完善组织建设的挑战

组织目标威胁论认为危机对组织的基本目标实现构成威胁，要求组织在短时间做出关键决策。高校在处置突发事件中存在高校规章制度不健全、组织架构不科学等问题。

《中华人民共和国突发事件应对法》作为高校编写文件的重要依据，对政府及相关机关部门如何处置突发事件规定明确，但高校在制定突发事件处置的规章制度时由于国家层面的文件较为理论化，故存在文件与实际脱节的问题，无法较好地匹配高校的治理现状。[4]同时，在组织架构建设中，高校在不同层级、不同部门均有一定的要求，但是存在工作职责重叠或缺位、参与渠道不通畅的现象，缺乏科学化、战略性的组织架构，从而存在在组织目标产生威胁的情况下组织建设急需完善的挑战。

（二）社会基本价值威胁论中维持高校稳定的挑战

社会基本价值威胁论认为危机对社会的基本价值和行为准则架构产生影响，需要政府在压力下迅速做出决策保证社会的有序发展。因此“维稳”是高校突发事件处置中的重中之重。

高校要从学校稳定的高度关注突发事件管理，从人员安全的高度看待突发事件，否则突发事件的危机会持续蔓延，不利于第一时间有效控制和解决突发事件。

（三）灾难失序论中保护学生成长的挑战

灾难失序论认为危机是指遭受自然灾害、战乱、流行疾病等灾难对社会造成重创的非正常状态，导致平衡状态被打破，社会整体失去秩序，社会公共安全受到挑战。

高校学生突发事件可被分为以下类别，首先是生命安全，包括人身安全、心理健康安全等，一旦涉及生命安全事件，突发事件的解决首要是保护学生的生命安全，不能让学生受到生理或心理上的伤害；其次是财产安全，涉及物品被盗、诈骗、贷款等风险，与之相关的是学生的切实利益，需在贫困生群体中着重关注；再次，人际交往安全也不容小觑，“00 后”学生作为新生代已经步入大学，他们个性鲜明，性格迥异，在人际交往过程中容易产生分歧乃至冲突，易产生宿舍矛盾、感情矛盾及竞争矛盾；最后是疫情防控安全，“非典”事件、禽流感事件、新冠疫情为高校管理不断带来挑战。只有分清突发事件的类型，才能根据通用经验结合实际情况快速做出反应，及时化解危机。

四、探索以公共危机管理为基础的“预防—行动—跟踪”高校学生突发事件处置机制构建路径

所谓机制，指的是组织的有机结合、作用的协同效应，泛指一个组织中系统有效运作、相互作用的方式。基于公共管理理论，对于公共危机管理的阶段界定有许多看法，本文据此研究构建“预防—行动—跟踪”三阶段高校学生突发事件处置机制，如图 1 所示。

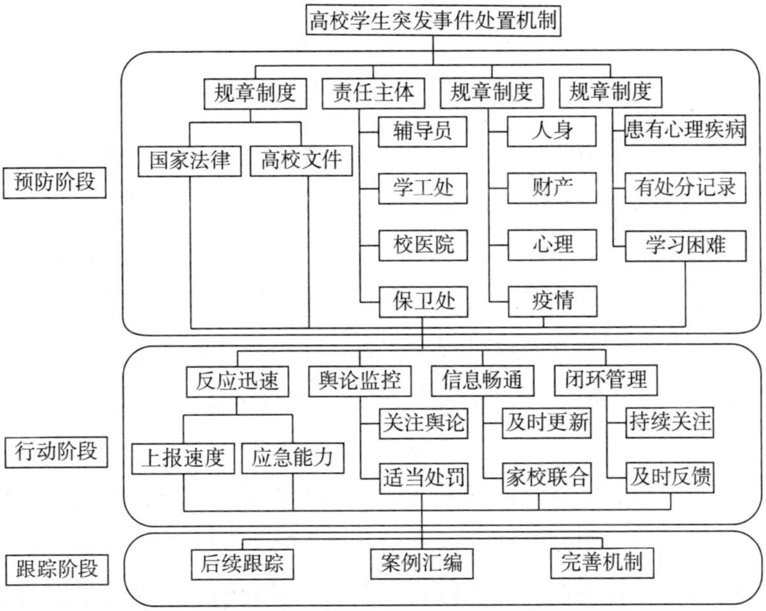

图1　“预防—行动—跟踪”高校学生突发事件处置机制

（一）预防阶段：警之于先，防患未然

预防突发事件主要是基于以往工作经验和数据，完善现有突发事件处置机制，为突发事件的发生提前做好准备，当真正发生时能尽量减轻事件的影响。

第一，完善规章制度，落实制度建设。高校应制定并完善职责清晰、流程明确的学生突发事件处置规章制度，为各个部门在工作中提供文件依据和行动指南。随着时代的变化，风险越来越复杂多变，突发事件处置的规章制度应与时俱进，将常态化和非常态化风险结合起来分析，对于常态化风险，规定具体处理原则、流程和方法，保证常态化风险的有效应对；对于非常态化风险，同样需要提高警惕，虽然这类事件无法预测，但可参考常态化风险相关文件，进一步对制度进行完善。

第二，明确责任主体，细分工作职责。高校应急管理体系中需包含从上至下的各类机关部门和学院，从校长办公室到校医院、学工处、保卫处等，从学院党委书记到学生辅导员，科学规划体系构建，明确责任主体，为突发事件提供责任保障。其中，需注重以生为本，以辅导员为工作主体，和学生相关的职能部门为协同组织，当学生发生突发事件时，辅导员应即刻了解情况，及时上报；涉及的机关部门应马上开展相应工作并反馈给辅导员，上下协同配合，提高突发事件解决的效率。

第三，做好安全教育，强调安全意识。在大学生群体中应注意做好安全教育，提高风险防范意识，增强学生危机处理能力。安全教育作为思想政治教育的重要组成部分，需将其落实于日常工作中，定期开展交通安全教育、生命安全教育、财产安全教育等。同时，注意在特定时间点开展相应的安全教育，如在寒暑假期间开展返家安全教育，在出现诈骗事件时开展防诈骗讲座等，时时提醒学生注意安全，明确不能踏过的红线，增强危机防范敏感度，增强安全意识。

第四，关注重点人群，做好事件预警。对于重点人群，如患有心理疾病的学生、不遵守规章制度的学生以及学业有困难的学生等，应在日常加强监测，若出现突发事件的苗头，要做到早发现、早判断、早治理。同时，面对易引起舆论的事件和言论，应提前行动，预测事件未来发展走向，对学校环境、学生心理、事件特点进行分析，能够有效安抚学生情绪，防止舆论扩散，做到突发事件的完美预警。

（二）行动阶段：事不宜迟，刻不容缓

随着社会的发展和高校对人才培养的要求提高，我国大学生的整体素质水平有所提高，但相应的是当代大学生在多种因素的共同作用下极易产生突发事件，面对突发事件，如何快速做出决策、如何有效地处理突发事件是高校工作的重中之重。

第一，处理及时，有效降低影响。突发事件的发生往往是突如其来的，时间上比较紧迫，需要决策者迅速做出决策；信息上由于在短时内存在信息不完全、不准确、不及时的情况，使得决策者获取的信息有限；人力上可能存在着部分决策者缺乏专业技能和素质等情况。以上种种难点对突发事件处理者要求较高，需具备沉稳的决策能力、相当的专业知识和素养，良好的沟通能力等。

第二，舆论监控，避免流言传播。互联网的发展使得舆论传播迅速，在突发事件发生时会有不同的言论在网上流传，不利于事件的处理和解决。为

此需实施监控公众媒体平台，如朋友圈、微博、知乎等；当发现与事实不符、容易引起恐慌心理的舆论，应立即联系发布者删除，若情节严重应进行适当的处罚。另外，监控舆论不代表不让学生发声，应提供给学生能够自由发表建议和看法的渠道并且保证事件处理的公开透明，给予学生足够的尊重才能有效控制舆论。

第三，信息畅通，实现沟通顺畅。突发事件的信息具有高度不对称性，主要体现在信息的不完全、不准确、不及时，决策者在缺少准确充足信息的支撑下很难做出正确的决策。对此应建立信息流动机制，在机制中的所有主体及时上报现有信息并不断更新、分析及评估，减轻信息的滞后性，为决策者提供实时更新的信息。另外，家校互通是十分重要的，家长在学生突发事件的处理中享有知情权，家长也能提供学生在学校之外的相关信息，便于学校全面了解学生，切实分析学生困境和痛点，有效处理危机事件。

第四，闭环管理，形成良性循环。从突发事件的发生、后续处理到结束是一个较为漫长的过程，人们往往在事件发生时投入较多的关注，但随着时间的推移和事件影响力的下降，人们对事件的关注度也随之下降。所以，对于突发事件应实行闭环管理，保证事件的全程有人跟进，当出现问题时及时反馈，保证突发事件的闭环管理。

（三）跟踪阶段：持续关注，总结完善

突发事件的发生是一个周期性的生命过程，一件突发事件的行动阶段的结束，并不意味着整个突发事件的结束，而是进入了下一阶段——跟踪阶段。在这一阶段，管理部门决不能将突发事件的暂时结束视为终点，而是需要进行后续跟踪，总结经验教训，进行工作复盘，进一步完善高校学生突发事件处置机制。

第一，后续跟踪，关注当事人状态。突发事件往往为当事人方面人身和财产方面较大的损害，因此在跟踪阶段对受害方需持续关注，对突发事件的当事人给予人文关怀，及时进行心理健康干预，帮助学生摆脱心理阴影，尽快适应校园生活；对加害方需进行批评教育，明确其行为带来的后果，持续跟踪防止事件再次发生。

第二，汇编案例，总结经验教训。每一个突发事件都是独一无二的，突

发事件的处理过程是宝贵的经验财富，是培养学工干部危机管理能力的“必修课”。因此，在突发事件行动阶段结束后，决策者需对工作进行复盘，回顾事件的经过、处理过程、结果，总结出工作中的经验教训，为全体学工干部提供学习材料和工作经验。

第三，细化程序，完善工作流程。科学的高校学生突发事件处置是一个可持续发展的过程，根据总结出的经验教训修订完善工作流程，有利于细化工作程序，使处置机制与时俱进，在未来的事件处理中发挥出更大的效能。

参考文献

[1]唐钧．从国际视角谈公共危机管理的创新[J]．理论探讨,2003(5):82－84.

[2]张成福．公共危机管理:全面整合的模式与中国的战略选择[J]．中国行政管理,2003(7):6－11.

[3]周春霞．国内公共危机治理的研究现状及研究展望——基于CiteSpace的共现分析[J]．领导科学论坛,2021(8):19－31.

[4]于洋,管婷婷．高校应对新冠肺炎疫情公共危机防控能力建设研究[J]．江苏科技信息,2021,38(31):26－28.

作者简介：时艺宁，中国石油大学（北京）财务处。

新媒体时代下，基于奥古斯丁模型的学生突发事件应急管理研究

张久达

摘　要　新媒体与学生突发事件影响的消长之间具有密切的关系。美国著名未来学家阿尔温·托夫勒曾在《权利的转移》中指出："谁掌握了信息，控制了网络，谁就拥有整个世界。"对于高校辅导员来说，当突发事件发生后，传播准确、客观的消息，引导公众认知，是新媒体时代对辅导员提出的新要求。笔者以奥古斯丁危机管理六阶段模型为基础，结合新媒体时代背景，对该模型进行了优化，更好地匹配当今时代学生突发事件的应急管理。

关键词　新媒体；奥古斯丁危机模型；应急管理

学生突发事件是指在校内突然发生的，涉及在校师生的，严重影响校园教学、管理的危害事件。在新媒体的宏观背景当中，辅导员要能够对学生中存在的突发事件予以预防和化解处理，给予其关注，并且采取有效措施对其进行持续的管理，从而有效地对突发事件予以预防，维持正常的教学秩序。

奥古斯丁危机管理六阶段模型是应急管理著名理论模型，该理论模型经过多年发展与实践，已经得到广泛的认同与实践，成为当前突发事件应急管理主要基础理论之一。危机管理六阶段理论模型核心内容就是将危机管理划分为危机避免、危机管理准备、危机确认、危机控制、危机解决以及危机获利六个阶段。

针对新媒体时代学生突发事件应急管理来说，危机避免实质上就是对危机的预防，这需要辅导员了解突发事件的类别和自己应该承担的工作，一旦突发事件发生，能够尽快地进入状态；危机管理准备是指辅导员要对未来将会发生的一些突发事件和危机有预见性，并掌握突发事件处理的原则，通过制定相关预案、制度等来避免突发事件的发生；危机确认是指辅导员要了解

新媒体时代下突发事件出现的特点，根据一些信号或者现象来判断危机是否已经发生，对危机做到早识别、早处理；危机控制是指当已经确认危机发生时，辅导员必须迅速采取一系列相关手段来将危机影响和损失降到最低程度；危机解决是指辅导员需要快速对突发事件发生原因做出研判，并及时介入进行解决与处理；危机获利是指辅导员要对危机应急管理上述五个阶段工作进行反思与总结，弥补在各阶段管理不足之处，为进一步完善危机管理提供依据。

一、常用两个“了解”，做好危机避免

（一）了解突发事件类型

1. 公共卫生类事件

高校公共卫生类突发事件是指突然发生的、可能会对社会群众身体健康造成威胁的重要事件，这类事件主要包括重大传染病、不明原因疾病以及食物中毒等事件。如集体食物中毒、艾滋病、新冠疫情等都属于典型公共卫生突发事件。

2. 治安安全类事件

高校治安安全类事件主要是指高校学生参与或者波及高校学生的安全类突发事件。如 2019 年中南林科大杀人事件。除此之外，高校内交通事故、校园偷盗、诈骗、心理问题、打架杀人、自杀等事件也层出不穷，并且此类高校学生突发事件有愈演愈烈的趋势。

3. 学校管理类事件

学校管理类突发事件是指学校在对校园管理中，由于方式方法不当造成学生不满甚至引发学生对抗的事件。如 2019 年爆发的山东大学学伴事件等。

4. 自然灾害类事件

自然灾害类突发事件主要是指因一些不可抗因素引发的高校学生突发事件。学校针对自然灾害类突发事件的防范主要是做好平时应急方案制定与演练等，将自然灾害给学生带来的损害降到最低。

（二）了解辅导员在应对危机过程中的身份转变

1. 做危机发生前的侦察者，预警信息的构建者

互联网是当代大学生生活的重要组成部分，因此可以通过网络对学生的生活情况和身心发展有一个大致的了解，辅导员可以通过微博、朋友圈等途径对学生的心理状态进行深入了解，从源头上避免校园安全类或学校管理类突发事件的出现。

2. 做危机发生中的掌控者，应急处置的先行者

突发事件发生后，辅导员往往是第一个得到消息并到达现场的人，辅导员必须及时控制事件，第一时间向院系的领导汇报，并积极与涉事学生和家长沟通，尽量减少事件的影响。此外，还需要做好舆论引导工作，避免“谣言”导致的舆论失控。

3. 做危机结束后的安抚者，善后机制的协调者

无论何种突发事件，都具有一定的破坏力，受到突发事件影响的学生或学生群体往往会受到身体和心理上的伤害。作为辅导员，要在事件结束后安抚、帮助学生，缓解他们所受到的伤害。此外，辅导员还应做好事件善后工作，将处理信息公开，让其他学生了解事情经过，避免“谣言”传播，保持正常的教学秩序。

二、多用两个“掌握”，做好危机准备

（一）掌握新媒体时代下应对突发事件的现状

1. 网络舆论危机意识淡薄

部分辅导员对于学生突发事件网络舆论危机意识较为淡薄，倘若发生学生突发事件，一般做法是封锁消息，维护自身的形象。而刻意地隐瞒或规避事实真相，会导致突发事件的真实信息不能正常地传播，网络上会流传歪曲、误导真实情况的错误信息，对社会的稳定和发展造成不良的影响。

2. 网络舆论引导机制不健全

学生突发事件发生后，部分辅导员采取的是有效解决和处理好相关事件，

但却忽视网络舆论的引导作用。同时，在处理学生突发事件善后工作时，缺乏健全的网络舆论引导机制。由于学生突发事件具有较为复杂的因果关系和较难预测的发展态势，因此网络舆论引导机制有待于进一步健全和完善。

3. 网络舆情应对能力有待提升

当前，针对高校学生突发事件，辅导员及相关部门在网络舆情监管方面还存在不足，对于突发事件事前始料不及，事中、事后只能消极被动地接受和处理，并简单将重心放在学生突发事件本身，对于学生的心理状况关注较少。

（二）掌握新媒体时代下突发事件处理原则

1. 保证人身安全原则

无论现在处于何种时代，对于任何事件和问题的处理来说，人身安全都是摆在第一位的，辅导员在处理校园危机事件的过程中，必须要将学生的人身安全放在第一位，始终遵循“生命高于一切”的原则。

2. 事件处理与舆论控制同步原则

辅导员在处理学生突发事件的过程中，必须要做到事件处理与舆论控制同步进行，尽可能将突发事件造成的损失降到最低，并依据实际情况控制舆论走向，抓住事件处理的最佳时机。

3. 坚持以大局为重原则

辅导员在处理学生突发事件的过程中，不能带有任何个人情感，一定要坚持公平、公正、公开的原则，始终以大局为重，尽量保护好每个人的权益，不能带有任何负面情绪，并将处理结果客观公正地传达到每一位同学，避免舆论的进一步发酵。

三、善用两个“特点”，做好危机确认

（一）新媒体时代下突发事件特点

1. 破坏性

在新媒体时代，人人都是自媒体，突发事件信息传播与扩散渠道众多且

十分迅速，如果处理不当，会给涉事学生身心健康、学校管理以及学校形象造成极大破坏性。

2. 扩散性

在新媒体时代，一个学校发生突发事件，在极短时间内就有可能通过微博、朋友圈等传播到全国高校群体中，新媒体高度发达使得社会关注高校学生突发事件更加容易、关注度也更加高，传播扩散性也更强。

3. 紧迫性

学生突发事件一旦发生，关注度都是比较高的，加之新媒体传播速度极快，所以事件需要从速处理，要赶在事态扩大之前启动应急预案，尽早尽快地解决与处理好突发事件。

（二）新媒体时代下突发事件管理特点

1. 采取新媒体方式解决问题

当学生群体中出现突发事件时，事件的参与者往往会借助互联网平台将事件传播出去，所以相较于传统媒体时代，当前许多问题通常借助线上平台来进行处理，如我校“接诉即办”平台。

2. 媒体传播的片面性较大

自媒体在传播信息时，不仅对事件予以宣传，还会对社会舆论予以定向引导，信息的大量传播，会使得普通群众难以对信息真假做出准确判断，这就导致片面看问题的情况大大增加。

3. 非理性情绪渲染力更强

对于当今时代的部分媒体而言，在进行信息传播时，其往往会有针对性地对更吸引人的信息进行传播，而并不在乎这个信息传播出去会煽动起怎样的社会情绪。所以在学生突发事件处理过程中，一般会遭受到许多非理智思维的干扰。

4. 不确定性较传统媒体更大

虽然新媒体具有实时与开放性等特征，可以在第一时间将事件发生起因、经过与处置结果在网络上公布出来，但因为信息在传播时容易失真，使得各类小道消息层出不穷，产生舆论误区。故新媒体时代突发事件管理的不确定性更大，稍有不慎会导致事件持续发酵。

四、妙用两个“原则”，做好危机控制

（一）“情、理、法”原则

“情”是指要本着人文关怀精神，尽量稳定涉事学生的情绪，站在学生角度思考问题，获取支持和理解，防止因为工作要求做出的一些行为，学生不理解并将处理过程发至互联网，造成舆情；“理”是指在稳定情绪后，应分析事实、查找原因，在处理过程中不要带有私人感情，依据事实论证，依据规章制度处理；“法”是指在突发事件处置中要始终坚持以法律为准绳，任何工作不能逾越法律的界限，不能因为是本校学生而进行包庇，对于在处理过程中的谣言行为要及时澄清并给予一定教育，防止学生触犯其他相关法律。

（二）“快、准、净”原则

“快”是指突发事件处置过程要快速、高效，切忌拖泥带水、“冷”处理，避免因为处理方式不当而造成舆情；“准”是指事件的分析和预测要准确，与相关涉事学生的谈话和处理过程要具有专业性，一针见血，表达准确；“净”是指事件的处置过程要“干净”、彻底、不留隐患，并在相关媒体平台进行情况通报，进行信息公开、评论公开。

五、巧用两种“策略”，做好危机解决

（一）新媒体时代突发事件应急处理策略

1. 要全面提高应急管理意识

学生突发事件应急管理不仅仅涉及涉事学生及其辅导员，同样也与其他师生有关，要全面提高学校辅导员团队对学生突发事件应急管理的意识，才能够将学生突发事件危害降到最低，甚至避免学生突发事件的发生。

2. 要建立健全应急管理制度体系

新媒体时代突发事件应急管理虽然与传统应急管理有着明显不同，它对应急管理有着新的要求，但无论何种要求都需要一个健全的制度体系去保障，最终才能全部落到实处。

3. 要将应急管理与新媒体特征结合

新媒体时代最大特征就是新媒体，因此在学生突发事件应急管理中要结合新媒体广泛传播的特点，通过不同媒介不同方式，将应急管理的一些工作转移到如抖音、B 站等年轻人喜爱的媒体中，充分运用新媒体进行学生突发事件应急管理。

4. 事后开展学生思想教育

校园突发事件结束后，辅导员要注意做好学生的思想教育工作。结合实际情况积极召开各种类型的总结会议，让学生在活动中对校园突发事件有一个正确的认识，并以此为契机运用新媒体平台发表一些关于正确处理学生应急突发事件的典型案例，引导学生正确评价事件中主人公的各种行为，让学生在明理、笃行的同时树立正确的人生观、价值观和世界观，促进学生的身心健康发展。

（二）妥善处理“四种关系”解决策略

1. 辅导员与涉事学生家长的关系

在处理学生突发事件时，免不了会与涉事学生家长进行沟通，在沟通时应以情入手，让学生家长理性、理智地看待突发事件；辅导员要整理所有与涉事学生相关的材料，让家长了解学生在事故发生前的心理状态，并配合学校对事件进行善后处理。

2. 辅导员与学校各个部门的关系

在突发事件发生后，应及时联系学校学工管理部门，汇报事件事实情况及即时处理现状；及时联系保卫处，调取事发时的监控，还原事情本质；如学生是因为心理问题发生突发情况，还应及时联系心理咨询中心，调取学生档案，厘清事发原因等。

3. 辅导员与派出所等机关的关系

学生突发事件一般会不同程度地涉及法律领域，如盗窃、暴力冲突、交通事故等，在事件发生并处理好涉事学生后，要积极与执法机关保持密切联系，并取得支持，在可控的范围内保证其可以随时介入的态势，形成一定的法律威慑力，使处置工作能顺利进展。

4. 辅导员与新闻媒体的关系

学生突发事件的处理结果关乎学校声誉，在处理过程中建议要指定专门人员负责配合学校或校外媒体开展工作，并在微博、微信等平台公布调查结果和事件处理结果，通过新媒体手段及时将事件的处理情况发布出来，积极有效地促进事件处置。

六、活用两个"反思"，做好危机获利

（一）积极开展突发事件防治反思

1. "预防为主，教育为本，重点人群，重点防护"

由于学生突发事件具有很强的不确定性，所以辅导员在日常生活中，或年级大会上，要不断利用身边已经出现的案例教育学生，对于有心理疾病史、情绪化严重、经济困难、就业困难及由于各种原因思想状态不佳的学生，及时关注，多沟通多交流，做好台账，尽量将隐患消灭在"有想法"的时期。

2. "健全制度，抓好队伍，构建网络，畅通信息"

对于有预兆的学生突发事件，可以采用预防为主的方法；对于不可预兆的突发事件，必须建立健全各项规章制度，处理流程。在新媒体时代，除了要在线下处理事件，还需要构建线上通信网络，组建应急突发事件处理小组，各部门协同合作处理，避免信息不对等导致的部门间协调问题。

（二）积极开展新媒体处理反思

1. 突发事件信息公开

一旦突发事件发生，应以积极的态度主动面对，保证信息公开，是辅导员应该遵循的原则。如果故意隐瞒事件的处理结果，则可能造成反面效果，

引起其他学生的猜测，造成谣言四起的局面。因此，新媒体时代保持信息公开，建立良好的沟通机制，对于避免谣传、确保校园的安全具有重要意义。

2. 突发事件心理干预

在新媒体时代下，每个人都是自媒体人，都是信息传播者与扩散者。学生突发事件处理过程中，涉事学生必然面临更多心理和舆论上的压力，所以在学生突发事件后，可以对涉事师生进行心理疏导，定期开展心理辅导，减轻其心理压力，使突发事件对涉事教师和学生的危害性降到最低。

参考文献

[1]杨宇．高校辅导员面对学生突发事件的策略研究[J]．智库时代,2019(11):83,90.

[2]孙斌．高校辅导员学生突发事件应急处置研究[J]．延边教育学院学报,2019,33(4):131－132.

[3]党维．高校学生突发事件网络舆论的形成与引导策略研究[J]．长江丛刊,2018(30):162,164.

[4]王黎．高校学生突发事件应对与处置策略研究[J]．中外企业文化,2021(5):114－115.

[5]史建芳．高校应对学生突发事件策略研究[J]．国际公关,2021(2):96－97.

[6]荀新文．略论高校学生工作中突发事件的应急处置[J]．课程教育研究,2017(42):169.

[7]徐宜慧．新媒体时代Y学院学生突发事件应急管理研究[D]．西安:西安电子科技大学,2020.

作者简介：张久达，中国石油大学（北京）石油工程学院辅导员。

启航、领航、护航、远航

——高校网络诈骗调查及防范策略研究

陈彦迪

摘　要　大数据时代下，电信网络技术为高校大学生提供了便捷的平台，同时也为诈骗犯罪分子提供了可乘之机，大学生电信网络诈骗案件频发，引起了党中央和社会的高度关注。本文以经济管理学院学生为研究对象，通过调研分析高校大学生电信网络诈骗的现状及原因，从而探索出“启航、领航、护航、远航”四航并举的高校多元主体防诈骗体系，保护大学生人身及财产安全，维护校园环境安全稳定。

关键词　电信网络诈骗；高校学生；防诈骗体系

2021年4月习近平总书记对打击治理电信网络诈骗犯罪工作作出重要指示，强调“坚决遏制电信网络诈骗犯罪多发高发态势”。据统计，截至2020年末，全国公安机关共破获电信网络诈骗案件32.2万起，抓获嫌疑人36.1万人。随着中国逐渐迈入5G时代，互联网硕果成为我们日常生活中不可或缺的一部分，但同时也让人们的个人信息暴露于互联网之上，让不法分子有了可乘之机。电信网络诈骗的形式层出不穷，从原本的传统电话模式迭代为大数据形式下的网络化模式，网络化模式下形成了非接触式、远程式诈骗。大学生作为大数据时代的中坚力量，高校成为网络电信诈骗的“重灾区”。大数据时代下高校网络诈骗的发生既损害了高校大学生的财产安全，又使受害者承受着巨大的精神压力与伤害。现对大学生防控网络电信诈骗现状进行研究分析，将高校思想政治工作同网络安全教育相结合，进一步提高大学生的识骗防骗能力，推动高校安全常态化。

一、高校防控电信网络诈骗的必要性

（一）大学生电信网络安全现状

1. 大多数学生遭遇过网络诈骗

在本次问卷调查中，存在66.86%的研究对象曾遭遇过电信网络诈骗。其中，根据统计数据分析得出有8.1%学生遭遇网络诈骗并蒙受损失，其余的92%学生遭遇网络诈骗未受到损失。只有34%的高校学生没有遭受网络诈骗。虽受骗人数占比较低，但数量可观。

2. 大学生网络安全意识自我认知很强

有21%的高校大学生认为自己的网络安全意识非常强，近60%学生认为自己防骗意识比较强，18%的学生认为自己网络安全意识一般，仅1%左右的学生认为自己防骗意识较弱（见图1）。

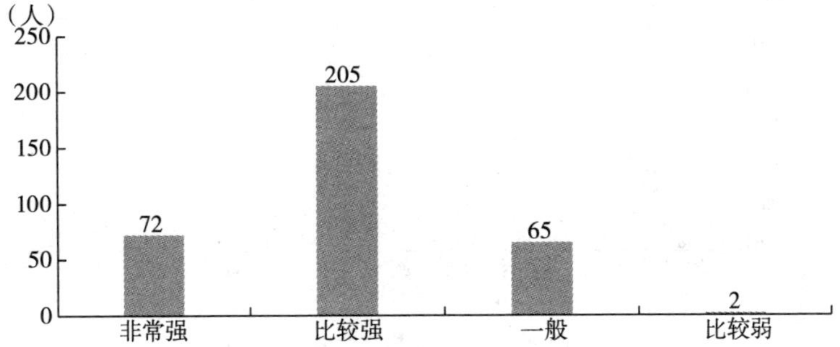

图1　网络安全意识自我认知

3. 对电信网络诈骗认知度不高

通过问卷分析得出，15%学生认为自己非常了解网络诈骗，高达56%的学生认为自己对于电信网络诈骗比较了解，回答“一般”和“不了解”的同学合计占比29%。在对问题“您是否有意识去了解电信网络安全方面的知识”的回答中，高达61.6%的学生选择“较少了解”，有36%的学生表示自己经常了解，仅2.3%的学生从未了解（见图2、图3）。总体来看，大学生对电信网络诈骗有一定的认知但认知较浅。

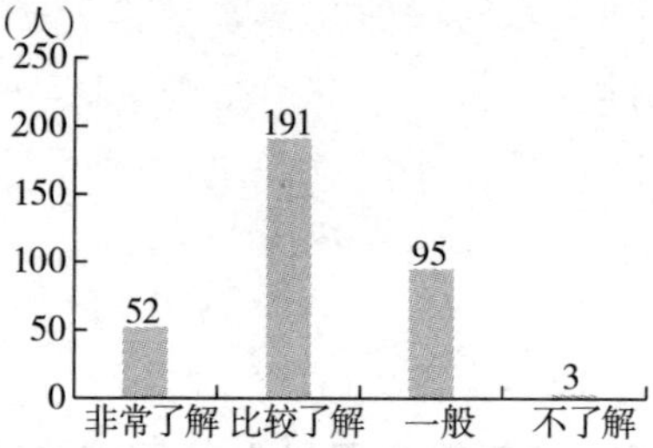

图 2　网络诈骗了解程度

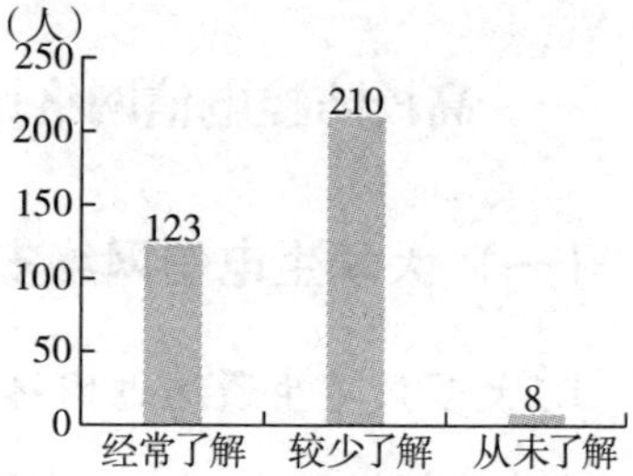

图 3　您是否有意识主了解电信网络安全方面的知识

4. 遭遇电信网络诈骗后主动维权意识较强

有75%遭遇电信网络诈骗且受到损失后会寻求家人、学校和警方的帮助，9%的学生选择与不法分子周旋并争取挽回损失，6%的学生选择自认倒霉，不采取措施，这样的行为助长了诈骗分子的嚣张气焰，使得越来越多的人受到诈骗（见图4）。

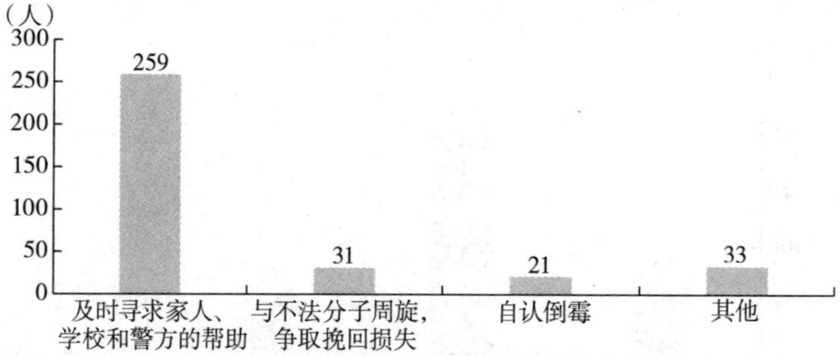

图 4　遭遇电信诈骗并产生损失时的做法

（二）大数据时代性高校网络诈骗特征

1. 形式多样化

随着互联网的快速发展，诈骗模式也在不断地更迭，从传统的“人对人”模式更新为“人—网络—人”新型诈骗手法。现如今，一个电话或者一个网页链背后可能就是网络诈骗的陷阱。网络诈骗犯罪分子正是利用大数据时代下网络的便捷，加之大学生容易相信他人或贪小便宜的心理，运用多样化的诈骗手段实施违法行为。根据本次调查分析，本次研究对象经历过的诈骗形式有“盗取QQ、冒充熟人诈骗”居首位，占比约51%；“兼职刷单诈骗”占三分之一左右，为37%；“申领助学金、奖学金诈骗”存在有27%；其余“网络交友诈骗”“网络购物诈骗”“冒充公检法诈骗”分别占5%、7%、12.4%（见图5）。

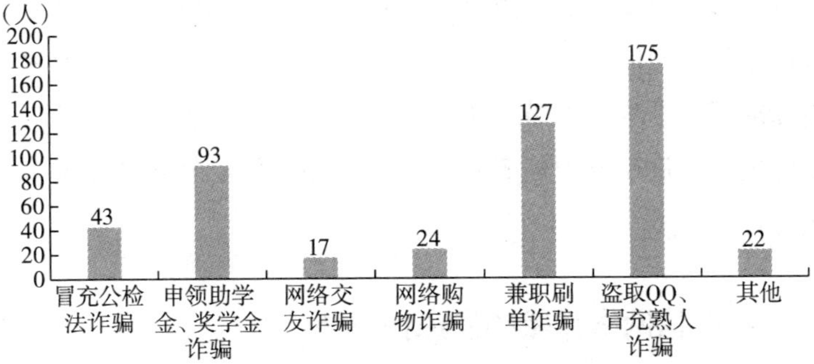

图5 高校大学生遭遇诈骗事件

2. 诈骗成本低廉

现如今，众多手机短信中的诈骗短信很容易使人中招，也是人们经常接触到的诈骗手段。犯罪分子使用伪基站发送诈骗信息，仅需几百元成本，便可以在一小时内发出2万多条信息。一旦这2万多条短信中有一条“命中目标”，骗子们就可能得到上千元甚至更多“利润”。以低廉的成本换取更多的“利润”，导致越来越多的诈骗犯罪分子首先选择短时间、低成本的诈骗手段。其次，对于手机诈骗短信大部分用户会选择视而不见，但是消费者在网络购物过程中遭遇的诈骗网站也让人防不胜防。与商家的线上即时交流，熟悉的支付页面，都可能是陷阱。一个电话号码被封杀了，马上再开通下一个；一个钓鱼网站被标注拉黑了，更新、更“高级”的诈骗网页马上建起来。低廉的行骗成本，可观的利益收入，让各路骗子们乐此不疲，诈骗行为也因此屡禁不止。

3. 隐蔽性强，真实性高

从“山寨版”银行支付页面到航班起飞前收到的虚假电话、短信，在过去一年的诈骗案中，不法分子伪造银行、航班官方网站等骗术让很多人中招。不法分子搭建的虚假网站甚至能做到百分百还原真实官方网站的构造和功能，让人难辨真伪。为了进一步博取公众的信任，骗子们不再仅仅局限于传统的单一作案手段，而是不断升级诈骗手法，把短信、电话、网站等多种形式相结合，详细的个人信息加上高仿版的官方网站，让一些人被骗后都不知道问题出在哪里。更让人担忧的是，随着信息技术的进步，通过QQ、微信等网络社交平台进行的诈骗也有愈演愈烈之势。对行骗者来说，这些能够直接掌握公众准确信息和动向的平台，比单纯电话、姓名等个人信息更具吸引力，能让骗局更加缜密，更难以识破。很多时候，行骗者甚至就隐藏在某个QQ群或者微信群中，通过在群中偷窥聊天记录，便可轻易锁定诈骗对象，并寻找合适的机会行骗。

二、高校电信网络诈骗频发原因分析

（一）个人信息泄露严重

随着我国逐渐迈入5G时代，高校大学生成为大数据时代下的中坚力量。大数据的快捷和便利等优势凸显在日常生活的方方面面。但与此同时，大学生个人信息有意或者无意地泄露等个人信息安全问题也随之突显。大多数高校大学生生活环境单一，自我防骗意识不足，存在随意点击不熟悉的网站链接；随意点击手机软件中的插件广告；轻信广告宣传下载来源不明的手机终端软件；将快递外包装等含有个人信息的材料随意丢弃；贪图蝇头小利参加抽奖活动并提供个人手机号、身份证信息等；连接免费Wi-Fi蹭网等行为。经调研分析，问题“在上网时需填写个人信息情况时的做法”存在46%的对象选择填写部分信息，有47%的同学选择尽量避免填写，而仅有3%的同学选择拒绝填写（见图6）。在问题“参与抽奖活动时提供个人手机号、身份信息的情况的做法”，其中有61%学生选择看具体活动再决定，34%的对象直接拒绝参与抽奖，而存在合计有5%的同学选择直接填写（自愿和被迫）个人信息（见图7）。以上分析说明大学生存在较好的个人信息保护意识，但在利益或者人情等驱使下，会不经意地泄露个人信息。

（二）网络安全意识淡薄

大数据时代背景下，网络入侵者通过主动或被动的方式盗取他人信息。主动方式是指黑客通过技术或者工具入侵对方电脑盗取信息或进行恶意攻击。

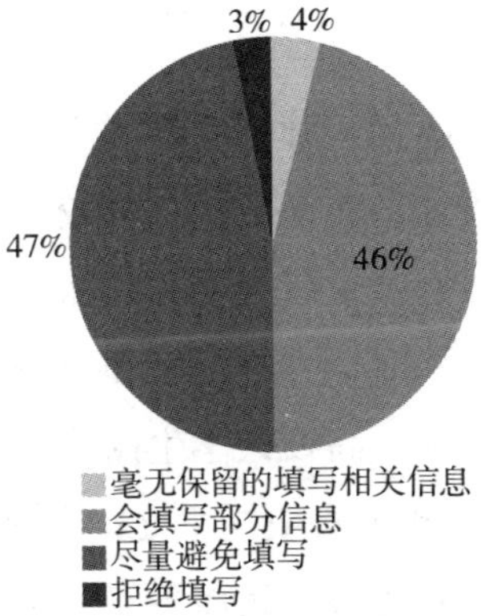

图 6　在上网时需填写个人信息情况时的做法

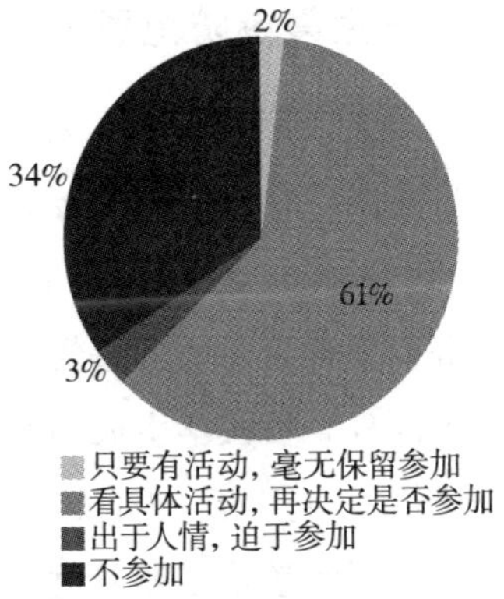

图 7　参与抽奖活动时提供个人手机号、身份信息的情况的做法

被动方式是指用户在点击存在着病毒的非法网站或下载安装没有明确地址的软件等。[1]在调查问卷的结果分析中，问题“对于免费 Wi－Fi，您的使用状态是”，有 45% 学生认为不必要就不使用，30% 研究对象选择视安全性使用，10% 的同学选择直接使用免费的 Wi－Fi（见图 8）。问题“安装软件有权限提示时您的选择是”中，占比 52% 的学生选择看一下提示后继续安装，27% 研究对象选择自己处理好再安装，11% 人认为仍默认安装（见图 9）。大部分高校学生没有养成良好的上网习惯，使得在互联网上很容易暴露个人信息，落入诈骗罪犯的陷阱之中。

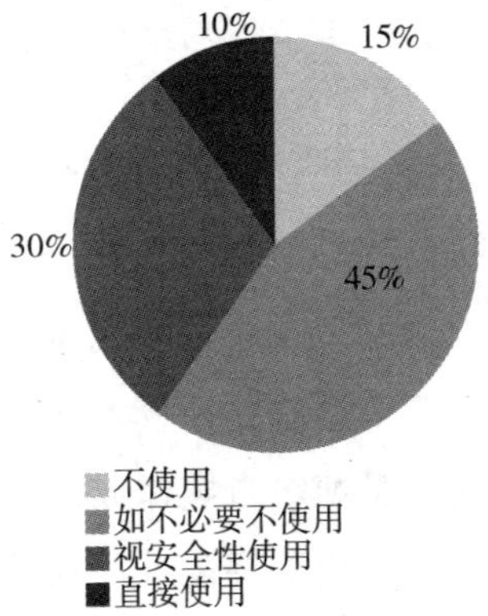

图 8　对于免费 Wi－Fi，您的使用状态是

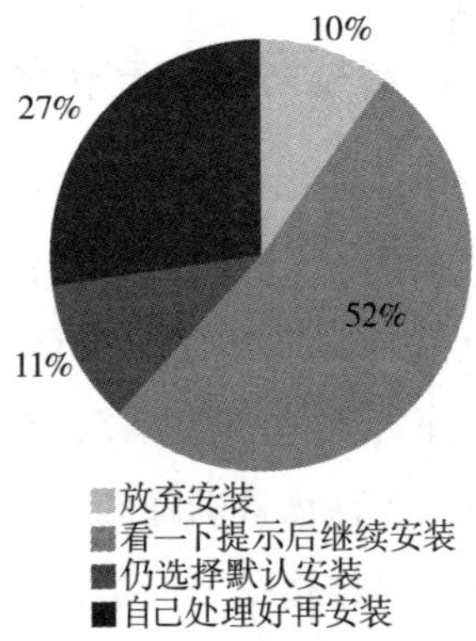

图 9　安装软件有权限提示时您的选择是

（三）学生警惕防范意识不强

高校大学生在校园内大多数是两点一线的生活规律，生活和学习的环境相对单一且封闭。相较于身处复杂社会之中狡诈的犯罪分子，高校大学生缺乏一定的社会经验、人生阅历和辨别力。面对社会上冒充熟人诈骗、冒充公检法诈骗等行为缺乏足够的警惕和防范。与此同时，贪小便宜和急功近利等特征也让少部分高校大学生成为犯罪分子的目标。高校大学生的收入来源主要来自父母给的生活费，但随着大学生活的不断丰富或同学之间的攀比等，少部分急功近利的学生妄图通过投机取巧的方式赚钱。然而犯罪分子正是利用了这一特点，通过兼职刷单等方式，先以一些交易成功提供工资给予一些“甜头”来获取信任，最后再以刷单系数不足等理由骗取高校学生一大笔钱，最终使上当的大学生无法挽回损失。

（四）高校内学生信息泄露

除上述几点所描述的学生因个人警惕性不强或安全意识不强将自己个人信息泄露之外，学校集中掌握着学生的详细信息，学校的各职能部门如教务处、保卫处等管理着在校生的学籍信息、户籍信息等。同时，学生工作部或学院掌握着详细的学生家庭及个人信息。如上述职能部门未进行适当的安全防护，也很容易产生信息泄露事件。除此之外，学生会、社团等在组织活动前也会收集学生相关个人信息，存在因管理不善泄露社团成员信息的可能性。

（五）高校防诈骗宣传教育局限性

相较于多样化且层出不穷的诈骗手法，高校对防诈骗宣传教育的形式有所局限。在学校常见的防范宣传方式有在宣传栏张贴海报宣传安全教育、悬挂防范电信诈骗的条幅、以班团形式在班级内部开展主题班会或邀请校外老师举办讲座宣讲等。现如今，在越来越快的生活节奏中，高校大学生对于海报或条幅的关注度逐渐降低，反倒是通过微信、微博等自媒体或短视频等宣传方式更容易被接受。但是，自媒体宣传也具有一定的局限性，高校自媒体的宣传大多转发公安官方平台的信息，宣传上新颖度低。无法构建联合响应、共同宣传、齐抓共管和全校防骗的良好氛围。[2]

（六）诈骗案件侦破难度高

在党中央的领导下，全国各地的公安机关加大了对犯罪分子的打击力度，但不可否认的是，电信网络诈骗案件的侦破难度很大。电信网络诈骗犯罪形式表现为电子信息智能化、产业化，犯罪分子通过互联网勾连结伙、分工明确，有人负责实施诈骗，有人负责洗钱分赃，还有的负责提供作案工具和作案信息。据公安机关统计，诈骗犯罪分子以网络建立起临时合作的关系，其分布在不同的地区，地域分散性极强，打击难度大。另外，犯罪分子为了逃避打击，作案时会使用各种手段伪装自己的真实身份。随着国内对电信网络犯罪打击力度的不断加强，不少诈骗团伙为了逃避打击，选择转移到境外作案，给公安机关的打击增加了难度。

三、“四航并举”构建多元主体防诈体系

（一）启航——高校为主体

1. 将网络安全教育融入高校思政课堂

习近平总书记在全国高校思想政治工作会议上强调：“高校思想政治工作要坚持把立德树人作为中心环节，把思想政治工作贯穿教育教学全过程，实现全程育人、全方位育人，努力开创我国高等教育发展新局面。”[3]高校思想政治课堂是培养大学生正确世界观价值观人生观的直接途径，也是培养社会主义合格接班人的主阵地。高校思政教育工作者需肩负起重任，将网络安全教育融入所开设的课程之中。思政教师需全面认识新型电信网络诈骗的相关内容，再运用课堂教学方式传递给学生防诈骗知识。除此之外，也可通过多媒体播放相关视频案例，让学生直观地了解认识诈骗的危害以及如何识诈防诈。通过以上方式将网络安全教育内化于心、外化于行。因此，将网络安全教育融入高校思政课堂有助于提高学生对网络诈骗的辨别力和防范意识。

2. 构建“校—院—班三级联动防诈教育体系”

学校层面要做好顶层设计。校级防诈骗教育体系的开展，离不开高校党委和校领导的重视。建立规范的校园规章制度，并具体落到实处。首先，学校应建立相关的心理辅导室，对于遭遇过电信诈骗的学生进行及时的心理疏

导，增强其心理调节能力，防止因遭受诈骗造成的不良心理影响。其次，学校可以发动社团力量，开展网络安全知识竞赛或辩论赛等活动，将社团文化同校园文化相结合，相辅相成。最后，学校可在校园内的公共场所播放防诈骗宣传视频等，营造良好的反诈校园文化氛围。

学院处于“校—院—班三级联动防诈教育体系”的中间环节，也是中坚力量。学院承担着上传下达的重要工作，同时肩负着管理学生日常生活的繁忙工作，学院领导应仍加强重视学院的防诈骗教育工作，这样才能将学校出台的各项反诈教育工作落实到基层班级之中。

班级是三级联动防诈教育体系的基层单位，也是具体落实执行工作的单位。由班主任老师或辅导员指导开展，班委协助实施，将活动内容传达给班级每一名同学。在班级内部，最佳的方式是利用班会进行防诈教育。班会中，班级同学可以畅所欲言，分享校园生活中的趣事，当遇到难题时，可以寻求辅导员或者班委的帮助。同时，可以通过实际的诈骗案例引导学生建立和完善三观，拉近辅导员和学生之间的距离，加强学生对于辅导员的信任。如此，当遇到相关诈骗信息或者事件时，学生也会第一时间联系辅导员。

3. 净化校园网络环境

大数据时代下，高校承担着学生安全、学习生活等方面的责任。但同时除了关系学生实体安全外，还应重视学生在虚拟网络下的安全。高校有责任和义务不断完善学校信息化管理，涉及校园 Wi－Fi 时，信息技术中心有义务对一些疑似诈骗等非法网站进行拦截。

（二）领航——“公安—高校”协同机制

2020 年，全国公安机关在常态化疫情防控条件下，深入推进打击治理电信网络诈骗工作。据统计，2020 年，全国公安机关共破获电信网络诈骗案件 32.2 万起，抓获犯罪嫌疑人 36.1 万名，累计挽回损失 1876 亿元。[4] 公安机关针对高校反诈防范宣传工作离不开学校本身。公安机关采取线上线下全覆盖式宣传，密集开展送“课”上门，主动到高校开展防诈知识培训、讲座，以真实案例现场说法，全面讲解反诈防范知识和各种防骗小妙招。组织民警进校园，利用校园电子屏、广播喇叭、公共电视滚动播放防范提醒，全面营造反诈宣传氛围。通过高校微信公众号、官方微博及班级 QQ 群等新媒体平台，定期推送防范电信诈骗宣传图文和视频；借助校园管理 App 小程序直接将反诈知识测试推送到学生手机。

（三）护航——家校联动机制

培养教育学生是家校共同的目标和责任，虽两者角色不同、方式方法不同，但却息息相关。健康、稳定的家校联动机制是为学生创建良好教育环境的首要条件。面对突发危机事件，校方的应对措施关系着校园安全稳定，也关系着家长与学校之间的信任。学校层面应做到事中及时响应并执行，事后妥善善后处置，推进突发危机事件朝着好的趋势发展。作为辅导员，不能因事小而忽略了同家长的沟通交流。面对学生遭遇电信诈骗事件，应做到及时和学生家长保持密切的联系，关注学生心理动态。

（四）远航——提升学生自我防范能力

面对电信网络诈骗案件，作为高校学生最重要的应从自身做起提升自我防范能力。首先，树立正确的价值观、消费观，保持头脑清醒。现如今犯罪分子的诈骗手段多样化，如高校内常见的“代写论文”“兼职刷单”等，利用大学生急功近利或贪小便宜的心理引诱学生落入犯罪分子的陷阱。因此，对于飞来的“横财”要多加考虑，三思而后行。其次，加强和辅导员、同学之间的联系。根据本次问卷统计，诈骗方式中盗取 QQ、冒充好友诈骗的概率很高。面对好友的借钱请求，应及时联系当事人或联系辅导员、同学等了解情况，不应轻易地将钱财借出，以防落入圈套。最后，学生要学会保护好自己的个人信息。在当今信息爆炸时代，伴随网络技术的发展，个人信息也随之暴露在互联网平台上。犯罪分子可通过各种途径收集到高校大学生的个人信息，对个人隐私和财产安全造成了极大的威胁。在日常生活中学生应养成良好的习惯。比如，丢弃快递盒前，去除个人收件信息；不随意连接免费 Wi－Fi；丢失身份证、银行卡等重要物件时，尽量第一时间挂失；面对抽奖活动不轻易提供自己的手机号、身份证信息等。根据最新消息，《中华人民共和国个人信息保护法》于 2021 年 11 月 1 日起施行。该法律条款的正式实施，为高校大学生保护个人信息提供了强有力的法律保障。

高校应建立起“启航、领航、护航、远航”四航并举的多元主体防诈骗体系，携手各方力量保障高校大学生人身安全和财产安全，协作推进高校电信网络诈骗的预防和治理（见图10）。

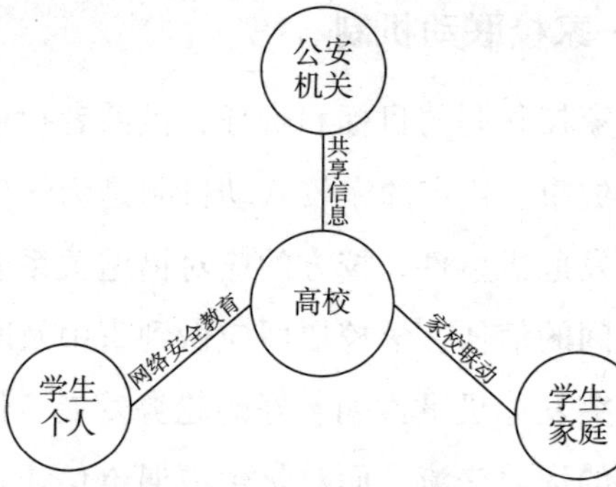

图10　多元主体防诈体系

参考文献

[1]冯晓琳．多元治理理论视角下高校校园诈骗问题及防范对策研究[D]．武汉：华中师范大学，2020.

[2]姚东升，邬宏伟，沈彦骅．“校园无诈”何以可能？——高校电信网络诈骗打击防范困境破解[J]．武汉公安干部学院学报，2020，34(2)：68－72.

[3]习近平．全国高校思想政治工作会议交流发言摘要[N]．人民日报，2016－12－19.

[4]中国新闻网．2020年中国公安机关共破获电信网络诈骗案件32.2万起[EB/OL]．(2021－04－02)．https://www.chinanews.com.cn/gn/2021/04-02/9446300.shtml.

作者简介：陈彦迪，中国石油大学（北京）经济管理学院辅导员。

新媒体环境下高校辅导员在学生突发事件中的应对机制探究
——以中国石油大学（北京）为例

孟泓辰

摘　要　近年来，国内高校学生突发事件频发。同时，随着新媒体时代的到来，学生突发事件也具备了新的特征，向原因多样化、传播变异化、处理复杂化、影响多面化等方向发展，这对辅导员妥善处理突发事件的能力提出了更高的要求。本文以中国石油大学（北京）为研究对象，从剖析新媒体环境下高校学生突发事件的特征入手，探讨辅导员作为学生在校期间的管理者、教育者和服务者，在此类事件中所面临的挑战。最后，从高校育人及管理的角度提出了关于学生突发事件中应对机制的建议。

关键词　新媒体；突发事件；辅导员；应对机制

一、新媒体环境下我校学生突发事件的特征

新媒体简单来说是一种由新技术支撑的媒体形态，是区别于传统的报刊、户外广告、广播、电视的一类媒体，能够互动传播是其突出的特点，摒弃了传统的单方面接收，具有创新形态。随着社会经济文化的飞速发展，各行各业都呈现出向信息化、数字化、智能化方向发展的趋势，在高校当中，学生作为年轻群体，对于新媒体的使用也更为广泛，早已成为大学生日常生活中随处可见的传播方式。基于新媒体的特征及其广泛的应用背景，我校学生突发事件呈现出原因多样化、传播变异化、处理复杂化、影响多面化等特点。

（一）学生突发事件原因多样化

新媒体环境下我校学生突发事件呈现原因多样化的特征。第一，心理健

康问题引起突发事件占比突出。学生心理健康教育长期以来都是辅导员工作的重点关注内容，该类学生因心理活动失调出现自卑、抑郁、偏激等心理障碍，其原因复杂，不易控制，不同程度地影响了正常生活，容易引起学生自伤、伤人等过激行为，引起突发事件。第二，人际交往问题引起的突发事件较多。我校学生多数为“95 后”“00 后”年轻群体，部分学生习惯了“网上冲浪”，在现实生活中反而缺乏了良好的处理人际关系的能力，因此，在与他人相处的过程中可能会因为交流沟通不够，分歧未能及时化解而产生冲突与矛盾，进而引起突发事件。第三，安全问题导致的突发事件增多。近年来，随着技术工具的开发和出现，一系列非接触式的诈骗手段愈加猖獗，部分学生不具备成熟的判断能力，成为电信诈骗的重点目标，受骗人数居高不下。此外盗窃、恶性伤害、交通事故等也对学生的安全造成威胁。第四，新媒体具有极强的时效性以及信息的海量性，加速信息传播，同时在传播途中也容易出现过分夸大的情况，进而引发网络舆情，导致小事发酵成大的突发事件。

（二）学生突发事件传播变异化

新媒体虚拟化、碎片化、可互动性强、过度自由的特点使得部分媒体为追求阅读量，增强话题性，故意断章取义，对事实真相添油加醋加以宣传，误导读者。当代大学生思想活跃，但价值观仍不够成熟，部分学生政治敏感度不够，辨别能力不足，在良莠不齐的网络信息中往往容易做出错误判断。青年群体在网络上活跃度较高，喜欢在贴吧、论坛、微信、微博等各种网络平台上分享高校学生突发的热门事件，交流彼此观点，成为负面信息发酵、丰富和扩散的重要推手。大大推进了突发事件的信息传播速度，扩大影响范围，使得信息在传播途中不断变异，误导更多读者，最终衍化为导向错误的网络舆情，破坏学校正常的管理秩序。

（三）学生突发事件处理复杂化

学生突发事件的原因通常较为复杂，大多由心理问题、高校管理、社会环境等多方因素交织融合造成，在处理时需要考虑学生诉求、事件影响等，且突发事件的形式、时间空间、规模层次、涉及群体等五花八门，在处理时灵活性极强，需要“一事一议”，其特殊性大大增加了辅导员的工作难度。

此外，由于学生群体往往呈聚集性特点，部分突发事件会给其他学生造成心理压力和恐慌情绪，因此在处理突发事件本身的同时仍需对其他学生进行疏导与教育。

（四）学生突发事件影响多面化

高校育人工作一直被社会各界所关心关注，一旦发生学生特殊事件，通常会成为社会各界舆论关注的焦点。同龄学生一般有较为相近的思想认识，因此突发事件也会引起学生的群体性关注，并在学生当中快速传播，个别学生偏激的失当言论或行为甚至会通过社交平台“裂变式”扩散到其他高校以及社会各界，即使事件本身得到了控制，但所造成的消极影响仍然会持续加深程度、扩大范围，严重损害学校声誉，造成校内秩序混乱。

二、新媒体环境下高校辅导员应对学生突发事件的挑战

学生突发事件的解决是一项繁重而复杂的工作，辅导员作为高校一线学生工作者，在此项工作中起到维护稳定、上传下达、引导教育的重要作用，在实际工作中，辅导员存在自身能力不足、经验欠缺，在处理问题时可能面临如下挑战。

（一）辅导员对学生突发事件敏感度有待提升

我校每名辅导员所负责的学生数量众多，日常工作繁杂，很难保证与每个学生都有充分有效的沟通，难以及时洞察到每个学生在学习生活等各方面遇到的问题。且学生突发事件只是偶发性的个别事件，因此部分经验不足的辅导员对于学生突发事件的预防主要依靠主观判断，往往缺乏敏感度，使得在工作当中处于被动状态。在新媒体环境下，任何信息都有可能会被放大，形成离散式、裂变式的传播，不良信息极有可能迅速蔓延，在学生群体中衍化成为新的突发事件，这对辅导员突发事件预防、网络舆情引导提出了新的挑战。

（二）辅导员对学生突发事件应对能力急需强化

在事件处理过程中，辅导员作为学生在校的直接负责人，通常在其中起到至关重要的作用，但多数辅导员在应对突发事件时，自身会产生慌乱心理，不知从何入手。我校在组织辅导员培训工作中，针对突发事件的应对内容较

少，且形式单一，不够系统和完整，多停留在理论层面，没有转化为实践，使得辅导员在实际工作中的应对能力不足。此外，在新媒体的工作环境中，辅导员对于网络产生的负面影响认识不足，对网络舆情的表现形式、发展趋势、引导教育等方面的知识严重欠缺，对于网络的应用管理水平急需强化。

（三）辅导员未能充分调动学生群体的自觉性

实践证明，学生群体当中相互有较高的价值认同感，更容易认可同龄人的观点，互相有着较高的影响力，因此，学生群体是处理突发事件的重要抓手。多数辅导员未能结合学生群体的自身发展优势，没有充分调动学生骨干的自觉性，没有将学生骨干有计划、有目的地培养为突发事件预防和处置的重要力量，没有发挥学生群体自主预防的作用。辅导员应当充分发挥学生骨干的主导作用，在日常生活中以及网络平台上及时关心关注其他同学的动态，并且在发生突发事件或大规模网络舆情时积极引导，共同维护安全稳定。具体流程如图 1 所示。

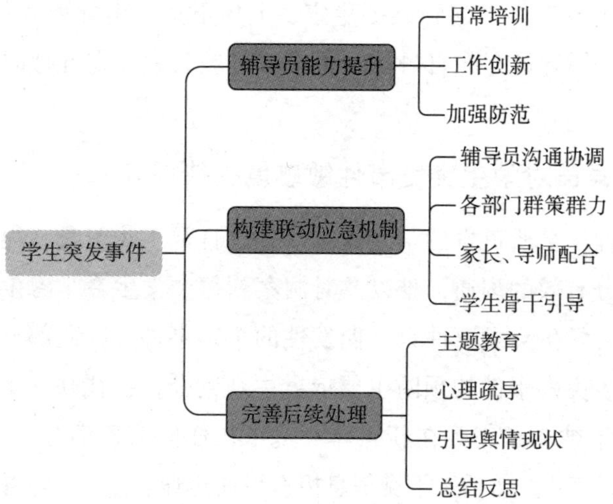

图 1　学生突发事件应对流程

三、新媒体环境下应对学生突发事件的举措

学生突发事件对于辅导员自身来说，发生频率很低，从学校层面也是万分之一、几万分之一，但是对于学生本人及家庭来说，所造成的伤害就是百

分之百。因此，在新媒体环境下如何化险为夷，妥善处理好学生突发事件，尽量减小事件的不良影响，将成为辅导员职业能力提升的重要问题。

（一）强化辅导员在学生突发事件中的能力提升

高校应当注重辅导员在学生突发事件中的实际处理能力提升。第一，在辅导员日常培训中要将突发事件作为重要环节，不仅要有理论知识的培养，更要有实践环节的提升和锻炼，内容应当具有广泛性，不局限于几种突发事件，可通过举办沙龙、分享会等，相互交流经验，拓展工作思路。第二，面对新媒体环境下的新形势，辅导员应当与时俱进，及时更新工作理念和方式方法，学会利用网络平台关注特殊学生群体动态，提升对于网络舆情的敏感度及研判力，尽可能搭建网络预警平台，减少事故发生。第三，辅导员自身应当把握好在突发事件防范工作当中的主动权，针对社会热点事件及时关注学生动向，密切关注重点学生，及时发现问题、排除安全隐患。

（二）建立高校学生突发事件多方联动应急机制

学生突发事件的妥善处理离不开学校各个部门之间的协调与配合，高校应当建立起应急事件联动机制。第一，辅导员是深入学生的一线工作者，在应急机制中理应起到沟通协调的关键作用，必须第一时间赶到现场，稳定现场情况，防止事件进一步恶化以至于产生更深层次的不良影响。第二，辅导员在核实情况后应当第一时间将情况汇报给上级领导，并且联动学校其他相关部门如宣传部、保卫处、教务处等积极配合特殊时期的应急处置工作，群策群力，做好应急资源的调动。第三，辅导员要积极与学生导师、家长等沟通，及时向他们说明情况，做好安抚工作。第四，辅导员在日常工作中要有计划、有策略地培养一批政治站位高、工作能力强、群众基础好的学生骨干，在遇到突发情况时，能够将学生干部在学生群体中的话语权充分利用起来，发挥他们在教育引导、价值认同等方面的优势，向其他同学积极渗透正确的价值观。

（三）完善高校学生突发事件的善后处理

高校学生突发事件的潜在影响并不会随着事件的结束而彻底消失，因此完善后续处理也是不可或缺的工作。第一，辅导员要将对学生的教育和引导放在首位，化不良影响为教育契机，在班级、党支部范围内做好督导工作及安全教育等，发挥思政育人作用，使学生充分认识到事件后果，防止再次发生不良事件。第二，辅导员要在事件发生后及时关注学生思想动态，对于学生产生的负面情绪和恐慌心理要及时进行疏导，根据突发事件的不同特点有针对性地开展辅导工作，驱散可能给学生造成的负面影响。第三，有效利用网络舆情监督系统，及时跟进事件所造成的舆情，对于学生的失当言论及时干预引导，防止事件影响进一步扩大，损害学校声誉。第四，事后要认真进行总结与反思工作，剖析工作当中有待完善的细节，总结经验教训，提高自身处理突发事件的能力与水平。

四、结语

学生突发事件对于校园秩序和社会稳定都有着重要影响。辅导员作为高校学生工作的一线组织者，在处理工作中占据主导地位。在如今的新媒体跨越式发展的环境下，突发事件的防范和处理对辅导员的能力与责任提出了更高的要求，因此，辅导员要运用好新媒体这把“双刃剑”，发挥网络育人作用，尽可能消除消极影响，妥善应对突发事件。

参考文献

[1]董昕．浅析新时代高校辅导员预防和处置学生突发事件的策略研究[J]．青年与社会,2019(30):2.

[2]夏菁．新媒体新闻传播的长尾效应[J]．传媒论坛,2020, 3(15):2.

[3]谷玉婧．新媒体环境对当代大学生价值观影响研究[J]．学理论,2016, 753(3):251 –252.

[4]韩树．新时期高校辅导员应对学生突发事件的策略探析[J]．智富时代, 2016(5X):1.

作者简介：孟泓辰，中国石油大学（北京）化学工程与环境学院辅导员。

大安全观下建立“三域协同”学生突发事件“防范—处置”体系的理论内涵和实践路径探析

史　凯

摘　要　大安全观为高校学生教育管理工作的同时也带来机遇和挑战，大安全观是高校学生教育管理工作尤其是学生突发事件“防范—处置”的重要视角。当前高校学生突发事件“防范—处置”体系存在着时间域的不贯通、空间域的不完善、工作体系专业化不足的特点。本文提出“三域协同”体系，将学生突发事件的防范处置向“三全育人”回归，建立时间域上的长效机制，空间域上的网格体系和关系域中的家校联动，从而建立学生突发事件“防范—处置”体系。

关键字　学生突发事件；三域协同；大安全观

近年来，高校学生突发事件数量增多，形式多样，内因复杂，涉及社会、学校和家庭多方面因素。从根本上讲，学生突发事件是学生教育管理工作的一部分，是“家校”“师生”之间的复杂流动。随着 Web 2.0 时代发展、千禧一代走入大学和后疫情时代到来，当前高校学生教育管理工作以其时代背景、社会因素和育人主体的特点而趋于复杂化、系统化、全局化，当前高校学生突发事件“防范—处置”体系的建立面临着挑战也面存在着机遇。

一、高校学生突发危机事件概述

高校学生突发危机事件指学生或以学生为主体的群体在校园里自身的生命安全和人身利益，在毫无预警的前提下面临威胁，这种事件可能产生对学校的声誉带来严重的负面影响等不可预料的情况。[1] 从内容上，突发事件可以分为人身安全、财产安全、心理健康等方面，从规模上可以分为个体型和群体型，从事件溯源上可以分为校院源发和非校院源发。高校学生突发事件具有发生突然、处置紧迫、社会敏感等特点。

二、大安全观：高校学生教育管理工作的重要视角

中共中央、国务院印发《关于加强和改进新形势下高校思想政治工作的意见》，提出要坚持“三全育人”，即全员全过程全方位育人。[2]随着“三全育人”的贯彻和推进，高校学生教育管理工作系统性、全局性更强，面对可能出现的学生突发事件，大安全观正是“三全育人”下进行学生教育管理工作的重要视角。

大安全观是现代安全科学研究与实践的新的哲学观，是整体性和长远性的安全理念，强调运用系统的观点、联系的观点和发展的观点研究和解决现代安全问题。所谓“大安全观”，是以人为核心的所有安全问题，关注的是所有可能对个人、家庭、组织、社会、国家、世界造成各种威胁或伤害的不安全因素，是最普遍、最广义和高度综合性的安全。[3]从本质上看，“大安全观”是局部、单一的安全上升为整体、一体化的安全，在“大安全观”下，更系统化、全面化的工作模式得以体现。因此，在当前高校学生教育管理工作中，建立“大安全观”学生突发事件“防范—处置”体系兼具机遇和挑战，具有重要意义与探索价值。

三、大安全观下当前高校突发事件防范处置存在的问题

（一）突发事件“防范—处置”体系空间点覆盖不完善

大安全观背景下，高校学生教育管理工作是一个有机的整体，涵盖学生日常学习生活各个方面。随着“全方位育人”理念的深入，学生教育管理工作不再只是单独地在思政课堂或在谈话室的工作，而是涵盖课堂、宿舍、家、运动场、活动室等多个场所。对于或有发生的突发事件，比如因学生心理问题导致的轻生、学生被诈骗等，发生的场所和蕴含危机的场所复杂多变。对于当前的以学校部门，以学院和辅导员为主体的突发事件“防范—处置”体系来说，受工作模式和工作人员的限制，无法深入学生学习生活空间，这就

导致了在防范时无法及时了解，在处置时无法第一时间到达场所处理。

（二）突发事件“防范—处置”体系时间线覆盖不贯通

大安全观要求高校进行全员、全过程、全方位的系统安全教育，即大安全教育。按照“全程育人”的理念，学生的教育管理工作，尤其是学生的心理危机排查、学业状态、情感状态了解等涵盖学生入学的各个时间节点。

当前高校学生数量增多，生源信息复杂，差异较大。针对人数庞大且来源复杂的学生和突发事件诱因比重较大的心理问题，现阶段大部分高校都会在学生入学时进行以“SCL－90”为代表的心理测试。[4]但测评信息跟踪不能全面覆盖各个时期，后续关注不及时，这反映了突发事件“防范—处置”体系时间线覆盖不贯通的问题。

（三）突发事件“防范—处置”体系工作体系覆盖不全面

大安全教育要要求针对学生的突发事件“防范—处置”应做到全员育人。目前，高校的学生教育管理工作队伍建设不全面，尤其是应对学生突发事件的防范安全教育和处置工作人员往往集中在班主任、辅导员等思想政治工作人员中，而突发危机事件需要专业的工作人员干预和处置。当前高校突发事件处置体系严重缺乏专职教师，安全教育和生命健康教育大部分是学校辅导员、班主任等兼任，而思政课教师和专业课教师对学生的心理疏导和安全教育意识不强。综上，当前高校突发事件“防范—处置”体系工作人员体系缺乏专业性和全面性。

四、大安全观下建立“三域协同”高校学生突发事件“防范—处置”体系的理论内涵

“三域协同”是以学生成长成才为出发点，关注学生成长的时间域、学生日常生活学习的空间域和学生人际交往的关系域。“三域协同”是大安全观视角在学生教育管理工作中的应用和发展，对于学生突发事件“防范—处置”体系的建立具有重要理论意义。

（一）与贯彻落实“三全育人”理念相契合

“以人为本”的学生观要求把学生置于教育活动的主体地位，注重学生

的主体性需求，关注学生的成长，尊重学生的自主意识，按照学生的成长规律开展具体的教育教学活动。大安全观要求系统全面非个体片面的安全，“三域协同”把学生成长的时间域、学生日常生活学习的空间域和学生人际交往的关系域结合，与“三全育人”要求的“全员全程全方位育人”相契合。

（二）与高校人才培养的要求相契合

新时代高校着力解决“培养什么人、怎样培养人、为谁培养人”这一根本性问题。如今我国高等教育快速发展，高校的内部外部环境都发生了变化，但高校的人才培养的目标不变，高校的平稳安全对社会稳定具有重要意义。“三域协同”正是对人才培养的时间、空间等细化，而贯彻大安全观对高校的稳定和人才培养工作具有重要的积极意义。

（三）与预防应对系统性安全风险的需要相契合

随着高校改革和后疫情时代的经济社会环境急剧变化，高校学生教育管理工作中存在着或有发生的安全风险，点状安全风险有可能导致系统性安全风险的发生。在高校相对安全的环境中，人的安全意识在一定程度上被消减，大安全观下的教育要求高校重视安全教育，强化师生安全意识，从思想上应对系统性安全风险。“三域协同”从多角度系统性地应对安全性实际问题，预防系统性安全风险。

五、“三域协同”高校学生突发事件“防范—处置”体系的路径探析

当前高校学生突发事件“防范—处置”体系存在着管理体系、跟踪机制等方面的问题。在大安全观下，建立“三域协同”高校学生突发事件“防范—处置”体系具有积极的理论意义，这对在实践中找准问题准确帮扶提供了新途径。

（一）连通时间域，建立长效机制

从学生突发事件的过程分析，高校学生突发事件“防范—处置”体系的建议需要长效机制的保障。长效机制覆盖学生成长的各个时间节点，包括事

前预警机制、事中应对机制和事后处理机制。[5]

针对学生成长的时间顺序，在学生入校前了解学生的生源信息，建立学生信息台账，关注贫困地区、少数民族等特殊学生群体，在学生入学后，结合新生心理档案、心理测评的结果，结合线上平台做好定期关注，做好事前预警。在学生适应学校环境后，动态关注学生成长的各个特殊时间节点，如考试周、转专业、毕业等，建立应急预案，如发生突发事件，立刻执行应急预案，同时要做好学生引导和社会舆情关注，科学公开信息。在突发事件解决后，要继续关注已经建档的重点学生和可能存在的新增重点学生，继续做好动态关注，完善安抚机制，使学生尽快回归正常的学习生活。

（二）打通空间域，建立网格体系

对学生突发事件进行溯源分析，以心理健康、人际矛盾等为诱因代表的学生突发事件需要建立完善的突发事件防范处置网格，网格包含学校、学院、班级、宿舍等。

在空间四级网格中，学校发挥安全教育、心理危机预防等宣传、咨询和保障工作，在网格中具有全局性地位。学院发挥学生工作队伍和辅导员的一线作用，定期组织开展谈心谈话和深度辅导等，在网格中具有核心地位。班级应发挥主要班干部，如心理委员、生活委员等人的作用，深入同学间了解反馈情况。宿舍是空间网格的最小单位，应发挥宿舍长的作用，及时观察反馈突发事件或有可能发生的情况。

（三）覆盖关系域，形成家校联动

在学生突发事件“防范—处置”体系中，家庭、学校和学生紧密相连。在很大程度上，家庭教育对学生的个人性格、人际关系处理影响很大。家庭教育是学校教育的基础和前提，在学生突发事件“防范—处置”体系中要加强家校联动。

家校联动是指在学生教育管理过程中克服家庭教育本位缺失，使得学生个体得到本质性改变，从而降低突发事件发生的概率。为进一步形成家校合力，一要增强原生家庭对学生家庭教育的重视程度，尤其是对于部分观念不同的家庭应保证信息畅通，二是提高家校联合频率，提高定期沟通和双向反馈的频率，有针对性地进行个性化教育引导。

六、小结

学生突发事件涉及学生、高校、家庭和社会多个方面，有效预防、妥善应对是高校学生工作的重要工作内容。大安全观下“三域协同”高校学生突发事件“防范—处置”体系的建立具有积极的意义，但也存在一些盲区，仍需更有益的尝试。

参考文献

[1]袁淼淼．广东高校学生危机管理研究[D]．广州：华南理工大学，2014：78－88.

[2]中共中央，国务院．关于加强和改进新形势下高校思想政治工作的意见[EB/OL]．[2021－02－01]．http://edu.people.com.cn/n1/2017/0227/c1006－29111179.html.

[3]王为．论高职院校大安全教育的问题与对策[J]．大视野，2020(2)：48－53.

[4]刘凤娟．高校隐匿性心理危机干预机制的建构[J]．黄冈职业技术学院学报，2021，23(4)：117－121.

[5]王钦．高校学生危机事件应对策略研究[J]．成都工业学院学报，2021，24(3)：92－95.

作者简介：史凯，中国地质大学（北京）水资源与环境学院辅导员。

浅谈“三全育人”视域下高校学生突发事件的“2+3+3”应急处置模式

穆　野

摘　要　近年来，学生突发事件应急处置已经成为高校学生管理工作的痛点和难点。[1]学生突发事件若处理失当，会直接损害学生的生命财产安全，危害学生身心健康，间接会对高校声誉和社会稳定造成负面影响。因此，本文分析了高校学生突发事件的特点，归纳总结了“三全育人”视域下的应急处置模式，为有效预防和处置高校学生突发事件提出了几点思考。

关键词　三全育人；突发事件；应急处置

“三全育人”溯源于新时代中国特色社会主义高等教育，是关于教育客观规律和学生成长成才培养方法的全面总结。在全面贯彻党的教育方针的前提下，围绕“培养什么人、怎么培养人、培养什么人”这一核心问题，凝聚社会主义育人合力，为学生打造立体式的成长时空。然而，随着社会经济高速发展，教育环境和学生本身都发生了很大变化。学生的身体状况、心理承压能力、处事判断能力较之前有很大不同。近年来，高校频频发生突发事件，微博、朋友圈等社交软件的高覆盖率也加速了负面消息的传播，造成了极为恶劣的影响。因此，如何将“三全育人”理念同当代高校管理模式相融合，降低突发事件对学生本人和校方的负面影响，是目前亟待思考解决的大事。高校应对学生工作中的突发事件进行深入研究，充分调研总结应急处置经验，规范出一套行之有效的处置模式。

一、分析梳理高校学生突发事件的主要特点

高校学生突发事件较中小学校园突发事件的特点有所不同。大学生拥有

更为独立的世界观、价值观和人生观，逻辑思维能力也更加敏捷，故更难消除突发事件产生的负面影响。高校学生突发事件可以定义为发生在校内或校外的、突然发生的、会影响学生安全和正常学习生活的事件，并往往伴随一定的社会舆论影响。其基本特性可概括为：不可预测性、诱因多样性、快速传播性和公众关注性。[2]首先，部分高校针对本校学生的基本信息和特点掌握不牢靠，无法针对关键学生和特定事件开展针对性工作。其次，随着社会经济高速发展，学生面临的学习科研、就业择业和工作生活环境愈加复杂，内卷现象加剧，导致学生在心理健康、财产安全和人身安全等方面极易出现问题。再次，学生热衷于对新鲜事物的探索，特别是对身边的事物更为关注，互相讨论分享的过程会造成学生群体的大范围快速传播。最后，在高度信息化的当代社会背景下，以微博、朋友圈为代表的自媒体手段会加速突发事件不良影响的传播速度，使得不良事件引发社会层面的广泛关注。

二、“三全育人”视域同高校学生突发事件应急处置的内在关联

“三全育人”视域以全员、全过程、全方位为核心内涵，指导高校思想政治工作。然而，其在高校工作开展过程中，不应仅仅局限于思想政治教育，应落实到高校的实际管理上。以学生突发事件的应急处置为例，其与“三全育人”视域在核心要求上完全吻合。

（一）“三全育人”视域与高校学生突发事件应急处置的实践形式一致

“三全育人”理念中“全员育人”是指全员参与，以学生为核心，校院两级职能部门、导师和辅导员都应围绕学生开展相关工作。“全过程育人”是指全时间段覆盖，自学生录取入校至毕业离校，对其思想引领应贯穿始终。“全方位育人”是指全领域、全方面覆盖，积极引领学生全面发展。“三全育人”可概括为主体、时间、空间上的三重引领。[3]这与高校学生突发事件应急处置的实践形式完全一致。突发事件是围绕学生开展的工作，是做“人”的工作。因此，无论是学生本人，或是校院两级管理者和参与者，都应对应急处置工作全员、全过程、全方位参与。

（二）“三全育人”视域与高校学生突发事件应急处置的最终目标一致

“三全育人”理念的提出，旨在通过高校的思想政治教育，为国家培养德才兼备的新时代人才。而高校学生突发事件的负面效果会为学生的成长成才带来消极影响。因此，建立一套可靠有效的学生突发事件应急处置体系是高校“铸魂育人”工作的重要组成部分。“三全育人”视域下的处置目标是最大限度降低突发事件对学生学习科研和工作生活的影响，为学生顺利毕业保驾护航，旨在涵养为实现中华民族伟大复兴不懈奋斗的青春力量。

三、“三全育人”视域下高校学生突发事件的“2+3+3”应急处置模式

综上所述，“三全育人”视域同高校学生突发事件应急处置的实践形式和最终目标高度一致，故可将其作为高校突发事件的应急处置的指导思想，使学生随时随刻可以获得自身发展所需资源和保障，从而实现学生全面发展和安全成才的有机统一。

（一）聚焦“两个关键”，全员调动，发挥校院两级职能部门的联动作用

聚焦“两个关键”，即“关键学生”和“关键阶段”。职能部门具体包含保卫处、学工处、心理咨询中心等校级职能部门，以及二级学院的学生工作负责人和辅导员。学院层面应充分了解所带学生的基本信息和性格特点，入学伊始，辅导员应深入宿舍，同所带学生谈心谈话，根据经验初步判断，发现存在心理问题的“关键学生”。同时，院学生工作负责人应汇总学院所有问题学生的现实情况，开会讨论甄别后上报学校学工处，做到“一人一册”，归档记录。心理咨询中心应对所有学生进行心理调查，一经确认存在问题，立刻通知学工处和学院，根据心理问题的严重程度对学生进行针对性处理。针对部分性格粗犷，易出现治安问题的学生，保卫处应定期进行谈话，开展形势政策教育，引导其树立正确的世界观、人生观和价值观。

确定“关键学生”后，应对其进行跟踪记录和成长调查，特别在学业困

难时期、考研关键时期、就业择业时期等“关键阶段”，应更加频繁地了解“关键学生”的思想动态，避免出现行为意识偏差，造成难以挽回的后果。近年来，有数据表明，高校学生心理异常、自伤、伤他事件发生概率显著提高，这主要是因为某一阶段在某些方面引起的心理压力过大，又无法及时被疏导，导致酿成严重后果。更有甚者，会引发连锁效应，一系列问题接连爆发，严重危害学生的生命安全，使得学校的社会声誉受到强烈打击。因此，只有聚焦“两个关键”，全员调动，发挥校院两级职能部门的联动作用，才能有效降低突发事件发生概率，缩小危害范围，削弱危害程度。

（二）明确“三个阶段”，全过程跟进突发事件，引导事态正向发展

突发事件的三个阶段基本可以概括为萌芽阶段、爆发阶段和善后阶段。

在校院两级职能部门联动机制下，全员调动为突发事件的应急处置打下了坚实基础。处理突发事件，首先要做到萌芽阶段有准备，学院、心理中心、保卫处三方应针对“关键学生”建立“一人一册”，最后形成数据库。三方数据共享，可有效遏制萌芽阶段的突发事件，将事态危机消灭在摇篮里。萌芽阶段的突发事件往往伴随某些迹象，比如朋友圈、微博等自媒体平台内容，或与人沟通交流会较往常有很大差异，这些都是辅导员应向班级班委和寝室室友了解的关键点，若能牢牢把握学生的思想动态变化，可大大降低突发事件的发生概率。

若无法有效遏制突发事件的发生，那么事件会快速发展到爆发阶段。学校学院要做到爆发阶段有规范。校院两级职能部门要构建好完善的应急事件处置体系，要做到遇事不乱，规范处置，最大限度降低突发事件的负面影响，切实保证校内突发事件不会造成社会舆论影响。若学生在校外发生突发事件，更要有一套完善的处置流程。在保卫处接公安机关通知之时起，首先应对学生信息进行确认，并对事件性质和事态进展进行初步了解，之后要通知学生所属学院辅导员并报告学院主管领导，同时联系学工处主管领导通报本事件。学院应迅速确认并提供学生现实表现证明和事件情况说明交保卫处和学工处，后报备学校主管领导。校内流程结束后，可将情况通报学生家长。自突发事件伊始，每一关键环节皆需留存沟通记录，做好材料存档，避免后续沟通出现问题。

突发事件主体处理完毕后，事态发展进入善后环节。本环节最重要的便是尽快恢复涉事学生的科研学习和工作生活，并对涉事学生进行跟踪记录，定期反馈形成周报。该阶段，心理咨询中心应充分介入，深入了解，运用心理健康教育和心理咨询引导等方式，辅助学生排解因突发事件造成的心理影响和消极情绪，并对学生的心理状况进行评估，一旦发现学生的状况不可挽回，应立即通报学院实际情况，根据学生的不同状况作出不同处理。其次，学校应根据突发事件的种类进行分析归类，坚持“个别事件单独处理，同类事件合并总结”的基本原则，将突发事件处置经验归纳起来，形成书面材料发至学院，用作突发事件应急处置的学习材料。

（三）统筹“三个方面”，以学校为主体，打造家庭、学校、社会一体化全方位处置机制

当代大学生成长于信息时代，虽有一定的独立思辨能力，但明辨是非的能力较弱。因此，必须要有合理正确的引导，才能让学生在成长成才过程中少走弯路。学生突发事件的应急处置并不仅仅是学校学院的工作，更是家庭和社会应合力攻克的难题，故要以学校为主体，聚合家庭、学校、社会的力量打造一体化全方位处置机制，要为学生成长、成才、安全、心理、健康保驾护航，要把合力育人的理念贯穿于高校学生管理的始终。

涵养良好家风，树立正确的家庭教育观。俗话说，父母是孩子的第一任老师，良好的家庭教育会为下一代的成长奠定坚实的基础。随着社会发展，目前的在校大学生大多为“90 后”和“00 后”，其父母大多数为“60 后”或“70 后”，由于当时年代的特殊性，导致部分父母并没有机会接受良好的教育。但是没有接受良好的教育或文化程度不高，并不代表其为人处世、待人接物有问题。事实表明，绝大多数父母仍然有着正确的三观。家长要主动作为，以身作则，有意识地营造良好的家庭氛围，能主动关爱问题学生，能积极同校方沟通并辅助监督学生。

营造温情校风，避免突发事件发生。学校应选择合适的教育内容和教育方式，为广大学生提供发泄倾诉的渠道，尽量避免学生产生极端想法。事件发生后，要妥善处置，营造积极向上、和谐友善的校园文化氛围，不要一刀

切式地处理，从而对学生心理产生二次伤害。可通过社会实践、志愿服务等方式转移学生注意力，引导问题学生积极融入集体，让其感受到集体的温暖，同时培养锻炼其工作能力。

控制社会舆论，营造向上向善的社会风气。随着近年来网络的大量普及和自媒体渠道的异军突起，任何事件只要发生，就有可能会被快速上传至网络。其中大部分信息未经核实，也未充分保护当事人的隐私。高校内部发生突发事件，应秉持“拦截于校内”的基本思想，尽最大可能避免传播至校外，以免对社会风气造成负面影响。同时，微博、朋友圈等自媒体渠道的传播速度，负面信息的迅速传播会对涉事学生的心理造成严重伤害。因此，相关部门需针对特定人群的特殊事件予以一定隐私保护，同时，净化网络环境，拒绝造谣传谣，营造向上向善的社会风气。

参考文献

[1]何金磊．新媒体环境下高校突发事件的应对策略探讨[J]．消费导刊，2015(11):201－202.

[2]孙斌．高校辅导员学生突发事件应急处置研究[J]．延边教育学院学报,2019(4):131－132.

[3]王周．试论思想政治教育“三全育人”机制构建[J]．高校后勤研究，2019(10):55－57.

作者简介：穆野，中国石油大学（北京）机械与储运工程学院辅导员。

以“00后”大学生群体特点为背景突发事件的“正催化”应急处置机制研究

焦晓宇

摘　要　近年来，“00后”大学生成为全国各大高校的主力军，在面对新一代大学生的突发事件上，我们要采取合理的解决措施，要结合事件的实际情况开展工作，快速有效地解决问题，减小突发事件带来的不良社会舆论。“正催化”机制的核心是对突发事件在预警、发生、后期处理方面提前进行准备，当真正发生突发事件后，可以第一时间迅速处理，在保证处理速度的同时保证效率。

关键词　“00后”大学生；突发事件；辅导员；处理机制

一、“00后”大学生的群体特点

“00后”大学生是指出生于2000年及以后的大学生，全国目前各大高校本科生大部分是“00后”，是高校校园的主要群体，我校也不例外。相比于“80后”和“90后”的大学生，新一代的大学生受社会发展变革和家庭环境等因素的影响，具有属于他们独特的个性与品质，这也要求我们在进行学生工作的过程中，尤其在面对学生突发事件时，不能一味照搬之前的经验和做法，要结合社会发展和“00后”学生的特点进行工作的开展，及时有效地解决学生问题。一般来讲，“00后”大学生群体特点有以下几个方面。

（一）价值目标个性化

相比于“80后”和“90后”的大学生，“00后”大学生的价值目标更具有个性化，他们强调价值观的清晰化，同时对目标实现的可能性判断也更为明确。这是由于新一代大学生出生于我国经济迅速发展，与世界各国多元化交流的时期，受到社会发展因素和家庭成长因素的影响[1]，他们从小物质生活较为丰盛，见多识广，特长兴趣广泛，在价值目标的取向中，对物质生活的需求较少，对精神生活的需求增加。“00 后”大学生的价值目标不同于“80 后”大学生的人身自由和“90 后”大学生的财富自由，他们的价值目标更加具体，更具有个人的精神追求。

（二）消息来源多样化

近年来随着社会的迅速发展，消息来源渠道数量增加。不仅从报纸和书本获得消息，更多地是从网络、电视等新媒体获取消息。在当今互联网时代，“00 后”大学生接触网络的时间和网络的使用情况都远高于“80 后”和“90 后”的大学生。在获取消息过程中，聊天应用软件（如微信、QQ、微博等）是“00 后”大学生消息来源和网络社交的主要工具。消息来源的多样化增加了大学生消息接收的及时性，但是同时可能导致消息的真实性存在问题，对于某些辨别能力差的大学生，极有可能被错误信息所干扰。在遇到学生突发事件时，就更要求我们辅导员注重信息把控，排除错误信息和不良舆论对学生的影响。

（三）自我意识强烈化

“00 后”大学生的自我意识非常强烈，由于“00 后”大学生大部分是独生子女，他们在平时生活学习中常常以个人为主体，以个人感受为主要内容。自我意识强烈化使得新一代大学生能够积极表达自己的内心想法，维护自身利益。在团队合作中，“00 后”大学生重视团队与个人的关系，在意团队是否能凸显个人价值等问题。在面临突发事件时，学生可能会有较为强烈的“自我”意识，要求辅导员要站在学生角度看待问题，对学生的问题要及时有效地解决[2]。

（四）休闲娱乐网络化

由于“00 后”大学生出生在互联网发展的时代，他们的休闲娱乐与互联网联系非常紧密。聊天软件、网络游戏、音乐视频等渗入“00 后”大学生的日常生活中，这使得他们的休闲娱乐趋于日常网络化。从之前的邮寄到现在的快递，从之前的去饭店就餐到现在的外卖送餐，互联网正逐渐改变人们的生活方式，让生活变得更加便捷。“00 后”大学生成长在互联网时代，在成长过程中对互联网接触多、了解深，网络化的休闲娱乐是新一代大学生的真实写照。

二、学生突发事件的含义、特征分析与现状

在高校中，学生突发事件是指突然发生，情况较为紧急，在短时间内不可预测的事件。通常来讲，突发事件的主体是学生，由于某些因素导致事件不受预期地发生，对学校正常开展的教学、科研等工作产生较大影响的事情[3]。

当前高校突发事件的处理方式虽然完备，但是由于“00 后”大学生成为高校的主体，学校所面对的学生类型发生变化，在突发事件的解决方面也需要制定新的措施。目前学生突发事件主要特征有以下几个方面[4]。

一是缺乏应对学生突发事件的相关部门。由于学生突发事件的偶然性和不确定性，多数高校缺乏相关事件处理部门，对突发事件的处理存在经验不足的问题，在事件处理过程中，能做到“处理完”，但很少做到“处理好”。

二是缺乏解决学生突发事件的规章制度。高校有关应急处理学生突发事件的规章制度不完备，缺少突发事件警示、预防工作。在发生突发事件后，当前的普遍做法是应急解决问题，重心在于应急，而偏离了解决，难以做到“警示—预防—解决”的最佳模式，很可能在处理问题时只注重结果，而忽略了事件的后续影响。

三是缺乏对相关学生的心理疏导工作。在突发事件中，学生可能不仅在身体上受到伤害，在心理上也留下很深的创伤。如果不能及时对学生进行心理疏导工作，可能导致学生的日常学习生活受到影响，甚至性格认知发生改变，严重者可能危及生命。[5]这就要求我们要及时对学生进行心理干预，对心理存在问题的学生进行摸排疏导，减少突发事件给学生带来的不利影响。

三、“正催化”应急处置机制含义与应用

（一）“正催化”应急处置机制的含义

所谓“正催化”应急处理机制是指在突发事件发生后，随着相关部门和

人员的介入，事件向着我们所期待的方向发展，解决效率大幅度提升，处理结果也能令人满意。“正催化”机制犹如化学反应中添加的催化剂，在不改变平衡的情况下增加反应速率，即在相同条件下，提高突发事件的解决效率，减少事件带来的不利影响，使突发事件的解决向着我们期待的方向进行。在解决“00 后”大学生突发事件的过程中，“正催化”机制是及时有效的解决方法，如图 1 所示。

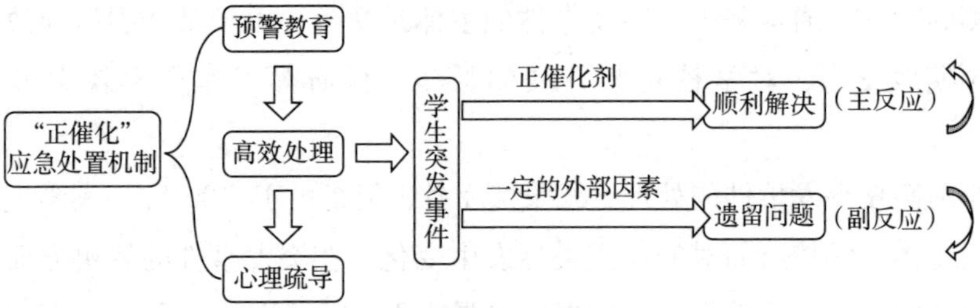

图 1　“正催化”应急处置机制示意图

（二）“正催化”应急处置机制的应用

在“00 后”大学生是高校主体的背景下，发生突发事件要求我们要运用“正催化”应急处置机制，快速有效地解决问题，这要求我们在工作过程中注意以下几点。

1. 加强预警教育工作

由于突发事件具有很强的不确定性，当事情发生时学生可能不知道如何解决，这一点在“00 后”大学生身上体现得更加明显。所以应加强学生对于突发事件的预警教育工作，对前期发生的突发事件和相应的解决方式进行展示教育，让学生了解对于突发事件该如何有效解决，避免因解决不当造成更深的伤害。

2. 形成高效成熟的处理模式

高效成熟的处理模式是要求我们学生工作队伍在面对突发事件时具备成熟有效的解决方案，这是“正催化”机制中最重要的部分。在发生突发事件后，辅导员要及时介入，加快事情从发生到解决的速度。[5]

首先要根据事件的类型和目前形势了解情况，对事件作出初步判断，根据事件的类型，及时预判，与在场各部门做好对接，对事件中涉及的学生进行引导工作。其次要及时上报学院、学校相关部门，上级部门根据事件发展情况制定应急预案。因为突发事件具有很大的不确定性，这也要求我们要根据现场情况制定方案，而不是脱离实际制定方案。在这个过程中，辅导员要与学校各部门随时保持联系，要根据事情的发展情况及时修订应急预案[6]。这个过程是“正催化”机制的核心，在事件处理过程中根据实际情况及时制定应急预案，保持处理的有效性，加快处理速度。最后，在突发事件处理完毕后要做好后续工作，减少“副反应”的产生。突发事件的主要问题解决后，要跟踪处理后续遗留问题，这是因为突发事件除了本身存在突发性和不确定性外，对当事人以及学校正常教学、科研工作也存在一定影响，甚至不加干预的话，可能造成社会舆论。“00 后”大学生接收消息大部分来源于网络，如果不及时跟踪处理问题，很可能被不良舆论所干扰。

3. 关注学生心理动态

由于“00 后”大学生的独立意识比较强，不愿意与他人倾诉内心想法。在经历突发事件后，要及时关注学生的心理动态，对相关学生进行心理疏导，解决存在的心理问题，避免造成二次伤害。学校心理咨询中心要根据实际情况对相关学生展开心理普查，对存在心理问题的学生进行疏导，严重的学生及时送往医院进行治疗。

4. 提升辅导员个人素质

在突发事件发生后，首先到达第一现场的是辅导员，这就对辅导员个人素质提出很高的要求。在事件现场，辅导员要第一时间了解事件情况，与学校各部门对接，安抚疏导事件中的学生等，为了能够顺利解决突发事件，要充分发挥个人能力。第一要加强思想政治能力，学习思想政治理论知识，在处理突发事件时要结合思想政治工作开展。第二要提升心理素质，在遇到突发事件时，做到临危不惧，冷静处理问题，要在整个过程中，理智面对学校部门和涉事学生。

高校学生突发事件的处理容不得疏忽，如果不能很好地处理此类事件，会给学校甚至有关部门、个人带来不良影响。在“正催化”处置机制中，相关部门和人员要熟悉突发事件的处理流程，事件发生后要在第一时间了解事件情况，制定解决方案。在处理过程中详细记录，及时汇报，做好事后学生心理疏导工作，将学生的生命安全放在第一位。

参考文献

[1] 姜大伟. 高校学生突发事件预防及应急处置策略[J]. 戏剧之家，2020(17):143-144.

[2] 赫贵怀. 高校辅导员对突发事件的预防与应对研究[J]. 开封文化艺术职业学院学报,2020,40(4):105-106.

[3] 孙斌. 高校辅导员学生突发事件应急处置研究[J]. 延边教育学院学报,2019,33(4):131-132.

[4] 王海建. “00后”大学生的群体特点与思想政治教育策略[J]. 思想理论教育,2018(10):90-94.

[5] 潘浩. 学生突发事件中高校辅导员的角色定位[J]. 新西部(理论版),2014(19):108.

[6] 熊雁兵,翟兆斌,顾泽鑫. 高校学生突发事件应急管理机制浅析[J]. 经济师,2013(3):102-103.

作者简介：焦晓宇，中国石油大学（北京）经济管理学院辅导员。

高校突发事件从预防到处置“化功”大法

王心贺

摘　要　随着社会快速发展，国家培育人才力度逐步加大，社会对青年的期待及青年对社会的责任感捆绑提升，高校学生的成长成才亦需要承受多方面的压力。近年来，学生突发事件频发，逐步暴露出了其具有意外性、破坏性、紧迫性、聚焦性的特点，危机事件预防与应急处理已经成为高校育人工作需着力探究的部分。本文通过“四化体系”的构建，研究了如何有效预防保障、如何洞察先机以及如何有效处理高校突发危机事件，以保证将生命安全作为高校基础工作的首要条件，对维护校园安全、助力学生健康成长、杜绝发生重大社会舆论事件具有重要意义。

关键词　高校突发事件；舆论引导；危机预防；政策建议

校园突发危机事件的发生，会对校园工作的正常运作、受害学生及其家庭、社会舆论及校园舆论导向等造成非常不利的影响。对突发事件的有效预防机制和及时处理能力，要紧跟时代背景，充分认识学生培养模式及学生特定成长条件下所不断变化的新矛盾，高校育人工作者要在面对不同矛盾时及时探究有效的化解途径，方能规避恐慌，未雨绸缪。当下，我国正处于社会主义现代化建设的关键时期，教育事业蓬勃发展，人才已经成为至关重要的战略资源，国家在人才发展及培养上下了真功夫，花了大力气。与此同时，存在于高校教育中的新矛盾也逐渐暴露，在校园危机预防与处理方面主要显示为家庭教育与学校教育相剥离的矛盾、管理模式具有局限性与危机预防需要细节性之间的矛盾、学生动向掌握滞后性与危机预防需要实时性之间的矛盾、危机事件处理保密性与危机事件处理需要可鉴性之间的矛盾。为有力化解以上四种矛盾，做到突发事件可以运用科学有效的方法预防及应对，本文构建了“四化”体系，为校园突发危机事件的预防与处置提供思路。

一、家校育人联结化，学生履历档案化

高校教育与家庭教育应当是相辅相成的，稳妥处理好二者之间的关系，能够使学生的成长发育不出现“断点”、平滑处理好“拐点”。首先，作为学生教育管理的一线工作人员，辅导员应当加强与学生家长之间的沟通，在学生入学前便开始着手了解学生情况，当下我们所面临的学生群体主要是“00后”的学生，强烈的自尊心让学生不愿同老师说出自己过去的经历，这就要求我们多在与家长的交流中收集信息，大多数家长为了保证孩子的健康成长愿意同老师详细讲述孩子的人生经历，但也存在部分辅导员怕麻烦不愿直面家长的情况，这对危机事件的预防极为不利，归根结底是一种侥幸心理。只有杜绝这种心理，将责任心外化，才能够将学生心理情况实时掌握，在洞察学生有出现敏感现象如孤僻、受打击后一蹶不振、语言消极、朋友圈隐性求助等时及时与学生家长进行交流联系，在有必要的情况下可以让学生父母介入。此外，在学生与学校建立联系后即可开始建立学生履历档案，将所掌握的学生过去及现在经历的困境、荣誉等一一归档，在学生发生敏感现象时，可以及时寻找诱因，能科学地通过学生的履历进行个性化教育，将学生的信息积累做在前，将危机事件处理做在后。

二、管理力量网格化，危机预防细节化

高校学生群体数量庞大，心理教育工作者及日常管理工作者数量有限，一线教师面临的情况通常是一对许多，若要将危机预防做细做实，即要将个人力量转化为群体力量，将点对点工作方式优化为点连线、线成网工作模式，将主干力量从最大单位落实到最小单位，以“倒逼”的思路来达到预防的目的，最小单位即学生骨干个体，要发挥学生骨干力量，实时关注身边同学的思想动态，并形成日交流、周汇报、月反馈的机制，由各班级骨干同导师、导员进行日交流，了解学生整体思想状况；由辅导员同高校心理健康教育中心进行周汇报，及早对学生情况进行归档，对重点学生进行专业化干预；由高校心理健康中心对学生状况进行评估，并通过合理的方式进行反馈，指导各班开展有导向作用的团建、班会、团日活动等，通过该机制将网格化管理

模式搭建后，还要进行网格高密度化、穿插化、全覆盖化。高密度化即将学生群体中更多的个体力量发展成为“心理健康督察员”，比例大于1∶20。穿插化即各班之间有交流，各社团有交集，学校层面进行规范化指导，将心理健康教育灵活渗透到学生日常生活中。全覆盖化即保证每一个体能被囊括于网格管理范围内，保证督察员作用覆盖于全校范围，不区分本科生与研究生。

三、学生动向数据化，干预工作实时化

在疫情防控常态化的大背景下，做好学生动态的数据化掌握不仅能够提高应对疫情效率，也能够有效预防危机事件的发生。大数据筛查能在信息化时代为高校学生管理提供极大的便利，如何利用好这种便利是需要思考的问题。学生在“打卡”汇报制的管理模式中，一来高校育人工作者可以随时关注有哪些学生未按时打卡，是忘记还是有其他状况，这便是危机信号的预警，对于重点关注人群，如果有发现未按时提交数据的情况，一定及时联系，确保学生状态无异常。此外，如果学生动向数据提供了一些其他讯号时，如频繁去到娱乐场所、无人环境等，就需要我们及时做出研判，及时开展工作，在进行干预工作时，我们要清楚自己并不是科班出身，谈话干预一定要注意方式方法，用好我们能够轻松应用的技巧[1]。例如，由于好奇心的驱使，管理者在做工作时通常会有想要“查明原因”的惯性思维，但查明原因却通常不是我们需要做的，即使真的查明了引发学生心理状态异常的原因，也没有办法改变他（她）的过去。相反，一个有经验的学生管理者更应该引导学生看向未来，通过引导使干预对象说出“现在想要什么”，接下来便一步步地去引领其追求目标，自愿脱离过往。及时进行的干预工作能够很大程度上使问题的发生被控制在萌芽阶段。

四、危机处理体系化，介入机制健全化

归根结底校园危机事件之所以被称为突发事件就是因为其具有显著的不可控、难预测特性，只能够在一次次事发后以复盘和倒逼的方式来不断减小其二次发生率。因此危机事件发生后的应急处理才是重中之重，各高校对于突发危机事件都应抱有一种防患于未然的态度，建立健全一套完备的应急处

理体系，减小事件影响，阻断不良舆论传播。

（一）以人为本，快速处理

事件一旦发生，相关人员要在第一时间赶到现场，本着以人为本的原则及时展开事件的处理。一方面高校人群密集，为减小对其余学生伤害，应当及时报警由警察控制现场状况，同时向学校上级报告情况，在第一事件启动应急响应机制，保护全体学生。另一方面对于出事学生应第一时间同家长取得联系，及时挽回损失[2]，对出事学生进行人文关怀，帮助其解决问题，在家长与老师的沟通之中了解事情起因经过，做到从事件本身出发又能够跳出一件事的范围，为学生制造一套专属的处理方案，包括对其心理慰藉、伤病诊疗、持续跟进等，若突发事件形式比较重大，导致学生丧失生命，也应第一时间与其家长沟通，对出事学生家长进行一定的人文关怀，事情虽然发生，但也要尽量使人受到的影响最大限度地降低。

（二）控制影响域

很多“00后”的大学生，并未形成成熟正确的人生观、价值观和世界观，所以在突发事件发生时，对他们的影响尤为显著，且伴随新媒体传播未经证实的舆论消息和错误价值导向的代价越来越低，越是未经证实的信息越能够吸引学生眼球，故而从学生的角度出发控制突发事件的影响域是十分有必要的，一则不能够让他们成为谣言的传播者，二则不能够使他们成为谣言的受害者。面对学生要做到及时传递一定的真实可靠的消息，有利于在一定程度上消除学生的心理恐慌，还要做到事发时及时开展全员范围的心理普查，及时发现恶性事件带来的影响，开展心理健康教育工作，让危机事件能够成为教育学生的契机。面对社会，学校应当成立专门的舆论应对部门，并建立一定的奖罚机制，其职责主要包括控制和制止错误信息及恶性信息的传播，引导真实和正向舆论的走向[3]。在信息网络交错纵横的如今，应当时刻绷紧对舆论关注的敏锐度，决不能让错误舆论导向导致公信力降低，所以高校在突发事件发生时应当一边调查事件一边处理事件同时还要引导舆论，这是对高校应急突发事件处理能力的要求，也是考验。在危机事件的舆论处理过程中，要本着既要避其锋芒又要击其要害的原则，倾尽所能做到缩小恶性影响涉及人群、减短不良影响持续周期、降低负面舆论危害，以此做到将突发事件催生出带有不利影响的“域”从控制规模缩小范围直至消失。[4]

（三）建立复盘反馈机制

在危机事件发生后，会给高校学生管理相关部门带来暂时性的强烈紧迫感，一定要利用好这种紧迫感，进行复盘，查找可能导致未能避免危机事件发生的程序漏洞。[5]在特定心态的影响下，这个过程会进行得比其他任何时候都高效，也就能够从各方面对高校管理存在的漏洞进行填补。发现是一线工作者业务能力不达标，就健全培训考核制度；发现对重点学生关注程度不够，就健全网络化管理模式；发现教育教学方式方法失衡，就健全对学生及教师的能力评估机制，诸如此类。及时发现问题及时反馈，从根本上使同性质事件二次发生率逼近0。

建立上述危机处理体系后，还要保证体系的绝对透明化和危机事件处理过程对“关键少数”的半透明化，关键少数即指涉及高校学生管理工作的教师、机关人员和辅导员等，使他们能够在不断经验积累的过程中逐渐形成自己更完备的体系，既能清楚了解如何在危机事件发生时冷静处理，也能根据危机事件处理体系的关键点和事件处理经验过程中复盘出的进程漏洞减小恶性事件再发生的概率。[6]

从校园危机事件的预防到应急处理，应当充分认识学生成长发展进程中的矛盾点，针对这些矛盾将恶性事件的预测和引导工作做在前，要求高校教师深入学生群体，对学生进行正确科学的思想引导，充分发挥校园媒体和思想政治教育的力量[7]，关注大学生心理健康，及时做好心理评估、援助与干预，尽最大可能使突发事件不发生。面对突发事件，要有一套完备的处理体系，在事发时能够体系化地介入，快速反应，正确处理。[8]在事情处理完成后做好善后工作的同时也要积极复盘反馈工作，分析工作漏洞，积累经验为日后防止突发事件发生提供借鉴。用好“化功”大法，化解学生成长道路上的种种矛盾，切实做好学生工作，营造和谐、积极的校园氛围。

参考文献

[1]赵静．高校辅导员应急管理能力提升研究[J]．船舶职业教育，2021，9

(5):58－60.

[2]胡莉莉,裴显焕．高校公共危机和突发事件舆论引导机制研究[J]．学理论,2021(10):40－42.

[3]覃裕强,方琨．论高校学生突发事件处理过程中的人文关怀[J]．办公室业务,2021(18):110－111.

[4]孙春雷．高校突发事件的网络舆情应对[J]．传播力研究，2021,5(11):2.

[5]王燕．高校突发事件网络舆情应对策略研究[J]．现代工业经济和信息化，2014(2):76－79.

[6]张允峥，肖巍．自媒体时代高校突发事件网络舆情应对策略研究[J]．长春师范大学学报,2018,37(2).

[7]彭恬静．新时期高校突发事件网络舆情应对策略研究[J]．新闻传播，2021(13):3.

[8]吴建勋．高校突发事件与应急管理[J]．科技进步与对策，2004(7):113－115.

作者简介：王心贺，中国石油大学（北京）石油工程学院辅导员。

基于新媒体大环境下的高校学生突发事件处理路径探究

何圣煊

摘　要　近年来，随着新媒体行业的快速发展，“95 后”“00 后”的思想已与过去大不相同，发生突发事件后的应对处理措施也应进行相应的改变，学生突发事件如若处理失当，会对学生的生命财产安全和合法权益造成损害，甚至会严重影响高校声誉和社会稳定。因此，本文从多视角进行归纳分析，探究了学生团队在突发事件中的定位，浅析了部分应急处置途径，为预防和处置高校学生突发事件提供思考。

关键词　新媒体；多视角；突发事件；应急处置

突发事件之所以严重在于一个突然性，它的发生往往代表着未知性，即时间上未知，空间上未知，严重性未知，一旦不能及时处理，通常会迅速扩散，令人措手不及，对学生本人造成财产上和生命安全上的损害，且对学校对社会的影响极大。[1]在新媒体大环境下，常规的思维方式会导致工作不到位，反应不及时。从高校辅导员的视角，辅导员在此中作为政治指导老师，应及时找准自己定位，积极主动地在工作中查漏补缺，将思想政治引领作为旗帜，将日常教育工作作为抓手进行学生的日常管理指导，做好预防、应急预案，缩短发生突发事件后的反应时间。从学生党员干部的视角，学生党员作为信息监测者、学生意见领袖和环境监视人在信息的传播和监测过程中起着至关重要的作用。因此要重视学生党员在突发事件中的承上启下的作用。从大学生的视角，强化学生团队的心理建设、承压能力和突发事件中的自保、自救能力。

一、制约高校学生突发事件处理能力的主要因素

（一）思想与制度建设缺乏

当前高校应对突发事件的重心往往依赖于既定的应急机制和预警机制。但是往往缺乏预警防范机制，突发事件往往存在于日积月累中，有迹可寻，未能在发生之前将其扼杀在萌芽之中。缺乏合理的法制机制，导致高校在处理学生问题时产生责任意识模糊，学生难以得到及时的法律援助，导致“无法可依，有法难依”。除此之外，在应对突发事件时高校的工作重心一般都会向现场的处理和控制方向偏移，着重解决问题本身和控制影响，解决了一时的问题，并未考虑如何恢复校园建设，处理心理问题和制度的更新契机，很容易留下二次爆发的尾巴。当发生“后遗症”时，又没有合适的处理办法，导致事件持续发酵。另外，在突发事件发生后，高校往往为了控制影响，减少舆论而不愿向兄弟院校取经成传授经验，缺乏相关的联动互助途径和经验分享机制。

（二）学生工作队伍管理能力缺乏

高校辅导员作为高校应急管理队伍中的第一接触者，要求在面对危机时拥有强烈的责任意识；能够准确地对当前状况进行合理的评估预判；面对危害到人身安全和财产安全等重大事故的压力时具备迅速的反应力与科学的决策力；并且能够在处理完善后有较好的恢复能力，防止对自身产生隐性影响。

同时，身为院校与其他同学的之间的桥梁纽带，应当扮演着信息员、消防员、侦查员、协调员、组织员和引导员的角色，是学生工作队伍中的主体力量和核心力量。可以说，高校辅导员的素质能力、抗压能力可以直接代表一支学生队伍在面对高压时的处理事件能力；然而，现如今的“90 后”，甚至“95 后”的辅导员，往往是直接从“学生”向“教师”方向进行转变的，他们的选拔方式往往是通过本科期间的优秀学生干部进行筛选择优，虽然更贴近学生团体，思想上更加开放，但缺乏针对突发事件的处理经验，在面对学生突发事件时往往容易出现手忙脚乱，对事件的掌控能力不足等情况。尤其在应对“00 后”“05 后”这批接收信息量大、思想境界尚未成熟的新青年

时会捉襟见肘。

（三）舆论敏感性不足

基于“新媒体”的大背景下，突发事件的信息传播源头广泛，传播途径广泛，接收人群广泛，导致在这个手机普及率极高的时代，新兴的舆论传播途径突破了空间和时间的界线。信息接收方不仅仅是与事件直接或间接产生冲突的相关的组织和个人，还包括很多不相关的个人和集体。很多不明真相的“吃瓜群众”也会参与到信息的讨论与传递中，信息传递的主体泛化。高校突发事件发生后，传播信息的可能是当事大学生，但更多的也可能是不知情的被动接收信息者。这直接导致收到的信息可信度低，影响旁人的判断，加上被有心人利用，不知情者所获得的信息都是被他人曲解，附加个人思想的，严重缺乏客观性。当不同的学生团体逐渐偏向不同方向时，会更加容易产生冲突和矛盾。不仅会对学生个人之间的关系造成影响，还会影响高校声誉，严重的会造成社会的恐慌和不安。因此，在日后的突发事件应急预案中，强化对舆论的导向能力、完善舆论的引导机制将会是重点和难点。

二、多视角探究学生团队在突发事件中的定位

突发事件往往夹带着不确定性，它考验的往往不是个人的解决问题和应急处理能力，而是希望在身处事件中心的成员能够找准定位，快速应对，积极应对，准确应对。

（一）政治引领——高校辅导员

辅导员是开展大学生思想政治教育的骨干力量，是高等学校学生日常思想政治教育和管理工作的组织者、实施者、指导者。辅导员应当努力成为学生成长成才的人生导师和健康生活的知心朋友。“大学生思想政治教育的骨干力量”就是对辅导员这一职位的最准确评价；是对“培养什么人、怎样培养人、为谁培养人”这一根本问题的最好回答；同时也是辅导员的工作重心所在。

作为思想政治指导老师，应该做好“指导者，实施者”，首先在思想政治上进行指导，通过日常管理工作将工作落在实处。密切关注学生的思想动

态和信息变化，积极发挥导向作用，无论是在日常工作还是高压状态下，始终坚持“以学生为根本”的工作原则和以“立德树人”为根本任务的思想政治教育工作。在关注学生日常思想动态的过程中，做到“全员”“全程”“全方位”，“全心”“全意”“全投入”。既要在突发事件萌芽之际将其扼杀，防患于未然；又要雪中送炭，充分安抚学生情绪，做学生的坚实后盾。

作为思想政治辅导员，应当做好“管理者，组织者”，充分发挥作为管理者的凝心聚力的调控作用，在面对复杂突变的突发事件时能沉着应对。同时作为组织者，及时调度、充分协调，最大化最优化地利用一切可以利用的资源。在突发事件下把握心理教育与思想政治教育，激发学生在面对突发事件时的斗争勇气，强化学生在面对突发事件时的维权意识，完善学生在面对突发事件时的处理应对能力，引导并教育学生，让其深刻感受到当遇到突发事件时人民群众所展现的强大力量和精神品质。

（二）工作抓手——学生党员干部

在新媒体大背景下，高校突发事件的信息传播呈现了剧烈的变动，分别是：传播源头的变化，来源广泛导致的传播源难以掌控；传播量的变化，导致的接收信息过多、传播速度过快而难以控制，容易产生谣言难以澄清。在这样的一个个人手机拥有率基本上达到百分之百，信息传播方式复杂多样的大环境下，深入大学生群体，充分利用学生党员在信息传播中的承上启下作用。学生党员本身作为大学生中的焦点人物，同时又是各项学生活动的主要筹备者和积极参与者，从学生中来，到学生中去，在学生团体有着扎实的工作基础，在收集和分析信息的方面有着天然的优势。其次，在突发事件中，学生党员可以作为意见领袖，对上积极配合辅导员与各职能部门的工作，充分代表群众意见进行积极及时的反馈沟通；对下发挥好引导作用，第一时间稳定学生团体的情绪，严格要求自我，为同学们宣传和维护，同时做积极的舆论导向。[2]

（三）工作主体——学生团体

学生团体在突发事件中往往扮演着被动、迷茫的身份，因此在突发事件中经常会由于未知而产生恐慌，降低在行动和认知方面的能力。在接收复杂多样的信息时难以在第一时间准确地辨别真伪，未经证实就盲目传播，秉持着“看热闹”的态度，很容易对他人或自己造成心理和身体上的伤害。另外，在发生突发事件时没有良好的自我保护意识和保护本领，导致未能在事件发生初期很好地进行控制，引起进一步的不良影响。

三、基于新媒体大背景下的工作策略转变

针对上述高校学生工作队伍身份地位认知不明确，应急管理能力与制度上的不完善，缺乏对于新媒体大环境下舆论的导向和控制。可以看出，高校突发事件处理重在思想政治上引领，各部门工作上的协调及可行性舆论管理方案。[3]

（一）打好思政教育的三套“组合拳”，落实责任制度的一个“原则”

打好思政教育的三套“组合拳”，即明晰并针对性地对当前高校突发事件的三个阶段“起因”、“发展”和“结果”发起冲击。摸清高校突发事件的预警信息，辅导员团队密切关注并且摸查学生的近期思想动态，敏锐排查任何有可能的潜在性风险。在排查预警信息的同时，积极进行深度辅导，秉持着“少说教”“多倾听”，“少空中楼阁”“多现身说法”，从源头上将问题断绝在萌芽状态，提前为学生的心理健康筑起一道围墙，做到早预防、早筹备。在事件发展阶段积极控制舆论，安抚学生心理，将对学生心理负面影响控制到最小，防止出现负面舆情进而造成校园危机。在事件阶段性结束时，及时巩固思政教育结果，多与学生交流情况，有针对性地积极总结与反思，批评与自我批评，总结阶段性工作的不足并制定更正方案。

落实一个责任制度“原则”，通过日常工作及突发事件进行定期考量高校应急管理的制度上的不足，保障其能够在问题发生时有效地运行。将重点放在预防和预警机制的制度建设，总结一套行之有效的应急管理方案；杜绝将应急处理当作应急制度，使用临时性的、缺乏依据的“非常”手段，造成历史遗留问题。保证学生在遇到事情时“有法可依”“有制可靠”，在保证学生基本权益的情况下落实一个责任制度，防止出现责任推卸。

（二）练好一双“千里眼”，着重发展“顺风耳”

在新媒体大背景下，练好一双能洞察事件可能走向的“千里眼”，“居安

思危，思则有备，备则无患，敢以此规”。将事件的可能走向进行最短时间最全方面的模拟、预测，并得出应对策略。练好一双能贯穿全局的“千里眼”，贯穿线上和线下两个层面，线上建立起新媒体大环境下的监管团队，从源头上严格控制网络上不切实际的谣言，防止舆论恐慌，并保证事实的真相能够原原本本地出现在大众的视野，防止网络上的“吃瓜群众”只知道片面信息而发表不当言论，产生不良影响；线下在校内加强辅导员之间的联络，强化各领导部门和辅导员之间的联系。将二者结合，将“千里眼”的重心落在洞悉和维护风清气正的校园环境上。

着重发展一对能获取一手消息来源的“顺风耳”，将党员干部的监测能力落在实处。结合高校实际，建立起一套以学生党员干部为主体的党员应急管理团队。通过党员“从学生中来，到学生中去”的特点，充分了解各时段大学生的思想动态和信息流动状态。在监测学生思想状态的同时，利用学生党员的先进性处理部分学生问题。在生活上采用如学生党员进宿舍等方式，将学生问题从小事抓起，把工作做到基层和日常生活中，充分统计每一位同学的思想动态和信息变更，并定期向党支部进行汇报。充分利用党支部中的纪检委员，严抓思想动态。保证定期与同学交流，拿到一手的班上同学的思想动态，以支部为单元收集近期的思想情况并汇总信息，分类汇总上报且直接对辅导员负责，有突发事件可直接向辅导员汇报。辅导员向学院党委和学校党委负责。及时向党总支负责人汇报，并依靠学生党员处理好突发事件。[4]

（三）建好一面“铜墙铁壁”，开辟一条“康庄大道”

以学工队伍为基础，建好一面“铜墙铁壁”，建立一支站位明确、思想先进、能力突出、心理强大的学工队伍。作为一名大学生的思想政治教育工作者，要明确个人立场，立德树人，为党育人、为国育才，明确一切工作都是为了学生。加强思想政治知识的储备和日常管理工作能力的提升，将工作经验的实践与专业理论来结合指导，在培训中充分结合志愿服务、模拟演练、情景训练中开展突发事件应急预演，强化正确价值观的外化过程，做到“知行合一”。针对高校思政工作者在应急管理能力上的薄弱点进行全面培训，填补在面对突发事件时的处理经验和处理方式上的空缺，提高辅导员在面对复杂多变的突发事件时的随机应变能力和科学负责态度，培养其遇事不惧、遇事不慌的心理素质，通过强化辅导员使用新媒体工具的能力来保证思想政治教育不断线。同时，开辟应对突发事件道路上的“康庄大道”，在高校内部形成思政课教师、专业课教师、辅导员、班主任、党团干部、法律人士、心理咨询师、职业规划师等广泛协同的育人共同体，以便在突发事件应对过程中集全员之力阻断事件引发的破坏力的蔓延扩散。

四、结束语

高校突发事件的合理预防不仅是一支全体学工队伍要面对的大考，更是对高校辅导员工作成效的一次检验，合理的处理可以增进师生之间的日常交流，对建设一支能力全面、素质极高的辅导员队伍有着良性作用。通过高校突发事件对辅导员工作所提出的新要求，辅导员应正确认识自己的角色，寻找辅导员工作中的难点，在突发事件下把握心理教育与思想政治教育，激发学生在面对突发事件时的斗争勇气，强化学生在突发事件时的维权意识，完善学生在突发事件时的处理应对能力，为培养优秀“接班人”进行不懈努力。

参考文献

[1]王韬慧．新媒体环境下高校学生管理创新路径探索[J]．传播力研究，2020,4(13):155－156.

[2]邓凯文．“互联网＋”背景下高校突发事件信息传播模式研究——论学生党员的关键作用[J]．教书育人(高教论坛),2020(33):21－23.

[3]樊琳琳,武振宇．新形势下高校辅导员应对突发事件的角色定位[J]．公关世界,2021(2):119－120.

[4]康娜,安哲锋,马立民．突发公共事件下高校思想政治工作难点与对策研究[J]．北京教育(德育),2021(1):53－56.

作者简介：何圣煊，中国石油大学（北京）机械与储运工程学院辅导员。

“三 W”视域下高校学生突发事件应急管理机制的探究

王荣亮

摘　要　高校作为人才培养基地，聚集了来自全国各地的大学生群体。随着学校不断发展扩大，大学生的数量越来越多，随之而来的学生突发事件也越来越多，情况也越来越复杂，对学校、家长、学生都造成了巨大的困扰。本文深入研究“高校学生突发事件是什么”、“学生突发事件为什么会发生”以及“高校面对学生突发事件如何做”三个问题，在“三 W”视域下探究高校学生突发事件的管理机制，为高校应对突发事件提出建议和措施。

关键词　突发事件；应急管理机制；建议措施

一、What：学生突发事件的常见类型

突发事件，指的是突然之间发生并且会对社会有严重危害，需要利用应急管理措施去解决的自然灾害、事故灾难、公共卫生以及社会安全事件。[1]具体到高校学生突发事件，指的是“以高校大学生为主体，在校园里面或者学校附近，突然发生对学生、学校以及社会造成影响和危害的，从而需要利用应急管理进行处理的突发事件”[2]。结合学校、学生以及周围环境情况，高校学生突发事件有以下四种常见类型。

（一）公共卫生类突发事件

2020 年春节前夕，新冠疫情席卷全国，高校推迟开学数月。上网课、“云毕业”、戴口罩，疫情防控成为高校工作常态。这就是典型的高校公共卫生类突发事件。一般来说，此类突发事件不易被发现，传播速度很快、传染范围很大、造成的伤害很深，严重的甚至威胁到生命安全。高校教室、食堂、

会议室等场所往往聚集着很多老师同学，管理起来较为复杂，突发事件也更容易爆发。

（二）治安类突发事件

治安类突发事件，指的是一些不法分子采用暴力等手段，违反法律规定和学校管理，对学生和学校造成伤害和损伤的事件。近些年，网络诈骗等新型事件成为新时代治安类突发事件的主体，对学校治安管理工作造成了诸多困扰。

（三）人际关系类突发事件

近些年，高校学生关于人际关系类问题日益凸显。很多学生是独生子女，从小受到家里疼爱，进入大学，一切从零开始，有些人性格较为内向，不喜欢也不愿意和其他人交往，宿舍之间、班级同学之间缺乏交流，学生常常感到不被理解，“无法融入”“两个世界”。长时间下去，学生心里会很压抑，开始多愁善感，缺乏人际交往能力，容易产生严重心理问题。

（四）身心健康类突发事件

身心健康类突发事件是高校学生突发事件中最为常见的类型。近些年，高校学生身体素质较差。究其原因，一来学生过度依赖网络，不愿意花时间去锻炼身体；再者学生学习压力较大，学生普遍缺乏锻炼。这样就造成学生身体素质较差，容易产生身体健康类突发事件，尤其是在学生体测、运动会等大型体育活动上，更是突发事件频发。近些年，“抑郁症”等心理疾病在学生群体中越来越常见，因此造成的自残甚至自杀等时有发生，学生身心健康类突发事件已然成为学生突发事件的核心问题。

二、Why：学生突发事件的应急管理存在的问题

（一）心理干预缺乏

面对学生突发事件，学生往往受到心理问题的影响较大。同时，在处理学生突发事件中，心理干预辅导发挥着至关重要的作用。目前，高校心理干预工作没有常态化进行，缺乏专业的心理咨询老师，没能有效地掌握学生的

心理情况。

（二）应急管理缺乏常态化

应急管理是一项常态化的工作，也就是说应急管理并不是应急处理，管理涉及的元素和情况更为复杂多变。目前，高校学生突发事件缺乏完善的应急管理机制，对于突发事件的始末不能很好地掌握，不能很好地发现风险、规避风险，从而在处理突发事件的时候存在无从下手、缺少方法、缺乏善后等问题。

（三）应急管理缺乏制度保障

高校学生突发事件应急管理是否有效取决于应急管理制度是否完善。部分高校缺乏对于学生突发事件的预防和预警机制，善后处理工作也相对贫瘠，缺乏一套完整的制度体系来支撑学生应对突发事件的应急管理问题。

三、How：构建高校学生突发事件应急管理体制

（一）构建应急管理预测预警机制

事情未发生，高校便可以预测到可能出现的结果，并有相应的预警处理机制来应对此类事情。这就是预测预警机制。事实表明，很多高校学生突发事件在发生前，或多或少，或轻或重，都有些不正常的信号。如果在这个时候，高校能有效掌握学生这一主体的日常表现，做到及时疏导、帮助学生渡过"难关"，那么此类突发事件将会大大减少。

1. 不断完善应急管理预案

高校要围绕公共卫生类突发事件、治安类突发事件、人际关系类突发事件以及身心健康类突发事件等，以各个主管部门为核心，多部门协调合作，根据学生实际案例研究编制出相应的应急管理预案。

应急管理预案需要不断根据学生特点等因素实时更新完善，同时，要将制定出的应急管理预案明文发布到学校网站。组织学生进行常态化演练、交流，潜移默化地筑起一道坚实的安全管理防线。这里提到的应急管理预案要包含实际的案例分析，明确预测预警、工作目标，要有专门的决策机构和指

挥人员，要有真实且及时的信息交流，要有可靠的后勤保障和善后工作。确保在突发事件未发生或者突发事件刚发生的时候，启动相应预案，各部门协同合作，把突发事件带来的损失降到最小。

2. 构建学生突发事件的信息网

如果高校能够掌握学生这一主体的日常表现情况，尤其是重点学生的情况，学生突发事件就属于可控范围内。那么，如何清晰地掌握学生的日常表现情况呢？这就需要校领导、学院主管学生工作负责人、辅导员、家长、导师、班主任、班委、宿舍长、舍友共同构建出学生突发事件的信息网。

辅导员要落实“三巡”工作，把巡宿舍、巡课堂、巡教室发挥出作用，在巡视的时候，和学生主动交流，深入宿舍，了解学生的日常生活表现；发挥班委、宿舍长的作用，带动周围同学向着积极的方向发展；把握重点学生的情况，时刻关注，并及时向主管领导汇报情况，让学生感觉到辅导员的关心和爱护。辅导员要做学生的知心朋友和人生导师，要发挥出辅导员的主体核心作用，最终构建出准确、及时的学生突发事件信息网，如图 1 所示。

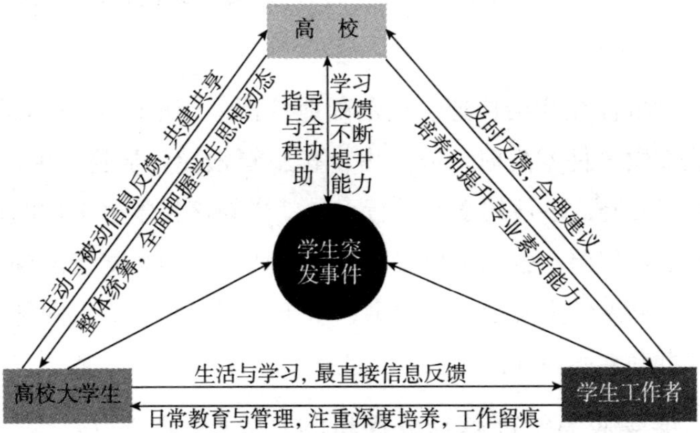

图 1　高校学生突发事件信息网

学生一旦有类似突发事件前兆的相关信号，周边舍友、宿舍长、班委就会立即报告辅导员。同时，辅导员、班主任在常态化和学生交流、谈心谈话的同时，也能够发现相关的信号。以辅导员、导师为中点，以班委、宿舍长为两个基本点，以学校、学院、班级、课题组、宿舍为主线，全面构建学生突发事件应急管理信息网。

（二）加强学生突发事件应急处理机制

在构建学生突发事件预测预警机制和信息网的基础上，如果仍有突发事件发生，高校还应具有完备的应急处理机制，从而快速、准确、科学、合理合法地处理学生突发事件。这里的应急处理机制主要包括：应急决策、应急沟通和应急宣传机制。

1. 应急决策机制

高校在面对学生突发事件的第一时刻，要根据该事件的情况迅速、准确地做出决策。明确该事件由谁来处理，如何处理，要确保"学生安全是第一位"。

2. 应急沟通机制

如何做到有效及时地沟通，往往是解决问题的法宝。在面对以学生为主体的突发事件时，所涉及的包括学校、家长、学生甚至媒体等都是第二主体。高校应按照学生突发应急管理机制，及时准确地向学生家长反馈学生的情况，同时注意引导周围其他学生甚至社会的舆论走向，共同处理好学生突发事件。

3. 应急宣传机制

学生突发事件往往会快速、大范围地传播，严重的会引起恐慌。因此，高校在学生突发事件发生时，应当由学校主管领导、学院学生工作负责人、辅导员对已经知晓此事件的学生进行引导，告知该类学生事件的情况，引导学生不信谣、不传谣，服从学校安排，齐心协力，助力学校发展。事后，及时联系学生，开展学生安全教育大会，对于受到影响的重点同学，要密切关注其状态，并联系心理咨询专家对其进行心理咨询。

（三）完善应急管理善后处理机制

高校在处理完应急事件后，最为重要的是做好善后工作。学生突发事件过后，高校决策机构应立即组织相关部门对本次突发事件进行评估，找出产生类突发事件的原因，同时将此事件纳入"学生突发事件应急管理机制"对于由公共卫生类事件等造成的影响，要及时组织恢复重建工作，尽恢复学习、管理工作。同时，要组织专家来排查存在的风险和问修复整改。

将学生安全教育纳入日常管理教育中，包括网络安全、心理安全、人身安全等，高校应组织学生利用线上资源，开展主题教育，深入学习公共安全教育知识，并定期组织学生进行沉浸式实战演练。

高校要做好心理干预工作。突发事件往往对周围学生会造成很深的影响，尤其是与当事人相关的同学，要发挥心理咨询中心的作用，联合辅导员、导师对其学习、生活和工作等方面进行关怀。

四、结语

高校学生突发事件应急管理机制需要根据时代发展、学生特点来不断完善，对于突发事件的预测预警、应急处理、善后工作要做到“以人为本”，把学生教育管理工作做到平时，常态化进行，深入了解学生日常表现和心理活动，为学生成长成才营造良好的氛围。

参考文献

[1]蒋立峰,何国焕．高校学生突发事件应急管理机制探究[J]．高等职业教育(天津职业大学学报),2011,20(2):14－16,24.

[2]张坚,梁晖．一校多区管理模式下高校学生突发事件应急处置机制建立探讨[J]．中国中医药现代远程教育,2007,5(6):47－48.

作者简介：王荣亮，中国石油大学（北京）新能源与材料学院辅导员。